编辑委员会

中国法学会后期资助项目文丛
BOOK SERIES FUNDED BY CHINA LAW SOCIETY

从“大陆”走向“混合”的路易斯安那民法典

Louisiana Civil Code:
from “Continental Law” to “Mixed Law”

李宁◎著

法律出版社
LAW PRESS · CHINA

中国法学会后期资助项目文丛

出版说明

为进一步落实中央《关于加强中国特色新型智库建设的意见》，充分发挥中国法学会作为党和政府联系法学法律界桥梁和纽带的作用，着力实现中国法学会作为国家法治建设领域核心智库的发展目标，为专家学者开展法学研究和成果转化提供支持，不断丰富和发展中国特色社会主义法治理论体系，中国法学会特决定设立后期资助项目，对具有重要理论和实践价值的优秀法学研究成果予以后期资助，纳入“中国法学会后期资助项目文丛”出版。2015 年下半年后期资助项目立项的 14 项成果，已于 2016 年底出版。2016 年上半年后期资助项目经评审委员会评审，共 15 项申报成果获得立项，现予以统一出版。今后每年我们还将评选确定一定数量的后期资助项目并予以出版。

中国法学会

2017 年 12 月

序　　言

我依然记得2011年秋李宁步入山东大学法学院、攻读民商法学专业博士学位时的情景。他谦逊腼腆，淡定踏实，不那么自信，眼神里却透着执着坚韧和对知识的渴望。我想，孺子可教，许成大器。遗憾的是，不久我被学校派往法国孔子学院任中方院长，任期2年，与学生们的联系主要依靠网络，无法耳提面命，心有丝丝不安与担心。读博期间，李宁博览群书，刻苦研读，不断积累，奠定了扎实的民商法学理论基础；并善于思考，勤于动笔，法学研究能力和科研水平有了很大提高，品德和学业赢得了师生们的赞誉，他于2015年7月顺利毕业并取得博士学位。本书是他在博士学位论文的基础上修改完成的。作为导师，成果付梓之际，由衷地为他高兴。

民法典是几代中国人的光荣梦想。2014年10月23日，“编纂民法典”被写进中国共产党十八届四中全会《中共中央关于全面推进依法治国若干重大问题的决定》这一历史性文献中，我国立法机关确定了编纂民法典“两步走”的工作思路：第一步，编纂民法典总则编；第二步，编纂民法典各分编，至2020年完成统一的民法典。

我国民法的百年史，在某种意义上，也是一部民法继受史。自《中华民国民法》“采德国立法例者，十之六七，瑞士立法例者，十之三四，而法、日、苏俄成规，亦撷取一二”（梅仲协语），20世纪上半叶以吸收大陆法系的成果为主，到五六十年代以吸收苏联法为主，再到改革开放以后（尤其是90年代之后），在保留大陆法系法典框架的基础上，大量吸收英美法系的成果。这表明，我国民法对外国民法的继受，已从“单一继受”转向“多元继受”，呈“多元化”的景象。

在此背景下，撷取国内学术界极少涉猎的混合法域民法典作为博士学位论文题目进行研究，具有重要的学术价值和立法意义；当然，更需要勇气、意志和毅力。面对浩瀚的外文资料，每每有人在收集、整理和消化的繁杂工作之前或之中止步，况且类似研究极易陷入介绍域外制度而忽略本土化的境地。正如梁慧星先生所言，法律移植是法律发展的永恒主题，实现继受法律的本土化也是中国民法学进步、发展的永恒主题。纯粹的比较法研究，固然有其理论价值，但如果只是介绍别国制度，忽视其对于我国的启示借鉴意义，极有可能遭遇论文外审和答辩中的“滑铁卢”。李宁“兼容并包”，最终出色地完成博士学位论文写作，并顺利通过了答辩。欣喜和祝贺的同时，我要特别提及他的学术贡献。

全球化推动了世界法律体系的加速融合，但我国法学界对于混合法律体系的关注和研究较少。在此背景下，研究经由二百多年形成的呈现“混合”特征的路易斯安那民法典，探讨其对于我国民法典的立法技术、法律框架和制度安排的可借鉴之处，具有重要的意义。本书关注了路易斯安那民法典的4个不同版本，从法典体系、法律渊源、具体规则3个方面分析了路易斯安那民法典中财产法、债法、侵权法领域对大陆法的背离与对普通法的继受；李宁在阐述路易斯安那民法典的历史沿革、立法体系和技术、法典框架和主要内容的同时，揭示了路易斯安那民法典走向“混合”的历史原因，并详细分析和阐述了该法典重要制度的发展及其演变进程，探索其对于中国民法典编纂的启示与借鉴意义，值得学界和立法部门重视，也是本书的难能可贵之处。为了中国民法典，愿李宁铭记初心，漫漫路上，继续上下求索。

欣慰之余，寥寥数言，是为序。

王丽萍

2017年10月28日

目　　录

Contents

导　言

一、研究背景与研究意义

“民法典不管在哪里，都往往被当作整个法律制度的核心。”① 民法典是“私法中的宪法”，是衡量一国法制发展水平的重要标尺。新中国成立后，我国民法典经历了3次起草，从1954年开始的第一次民法典制定与从1962年开始的第二次民法典制定均以失败告终，自1979年开始的第三次民法典制定也历经沉浮。虽然我们已经颁布了《继承法》《收养法》《婚姻法》《担保法》《合同法》《物权法》《侵权责任法》《涉外民事关系法律适用法》等，但是单行法离一部高水平的民法典还有很大距离。

2014年10月23日，中国共产党第十八届中央委员会第四次全体会议通过的《中共中央关于全面推进依法治国若干重大问题的决定》指出，“编纂民法典”。“编纂民法典对于中国实行依宪治国、依法治国的决定性意义，无论如何估计，都不过分。”② 针对这项艰巨复杂的系统工程，我国确立了编纂民法典“两步走”的工作思路。当前，《民法总则》已经通过；民法

① [美] 艾伦·沃森:《民法法系的演变及形成》，李静冰、姚新华译，中国政法大学出版社2005年版，第184页。

② 梁慧星:《关于中国民法典编纂问题》，载 http://www.iolaw.org.cn/showArticle.aspx?id=4200，2017年2月15日最后访问。

典分则编纂工作也进展顺利。但从这一宏观指导意见到具体法典颁布之间，还存在大量问题和挑战。“如果说1804年的《法国民法典》是19世纪风车磨坊风格的民法典的杰出代表，1900年的《德国民法典》是20世纪工业社会的民法典的杰出代表，那么中国未来的民法典应该成为21世纪民法典的杰出代表。”① 编纂民法典是一国之百年大计，为使我国民法典成为“21世纪民法典的杰出代表”，并能经得起上百年之考验，我们需作好充分的理论准备。作为一国生活之侧面，我国民法典既应具备中国特色，又要体现时代精神、反映时代特征。

全球化是当今时代最主要的特征。在全球化推动下，世界法律体系之间的交流从法律思想、法律规范与制度、法律事务等各个层面展开，无论是交流的广度、深度，还是交流的数量、质量都超过了以往。在此背景下，大陆法系与英美法系之间相互吸收、相互借鉴的现象是以往时代无法比拟的。“可以预见，未来的世界法律体系中兼有现今不同法系特征的混合法系势必会越来越突出和成熟，而且，中国法律制度也必定会成为这种融合法系的一个典型特征。”② 实质上，我国的法制建设亦避不开全球化之影响，“就中国的法制建设现状而言，20世纪上半叶主要以吸收大陆法系的成果为主，五六十年代以吸收苏联法为主，而至70年代改革开放以后，则在保留大陆法系框架的基础上，大量地吸收了英美法系的成果。可以说，就当代中国法制建设所借鉴的外国法和法学而言，英美法系的影响是压倒性的”③。新中国成立之后，我国对外国法的继受，从“单一继受”转向“多元继受”，我国民法典的制定，必将带有“多元复合”的色彩，并

---

① 王利明:《民法典应反映21世纪时代特征》，载《检察日报》2014年12月12日第3版。

② 米健:《当今与未来世界法律体系》，法律出版社2010年版，第403页。

③ 何勤华:《英美法系及其对中国的影响》，法律出版社2009年版，序，第1页。

将继续推进多元化的立法继受。[①]2010 年 7 月 29 日、11 月 26 日，最高人民检察院与最高人民法院分别颁布了《关于案例指导工作的规定》，我国案例指导制度正式启动。随着案例指导制度的逐渐完善与成熟，未来我国法律制度将兼具大陆法系与普通法系的精华。[②]

世界法律体系正逐渐融合，可以说，除法律体系达到一定混合程度（mixed）的混合法律体系外，所有国家或地区的法律体系正处于混合中（mixing）或过渡状态。[③] 如何融合，怎样融合，经由上百年甚至几百年而形成的混合法域（Mixed Jurisdictions）提供了一个可资借鉴的图景。“路易斯安那州和魁北克省在很大程度上给比较法学者提供了观察不同法律风格相互影响进程的‘活对象’……苏格兰法具有世界主义的和‘国际的’特性”，也许会对致力于推动未来大陆法和普通法逐渐融合的那些人提供帮助。“混合法律体系被视为大陆法与普通法在欧洲统一的可能模式”[④]，混合法域的经验对世界私法的未来发展有着重要意义。全球化时代，体现大陆法系与英美法系法律趋同的混合法域民法典，如《路易斯安那民法典》，将极具研究价值。

就路易斯安那州四部民法典的比较研究表明：其一，民法典体例层面更加注重法典的体系化：财产法领域，“不动产组成部分”是概念进一步抽象化的结果；债法领域，区分债与合同，设立了债法总则，统领合同法与侵权法；但是侵权法领域，逐渐走向了一般条款与类型化相结合的立法趋势。其二，民法典具体规则层面对普通法的继受是有规律的：财产法

---

① 参见梁慧星：《中国对外国民法的继受》，载齐延平主编：《山东大学法律评论》（第 1 辑），山东大学出版社 2003 年版，第 12 ~ 13 页。

② 参见米健：《当今与未来世界法律体系》，法律出版社 2010 年版，第 403 页。

③ ［英］埃辛·奥赫绪、［意］戴维·奈尔肯编：《比较法新论》，马剑银、鲁楠等译，清华大学出版社 2012 年版，第 196 页。

④ Kenneth G.C. Reid, “The Idea of Mixed Legal Systems”, 78 *Tulane Law Review* 5 (2003).

被证明是大陆法中最无懈可击的领域；侵权法一般是受普通法影响最大的；债法相对小一些但仍受到相当大的影响。就法律适用的角度而言，多元化的法律渊源、联邦制下美国式的司法系统以及融合大陆法与普通法思维、方法的法官在路易斯安那民法典从“大陆”走向“混合”过程中扮演了重要角色。就我国民法典的制定而言，不仅是法典体系是否合理化的问题，还需注重不同领域可能的发展趋势以及民法典应采用何种立法模式予以应对，另外，最近的三十多年来我国对普通法进行了大量移植以及案例指导制度也逐渐完善，但还需考虑民法典关于渊源规定与法官解释法律的问题，而路易斯安那民法典的发展经验值得我国参考。

二、国内外研究综述

（一）国内研究综述

国内从混合法律体系的视角研究路易斯安那州法律制度的著述较少。

1. 关于混合法律体系与混合法域的研究

近年来，部分国内学者使用“混合法”这一术语来研究中国法，并将之作为中国法系的特征之一。[①] 与混合法律体系、混合法域所指非同，国

---

① 例如，武树臣：《中国的“混合法”——兼及中国法系在世界的地位》，载《政治与法律》1993年第2期；庄伟燕：《人法合治与混合法——中国传统法律思想的传承与发展》，广东高等教育出版社2003年版；武建敏：《司法理论与司法模式》，华夏出版社2006年版；董皞：《中国判例解释构建之路》，中国政法大学出版社2009年版，第24～26页；李力：《发现最初的混合法：从睡虎地秦简到张家山汉简》，载《河北法学》2010年第2期；黄震：《发现中国“混合法”——一个中国法学概念的学术史考察》，载《河北法学》2010年第2期；武树臣：《中国法律文化大写意》，北京大学出版社2011年版；李显冬：《溯本求源集——国土资源法律规范系统之民法思维》，中国法制出版社2012年版，第460～467页等。

需要说明的是，国内学者关于“混合法”的使用，还存在其他层面的含义，如“所谓混合法主要包括经济法、劳动和社会保障法、环境资源法。混合法有时又称社会法。但是社会法一词，有时专指劳动和社会保障法，为了与这种意义上的社会法区分，我们称为混合法。”（朱景文：《中国特色社会主义法律体系研究报告》，中国民主法制出版社2010年版，第13页。）

内学者所称“混合法”是指成文法与判例法的混合，如武树臣教授认为混合法有两种类型：一种是并列式的混合法，即一国家或地区同时实行成文法与判例法；另一种是循环式的混合法，即“成文法—判例—成文法”，判例在特殊历史时期发挥着弥补成文法的作用，并最终为立法机关加工而纳入法典。中国的混合法既包含并列式的混合法，又包含循环式的混合法。[①]

近年来，国内亦有学者开始关注、研究混合法域，但是更多的是从广义上的“混合”进行的，[②] 且关于混合法律体系、混合法域术语的使用及研究得当与否，尚有商榷的余地。

2. 关于路易斯安那民法典的研究

除 2007 年徐婧译注的《最新路易斯安那民法典》和 2010 年娄爱华译的《路易斯安那民法典》外，由嵘先生与朱一飞从宏观层面介绍了路易斯安那民法典。由嵘先生在《〈路易斯安那民法典〉简论》中简单地介绍了路易斯安那民法典制定、修改的意义，并分析了其保留民法传统的原因，但其关于“路易斯安那州在法典范围内借用普通法的东西并不多，法典的结构、内容以及在路易斯安那州发展起来的方法在整体上始终属于民法模式，其中的普通法因素只是一种例外，并不是评价这部法典的基础”[③] 的论证，就现在而言，值得商榷。朱一飞的《〈路易斯安那民法典〉的制定及其历史意义》，介绍了路易斯安那民法典制定的过程以及民法典生效至今

① 参见武树臣：《走出“法系”——论世界主要法律样式》，载《中外法学》1995 年第 2 期。

② 例如，黄宇昕：《苏格兰法混合特征之形成与分析》，中国政法大学 2007 年博士学位论文；夏新华：《混合法系发展的前沿——兼论中国法学家的理论贡献》，载《湘潭大学学报》（哲学社会科学版）2008 年第 3 期；夏新华：《非洲法律文化专论：理论探讨·制度变迁·个案评析》，中国社会科学出版社 2008 年版；张怀印、董蕊：《“混合法系”理论研究的兴起及其原因探析》，载《江西社会科学》2009 年第 7 期；马明贤：《伊斯兰法：传统与衍新》，商务印书馆 2011 年版，第 208 ~ 226 页；王琼：《西亚非洲法制》，法律出版社 2013 年版等。

③ 由嵘：《〈路易斯安那民法典〉简论》，载《比较法研究》1991 年第 4 期。

的原因。[①] 另外，徐国栋教授翻译的《路易斯安那民法典的制定和修改》，从历史视角全面介绍了路易斯安那州四部民法典制定的背景及历程。[②] 马新彦、许庆坤、杜涛与娄爱华等学者关注并研究了现行《路易斯安那民法典》中大陆法系与英美法系相融合的具体制度：马新彦教授对现行《路易斯安那民法典》的信赖法则进行了研究，[③] 许庆坤教授与杜涛教授对冲突法予以关注，[④] 学者娄爱华对第 1967 条进行了详尽论述及深入研究。[⑤]

国内学者关于民法典体系研究中，也介绍到了作为“混合法系”的现行《路易斯安那民法典》。如王利明教授认为，“混合法系的产生表明，民法典的体系并没有普遍的和终极的模式；混合法系注重两大法系的融合。……该模式实际上是复合继受的产物，它吸取了两大法系的优势，适应了两大法系相互融合的趋势”。路易斯安那民法典的经验表明，“借鉴英美法的经验并不会颠覆大陆法的体系”。[⑥]

国内学者对路易斯安那民法典的研究逐渐增多，亦有学者关注到了其“混合”的特征，但是国内研究往往局限于某项规则或制度，没有学者就路易斯安那民法典的发展规律作出全面、详尽研究。时值我国民法典制定的前夜，时处大陆法系与英美法系加速融合的背景下，因此有必要从宏观层面探讨路易斯安那民法典的发展规律。

---

① 参见朱一飞：《〈路易斯安那民法典〉的制定及其历史意义》，载《前沿》2008 年第 2 期。

② 参见［美］阿塔纳修斯·意亚那布勒斯：《〈路易斯安那民法典〉的制定和修改》，徐国栋译，载徐国栋著译：《比较法视野中的民法典编纂（一）》，北京大学出版社 2007 年版，第 61 ～ 78 页。

③ 参见马新彦：《两大法系信赖法则的融合——以美国〈路易斯安那民法典〉为对象》，载《法学评论》2012 年第 6 期。

④ 参见许庆坤：《论我国债权冲突法司法解释的制定——以美国路易斯安那州立法为镜鉴》，载《法学论坛》2013 年第 6 期；杜涛：《美国路易斯安那州国际私法改革介评》，载《法制与社会发展》2002 年第 5 期。

⑤ 参见娄爱华：《路易斯安那民法典第 1967 条研究——大陆法与英美法结合的典范》，载梁慧星主编：《民商法论丛》（第 38 卷），法律出版社 2007 年版，第 335 ～ 384 页。

⑥ 王利明：《民法典体系研究》，中国人民大学出版社 2008 年版，第 136 ～ 139 页。

（二）国外研究综述

国外关于路易斯安那民法典的研究，可谓汗牛充栋。本部分将围绕着本书主题，就路易斯安那州法学界关于民法典发展过程中曾产生过的争议及当今的主要研究成果，做简单述评。

1. 混合法律体系下的路易斯安那民法典

早在 20 世纪 30 年代，路易斯安那州就其法律体系是大陆法系，还是普通法系，抑或是二者的混合，产生了第一次"大辩论"。[①] 第一次"大辩论"使路易斯安那州学者、法官、律师对大陆法系方法论与私法领域大陆法制度进行了研究，促使了路易斯安那州的"大陆法复兴"与路易斯安那州法学会的成立，并最终在路易斯安那州法学会的努力下，对 1870 年《路易斯安那修订民法典》进行了全面修订，维系了民法典在路易斯安那州私法领域的核心地位。

20 世纪 70 年代民法典逐步修订之时，路易斯安那州又进行了第二次"大辩论"，即现行《路易斯安那民法典》是否还属于大陆法系民法典之争。[②] 实质上，两次"大辩论"都是围绕着路易斯安那州法律，尤其是路易斯安那民法典的法律体系属性问题展开。这种争议一直得以持续，但随着弗农·帕尔梅（Vernon Valentine Palmer）等学者关于"混合法域"的一系列著述的出版，路易斯安那州法学界就路易斯安那州法律体系的属性问题基本上达成了一致，《杜兰法律评论》（*Tulane Law Review*）、《路易斯安

① 关于第一次"大辩论"的汇总，可参见 A. N. Yiannopoulos, "Louisiana Civil Law: a Lost Cause?", 54 *Tulane Law Review* 830-848（1980）。就路易斯安那州法律体系归属的争议，学者们的观点及相关著作可参见 Louisiana Civil Law: a Lost Cause? 一文。

② 关于第二次"大辩论"的汇总，可参见 Hon. James Dennis, Julio Cueto-Rua, David Gruning, Shael Herman, Vernon Palmer, Cynthia Samuel, A. N. Yiannopoulos, "The Great Debate over the Louisiana Civil Code's Revision", 5 *Tulane Civil Law Forum* 49-100（1990）。

那法律评论》(*Louisiana Law Review*)等刊物刊登的文章即是最好证明。

1999年，帕尔梅教授出版了以《路易斯安那州：混合法域的缩影》(*Louisiana: Microcosm of a Mixed Jurisdiction*)为题的论文集，包括帕尔梅教授等在内的诸多学者分别论述了语言、法学教育、法官等因素在路易斯安那州法律发展过程中所扮演的角色，并对程序法、证据法的普通法化，以及民法典中的法定继承、信托与允诺禁反言等规则展开了详细研究，在此基础上，帕尔梅教授得出了路易斯安那州法律体系的特征——“混合”。①

2001年，帕尔梅教授出版了《世界混合法域：第三法系》一书，在对南非、苏格兰、路易斯安那、魁北克、波多黎各、菲律宾、以色列等15个国家或地区的法律体系研究基础上，认为这15个国家的法律体系建构于大陆法系与普通法系之上，并达到了一定的混合程度，在此基础上，帕尔梅教授将这些混合法域归类为大陆法系、普通法系之外的第三法系。②2012年，在该书第二版中，帕尔梅教授将所述混合法系的国家或地区扩张至17个。③帕尔梅教授从历史视角，并在对15个国家经验研究的基础上，总结出混合法律体系的特征：普通法与大陆法是法律体系的基本构件，且达到一定程度。在该书中，帕尔梅教授与哈里·博罗夫斯基(Harry Borowski)教授从混合法律体系的建立、司法制度、法律渊源与法律推理、制定法解释、商法、程序和证据、对普通法的继受、新型法律规范的创制、法学家的态度、语言因素、参考文献等11大类主题上就路易斯安那州法律体系

① See Vernon Valentine Palmer, *Louisiana: Microcosm of a Mixed Jurisdiction*, Durham: Carolina Academic Press, 1999.

② See Vernon Valentine Palmer, *Mixed Jurisdictions Worldwide: the Third Legal Family*, Cambridge: Cambridge University Press, 2001.

③ See Vernon Valentine Palmer, *Mixed Jurisdictions Worldwide: the Third Legal Family* (*2nd ed.*), Cambridge: Cambridge University Press, 2012.

的混合性作了宏观介绍。

2. 路易斯安那民法典对普通法的继受

路易斯安那州历史上曾颁布了4部民法典，1808年《民法学说汇纂》、1825年《路易斯安那民法典》、1870年《路易斯安那修订民法典》实质上是大陆法系民法典，基本上为《法国民法典》的翻版。但是自20世纪70年代开始修订的现行《路易斯安那民法典》，却体现了路易斯安那州私法领域长期以来对普通法的继受及本土化创新的成果。

就具体制度层面而言，国外学者关于民法典对普通法的继受研究，可谓汗牛充栋。但是从宏观层面对比4部民法典中相关领域对普通法继受程度之不同的研究较为罕见。帕尔梅教授在《世界混合法域：第三法系》中，指出了混合法域私法领域继受普通法的不同：债法领域是最易受影响和最易被渗透的领域；相反，财产法被证明是大陆法中最无懈可击的领域；债法领域也存在很大不同：侵权法一般是受普通法影响最大的；合同法相对小一些但仍受相当大的影响；准合同法受影响最小。[①] 同时，帕尔梅教授于2005年出版《路易斯安那州的大陆法经验——混合法域的法典化评论》（*The Louisiana Civilian Experience: Critiques of Codification in a Mixed Jurisdiction*）一书，其中“法国的联系与西班牙的感知：历史辩论与当代法国对路易斯安那州大陆法影响的评价”（The French Connection and the Spanish Perception: Historical Debates and Contemporary Evaluation of French Influence on Louisiana Civil Law）一文依托于巴提扎教授与意亚那不勒斯教授关于路易斯安那州4部民法典的法律渊源的研究，得出了现行《路易斯安那民法典》财产法、合同、合伙与买卖领域对普通法继受程度不同

① See Vernon Valentine Palmer, *Mixed Jurisdictions Worldwide: the Third Legal Family* (2nd ed.), Cambridge: Cambridge University Press, 2012, pp.64-71.

的结论。[①]

3. 路易斯安那民法典继受普通法的原因

徐国栋教授将《波多黎各民法典》继受美国法的原因归结为四方面：法院与法官、法学教育、联邦制及统一州法运动。[②] 意亚那不勒斯教授在分析路易斯安那州继受美国法原因时，同样认为上述四个因素起到了至关重要的作用。[③] 路易斯安那州与波多黎各相似，当今共同属于混合法域，同样坐落于普通法海洋。

帕尔梅教授在《世界混合法域：第三法系》一书中，重点探讨了法律文化在混合法域国家或地区（包括路易斯安那州）对普通法继受过程中所扮演的重要角色，认为法律文化失衡背景下的法官、法学家以及语言等因素是原大陆法系国家或地区继受普通法的重要原因。[④]

艾伯特·塔特（Albert Tate）法官与西美昂·西蒙尼德斯（Symeon C. Symeonides）教授则分析了路易斯安那州法官在路易斯安那州继受普通法

---

① See Vernon Valentine Palmer, "The French Connection and the Spanish Perception: Historical Debates and Contemporary Evaluation of French Influence on Louisiana Civil Law", in Vernon Valentine Palmer (ed.), *The Louisiana Civilian Experience: Critiques Of Codification in a Mixed Jurisdiction*, Durham: Carolina Academic Press, 2005, pp.51-100. [The Louisiana Civilian Experience: Critiques Of Codification in a Mixed Jurisdiction 是一本论文集，其中很多文章在本书出版之前以公开发表，如 "The French Connection and the Spanish Perception: Historical Debates and Contemporary Evaluation of French Influence on Louisiana Civil Law", 63 *Louisiana Law Review* (2003)。]

② 参见徐国栋:《孤星下的民法典——〈波多黎各民法典〉的过去、现在和未来》，载徐国栋译著:《比较法视野中的民法典编纂（一）》，北京大学出版社 2007 年版，第 135 ~ 140 页。

③ See A. N. Yiannopoulos, "Louisiana Civil Law: a Lost Cause?", 54 *Tulane Law Review* 836-840 (1980).

④ See Vernon Valentine Palmer, *Mixed Jurisdictions Worldwide: the Third Legal Family* (*2nd ed.*), Cambridge: Cambridge University Press, 2012, pp.24-53, 277-350.

过程中所扮演的重要角色。①

本书以混合法域的两个特征为线，研究路易斯安那州法律之混合形成的过程及原因，并重点研究了路易斯安那民法典中不同领域对普通法继受的程度大小问题。至今没有学者以一个国家或地区民法典为样本，来分析大陆法系民法典之财产法、债法与侵权法对普通法的继受程度问题，但是财产法相对于债法、侵权法更加本土化，侵权法更加体现出大陆法系与英美法系的融合似乎已是"公知"。"目前西方两大法系已表现得趋同，在不同的法律部门并不是等同的。两大法系中，出现趋同因素较多，并且人们在现实中通过各种途径有意识促成较多的，是与贸易有关的领域，如货物买卖契约、票据、运输等，可以说是法律所保护的动态权利方面的法律。静态权利保护方面，较多的是无形财产方面的，比如知识产权保护方面的。这些权利虽然是静态的，但很容易脱离权利人的支配，而被动态行为侵犯，甚至跨国侵权。对知识产权的保护，需要国际社会共同采取行动。而在财产所有权、婚姻家庭、继承方面的趋同表现较弱。主要是因为这些领域，目前国际社会的交往尚未形成迫切需求，相互之间的接触也不非常广泛。像婚姻家庭和继承方面的法律，有因为与本国传统有着强烈的关联，并与各国的道德、政治有着较密切的联系，要改变它们，尚需较多时间。"②

但是就作者本人所查询资料而言，无论是国外学者，还是国内学者，都没有以一国或地区的民法典为样本来分析民法典中不同领域对普通法的

---

① See Albert Tate, Jr., "The Role of the Judge in Mixed Jurisdictions", in Joseph Dainow (ed.), *The Role of Judicial Decisions and Doctrine in Civil Law and in Mixed Jurisdictions*, Baton Rouge: Louisiana State University Press, 1974, pp.23-37; Symeon C. Symeonides, "The Louisiana Judge: Judge, Statesman, Politician", in Vernon Valentine Palmer (ed.), *Louisiana: Microcosm of a Mixed Jurisdiction*, Durham: Carolina Academic Press, 1999, pp.89-104.

② 米健:《当今与未来世界法律体系》，法律出版社2010年版，第252页。

继受程度之不同。如果说上述已是“公知”，那么学界缺乏一种论证。本书更多的是作一种解释、一种论证，这也是一种贡献，因为“任何得到学术界承认的观点或理论，包括法律理论，都具有一个基本的特性，即相对于此前的观点或理论来说，这种观点或理论一定具有某种知识增量：它可以表现为解释力的扩展，涉及理论范式转换的某个理论问题的提出或某种理论批判的证成，某项理论假设的证伪，也可以表现为某种理论视域的拓展”[①]。另外，正值我国民法典制定之时，系统研究国内少有涉猎的一部民法典也具有重要意义。

三、研究资料与研究方法

（一）研究资料

本书尽可能地收集了相关文献，主要使用了英文文献与中文文献。文中所使用文献主要包括1808年《民法学说汇纂》、1825年《路易斯安那民法典》、1870年《路易斯安那修订民法典》英文版与现行《路易斯安那民法典》英文版及中文各译本，路易斯安那州民法典修订述评，路易斯安那州法令及相关立法材料，路易斯安那州法院判例，国外学者的教科书、专著与论文及国内学者专著与论文等。

（二）研究方法

本书主要采用了历史研究方法、比较研究方法与统计分析方法。

1. 历史研究方法

路易斯安那州法律所呈现出的两个特征是法律长期发展的结果。

本书以混合法律体系的两个特征为主线，即以法律发展史为线，以史

① 邓正来:《社会学法理学中的“社会”神——庞德法律理论的研究和批判》，载《中外法学》2003年第2期。

料来研究路易斯安那州法律之混合的形成与发展，并以 1808 年《民法学说汇纂》、1825 年《路易斯安那民法典》、1870 年《路易斯安那修订民法典》和现行《路易斯安那民法典》为样本，分析了路易斯安那民法典对法国法逐渐背离，与对普通法逐渐融合的发展历程。

2. 比较研究方法

“比较法起着一种国际地震仪、‘预警系统’的作用，它是了解正在迫近的社会变化的极佳方式。外国法经常反映着世界范围内的趋势，对这些趋势我们在国内迟早都会感受到，而比较法经常能够教会我们必须展望些什么，哪些问题可能以法律的形式呈现出来。一个法律体系对变化作出反应的能力部分地取决于它利用其他体系的经验的能力。”① 比较法学的方法论存在多种②，本书亦采用了多种比较研究方法。

首先，主要采用了宏观比较与微观比较相结合的方法。宏观比较与微观比较是根据法律比较研究的对象和范围不同加以区分的。③ 宏观比较贯穿本书始终，本书研究路易斯安那民法典从“大陆”走向“混合”的历程，其潜在前提即是大陆法系与普通法系之间的不同。本书所采用的微观比较主要体现于第四章，即就现行《路易斯安那民法典》中的具体制度进行研究。正如宏观比较与微观比较互为基础、互为补充一样，第四章所进行的微观比较是以宏观比较，即大陆法系与英美法系之不同为前提的。

其次，采用了纵向比较的研究方法。纵向比较是与横向比较相对的研

---

① [德] 伯恩哈德·格罗斯菲尔德:《比较法的力量与弱点》，孙世彦、姚建宗译，中国政法大学出版社 2012 年版，第 156 页。

② 沈宗灵先生将比较法的研究方法分为：宏观比较与微观比较，功能比较与概念比较，动态比较与静态比较，历史、文化的比较与单纯法规的比较，比较的步骤;(参见沈宗灵:《比较法研究》，北京大学出版社 1998 年版，第 28 页。)米健教授则将比较法学的方法论分为：宏观比较与微观比较，功能比较与概念比较，文化比较与还原比较，横向比较与纵向比较，动态比较与静态比较，其他方法等。(参见米健:《比较法学导论》，商务印书馆 2013 年版，第 95 ~ 127 页。)

③ 参见米健:《比较法学导论》，商务印书馆 2013 年版，第 96 ~ 97 页。

究方法，是指对不同历史时期的法律秩序进行比较。本书分别对 1808 年《民法学说汇纂》、1825 年《路易斯安那民法典》、1870 年《路易斯安那修订民法典》与现行《路易斯安那民法典》中的财产法、债法与侵权法作了比较研究，尤其是在本书第五章第二节对四部民法典中侵权法的一般条款做了较为详细的纵向研究。

最后，采用了文化比较的研究方法。文化比较是从文化的角度来探讨不同法律秩序的形成、发展，在此基础上，进一步比较、阐述不同法律秩序的特征及其共性与不同。本书第六章对大陆法系、英美法系与中华法系及混合法律体系的分析，实际上涉及了这些法系之间的法律文化。当然，法律文化的比较本身就属于一种宏观比较。

3. 统计分析方法

这是本书最重要、最为核心的研究方法。本书就 1808 年《民法学说汇纂》、1825 年《路易斯安那民法典》、1870 年《路易斯安那修订民法典》与现行《路易斯安那民法典》中的财产法、债法与侵权法条款的渊源作了比较研究，为使比较有说服力，本书第三章就四部民法典的财产法、债法与侵权法条文的具体渊源分别进行了统计（见附录），在统计基础上就路易斯安那州财产法、债法与侵权法对法国法的背离程度进行了分析。

四、研究思路与本书结构

混合法律体系具有两方面的特征：一是法律体系二元性，即大陆法式的私法与英美法式的公法；二是整个法律体系，尤其是私法领域，随着时间推移而呈现出混合性。本书将围绕着路易斯安那州法的两个特征展开研究，但核心在于分析第二个特征的表现及其原因。除导言和结论部分，本书共分 6 章。

导言部分主要对本书的选题意义、国内外研究现状特别是国外关于混合法律体系理论、路易斯安那州法律体系的研究现状进行阐述，并简单介绍了所使用的研究方法等。

第一章主要阐释混合法律体系的基本理论，并宏观介绍了作为混合法律体系的路易斯安那州法及路易斯安那州法在混合法域的地位与路易斯安那民法典在世界范围内的影响及全球化背景下路易斯安那民法典的推广契机。

第二章、第三章与第四章围绕混合法域法律的两个特征就路易斯安那州法律展开研究。第二章围绕着混合法域法律的第一个特征——法律体系之二元性展开研究。

第三章与第四章就混合法域法律的第二个特征展开研究，第三章以路易斯安那州四部民法典为样本，主要从法律渊源的视角探讨路易斯安那州对法国法的背离程度。

第四章在第三章基础上，以现行《路易斯安那民法典》财产法、债法与侵权法领域的具体条款（规则）为切入点，从实质层面论证第三章的结论。

第五章在第三、四章结论基础上，分析了大陆法与普通法在路易斯安那州融合的原因。相对于联邦制的政治体制、统一州法运动以及社会、经济等外部因素而言，本书认为路易斯安那州对普通法的“第二次继受”，法官的作用至关重要。

第六章，本着比较法研究的应有之义，结合路易斯安那民法典的经验，探讨了在全球化促使大陆法系与普通法系进一步融合背景下，我国民法典制定应注重的问题。

五、研究创新与不足

（一）本书拟创新

本书拟存在以下三方面的创新：

第一，首次对混合法域民法典作了系统的、全面的研究，一定程度上填补了国内研究路易斯安那民法典的空白。自1808年至今，路易斯安那州共颁布了四部民法典，这四部民法典对美国法典化运动，及世界其他国家或地区的民法典（如整个拉丁美洲民法典、西班牙民法典、爱沙尼亚民法典以及混合法域的诸多民法典）产生了重要影响。作为大陆法系与英美法系之混合的典型代表，路易斯安那民法典的发展规律等对全球化背景下我国民法典的制定有重要启示意义。

第二，首次运用统计分析的研究方法，对一部民法典的具体领域从体系、渊源与规则等方面做了全面的纵向与横向比较，得出了大陆法系民法典不同领域继受普通法的规律，侵权法对英美法的继受最多，债法相对小一些但继受亦相当多，而财产法是最无懈可击的领域。

第三，以路易斯安那州经验为借鉴，分析了在我国多元继受与案例指导制度逐渐完善背景下，制定我国民法典应注重的问题：体系化方面，采用债法总则，并坚持《侵权责任法》体系；制度层面，法律移植与法律本土化应并重，但又应区分不同领域的本土化程度的不同等。

（二）本书不足之处

同样，本书至少存在以下三方面的不足：

第一，混合法律体系是近年来比较法研究的热点问题。根据帕尔梅教授的研究，当今世界混合法域包括17个国家或地区，限于研究对象为路易斯安那州法以及资料掌握程度的问题，仅仅是对混合法律体系的基本理论，以及除路易斯安那州之外的其余16个国家或地区仅做了简单介绍，而未详细展开。

第二，从混合法律体系视角研究路易斯安那州法律，着重分析了路易斯安那民法典对普通法的继受程度问题，限于现行《路易斯安那民法典》正处修订之中，本书仅撷取了民法典关于财产法、债法、侵权法的规定来分析。

第三，时处我国民法典制定的前夜，限于国内缺乏对《路易斯安那民法典》的系统性研究，本书侧重于对路易斯安那民法典发展史及法典体系的介绍，研究视角较为宏观。

第一章 混合法律体系视野下的路易斯安那州法

本章主要探讨3个问题：其一，阐释混合法律体系的基本理论；其二，以混合法律体系的两个特征为线，宏观介绍作为混合法律体系的路易斯安那州法与从“大陆”走向“混合”的路易斯安那民法典；其三，介绍路易斯安那州法在混合法律体系中的地位、路易斯安那民法典在世界范围内的影响以及全球化背景下路易斯安那民法典的推广契机，意在阐释研究路易斯安那民法典的必要性。

第一节 混合法律体系的基本理论问题

混合法律体系（Mixed Legal Systems）是比较法研究的新发现，近年来备受西方法学界关注，其兴盛得益于混合法域（Mixed Jurisdictions）内学者的共同努力，而全球化背景下，全球法律一体化、欧盟法律一体化成为混合法律体系研究兴起的最重要因素。“混合法律体系被视为大陆法与普通法在欧洲统一的可能模式”，[①] 混合法域的经验对世界私法的未来发展

---

① Kenneth G.C. Reid, "The Idea of Mixed Legal Systems", 78 *Tulane Law Review* 5 (2003).

将发挥重要作用。

但“混合法域”这一术语一直令人费解，“目前并不存在一个为学界所公认的关于混合法域的定义”①。自沃尔顿（F. P. Walton）首次关注到大陆法与普通法在苏格兰、魁北克与路易斯安那的融合，到所属混合法域的15个国家或地区被弗农·帕尔梅（Vernon Valentine Palmer）归为世界“第三法系”，混合法律体系在学术史上经历了三个阶段。

一、混合法律体系学术史

“Mixed Jurisdictions”与“Mixed Legal Systems”一直被交替使用，用于指称混合法律体系。“Mixed Jurisdictions”是传统用语，“Mixed Legal Systems”的使用相对较晚，但二者并无实质差别，都是指既包含大陆法传统又包含普通法传统的法律体系。但是随着法系理论研究的深入，学者在“Mixed Legal Systems”与“Mixed Jurisdictions”的使用上逐渐进行了区分：“Mixed Legal Systems”（本书译为混合法律体系）属于法律体系概念范畴，意指某一法域的现行法律来源不限于一种法律传统（legal tradition）或者法系（legal family）；“Mixed Jurisdictions”（本书译为混合法域）属于法域概念范畴，意指那些法律体系属于“Mixed Legal Systems”的国家或地区。②鉴于“Mixed Jurisdictions”被更早地使用，所以本书主要概述混合法域的学术史。

（一）“Midway”

纵观历史，混合法律体系所支配的国家或地区间是相互隔离的，这种

---

① Vernon Valentine Palmer, *Mixed Jurisdictions Worldwide: the Third Legal Family* (2nd ed.), Cambridge: Cambridge University Press, 2012, p.7.

② See William Tetley, “Mixed Jurisdictions: Common Law v. Civil Law (Codified and Uncodified)”, 60 *Louisiana Law Review* 684-685 (2000).

隔离不仅仅是地理位置上的，更主要的是混合法域之间没有意识到彼此的存在。对混合法域的关注源于法系理论的发展，正是因为诸如苏格兰、魁北克、路易斯安那等地区的法律体系难以被纳入当时的任何法系之中，[①]才引起了比较法学家们的兴趣与关注。

1899年，沃尔顿将已经采用了英国商法、大量共同适用于英格兰、苏格兰的法律以及遵循先例原则的苏格兰与魁北克纳入不同于其他法系的同一法系之中，是因为魁北克有着接受遵循先例原则的强烈倾向，一半的程序规则、几乎全部的商法规则是英国法，适用法国法的省法院却享有英国法院固有的权力。“正如魁北克和路易斯安那一样，苏格兰的法律介于普通法系和大陆法系之间，二者是其主要的法律渊源。”[②]沃尔顿可能是最早将某些混合法律体系国家或地区结合起来进行研究的学者。[③]

沃尔顿之后，“混合”观念的发展归功于以李（R.W. Lee）、阿莫斯（M.S. Amos）、伦顿（A. Wood Renton）、劳森（F.H. Lawson）、史密斯（T.B. Smith）等为代表的一批英国法学家。1915年，李发表《大陆法与普通法：世界范围内的审视》一文，文章对过去100年间在大英帝国范围内处于攻势的普通法对处于守势的大陆法产生的影响进行了评估。文章首页，李绘制了一幅描述了3种法律体系的地图，其中第三类为“Mixed Jurisdictions”。这是术语“Mixed Jurisdictions”的首次面世。但该术语未在文章中出现，李后续的成果中也未见使用。[④]二十世纪三四十年代，阿

① 苏格兰、魁北克、路易斯安那州混合法律体系形成于18世纪至19世纪初。到1900年左右，世界各国家和地区为西方两大法系所支配，大陆法系、普通法系这种简单的划分成为可能，但是确实存在少数国家或地区的法律体系难以纳入其中，上述即为代表。

② F.P. Walton, “The Civil Law and the Common Law in Canada”, 11 *Juridical Review* 291 (1899).

③ See Kenneth G.C. Reid, “The Idea of Mixed Legal Systems”, 78 *Tulane Law Review* 8 (2003).

④ See Vernon Valentine Palmer, *Mixed Jurisdictions Worldwide: the Third Legal Family* (2nd ed.), Cambridge: Cambridge University Press, 2012, p.21.

莫斯、伦顿采用不同方法重复了李的研究成果。“杂交（hybrid）”法律体系在劳森的研究成果中也多次出现。①

尽管“Mixed Jurisdictions”术语没有正式出现，但是沃尔顿关于混合法域与混合法律体系的界定是经典的，即“罗马—日耳曼法律传统在某种程度上被英美法所渗透”②。在此阶段，上述学者的研究对混合法域以外的法律研究影响甚微。

（二）“Mixed Jurisdictions”

首次正式使用“Mixed Jurisdictions”术语的是苏格兰法学家史密斯（T.B. Smith）。1962年，史密斯在其著作《批判与比较研究》（Studies Critical and Comparative）中引入了该术语。几年之后，“Mixed Jurisdictions”为魁北克、路易斯安那、斯里兰卡与苏格兰的学者、法官，诸如让 - 路易斯·博杜安（Jean-Louis Baudouin）、约瑟夫·戴恩（Joseph Dainow）、拉利特·阿索拉斯穆达里（Lalith Athulathmudali）、艾伯特·塔特（Albert Tate）、大卫·沃克（David Walker）等采纳。1963年，史密斯在路易斯安那州提交的一篇会议论文中，再次使用了该术语，路易斯安那州巡回法院法官艾伯特·塔特称其“创造”了该术语。③史密斯将“Mixed Jurisdictions”界定为“基本上是大陆法律体系，但是迫于英美普通法的压力，部分已被普通法法律体系所覆盖”④。

与李的研究不同，史密斯的研究以大陆法传统为视角。作为一名具有

---

① See F.H. Lawson, "The Field of Comparative Law", 61 *Juridical Review* 16, 26–29（1949）.

② Maurice Tancelin, Introduction, in F.P. Walton, *The Scope and Interpretation of the Civil Code of Lower Canada*（*Reprinted by Toronto*: *Butterworths*, 1980）, Montreal: Wilson & Lafleur, 1907, p.1.

③ See Albert Tate, Jr., "Civilian Methodology in Louisiana", 44 *Tulane Law Review* 672（1970）.

④ T.B. Smith, "The Preservation of the Civilian Tradition in 'Mixed Jurisdictions'", in A. N. Yiannopoulos（ed.）, *Civil Law in the Modern World*, Baton Rouge: Louisiana State University Press, 1965, p.5.

强烈民族意识的法学家，史密斯最关注的是苏格兰大陆法的纯洁性，其主张坚决维护苏格兰的大陆法传统，抵制普通法。为此，史密斯开始研究其他混合法域的经验，如认识到路易斯安那州法学会在路易斯安那州大陆法复兴运动与起草民法典过程中起到了重要作用之后，史密斯将此经验介绍到苏格兰，苏格兰于两年后成立了苏格兰大学法学会（Scottish Universities Law Institute）。为研究其他混合法域经验，史密斯访问了路易斯安那、南非、魁北克等国家或地区的大学，并邀请了这些高校的学者到爱丁堡大学访学。

相对于李、阿莫斯、伦顿、劳森等人的研究，史密斯主要贡献在于以下两个方面：其一，意识到混合法域彼此之间的重要性。他发现同苏格兰的法律体系相类似的路易斯安那、魁北克等也面临着被普通法包围的危机，认为它们存在亲缘关系，是“法律邻居”；其二，史密斯发起的这场运动引起了混合法域内学者的参与和响应，在一定程度上团结了混合法域学者一起抵制普通法，如路易斯安那州伦纳德·奥本海姆（Leonard Oppenheim）表示，路易斯安那州与苏格兰存在共同利益，因为二者同样处于普通法海洋之中，都受到普通法的冲击，只有加强联系，才能共同抵抗普通法的入侵，以维护共同的大陆法传统。①

自20世纪50年代起，路易斯安那州、魁北克省等同苏格兰一样，对其大陆法传统未来发展的恐惧，为混合法域学者的共同努力提供了历史契机。在史密斯等人的努力下，“Mixed Jurisdictions”术语得以推广，混合法律体系的研究也取得了较大进展。当代研究混合法域的著名学者帕尔梅教授这样评价史密斯的贡献：“已故托马斯·史密斯爵士的形象和才智对所有

---

① See Leonard Oppenheim, *The Civil Law: Lectures I–III: Reception of the Civil Law in the American Continents*, Edinburgh: Edinburgh University Press, 1960, on file with author.

追随他的人有着深远的影响。”[①] 但是此阶段上述学者的研究影响仍局限于混合法域之内。

（三）“Mixed Jurisdictions Worldwide: the Third Legal Family”

近 20 年来，法律全球化致使一批学者对国外法律的兴趣逐渐增加，欧盟扩张及欧洲一体化进程加速了欧洲法律统一，1993 年南非政治改革，在混合法域内学者的民族自我发现与自信等一系列因素作用下，关于混合法律体系理论的研究逐渐兴起。[②]

期间，除混合法域内学者、欧盟内学者出版的大量成果外，欧美法学界召开了 4 次关于“混合法域”的国际会议：2002 年，在杜兰大学召开的以“混合法域经验的显著性与统一性：特性、模式、文化、共同之处”为题的第一次会议；2007 年，在爱丁堡大学召开的以“共同体的界限：行动中的混合法域”为题的第二次会议；2011 年，在希伯来大学召开的以“混合法域的方法论与创新”为题的第三次会议；2015 年，第四次会议在麦吉尔大学举办。4 次会议内容关注的焦点不同，从关注混合法域的概念、特征及以单个混合法域的国家或地区的形成因素，并以传统私法领域为主，到关注混合法律体系的基本理论、混合法域经验与欧洲统一立法进程、混合法域民法法典化以及各部门法呈现的混合现象，再到关注混合法域的司法判例、概念、制度创新及宪法与行政法领域的创新。[③] 混合法域内的学者及其他国家、地区的比较法学家对混合法律体系的研究范围逐步拓宽，

---

① Vernon Valentine Palmer, *Mixed Jurisdictions Worldwide: the Third Legal Family* (2nd ed.), Cambridge: Cambridge University Press, 2012, p.612.

② See Kenneth G.C. Reid, “The Idea of Mixed Legal Systems”, 78 *Tulane Law Review* 17-18 (2003).

③ 第一次“混合法域”国际会议论文参见 78 *Tulane Law Review Volume* (December 2003), Issues 1 and 2；第二次“混合法域”国际会议论文参见 12.1 *Electronic Journal of Comparative Law* (May 2008)；第三次“混合法域”国际会议论文参见 6 *Journal of Comparative Law* (2012), pp.28-168。

从个体研究走向综合性研究，从宏观视角研究走向具体制度研究，从关注混合法域内部之间的共性到关注混合法律体系对其他法系国家或地区的影响。

在此背景下，2001 年，杜兰大学教授弗农·帕尔梅以问卷方式对南非、苏格兰、路易斯安那、魁北克、波多黎各、菲律宾、以色列等 15 个国家或地区的法律体系做了十分详尽的介绍，并认为这 15 个国家或地区的法律体系是以大陆法与普通法为主要架构，帕尔梅教授将该 15 个国家或地区的法律体系统称为大陆法系与英美法系之外的世界第三法系。

二、混合法律体系的概念之争

“‘混合’一词现在得到更为频繁地使用，并拥有许多不同的意义：‘各种法律渊源的结合’；‘一国内、一个地区或一种文化内一个以上法律体系的混合’；‘适用于一国全部领土的不同法律体系的共存’；以及‘从未有过一种单一主导文化的地区的多个法律体系’。”[①] 但从“midway”到“Mixed Jurisdictions”术语的创制，再到帕尔梅称其为第三法系，“Mixed Jurisdictions”一直特指普通法与大陆法的融合。目前学界没有就混合法域的概念达成共识，但是学者就混合法域法律的主要特征做了概括性描述。

肯尼斯·里德（Kenneth G.C. Reid）认为，混合法域法律之混合（mixedness）至少发生在三个层面：其一，实体法是大陆法式的，司法制度、推理方法等是普通法式的；其二，公法主要源于普通法[②]，而私法主要源于大陆法；其三，混合现象体现于各个部门法领域，但私法领域占主导

① [英] 埃辛·奥赫绪、[意] 戴维·奈尔肯编:《比较法新论》，马剑银、鲁楠等译，清华大学出版社 2012 年版，第 200 页。

② 混合法域公法主要源于普通法，至少是宪法与行政法层面上。刑法层面有所不同，如南非刑法追随的是大陆法。See Daniel Visser, “Cultural Forces in the Making of Mixed Legal Systems”, 78 *Tulane Law Review* 41（2003）.

地位。[①] 帕尔梅将混合法域称为大陆法系与英美法系之外的世界第三法系，其特征如下：其一，混合的法律可以是多样化的，但是“普通法与大陆法是法律体系的基本构成要件”；其二，混合在内部与外部都明显存在，且达到“对普通观察者来说都是明显的”程度，如与路易斯安那州比较，虽然加利福尼亚州、德克萨斯州法律体系包含有大陆法系元素，甚至有民法典，但是其属于普通法系；其三，法律体系的结构上，私法领域有着大陆法系的外观，而公法领域将表现为典型的盎格鲁—美利坚式。帕尔梅教授称上述特征是“一个混合法域的最小公分母”。[②]

但学界并没有普遍接纳“Mixed Jurisdictions 特指普通法与大陆法的融合”的传统理念，学界在一个国家或地区的法律体系，其混合达到何种程度才能称为混合法域，以及混合的法律体系是否仅限于大陆法与普通法的混合等问题上存在争议。

一个国家或地区的法律体系，其混合达到何种程度才能成为混合法律体系而被纳入第三法域，这涉及法律体系的分类问题。法律体系逐渐融合是一个普遍事实，“所有的法律体系都是混合的”[③]。莫纳泰里（P. G. Monateri）甚至建议将“污染（contaminations）”作为理解世界法律体系的基础，“现实的法律世界更容易呈现为一个‘污染’的世界，而不是一个被瓜分成不同法系的世界……实际上每个法律体系，甚至古典英国普通法，都是通过‘污染’而形成的”[④]。

依混合程度的不同，法律体系、法律文化和社会文化的相遇产生了混

---

① See Kenneth G.C. Reid, “The Idea of Mixed Legal Systems”, 78 *Tulane Law Review* 21-22 (2003).

② See Vernon Valentine Palmer, *Mixed Jurisdictions Worldwide: the Third Legal Family* (2nd ed.), Cambridge: Cambridge University Press, 2012, pp.7-11.

③ [英] 埃辛·奥赫绪、[意] 戴维·奈尔肯编:《比较法新论》，马剑银、鲁楠等译，清华大学出版社 2012 年版，第 200 页。

④ P. G. Monateri, “The Weak Law: Contaminations and Legal Cultures”, 13 *Transnational Law & Contemporary Problems* 591-592 (2003).

合的（mixed）和混合中的（mixing）法律体系以及过渡中的体系。[①]混合“材料”的不同将产生的不同“混合物”，如加拿大渥太华大学“世界法律体系”研究团体在将当今世界法律体系划分为民法法系、普通法系、习惯法系、穆斯林法系与犹太法系基础上，将混合法系分成11种模式：“民法法系和普通法系混合制”“民法法系和习惯法系混合制”“民法法系和穆斯林法系混合制”“穆斯林法系和习惯法系混合制”“习惯法系、民法法系和穆斯林法系混合制”“习惯法系、民法法系和普通法系混合制”“普通法系和穆斯林法系混合制”“普通法系和习惯法系混合制”“习惯法系、普通法系和穆斯林法系混合制”“民法法系、穆斯林法系普通法系和习惯法系混合制”“民法法系、普通法系、犹太法系和穆斯林法系混合制”。[②]

三、本书的立场

通过上述分析可知，“Mixed Jurisdictions”中“mixed”存在狭义与广义之分：广义上，“mixed”是指由任意两种或两种以上法律传统的成分所构成，且不区分融合程度；狭义上，“mixed”专指主要由英美法和大陆法这两种法律传统的成分所构成，且达到一定程度。

“一个法律体系的历史，在很大程度上是向其他法律体系借入法律资

---

① 参见［英］埃辛·奥赫绪、［意］戴维·奈尔肯编：《比较法新论》，马剑银、鲁楠等译，清华大学出版社2012年版，第196页。

② 渥太华大学“世界法律体系”研究团体认为“混合（mixed）”术语不应该做限制性解释。（参见http://www.juriglobe.ca/chi/sys-juri/class-poli/sys-mixtes.php，2017年2月15日最后访问。）夏新华教授（夏新华：《混合法系发展的前沿——兼论中国法学家的理论贡献》，载《湘潭大学学报》2008年第3期。）与张怀印、董蕊（张怀印、董蕊：《“混合法系”理论研究的兴起及其原因探析》，载《江西社会科学》2009年第7期。）等主张只有渥太华大学“世界法律体系”研究团体采用广义的混合法系说，这是值得商榷。Esin Orücü（Mixed and Mixing System: a Conceptual Search, in Esin Örücü, Elspeth Attwooll, Sean Coyle, *Studies in Legal Systems*: *Mixed and Mixing*, London: Kluwer Law International, 1996.）、William Tetley［William Tetley, “Mixed Jurisdictions: Common Law v. Civil Law（Codified and Uncodified）”, 60 *Louisiana Law Review*（2000）.］等都采用了广义说。

源的历史。”[①]“西方法律传统基本上是一元的，几乎完全相同的法律历史因素浸透入每个民族国家的法律产物中：罗马法、日耳曼习惯法、教会法和采邑法等。”[②]从广义视角探讨“mixed”的含义，是毫无意义的。

认可当今世界主要法律体系的分类及不同法系之间的不同，是探讨“mixed”含义的前提。如上所述，“混合性（mixedness）”存在三种形态：混合的（mixed）、混合中的（mixing）与过渡中的。混合中的法律体系及过渡中的法律体系与那些被归为混合法域的法律体系在一定程度上共享着“混合性”，但只有“当‘混合性’是指最终结果并且该结果能够维持时，这一‘混合性’状态就正当化了将‘混合法域’这一术语应用于法律体系这一做法”[③]。只有混合在内部与外部都明显存在，且达到一定程度，如“对普通观察者来说都是明显的”，才可称为“mixed”。尽管混合法律体系不限于大陆法系、普通法系的混合，但是传统上，“Mixed Jurisdictions”的含义是狭窄的，仅指“普通法与大陆法是其法律体系的基本构成要件”。

帕尔梅将那些法律体系是以普通法与大陆法为基本构建且达到“对普通观察者来说都是明显的”程度的国家或地区统称为经典的混合法域（classical Mixed Jurisdictions），[④]世界“混合法域”大会亦是在此意义上适用“Mixed Jurisdictions”这一术语。在《埃尔加比较法百科全书》（Elgar Encyclopedia of Comparative Law）中，帕尔梅教授负责的词条“混合法域”，

---

① P. G. Monateri, “The Weak Law: Contaminations and Legal Cultures”, 13 *Transnational Law & Contemporary Problems* 581（2003）; also see Reinhard Zimmermann and Daniel Visser, *Southern Cross: Civil Law and Common Law in South Africa*, Oxford: Clarendon Press, 1996, p.2.

②［美］艾伦·沃森：《民法法系的演变及形成》，李静冰、姚新华译，中国法制出版社2005年版，第1页。

③［英］埃辛·奥赫绪、［意］戴维·奈尔肯：《比较法新论》，马剑银、鲁楠等译，清华大学出版社2012年版，第201页。

④ 埃辛·奥赫绪称为“简单”混合。See Esin Örücü, “Mixed and Mixing System: a Conceptual Search”, in Esin Örücü, Elspeth Attwooll, Sean Coyle, *Studies in Legal Systems: Mixed and Mixing*, London: Kluwer Law International, 1996, p.345.

将这些“亲密家族”总结为:“传统上所谓的‘混合法域’，大致由 15 个政治实体构成，其中的 11 个是独立国家。大部分（苏格兰和以色列除外）是法国、荷兰或西班牙的前殖民地，随后被转交给大不列颠或美国。”① 帕尔梅将属于混合法域的国家或地区归类为大陆法系、普通法系之外的第三法系。“从理论上说，混合法律体系、混合法域和混合法系三个概念之间存在递进关系，即混合法律体系体现的是一种混合的状况或结果，而混合法域体现的是为混合法律体系所支配的一个地域，如果将混合法域统归起来，作为一个整体，就会形成如帕尔梅所说的第三大法系——混合法系。”②

总结上述观点，对于“Mixed Jurisdictions”这一术语，根据路易斯安那州法的实际情况，在以下行文中使用狭义上的概念。在其特征上，结合其狭义概念，本书认为（也即帕尔梅教授的观点）:

第一,“混合”要求内部与外部都是明显的，就外部——法律体系而言，混合法域的法律呈现二元性，即英美式的公法和大陆式的私法，这“对普通观察者来说都是明显的”。就所属“第三法系”的 17 个国家或地区而言，这一结论基本上是正确的。

第二，混合不仅仅体现于法律体系层面呈现二元性，更重要的是，混合法域发展至今，混合是全方位的、广泛而深入的，混合还体现于法律规则与法律制度、法律思维等层面，可以说是整个法律体系呈现二元性，其中私法领域尤为明显。

第三，第一个特征——法律体系之二元性是混合之外部表征，为普通观察者的初步印象；第二个特征——法律规则、法律制度与法律思维层面的混合是法律长期发展的结果，是第一个特征的延伸。第二个特征是“内

① Vernon Valentine Palmer, “Mixed Jurisdictions”, in Jan M. Smith, *Elgar Encyclopedia of Comparative Law*, Cheltenham, Northampton: Edward Elgar Publishing, 2006, p.467.

② 夏新华:《混合法系发展的前沿——兼论中国法学家的理论贡献》，载《湘潭大学学报》2008 年第 3 期。

部的”，并非第一个特征那么直观，须通过细致研究才能发现。

四、混合法律体系国家或者地区之简介

至今，根据帕尔梅教授的考察，符合上述特征的国家或地区共 17 个，分别是南非、苏格兰、路易斯安那、魁北克、波多黎各、菲律宾、博茨瓦纳、马耳他、纳米比亚、毛里求斯、塞浦路斯、圣卢西亚、以色列、莱索托、斯威士兰、津巴布韦、斯里兰卡。这 17 个国家或地区的法律体系的“混合性”不是无缘无故地、无意中被创造的，“‘混合性’通常是历史事件的结果”，[①] 是一种妥协的、共同利益的产物。根据上述国家或地区“混合性”形成过程中的历史情形不同，帕尔梅将其分为 4 类：殖民间转让（the Intercolonial Transfer）；“第二波”继受（the “Second-Wave” Receptions）；主权合并（the Merger of Sovereignties）；逆向形成的混合法域（the Jurisdiction Founded “in Reverse”）。[②]

（一）因殖民间转让而形成的混合法域

18 世纪至 19 世纪早期，原属于法国、荷兰或西班牙的殖民地，随后被转交给英国或美国，这些国家或地区包括路易斯安那、魁北克、斯里兰卡、马耳他、南非、毛里求斯、塞舌尔、圣卢西亚、波多黎各、菲律宾。上述国家或地区的主权转移后不久，其公法为普通法取代，而私法则被保留，呈现出法律体系二元性。这是新政府对原著居民妥协的结果：大量的不以英语为母语的原著居民主导着当时的社会、经济等领域，他们对大陆法的强烈支持成为当局者全面废止大陆法的最大阻碍，成为大陆法在最关

---

① ［英］埃辛·奥赫绪、［意］戴维·奈尔肯：《比较法新论》，马剑银、鲁楠等译，清华大学出版社 2012 年版，第 204 页。

② See Vernon Valentine Palmer, *Mixed Jurisdictions Worldwide: The Third Legal Family*（2nd ed.），Cambridge: Cambridge University Press, 2012, pp.25-39.

涉原始居民生活的私法领域得以保留的最直接动力。如果原著居民没有形成一股政治力量，那么原有的大陆法可能会被全面废止，阿肯色州、马里亚纳群岛就是最好的例子。

第一是加拿大魁北克省。1763年之前，作为新法兰西一部分的魁北克主要的法律渊源是巴黎习惯、罗马法、教会法及皇室法令。1766年国王乔治三世命令魁北克省长建立英国式的民事、刑事法院，并适用英国法。但是法裔居民普遍抵制1767年新成立的英国式的法院，而依旧法解决纠纷。最终英国政府作出妥协，制定了《1774年魁北克法案》(the Quebec Act of 1774)，该法案在“财产和民事权利”方面保留了旧法，但在刑法方面，则适用英国法。这种妥协“是基于政治因素的考虑。当时，人们相信这种转向可以加强占绝大多数的讲法语的‘魁北克人’与英国之间的关系，并且赢得他们对新殖民统治者的效忠，”①以抵御美国与法国的入侵。②私法方面，“民法渊源的多样性、表达民族语言的多样性、有关民法现代评论的缺乏以及法国与路易斯安那民法典的声望，迫使（在魁北克进行）法典化。”③1866年下加拿大颁布了自己的民法典。

第二是南非。在英国于1806年最终占领开普敦之前，开普敦地区适用荷兰法。英国政府占领开普敦之后，面临的是数量超过19,000的欧裔荷兰人，他们对其加尔文宗教、语言与罗马—荷兰法的坚持迫使英国政府在投降协议上保留了既有的法律与特权。随着英国人移民到开普敦，英国着手使开普敦英国化。1822年，开普敦当局认为“关于财产、合同、遗嘱

① Denis Lemieux, “The Quebec Civil Law System in a Common Law World: the Seven Crises”, 34 *Juridical Review* 16-17 (1989).

② See Adam Shortt, A. G. Doughty, *Documents Relating to the Constitutional History of Canada* (1759-1791) (*Kessinger Publishing's legacy reprints*), Whitefish: Kessinger Publishing, 2006, p.459.

③ William Tetley, “Mixed Jurisdictions: Common Law v. Civil Law (Codified and Uncodified)”, 60 *Louisiana Law Review* 689 (2000).

与继承等所有法律规则完全转向，不可避免地导致极端混乱与困难……罗马—荷兰法完全能够满足任何社会的普通生活需求。”① 对此，英国选择了对开普敦的司法系统进行零碎式的改革。1828 年，荷兰殖民地时期的法院被开普敦最高法院替代，新设法院被规定适用英国法。随着英国法规则的引入，商法、公法被英国商法和宪法、行政法取代。但开普敦法中关于人格、继承、财产以及债务等都极大地保留了罗马—荷兰民法的特色。②

斯里兰卡、马耳他、毛里求斯、塞舌尔、圣卢西亚、波多黎各、菲律宾都有着相似的经历。

（二）因“第二波”继受而形成的混合法域

19 世纪末，博茨瓦纳、莱索托、斯威士兰、津巴布韦与纳米比亚等国家的法律体系迅速成为“混合的”，这是继受南非法的结果。例如，在博茨瓦纳，1891 年 6 月 10 日《高级专员公告》（High Commissioner Proclamation of 10 June 1891）第 19 节规定：“根据该宣言的前述规定，在所有的案件、诉讼中，不论是民事还是刑事，所适用的法律（在该国状况允许的条件下），应与好望角殖民地（即南非）现时有效的法律一样：假设从此之后好望角殖民地的议会不再通过其他法律，则应视为适用于上述领域。”1909 年 12 月公告对此作了修订，但是没有影响到 1891 年第 19 节规定，并规定这种移植在“加以必要修正（mutatis mutandis）”的基础上持

① C.G. Botha, “the Early Influence of the English Law upon the Roman-Dutch Law in South Africa”, 40 *South African Law Journal* 403-404 (1923).

② 参见［南非］科尼利厄斯·G. 凡·德尔·马儿维:《大陆法系与普通法系在南非与苏格兰的融合》，翟寅生译，载龙俊、王静主编:《清华法律评论》（第 4 卷第 1 辑），清华大学出版社 2010 年版，第 84 页。

续进行。[①]

罗马—荷兰法与英国法在南非的混合产物，被移植到了博茨瓦纳等国家，这些国家法律体系的混合性是“二手的（second hand）”。[②]

（三）因主权合并而形成的混合法域

自1314年苏格兰独立之后，罗马法逐渐渗透，并最终成为其主要法律渊源。1707年苏格兰与英格兰签订的《联盟条约》（the Treaty of Union of 1707）是苏格兰法律体系走向的转折点，英国法取代罗马法成为对苏格兰法律体系最有影响力的外部因素。自此，其宪法、行政法、商法及诉讼法都受到了英国法的深远影响；但其私法与刑法依然是大陆法系的传统。不同于魁北克省、路易斯安那州等地区，苏格兰的混合法律体系是其自主选择的结果。

（四）逆向形成的混合法域

以色列混合法律体系的形成与上述混合法域不同，其混合性是在普通法主导以色列法律体系几十年之后，随着大陆法传统被引入而形成的。

1948年，英国结束了对巴勒斯坦属地的托管，独立时的以色列是一个普通法国家。但1948年后，私法领域为受教育欧洲大陆而任职于最高法院的法官、司法部的高级专业人士及希伯来大学法学院的设立者所主导，私法的发展突然转向大陆法的轨道，而宪法、公法依然保持着普通法的传

---

① See J. H. Pain, "The Reception of English and Roman-Dutch Law in Africa with Reference to Botswana, Lesotho and Swaziland", 9 *Comparative and International Law Journal of Southern Africa* 163-164 (1978); Charles Manga Fombad, "Mixed Systems in Southern Africa: Divergences and Convergences", 25 *Tulane European & Civil Law Forum* 6-7 (2010).

② See Vernon Valentine Palmer, *Mixed Jurisdictions Worldwide: The Third Legal Family* (2nd ed.), Cambridge: Cambridge University Press, 2012, p.37.

统。以色列采用了"零碎式的"法典，在1962年至1981年间，以色列国会相继通过了19部法典式的法律，除1979年《不正当得利法》、1979年《侵权法》依然是普通法外，其余内容上都是大陆法式（法国、意大利，尤其是德国）的。[①] 自20世纪80年代开始，以色列为私法的最终法典化而进行了准备。2004年，法典委员会在上述立法基础上制定了《民法典草案建议稿》。"当该法典最终为立法机关通过，事实上，以色列私法基本上是大陆法式的，无论是形式上还是主要内容上。"[②] 尽管私法领域的立法依然是分散式的，但是大陆法已经主导了以色列的私法领域。

第二节　作为混合法律体系的路易斯安那州法

根据帕尔梅教授的研究，当今世界，混合法域包括17个国家或地区，本书选择路易斯安那州法律为研究对象，是因为：其一，路易斯安那州法在混合法律体系中占有特殊重要的地位，且路易斯安那州是少数有民法典的混合法域之一；其二，路易斯安那民法典对世界上诸多国家或地区民法典及美国法典化运动产生了重要影响；其三，近代以来，大陆法系与英美法系彼此借鉴、相互融合，当今在由美国主导的全球化背景下，法系之间的融合趋势将更加明显，作为美国联邦的一个州，路易斯安那州的法律发展，尤其是路易斯安那民法典的发展较具代表性、典型性。

---

① Vernon Valentine Palmer, *Mixed Jurisdictions Worldwide*: *The Third Legal Family*（2nd ed.）, Cambridge: Cambridge University Press, 2012, pp.581-582; Stephen Goldstein, "Israel: Creating a New Legal System from Different Sources by Jurists of Different Backgrounds", in Esin Örücü, Elspeth Attwooll, Sean Coyle, *Studies in Legal Systems*: *Mixed and Mixing*, London: Kluwer Law International, 1996, pp.149-150.

② Vernon Valentine Palmer, *Mixed Jurisdictions Worldwide*: *The Third Legal Family*（2nd ed.）, Cambridge: Cambridge University Press, 2012, p.583.

一、路易斯安那州法在混合法律体系中的地位

路易斯安那州法，尤其是《路易斯安那民法典》在17个所属混合法域的国家或地区的法律体系中占有特别重要的地位。

路易斯安那州法是混合法域概念产生的源泉之一。法学家沃尔顿，正是基于对路易斯安那、魁北克与苏格兰法律的研究，在历史上首次将某些混合法律体系国家或地区联系起来。首创“Mixed Jurisdictions”术语的史密斯教授，其研究亦是基于对路易斯安那、魁北克、南非等国家或地区法律研究的结果。2000年，帕尔梅教授将15个国家或地区称为大陆法系与英美法系之外的第三法系，路易斯安那州正是15个政治实体之一。帕尔梅教授长期任职于路易斯安那州杜兰大学法学院，其研究正是仰赖于其所处的路易斯安那州，以及在比较法研究方面富有卓越声誉的杜兰大学法学院。世界首次“混合法域”的国际会议，正是于2002年在杜兰大学召开的，帕尔梅教授则是第一届会议的主席。

路易斯安那州的立法经验与具体制度对其他国家或地区产生了广泛影响，其影响也不仅仅限于混合法域内。[①] 以民法典为例，1808年《民法学说汇纂》是混合法域内最早的民法典，路易斯安那州于1825年、1870年又分别颁布了《路易斯安那民法典》《路易斯安那修订民法典》，这三部民法典对混合法域国家或地区的民法典编纂有着重要影响：1866年《下加拿大民法典》在具体制度与语言层面都受到了1825年民法典的影响；1879年《圣卢西亚民法典》基本上是1866年《魁北克民法典》的翻版，并在一定程度上受《路易斯安那民法典》的影响；1898年，美国占领菲律宾后，将西班牙人留下的《西班牙民法典》译成了英文，并在其中插入了一些源于《加利福尼亚民法典》与《路易斯安那民法典》的立法例；1902年，修

---

①《路易斯安那民法典》对美国及其姊妹州，以及对世界其他国家或地区的影响，详细论述可见本章第三节。

订后的《波多黎各民法典》插入了很多1870年《路易斯安那修订民法典》的条文，1997年，《波多黎各民法典》再次修订，其民法典起草成员曾受教于杜兰大学举办的立法技术培训班。在全球化背景下，大陆法系与英美法系融合趋势进一步加强，体现两大法系趋同的《路易斯安那民法典》，将极具研究价值。

《路易斯安那民法典》的成长仰赖于本州路易斯安那州立大学与杜兰大学声誉卓著的民法基础理论与比较法研究。自1916年创刊的《杜兰法律评论》(*Tulane Law Review*)与自1938年创刊的《路易斯安那法律评论》(*Louisiana Law Review*)为路易斯安那州在私法领域保持大陆法传统作出了重要贡献，同时为民法典对大陆法系与英美法系的整合作出了巨大贡献。自1973年创刊的《杜兰大陆法论坛》(*Tulane Civil Law Forum*)，后于1993年更名为《杜兰欧洲与大陆法论坛》(*Tulane European & Civil Law Forum*)，在一直专注于大陆法研究、专注于欧洲法律一体化研究的同时，将混合法域的经验介绍给欧盟，为欧盟法的发展作出了贡献。上述刊物并非只专注于路易斯安那州法，而是放眼于整个混合法域，如世界“混合法域”首次大会的相关论文发表于《杜兰法律评论》第78卷。

二、路易斯安那州法律体系的二元性及其代表性

(一)路易斯安那州法律体系之二元化

目前，相对于美国其他49个州及其他地区而言，路易斯安那州法律渊源是多元化的，这种多元化在法律体系层面体现为二元化，即英美式的公法与大陆式的私法。

在程序法层面，路易斯安那州程序法与其他各州基本上是相同的。在实体法层面，公法领域，路易斯安那州刑法基本上是普通法，其行政法基本上与美国联邦政府和其他州的相同；私法领域，路易斯安那州依然保留

有大陆法传统，但大陆法传统受到了普通法的影响。路易斯安那州大陆法传统基本上是对法国法、西班牙法，甚至是罗马法的继承。对于私法领域，尤其是民法典中大陆法与普通法的混合，请见本节第三部分。

（二）路易斯安那州法在混合法律体系中的代表性

路易斯安那州是混合法域国家或地区最典型的代表，其代表性源于：其一，路易斯安那州法在混合法律体系中的重要地位；其二，从 1808 年《民法学说汇纂》至现行《路易斯安那民法典》，路易斯安那民法典不仅对美国法典化运动及其姊妹州的民法典编纂产生了广泛影响，而且对世界其他国家或地区民法典的编纂也产生很大影响，同时也影响着混合法域国家或地区的民法典，如魁北克的《下加拿大民法典》《圣卢西亚民法典》《菲律宾民法典》及《波多黎各民法典》等；其三，路易斯安那州法最符合混合法域之法律特征。

混合法域共包括 17 个国家或地区，其中仅路易斯安那州、魁北克省、菲律宾、波多黎各等制定了民法典。《路易斯安那民法典》除对它们的制定产生了影响外，其也是最能体现“混合”特征的民法典。《路易斯安那民法典》与《魁北克民法典》是混合法域最有影响力的民法典，但是限于路易斯安那州与魁北克省法律发展的背景不同，两部民法典所体现出的大陆法与普通法之混合程度不同。较之于《魁北克民法典》，《路易斯安那民法典》更具“混合”性，因为除语言因素，魁北克一直坚守法语作为官方语言外，魁北克享有较之于路易斯安那州有更大的立法权①，这使得魁北克更好地维护了其大陆法传统。因此，《魁北克民法典》并没有融合较多的普通法制度，也较少见体现大陆法与普通法混合的“创制法”。

① See William Tetley, “Mixed Jurisdictions: Common Law v. Civil Law (Codified and Uncodified)”, 60 *Louisiana Law Review* 733 (2000) .

三、走向“混合”的路易斯安那州民法典

在路易斯安那购置之前，路易斯安那地区历经法国——西班牙——法国长达近百年的殖民统治。殖民统治时期，法国法、西班牙法几乎完全被移植到该地区，路易斯安那购置之时，路易斯安那地区是大陆法地区。

（一）1808年《民法学说汇纂》到1870年《路易斯安那修订民法典》：大陆法系民法典

“在任何一个地方，每当一个群体将自己的法律强加于新攫取的领土以及该领土上的居民的时候，都需要对法律控制的程度和性质做出策略性的决定。有一种统治策略是大胆尝试将自己的法律体系原封不动地移植过去。”[①] 路易斯安那地区殖民地时期，法国、西班牙当局在法律上采用了“原封不动”的移植策略。路易斯安那地区的近代文明史与法制史始于1712年。当时，法国国王路易十四以特许状的形式将法国敕令、条例和巴黎习惯适用于该地区。1762年，法国与西班牙签订《枫丹白露条约》（Treaty of Fountainbleau），路易斯安那地区被割让给西班牙，西班牙在该地区实施了源于1567年颁布的《卡斯蒂利亚王国的新汇编》（Nueva Recopilación de Castilla）和1661年颁布的《西印度群岛诸王国法律汇编》（Recopilación de las Indias）的《奥莱理法典》（O’Reilly’s Code），但法国法律与习惯一直为法裔居民在西班牙法院系统以外适用。1800年，西班牙与法国签订《圣·依德尔芳索条约》（Treaty of San Ildefonso），路易斯安那地区重回法国统治之下。但直到1803年11月30日，法国才对该地区宣示主权，从这天到1803年12月20日美国正式接收路易斯安那地区成为美国领土之

① ［美］劳伦·本顿：《法律与殖民文化——世界历史的法律体系（1400-1900）》，吕亚萍、周威译，清华大学出版社2005年版，第3页。

间的短短20日内，法律方面，法国仅是重新采用了法国的《黑色法典》[①]以废除西班牙关于奴隶制的法律。

路易斯安那购置后，路易斯安那地区成为美国领土。法律方面，美国当局与该地区总督意图采用“原封不动”的策略，将该地区的法律完全普通法化。但遭到了当地占有优势地位的以法裔后代为主的古路易斯安那人的强烈反对，其所拥有的优势是法国、西班牙殖民统治时，土著居民印第安人所不具有的。古路易斯安那人基于文化优势，保留了大陆法传统。为巩固其胜利，1808年该地区颁布了《民法学说汇纂》，通称为1808年路易斯安那民法典。

1812年4月30日，路易斯安那地区成为美国第18个州，随后颁布了州宪法。作为《肯塔基宪法》的复制品，《路易斯安那州宪法》的颁布，标志着路易斯安那州公法、司法系统等完全普通法化，意味着路易斯安那州的法律体系二元性——英美式的公法与大陆式的私法最终确立。

1825年，路易斯安那州颁布了《路易斯安那民法典》，内容上进一步倒向法国法；体系上继续追随《法国民法典》的三编制。美国内战、1868年《路易斯安那州宪法》的通过、1825年《路易斯安那民法典》颁布后民法典之外民事立法的日渐增多，迫使路易斯安那州对民法典重新修订，并于1870年颁布了《路易斯安那修订民法典》。1870年民法典基本上保持了1825年民法典的原貌，依然是以法国法为主要渊源。截至1870年民法典颁布之时，路易斯安那州法律的混合性基本体现于结构层面，私法领域，依然是大陆法传统。

（二）呈现混合特征的现行《路易斯安那民法典》

自1825年、1870年民法典颁布之后，1870年民法典的概念体系面

---

① 关于《黑色法典》的详细介绍，可参见Vernon Valentine Palmer, “The Origins and Authors of the Code Noir”, 56 *Louisiana Law Review* 365-390（1995）。

对路易斯安那州社会、经济所发生的巨大变革已不敷适用。法典文本与社会事实之间长期的紧张关系最终导致了背离民法典文本的“自由法（free law）”[①]运动。路易斯安那州法律的混合性逐渐渗透到私法领域的法律规则、法律制度层面，形成了对普通法的“第二次继受”。

1937年，因戈登·爱尔兰（Gordon Ireland）教授主张路易斯安那州已不再是大陆法法域所引发的关于路易斯安那州是大陆法法域、普通法法域，还是混合法域的“大辩论（the Great Debates）”，最终促使了路易斯安那州大陆法的复兴。此背景下，路易斯安那州于1978年以单个题或章的形式开始修订民法典。修订后的民法典，反映了路易斯安那州法律对普通法继受的成果，融入了大量的普通法术语和制度。

现行《路易斯安那民法典》的混合特征体现于民法典对普通法术语、具体制度的大量移植、借鉴，以及民法典中所包含的融合了大陆法与普通法的创制法（Autonomous Law），甚至于因对普通法的大量借鉴与移植而导致民法典相关领域的立法体系发生变化：财产法领域，第481条引入反向占有制度等；债法领域，第1967条将大陆法系的“原因理论”与富勒的“信赖利益”理论进行糅合而形成的独特的主观原因理论；侵权法领域，立法体系上，从“侵权行为一般条款与准侵权行为一般条款＋具体列举”模式转换到“侵权行为一般条款＋具体列举与准侵权行为一般条款＋具体列举”模式。

第三节　路易斯安那民法典对域外法的影响

“《路易斯安那民法典》对美国及其他国家或地区产生了深厚的文化影

① 关于路易斯安那州“自由法”运动的详细论述，可参见本书第五章第三节第二部分。

响。它可能是世界各地曾颁布过的民法典中最具有罗马法特征的，是拉丁美洲地区民法典（包括本身为其他国家民法典所继受的《阿根廷民法典》）在风格与内容上所选择的典型模式。”[①]“1825 年《路易斯安那民法典》在 19 世纪世界法典化运动中扮演着重要角色。《路易斯安那民法典》不仅影响了法语系国家与英语系国家的法典化运动，而且影响到了西班牙民法典草案。”[②]路易斯安那民法典对美国法律，尤其是美国法典化运动，及其姊妹州法律产生了影响，并对整个拉丁美洲国家及混合法域的民法典，甚至西班牙的民法典产生了影响。

一、路易斯安那民法典对美国法律的影响

《路易斯安那民法典》对其姊妹州法律以及联邦法律的影响尚未得到系统研究，但分散的研究表明，路易斯安那民法典对其姊妹州及联邦法律确实产生了重要影响。“《路易斯安那民法典》是路易斯安那州对美国文化的最重要贡献。就美国法律未来走向而言，这可能是美国法历史上最重要的成就……作为一份文化档案，《路易斯安那民法典》有其自己的优点。它语言优美，因为其保留了大陆法系民法典最优秀的传统。在美国法律文献史上，它同 1787 年《美利坚合众国宪法》、1780 年《马萨诸塞州宪法》一样，具有开创性意义。”[③]

---

① A.N. Yiannopolous, “The Civil Code of Louisiana”, in A.N. Yiannopolous (ed.), *Louisiana Civil Code* (2013 *Edition*) , Brand: Thomson West, 2013, Preface, p.LXX.

② Agustín Parise, “The Place of the Louisiana Civil Code in the Hispanic Civil Codifications: the Comments to the Spanish Civil Code Project of 1851”, 68 *Louisiana Law Review* 824 (2008) .

③ Mitchell Franklin, “Book Review (Reviewing Benjamin Wall Dart, Civil Code of the State of Louisiana, Indianapolis: The Bobbs-Merrill Company, 1932.)”, 7 *Tulane Law Review* 632-633 (1933) .

（一）对美国联邦法律的影响

《路易斯安那民法典》对联邦法律的重要意义，主要体现于两方面。一方面在于联邦普通法对路易斯安那州私法制度的借鉴。在具体制度层面，如美国联邦最高法院在本德诉普法夫（Bender v. Pfaff）案[①]中，基于路易斯安那州夫妻共同财产法而做出判决。自此，判决所采用的夫妻联合报税（joint return）制度[②]作为配偶缴纳所得税的模式为美国联邦政府采用。1990年，一配偶在美国联邦税务法院上辩称，新墨西哥州已经采用了路易斯安那州关于用益权的法律，规定未亡配偶有权基于限制性寿终财产权益（QTIP）信托[③]而享受婚姻财产减税（marital deduction）。[④]尽管该法院否决了该主张，但是保护新墨西哥州公民限制性寿终财产权益安全的州立法即将到来。[⑤]对具体制度层面的影响并不限于此。[⑥]另一方面对美国联邦法律影响最大、最恒久的是体现罗马法法律技术的1870年《路易斯安那修

---

① 282 U.S. 127, 51 S. Ct. 64 (1930).

② 路易斯安那州的夫妻联合报税制度源于巴黎习惯法，在西班牙殖民统治时期亦被使用，最终被纳入1808年《民法学说汇纂》，并适用至今。[See John H. Tucker, Jr., The Code and the Common Law in Louisiana, 29 *Tulane Law Review* 762 (1955).] 根据夫妻联合报税制度，可以将归夫、妻双方共有的婚内收入平等地分成两份，以降低纳税额。

③ QTIP，即限制性寿终财产权益，是指通过限制附期限权益财产信托（QTIP trust）而从死亡配偶一方移转于生存配偶并符合婚姻财产减税条件的财产；QTIP trust，即限制性寿终财产权益信托，是指一种遗嘱信托，借以在配偶一方死亡时将财产转让给生存的另一方。这种信托财产成为限制性寿终财产权益，被认为是存活一方配偶财产的组成部分，无须缴纳遗产税。生存的配偶一方有权收取该财产的收益。参见薛波主编：《元照英美法词典》，法律出版社2003年版，第1127页。

④ See Estate of Doherty v. Comm'r of Internal Revenue, 95 T. C. 446, 464 (1990).

⑤ See A. N. Yiannopolous, "The Civil Code of Louisiana", in A. N. Yiannopolous (ed.), *Louisiana Civil Code* (2013 *Edition*), Brand: Thomson West, 2013, Preface, p.LXXI.

⑥ See Mitchell Franklin, "Book Review (Reviewing Benjamin Wall Dart, Civil Code of the State of Louisiana, Indianapolis: The Bobbs-Merrill Company, 1932.)", 7 *Tulane Law Review* 633 (1933).

订民法典》第 13 ～ 21 条。[①] 这些条文体现了罗马法专业化、体系化的立法技术，阐述了当立法面对特殊情形不能适用时，如何通过类推方式适用立法的方法。《路易斯安那民法典》第 13 ～ 21 条所包含的法律技术对联邦普通法的影响与美国法典编纂是相伴的，主要作用于统一性法典与法律重述。[②]

统一性法典方面，代表“美国法典化渐进过程中最重要的一步”的《美国统一商法典》最具代表性[③]。《美国统一商法典》标志着“美国进入了成文法时代，《美国统一商法典》还被广泛视为英美法和大陆法逐渐接近、

---

① 1808 年《民法学说汇纂》、1825 年《路易斯安那民法典》与 1870 年《路易斯安那修正民法典》第 13 条至第 21 条的规定相同，如下：

第 13 条 当法律清晰且不存在歧义时，不能借以追求其立法精神而忽视其字面意思。

第 14 条 法律的用词一般需按照最熟知、最通常的意义理解，就其通常流行的适用而言，不能附之于过多拘泥细节的语法规则。

第 15 条 专门术语需根据其在技术、贸易与专业领域中被赋予的含义和通用意义加以理解。

第 16 条 法律的用词含义不明时，其意思应通过考察其上下文来比较模棱两可的单词、短语和句子，以确定其真实意义。

第 17 条 涉及相同事项或相同主题的法律，必须相互参照进行解释：某项确定的法律，可以被用来解释另一个不确定的法律。

第 18 条 当法律的表述存在不确定时，发现其真实意义最普遍、最有效的方式是考虑其理性与精神，或者立法者制定其的理由。

第 19 条 在避免创设特定种类的欺诈时，法律将某些行为宣布为无效，相关规定无须废止，因为该特定行为已经被证明并非欺诈行为。

第 20 条 区分恶法与善法，无论采用限缩解释，还扩张解释，都是谬误。

第 21 条 在民事案件中，当法律没有明确规定时，法官有义务根据衡平进行审理和判决。当制定法没有规定之时，为了衡平的裁判，可诉诸自然法、理性或者通行惯例。

1987 年民法典序题被修订（Acts 1987, No.124），原民法典第 13 ~ 18 条、第 21 条散见于现行《路易斯安那民法典》第 4 条、第 9 ~ 13 条，对原规定改变不大。See A.N. Yiannopolous, *Louisiana Civil Code* (2013 *Edition, Volume I*), Brand: Thomson West, 2013, pp.2-4.

② See Mitchell Franklin, “Book Review (Reviewing Benjamin Wall Dart, Civil Code of the State of Louisiana, Indianapolis: The Bobbs-Merrill Company, 1932.)”, 7 *Tulane Law Review* 634 (1933).

③ [美] 罗斯科・庞德：《法理学》(第 3 卷)，廖德宇译，法律出版社 2007 年版，第 545 页。

融合的一个标志。"[①]《美国统一商法典》"确实是一部法典",[②]"是一部与《法国民法典》齐名的著名法典。"[③]大陆法系的经验证明,任何一部法典都不会完美无缺,都存在法律漏洞,《路易斯安那民法典》亦不例外。1808年《民法学说汇纂》、1825年《路易斯安那民法典》与1870年《路易斯安那修订民法典》第21条正是为弥补法律漏洞而设置的。《美国统一商法典》也当然存在漏洞,为了弥补漏洞,卡尔·卢埃林(Karl N. Llewellyn)专门设计了第1-102条。[④]路易斯安那州米歇尔·富兰克林教授谈及了第1-102条的重要性:

在诸多重要方面,卢埃林法(《美国统一商法典》)"取代"了英美普通法的法律方法,并代之以大陆法的方法。从形式上讲,这种"取代"尽管表述审慎,却代表着美国法律史上的一大显著进步。

实现这一发展的基本条文是法典第1-102条第(1)款……

这一语言的效果是,法典不仅具有法律效力,而且,其本身即为一项

① 《美国统一商法典》意味着美国法律最终走上了培根、边沁和利文斯顿所指明的道路,即成文法法典化之路。See Mitchell Franklin, "On the Legal Method of the Uniform Commercial Code", 16 *Law and Contemporary Problems* 330(1951).

② Richard Buxbaum, "Is the Uniform Commercial Code a Code?", Rechtsrealismus, multikulturelic Gesellschaft und Handelsrecht, 197, 220(Duncker & Humblot, Berlin 1994), citied in William D. Hawkland, The Uniform Commercial Code and the Civil Codes, 56 *Louisiana Law Review* 236(1996). 国内学者孙新强教授也认为《美国统一商法典》是一部法典,对此论述,可参见孙新强:《法典的理性——美国〈统一商法典〉法理思想研究》,山东人民出版社2006年版,第291～304页。

③ 孙新强:《法典的理性——美国〈统一商法典〉法理思想研究》,山东人民出版社2006年版,第8页。

④ See William D. Hawkland, "The Uniform Commercial Code and the Civil Codes", 56 *Louisiana Law Review* 237(1996). 第1-102条规定:(1)对本法应作灵活解释与适用,以促进其基本目的与宗旨之实现。(2)本法的基本目的和总旨为:(a)简化、澄清调整商事交易的法律,并使之现代化;(b)使商事惯常做法能够通过习惯、惯例和当事方之间的协议得以继续发展;(c)统一各司法辖区的商法。[Uniform Commercial Code §1-102. 中文译文,参见[美]美国法学会(ALI),美国统一州法委员会(NCCUSL):《美国〈统一商法典〉及其正式述评》(第1卷),孙新强译,中国人民大学出版社2004年版,第2页。]

法律渊源。第1–102条第（1）款的制定标志着如果法典条文没有关于裁判纠纷或问题的具体规定，则可以发展或“适用法典本身，以促进其基本理由、目的和宗旨的实现”。该款将法典的发展或展开的一般过程奉为神圣，因此，依据真正的解释（“释义”）所无法控制的它通过类推即可裁断。其他法学家也可能将这一过程视为广义的解释。①

富兰克林教授对第1–102条的理解完全符合了卢埃林的意图，其意图体现于《美国统一商法典》正式述评中，该条评论解释说：

由于本法旨在成为一项准永久性立法，因此，其制定系为了提供一种灵活性，从而为商事惯常做法的发展提供自身的机制。本法旨在使法院能够根据未预见到的新情况及新实践发展本法典所体现的法。但是，对法典的正当释义要求其解释和适用受其立法目的的约束。②

另外，传统的美国制定法解释仍然采用英国法传统的严格限制性解释方法。但是《美国统一商法典》及法律重述（如《合同法第二次重述》）中所规定的类推规则，则是试图缓和限制性解释的例证。③

法律重述由美国法学会（American Law Institute）制定，美国法学会建立宗旨在于克服美国普通法之不确定性和复杂性弊端，以简化法律。法律重述基本上采用了法典形式：以抽象表述的规则构成，按照法典的形式编排。虽然法律重述不是严格意义上的法典，虽然法律重述一直停留在民间团体的作品之层次上而无法律约束力，但是其具有辅助性权威，在美国律师的辩词和法院的判决中经常援引，对美国司法实践产生了重大影响。

---

① Mitchell Franklin, “On the Legal Method of the Uniform Commercial Code”, 16 *Law and Contemporary Problems* 333（1951）.

②［美］美国法学会（ALI）、美国统一州法委员会（NCCUSL）:《美国〈统一商法典〉及其正式述评》（第1卷），孙新强译，中国人民大学出版社2004年版，第2～3页。

③ 参见［日］大木雅夫:《比较法》（修订译本），范愉译，法律出版社2006年版，第252页。

法律重述“为将来有可能进行的法典编纂铺平了道路”。[①]

“《路易斯安那民法典》所采用的法律技术，反映了已逾 2000 年之久的罗马法经验，因此必然成为美国的法律技术。”[②]《路易斯安那民法典》第 13 条至第 21 条的法律技术对美国法典编纂产生了深远影响。

（二）对姊妹州民法典的影响

美国法的基础是英国普通法，但是因为历史原因，美国法在英国普通法基础上根据自身环境、民族生活习惯、经济条件及法律思维等对其进行了改造。相对于英国而言，美国在法典编纂问题上，更注重其实用性，所以表现得更为灵活、开放。当然，在美国法典编纂历程中，私法领域的法典化程度远不及公法领域，但是 19 世纪法典化运动主要涉及了私法领域。

路易斯安那民法典对其姊妹州的影响，首先在于对《纽约州民法典草案》（亦称《菲尔德民法典》）的影响，其影响不仅体现于法律渊源层面，还体现于法典体系与法典化观念层面。

“使普通法法典化的建议至少可以追溯到弗朗西斯·培根 1614 年提出的‘关于编辑和修正英国法’的建议。”[③] 但直到 19 世纪前半叶，英美法系才经历了一场“认真的”法典化的运动。[④] 戴维·达德利·菲尔德是 19 世

---

① 封丽霞：《法典编纂论——一个比较法的视角》，清华大学出版社 2002 年版，第 137 页。

② Mitchell Franklin, “Book Review (Reviewing Benjamin Wall Dart, Civil Code of the State of Louisiana, Indianapolis: The Bobbs-Merrill Company, 1932)”, 7 *Tulane Law Review* 634 (1933).

③［美］伯纳德·施瓦茨：《美国法律史》，王军等译，法律出版社 2011 年版，第 64 页。

④ 关于 19 世纪中叶之前的普通法系的法典化编纂之争，可参见［美］伯纳德·施瓦茨：《美国法律史》，王军等译，法律出版社 2011 年版，第 64 ~ 65 页；徐国栋：《菲尔德及其〈纽约州民法典草案〉——一个半世纪再论法典编纂之是非》，载［美］戴维·达德利·菲尔德：《纽约州民法典草案》，田甜译，中国大百科全书出版社 2007 年版，序言，第 3 ~ 10 页。关于普通法的法典编纂史，可参见［美］罗斯科·庞德：《法理学》（第 3 卷），廖德宇译，法律出版社 2007 年版，第 534 ~ 547 页。

纪美国法典化运动的主要领导人。菲尔德与杰里米·边沁的功利主义理论、1804年《法国民法典》共同促成了19世纪美国的法典化运动。①

自1837年菲尔德着手撰写需要编纂法典的著作开始，在近半个世纪的时间里，菲尔德一直是法典化运动的领导者。1846年，在菲尔德的鼓动下，根据当时《纽约州宪法》规定，纽约州设立了若干委员会意图将本州的全部法律编纂成法典。在由此形成的若干委员会中，菲尔德都是最重要领导者。1848年，以菲尔德为首起草的《民事诉讼法典》（这是其起草的第一部法典）在纽约州通过，这成为美国法律改革运动的一个重要里程碑。菲尔德并没有满足于此，其雄心在于“我们所要的是普通法的法典化……我们就将拥有一部我们自己的法律文献——美国法典”②。对此，委员会又相继起草了刑法典、政治法典、民法典，其中后两部法典几乎完全由菲尔德起草。③

作为菲尔德领导的法典化运动最重要部分的民法典，于1865年完成，民法典草案共计2034个条文，分为4编，采用了“倒总则”的体系：

一般性规定和结构

第一编　人

第二编　财产

第三编　债

第四编　一般规定——适用于人、财产和债，或上述主题中的两项

《纽约州民法典草案》是对当时纽约州普通法的体系化、抽象化整理，稍有改善但没有从根本上改变。菲尔德阐述了草案近2/3的条文（1376个条文）的渊源，渊源包括判例、制定法、学说与法典，其中超过700个条

---

① See Charles M. Cook, *The American Codification Movement: a Study of Antebellum Legal Reform*, Westport: Greenwood Press, 1981, p.74.

② [美] 伯纳德·施瓦茨:《美国法律史》，王军等译，法律出版社2011年版，第66页。

③ [美] 罗斯科·庞德:《法理学》（第3卷），廖德宇译，法律出版社2007年版，第538页。

文源于以纽约州判例为主的法院判例，还包括美国联邦法院，甚至英国的判例；近300个条文源于1828年首次完成的《纽约州修订法》与其他几部法律；近100个条文源于普通法学说；大陆法渊源方面，其中五十多条涉及了《法国民法典》、《路易斯安那民法典》及《法国商法典》、法国学者著述、优士丁尼《学说汇纂》等。[①] 在未阐述渊源的法条之中，超过60个条文几乎与1825年《路易斯安那民法典》的规定一致，如《菲尔德民法典》第75、159、671、2016条分别与1825年《路易斯安那民法典》第191、480、1753、3522条是相对应的。[②]

法律渊源层面并不能完全体现1825年《路易斯安那民法典》对《菲尔德民法典》的影响，因为就渊源对一部法典之影响来说，源于某一渊源的条文数量仅仅是衡量的因素之一，条文在法典中的重要程度（如一般条款相对于普通条款而言，可能更重要）亦是标准之一。除法律渊源之外，大陆法的影响还体现于法典化观念及法典体系方面。首先，菲尔德制定《纽约州民法典草案》的观念不可能源于普通法，亦不是源于边沁。[③] 菲尔德认为，《优士丁尼国法大全》是对人类最大的恩惠之一，是人类思想的最高成就之一。法国大革命伊始，法国一部分地区适用罗马法，一部分地区适用习惯法，而《法国民法典》的制定使得整个国家的法律得以统一，

① See Rodolfo Batiza, "Sources of the Field Civil Code: the Civil Law Influences on a Common Law Code", 60 *Tulane Law Review* 803-804 (1986).

② See Rodolfo Batiza, "Sources of the Field Civil Code: the Civil Law Influences on a Common Law Code", 60 *Tulane Law Review* 808-810 (1986).

③ 罗斯科·庞德认为，尽管边沁主张法典化，并阐述了编纂原则。但是他自己没有着手编纂一部法典，因而不知道法典编纂的艰辛。事实上，起草一部法典更需要一个律师，而不是边沁。See Roscoe Pound, David Dudley Field: an Appraisal, in David Dudley Field, *Alison Reppy*: *Centenary Essays*: *Celebrating One Hundred Years of Legal Reform* (*Republished by William S. Hein & Company*, 2000), New York: New York University School of Law, 1949, p.6.

且这种模式在欧洲被广泛采用，因此整个法律的统一是可能的。[①]《优士丁尼国法大全》以及《法国民法典》对法国法律统一所起的作用和《路易斯安那民法典》的成功制定，成为菲尔德将普通法法典化的最主要动机。其次，大陆法的影响还体现于菲尔德民法典的体系之中。虽然体系上，菲尔德民法典与《法国民法典》《路易斯安那民法典》存在一定差异，但是其前3编与两部民法典的体系基本上是一致的，且菲尔德民法典的体系设置更类似于《路易斯安那民法典》，如民法典第1编第3分编第3题“主与仆”在《法国民法典》中并没有相关规定，而是源于1825年《路易斯安那民法典》第1编第6题“主与仆”。[②]另外，菲尔德民法典关于法律术语的定义也源于《路易斯安那民法典》，因为《法国民法典》基本没有包含解释性规定。[③]

《纽约州民法典草案》最终因关于法典颁布的议案未被纽约州州长签字而流产，作为诸多法典中最重要的民法典未被通过，意味着菲尔德领导的法典化运动以失败而告终。菲尔德法典化运动的失败可以归于多种原因。首先，“这正是菲尔德的命运：要完成他的任务，既太迟，又太早

① To the Legislature of the State of New York: Introduction, in *The Civil Code of the State of New York: Reported Complete by the Commissioners of the Code* (*Republished by New Jersey: The Lawbook Exchange, Ltd.*, 1998) , Albany: Weed, Parsons & Co. Printers, 1865, pp.xv–xvi.

② See Rodolfo Batiza, “Sources of the Field Civil Code: the Civil Law Influences on a Common Law Code”, 60 *Tulane Law Review* 806 (1986) .《菲尔德民法典》与《法国民法典》《路易斯安那民法典》体系上的相似性受到了诸多学者的关注。[See James Coolidge Carter, *The Proposed Codification of our Common Law: a Paper Prepared at the Request of the Committee of the Bar Association of the City of New York, Appointed to Oppose the Measure* (*Republished by Charleston: Nabu Press*) , New York: Evening Post Job Printing Office, 1884, p.111; Maurice Eugen Lang, *Codification in the British Empire and America*, New Jersey: The Lawbook Exchange, Ltd., 1924, p.144.]

③ 1808年《民法学说汇纂》与1825年《路易斯安那民法典》、1870年《路易斯安那修正民法典》中包含有大量的定义界定与在《法国民法典》中被压缩到最小范围的一般引导性内容。参见本书第二章第四节。

了……事实上，他投身于其毕生事业之时，正是美国普通法的形成过程完结之时，但又是在它被充分地系统化、编纂成法典之前。”[①] 菲尔德主导的法典化运动，时机是不成熟的。诸如《法国民法典》，民法典编纂是法律长期发展的结果，是法律重心转移到立法之后的结果。但是菲尔德意图将整个普通法编纂成法典应用于美国法形成之初期，时机是不恰当的：此时美国法正处成长之中，未到法典编纂之时。其次，詹姆斯·肯特（James Kent）出版的以布莱克斯通《英国法释义》为样本的《美国法释义》与约瑟夫·斯托里（Joseph Story）出版的 9 本有关美国法的释义削弱了人们对法典的崇拜。最终，以詹姆斯·卡特（James Coolidge Carter）在纽约市律师协会会议以“我们的普通法编纂建议”（The Proposed Codification of Our Common Law）为题的演讲获得全体一致认同为终点，纽约州的法典编纂之争宣告结束。[②]

但《纽约州民法典草案》“墙内开花墙外香”，在纽约州的夭折并没有影响到其在美国各州的广泛传播，其被美国 5 个州及关岛地区采用，并在一定程度上影响到了阿根廷、英属印度。[③]“美国西部许多州的情况却不同，那里仍保持着‘边疆社会’简单的社会环境，认为结构合理和使法律变得易于外行人掌握的法典，在价值上要比法律职业者在维护既定传统中的利益大得多。到 19 世纪末，北达科他州、南达科他州、爱达荷州、蒙大拿

① [美] 伯纳德·施瓦茨：《美国法律史》，王军等译，法律出版社 2011 年版，第 67 页。

② 菲尔德——卡特关于是否实现美国普通法法典化的论战，可参见封丽霞：《法典编纂论——一个比较法的视角》，清华大学出版社 2002 年版，第 182 ~ 191 页；徐国栋：《菲尔德及其〈纽约州民法典草案〉——一个半世纪再论法典编纂之是非》，载 [美] 戴维·达德利·菲尔德：《纽约州民法典草案》，田甜译，中国大百科全书出版社 2007 年版，序言，第 19 ~ 26 页。

③《菲尔德民法典》对阿根廷、英属印度的影响，可参见徐国栋：《菲尔德及其〈纽约州民法典草案〉——一个半世纪再论法典编纂之是非》，载 [美] 戴维·达德利·菲尔德：《纽约州民法典草案》，田甜译，中国大百科全书出版社 2007 年版，序言，第 50 ~ 51 页。

州和加利福尼亚州采用了《菲尔德民法典》。”[①]

1866年1月12日，已获准州地位的达科他几乎逐字采用了尚处于立法阶段的《纽约州民法典草案》，成为第一个采用菲尔德民法典的地区。达科他对草案的采用成为菲尔德用以说服纽约州议会采用《纽约州民法典草案》的依据。[②]自1875年开始到1877年，达科他主要在借鉴《加利福尼亚民法典》的基础上对原民法典进行了修订。因为《加利福尼亚民法典》是在《纽约州民法典草案》基础上起草的，所以达科他对《纽约州民法典草案》由开始的直接采用变为间接采用。1889年，达科他分为南达科他州、北达科他州，《纽约州民法典草案》继续适用于此，分别直到1939年、1943年。[③]

殖民地时期，加利福尼亚一直适用大陆法。加利福尼亚并入美国联邦之后，法律处于同时适用大陆法与美国普通法的混乱状态。1850年，获得州地位的加利福尼亚亟须将当时的法律法典化以解决法律混乱问题，对此，州长彼得·伯纳特（Peter Burnett）考虑到加利福尼亚州与路易斯安那

---

① [德] K. 茨威格特、H. 克茨:《比较法总论》，潘汉典、米健、高鸿钧、贺卫方译，法律出版社2003年版，第356页。

② See David Dudley Field, "Codification of the Law", in Abram Pulling Sprague (ed.), *Speeches, Arguments, and Miscellaneous Papers of David Dudley Field*, New York: D. Appleton and Company, 1884, p.359.

③ 南达科他于1939年把诸法典和本州的制定法汇编成一个按主题的字母顺序排列的单一法典，过去的民法典丧失了自己的“番号”，其内容被打散在这一结构中，其过去的编章结构等方面安排的意义现在归零。北达科他州于1943年也取消了民法典的“番号”，把民法典、刑法典、政治法典、司法组织法、民事和刑事诉讼法汇编成一部法典——《北达科他经修订的法典》，主题编排法现在被字母顺序编排法取代。这实际上表现了其议会放弃部门法典的立场。1961年，是两个达科他州采用菲尔德民法典的百年，在这个时间，两个州未举行任何纪念活动，也证明了她们对菲尔德民法典的冷淡态度。（徐国栋:《菲尔德及其〈纽约州民法典草案〉——一个半世纪再论法典编纂之是非》，载[美]戴维·达德利·菲尔德:《纽约州民法典草案》，田甜译，中国大百科全书出版社2007年版，序言，第43页。）

州的相似经历，建议议会直接采用路易斯安那州民法典和民事诉讼法典。[①] 州议会未采纳州长的建议，但决定起草法典。1871年，加利福尼亚州在《纽约州民法典草案》基础上起草了《加利福尼亚民法典草案》，[②] 并于1872年通过。《加利福尼亚民法典》与《纽约州民法典草案》最大不同在于二者处理民法典与普通法关系方面：不同于纽约州，加利福尼亚州仅将民法典看作为普通法规则的宣誓，民法典并非是法律的唯一渊源，甚至不是渊源，民法典的适用依赖于普通法判例予以解释。[③]《加利福尼亚民法典》仅仅是普通法的补充。[④] 这意味着，加利福尼亚州不是大陆法法域或者混合法域，而仍然是普通法法域。

1887年，爱达荷准州采用了重大修改后的《纽约州民法典草案》。1890年，爱达荷取得州地位之后，民法典继续适用。1895年，蒙大拿取得州地位之后，采用了《纽约州民法典草案》以解决当时法律的混乱状况。[⑤]1933年5月1日，《关岛民法典》采用了更接近加利福尼亚版本的民法典。[⑥]

除了对美国上述各州产生影响外，《纽约州民法典草案》还对《阿根

① See Ralph N. Kleps, "The Revision and Codification of California Statutes 1849-1953", 42 *California Law Review* 766 (1954) .

② 约翰·诺顿·波默罗伊经统计，发现《加利福尼亚民法典草案》对菲尔德民法典修改了300多个条文，并增加了100多个条文。See David Gruning, "La lettre d'Amerique: Vive la difference? Why No Codification of Private Law in the United States?" 39 *Revue Juridique Themis* 188 (2005) .

③ See Gunther A. Weiss, "The Enchantment of Codification in the Common-Law World", 25 *Yale Journal of International Law* 515 (2000) .

④ See Rosamond Parma, "The History of the Adoption of the Codes of California", 22 *Law Library Journal* 18 (1929) .

⑤ See Andrew P. Morriss, Scott J. Burnham and Hon. James C. Nelson, "Debating the Field Civil Code 105 Years Late", 61 *Montana Law Review* 371 (2000) .

⑥ 参见徐国栋:《菲尔德及其〈纽约州民法典草案〉——一个半世纪再论法典编纂之是非》，载［美］戴维·达德利·菲尔德:《纽约州民法典草案》，田甜译，中国大百科全书出版社2007年版，序言，第49页。

廷民法典》及英属印度的法律产生了影响。[①]

（三）对《波多黎各民法典》的影响

自成为西班牙殖民地之后，波多黎各一直适用西班牙法。1889 年 7 月 31 日，西班牙王室法令决定将于 1889 年颁布的《西班牙民法典》适用于波多黎各，1890 年 1 月 1 日，《西班牙民法典》于波多黎各生效。[②]

1898 年，波多黎各爆发美国——西班牙战争，以西班牙战败，美国接管波多黎各而告终。1900 年 4 月 12 日，美国国会通过《福拉克法》(Foraker Act)，对波多黎各正式实行统治。《福拉克法》第 40 条规定，建立一个由总统任命并经参议院同意的 3 人（其中一人必须是在波多黎各出生的公民）组成的立法委员会，负责修订包括民法典在内的波多黎各法律。在此组成的立法委员会中，有两位来自美国本土的普通法地区。委员会在民法典修订过程中，遭遇了路易斯安那购置后路易斯安那法律改革所遭遇的问题。美国政府受路易斯安那启发，意识到完全普通法化的激进方式只能是以失败而终，[③] 对此，波多黎各民法典的修订采取了渐进的方式：一方面，坚持波多黎各的制度必须与美国法律制度更加和谐一致；另一方面，主张避免急剧地改革，不搞完全美国法化。[④] 美国政府在波多黎各民法典修订过程中将 1870 年《路易斯安那修订民法典》的一些条文纳入《波多黎各民法

① 《纽约州民法典草案》对《阿根廷民法典》及英属印度的法律产生的具体影响，可参见徐国栋：《菲尔德及其〈纽约州民法典草案〉——一个半世纪再论法典编纂之是非》，载［美］戴维·达德利·菲尔德：《纽约州民法典草案》，田甜译，中国大百科全书出版社 2007 年版，序言，第 50 ~ 51 页。

② 关于波多黎各的历史，可参见［波多黎各］何塞·路易斯·比瓦斯：《波多黎各史》，张铠、马国和译，天津人民出版社 1980 年版。

③ 关于美国政府在路易斯安那地区推行普通法政策与古路易斯安那人之间对大陆法的坚持之间的斗争，可详见本书第二章。

④ 参见徐国栋：《孤星下的民法典——〈波多黎各民法典〉的过去、现在和未来》，载徐国栋译著：《比较法视野中的民法典编纂（一）》，北京大学出版社 2007 年版，第 129 页。

典》，并要求采用一些与波多黎各大陆法极为冲突的学说，例如衡平的概念。①

据统计，1902年《波多黎各民法典》的修订，主要涉及结婚、离婚、监护、亲权、失踪、亲子关系、非婚生子女的权利和收养等方面，共计36处。“许多修改被纳入《西班牙民法典》文本之中，尤其是第一编，修改的绝大部分旨在将1870年《路易斯安那民法典》的规定纳入《波多黎各民法典》之中。”②

二、路易斯安那民法典对西班牙民法典的影响

路易斯安那地区于1762年至1800年间曾经是西班牙的殖民地，1812年西班牙《卡迪斯宪法》(Constitution of Cadiz)第258条规定，制定适用于整个西班牙范围的包括民法典在内的法典。西班牙于1821年、1832年、1836年分别制定了3部民法典草案，但没有被采纳。③1843年，西班牙法典编纂委员成立，由弗洛伦西奥·加西亚·哥耶那(Florencio García Goyena)为首的委员会于1851年制定了西班牙民法典颁布之前的第四部民法典草案。虽然该草案没有被采用，但是成为1889年《西班牙民法典》的基础。④

1852年，哥耶那出版了《西班牙民法典的专编、意图与评论》

① VéaseLuís Muñoz Morales, *Reseña Histórica y Anotaciones al Código Civil de Puerto Rico*, Rio Piedras: Junta Editora de la Universidad de Puerto Rico, 1947, p.23. 转引自徐国栋:《孤星下的民法典——〈波多黎各民法典〉的过去、现在和未来》，载徐国栋译著:《比较法视野中的民法典编纂(一)》，北京大学出版社2007年版，第129页。

② Manuel Rodriguez Ramos, “Interaction of Civil Law and Anglo-American Law in the Legal Method in Puerto Rico”, 23 *Tulane Law Review* 20 (1948).

③ 关于这三部民法典草案的详细介绍，可参见徐国栋:《〈法国民法典〉模式的传播与变形小史》，载《法学家》2004年第2期。

④ See Shael Herman, “Louisiana's Contribution to the 1852 Projet of the Spanish Civil Code”, 42 *Louisiana Law Review* 1517-1518 (1982).

（Concordancias, Motivos y Comentarios Del Código Civil Español）一书，[①] 该书就 1851 年《西班牙民法典第四草案》的 1992 个条文做了评注，其中提及 1825 年《路易斯安那民法典》近 1500 处，[②] 多达 1103 个条文。[③]1825 年《路易斯安那民法典》在很多领域都成为该民法典草案的基础，这是因为 1825 年《路易斯安那民法典》很多条款还保留有西班牙法的印记，如夫妻共同财产制度源于西班牙共同收益制度（sociedad de gananciales），[④] 此外，早期路易斯安那州法学还时常参考《卡斯蒂利亚王国的新汇编》与《七章律》等。在路易斯安那州法律史上，路易斯安那州法学家对西班牙法依然尊重，最有力的证据是 1819 年路易斯安那州立法机关委托路易斯·莫罗－李斯雷（Louis Moreau-Lislet）与亨利·卡尔顿（Henry Carleton）翻译《七章律》。莫罗与卡尔顿认为，《七章律》有着最完善的法律体系，“可以与当代文明社会颁布的任何一部法典相媲美”[⑤]。

《路易斯安那民法典》对《西班牙民法典第四草案》的影响，[⑥] 首先，

① 《西班牙民法典的专编、意图与评论》对南美洲国家的民法典编纂影响重大，参见 Rolf Knütel, “Influences of the Louisiana Civil Code in Latin America”, 70 *Tulane Law Review* 1450-1451（1996）。

② See Shael Herman, “Louisiana's Contribution to the 1852 Projet of the Spanish Civil Code”, 42 *Louisiana Law Review* 1514（1982）.

③ See Agustín Parise, “The Place of the Louisiana Civil Code in the Hispanic Civil Codifications: the Comments to the Spanish Civil Code Project of 1851”, 68 *Louisiana Law Review* 825（2008）.

④ See Nina Nichols Pugh, “The Spanish Community of Gains in 1808: Sociedad de Gananciales”, 30 *Louisiana Law Review* 2（1969）.

⑤ Louis Moreau-Lislet, Henry Carleton, *The Laws of Las Siete Partidas: Which are Still in Force in the State of Louisiana*（*Volume* 1）, New Orleans: James M ‘Karaher, 1820, Preface, p.vii.

⑥ 《路易斯安那民法典》对西班牙民法典草案在体系方面、实质层面的影响以及西班牙民法典草案具体条文与《路易斯安那民法典》相关条文的对应，可参见 Agustín Parise, “The Place of the Louisiana Civil Code in the Hispanic Civil Codifications: the Comments to the Spanish Civil Code Project of 1851”, 68 *Louisiana Law Review* 853-929（2008）; Shael Herman, “Louisiana's Contribution to the 1852 Projet of the Spanish Civil Code”, 42 *Louisiana Law Review* 1520-1537（1982）。

在于体系方面，"《西班牙民法典》各编、各主题的设置基本上与《路易斯安那民法典》相一致"[①]；其次，在于法律渊源层面，该草案很多条款源于1825年《路易斯安那民法典》，有些条款甚至是逐字引用的，如受《路易斯安那民法典》影响最大的债与特殊合同领域，关于合同的同意与原因方面，显然不是源于《法国民法典》。由上可知，《路易斯安那民法典》的相关规定通过哥耶那的民法典草案为1889年《西班牙民法典》继受。[②]

三、路易斯安那民法典对其他民法典的影响

路易斯安那民法典对域外民法典的影响，范围不仅仅局限于混合法域之内的民法典，还包括混合法域之外的民法典；时间上不仅仅是影响了近代民法典的编纂，还包括现代民法典。

（一）对魁北克民法典的影响

魁北克直到1866年才颁布了民法典，较之于路易斯安那州，晚了半个多世纪。"处于普通法海洋的路易斯安那州在民法典编纂和适用法国民法方面长达半个多世纪的经验，使得魁北克民法典的制定者受益无穷。19世纪上半叶，其他国家确实直接效仿了《法国民法典》，但限于距离与语言等方面的困难，魁北克更多地借鉴了路易斯安那州的经验。"[③]1857年，魁北克关于准备制定民法典的法令陈述到："诸如法国、路易斯安那州和其他地区民法典编纂所取得的巨大成就，将为下加拿大地区民法典的编纂提

---

① Shael Herman, "Louisiana's Contribution to the 1852 Projet of the Spanish Civil Code", 42 *Louisiana Law Review* 1513 (1982). 1825年《路易斯安那民法典》、1870年《路易斯安那修订民法典》与《法国民法典》在体系设置上有所不同，附表1-1路易斯安那民法典与法国民法典之体系比较。

② See Shael Herman, "Louisiana's Contribution to the 1852 Projet of the Spanish Civil Code", 42 *Louisiana Law Review* 1514, 1518 (1982).

③ E. Fabre-Surveyer, "The Civil Law in Quebec and Louisiana", 1 *Tulane Law Review* 649 (1939).

供便利。”①

法典编纂委员会关于将下加拿大民事法律编纂成法典的报告显示，1825年《路易斯安那民法典》对1866年魁北克民法典的影响，不仅体现于具体制度层面，还体现于语言方面。② 具体制度层面,《下加拿大民法典》在禁止性规定、失踪人、父权、监护、法人、役权、债、买卖、委托、保证、最后一次生病的费用、时效等方面，直接源于1825年《路易斯安那民法典》，而非《法国民法典》。③ 语言层面,《下加拿大民法典》将1825年《路易斯安那民法典》视为参考模式，原因在于两方面：一方面，两

---

① An Act Respecting the Codification of the Laws of Lower Canada relative to Civil Matters and Procedure, in *Consolidated statutes for Lower Canada*: *Proclaimed and published under the authority of the act* 23 *Victoria*, *Cap*. 56, 1860, Volume I, Quebec: Derbishire & Desbarats, 1861, pp.6-7. 鉴于《下加拿大民法典》与1825年《路易斯安那民法典》的关系，加拿大魁北克省最高法院法官法布尔－瑟维耶（E. Fabre-Surveyer）称魁北克民法典为路易斯安那民法典的“兄弟”。[See E. Fabre-Surveyer, “The Civil Law in Quebec and Louisiana”, 1 *Tulane Law Review* 649 (1939).]

② See John P. Richert, E. Suzanne Richert, “The Impact of the Civil Code of Louisiana upon the Civil Code of Quebec of 1866”, 8 *Revue Juridique Themis* 518 (1973).

③ 如禁止性规定方面,《下加拿大民法典》第14条源于1825年《路易斯安那民法典》第12条；失踪人方面,《下加拿大民法典》某些条款与《法国民法典》不同，而是源于《路易斯安那民法典》；父权方面,《下加拿大民法典》第242～245条，源于《路易斯安那民法典》第215、216、218条；监护方面,《下加拿大民法典》第276条，源于《路易斯安那民法典》第298条；法人方面,《下加拿大民法典》采用了《路易斯安那民法典》的模式，将其纳入其中；役权方面,《下加拿大民法典》第543条，源于《路易斯安那民法典》第701、702条,《法国民法典》直到1881年才有类似规定；债方面,《下加拿大民法典》第998、999条，源于1870年《路易斯安那民法典》第1856～1858条；买卖方面,《下加拿大民法典》第1525条，源于1825年《路易斯安那民法典》第2518条；委托方面,《下加拿大民法典》第1705条，源于1825年《路易斯安那民法典》第2969条；保证方面,《下加拿大民法典》第1938条，源于1825年《路易斯安那民法典》第3011条，并采用了其模式；在动产上的一般优先权方面,《下加拿大民法典》采用了1870年《路易斯安那民法典》第3200条关于“慢性病”的规定，但对其进行了限制；时效方面,《下加拿大民法典》第2183条，源于1870年《路易斯安那民法典》第3458、3459条。[See E. Fabre-Surveyer, “The Civil Law in Quebec and Louisiana”, 1 *Tulane Law Review* 652-654 (1939); John P. Richert, E. Suzanne Richert, “The Impact of the Civil Code of Louisiana upon the Civil Code of Quebec of 1866”, 8 *Revue Juridique Themis* 509 (1973).]

部民法典都以英语、法语两种语言颁布，且都是先制定了法语版本的民法典，并将之译成英文版本；另一方面，1825 年《路易斯安那民法典》纠正了《法国民法典》语言层面中的一些“无意识”错误。[①]

（二）对南美洲各国民法典的影响

“拉丁美洲有三部伟大的民法典：（1）1846 ～ 1855 年，由安德雷斯·贝略（Andr□s Bello）起草的《智利民法典》；（2）1863 ～ 1869 年，由达尔马修·贝莱斯·萨斯菲尔德（Dalmacio Vélez Sarsfield）起草的《阿根廷民法典》；（3）1856 ～ 1865 年，由奥古斯都·特谢拉·德·弗雷塔斯（Augusto Teixeira de Freitas）起草的《巴西民法典草案》。这三部民法典成为大多数拉丁美洲国家起草民法典的范本。”[②]“阿根廷民法典是一位伟大的拉丁美洲法学家萨斯菲尔德的作品。他与 1857 年智利民法典的作者贝略，1858 年巴西的《民法汇编》以及《民法典草案》（在 1860 年到 1865 年之间出版）的作者弗雷塔斯一起，在拉丁美洲形成现代法典的过程中融合了拉丁美洲的罗马法系的统一性的基础。”[③]

因曾经同属西班牙殖民地的拉丁美洲与路易斯安那州同处美洲，《路易斯安那民法典》更易为拉丁美洲国家所知悉，同时 1825 年《路易斯安那民法典》作为“新世界的第一部民法典，成为大多数拉丁美洲民族国家模仿的蓝本，因为他们正在寻求一部自己的法典，以表达其一直为之奋斗而取得的独立”。1804 年《法国民法典》的革命性特征以及 1825 年《路易

① See John P. Richert, E. Suzanne Richert, “The Impact of the Civil Code of Louisiana upon the Civil Code of Quebec of 1866”, 8 *Revue Juridique Themis* 518-519 (1973).

② Kenneth L. Karst, Keith S. Rosenn, *Law and Development in Latin America: a Case Book*, Berkeley: University of California Press, 1975, p.47.

③ [意]桑德罗·斯奇巴尼：《在阿根廷生效的萨斯菲尔德民法典——为该法典的汉语译本而作》，薛军译，载徐涤宇译注：《最新阿根廷共和国民法典》，法律出版社 2007 年版，导言，第 1 页。

斯安那民法典》的颁布给拉丁美洲国家留下了深刻印象，拉丁美洲国家纷纷开始编纂民法典。拉丁美洲国家第一次法典化运动很大程度上是直接将《法国民法典》《路易斯安那民法典》逐字翻译使用。① 当《法国民法典》与《路易斯安那民法典》共同成为这些法典的渊源时，法典编纂者更倾向于将《法国民法典》作为其渊源，但是 1855 年《智利民法典》、1865 年《巴西民法典草案》与《阿根廷民法典》，这 3 部拉丁美洲最著名的民法典包含了很多源于《路易斯安那民法典》而《法国民法典》中没有的制度。其他拉丁美洲国家民法典也通过上述 3 部民法典，间接地从《路易斯安那民法典》汲取了营养。

《路易斯安那民法典》对南美洲国家民法典编纂的影响很大程度上依赖于 1840 年由福琼·安东尼·德·圣 – 约瑟夫（Fortuné Anthoine de Saint-Joseph）的《拿破仑民法典与国外民法典专编》（Concordance entre les Codes civils étrangers et le Code Napoléon）与受《拿破仑民法典与国外民法典专编》影响于 1852 年由弗洛伦西奥·加西亚·哥耶那（Florencio García Goyena）出版的《西班牙民法典的专编、意图与评论》（Concordancias, Motivos y Comentarios Del Código Civil Español）。这两本书大量参考、引用了 1825 年《路易斯安那民法典》，而南美洲国家民法典起草者在制定民法典过程中，对这两本书作了大量参考，由此，《路易斯安那民法典》对南美洲国家民法典的编纂产生了重要影响。②

1. 对《智利民法典》的影响

1855 年，由贝略起草的《智利民法典》是上述 3 部民法典中最早的。在智利民法典注释中，贝略明显引用 1825 年《路易斯安那民法典》的地

① See Rolf Knütel, "Influences of the Louisiana Civil Code in Latin America", 70 *Tulane Law Review* 1444-1445 (1996).

② See Rolf Knütel, "Influences of the Louisiana Civil Code in Latin America", 70 *Tulane Law Review* 1449-1451 (1996).

方多达 19 处。《智利民法典》几乎完全采纳了 1825 年《路易斯安那民法典》第 3 编第 24 题“本法典中诸术语的意思”的规定，并规定于法典第 25 条到第 51 条。在近代民法典中，只有 1825 年《路易斯安那民法典》包含这种带有普通法痕迹的解释性条文。《智利民法典》在保佐、继承、监护、父权、作为继承人经营（pro herede gestio）、债法领域中的本质错误、生前赠与等具体制度上，移植了 1825 年《路易斯安那民法典》的规定。① 尽管贝略没有指出，但是在买卖、法人等领域以及序题上，《智利民法典》均参考了 1825 年《路易斯安那民法典》。②

《智利民法典》被认为是拉丁美洲第一部独立自主完成的、意义深远的、编纂得最好的私法法典，至今仍然有效。“在拉美，智利民法典取得了法国民法典在欧洲大陆的一样的成功。”③《智利民法典》一直影响着拉丁美洲国家的法典编纂：1857 年《厄瓜多尔民法典》与 1873 年、1887 年《哥伦比亚民法典》几乎是《智利民法典》翻版；1859 年《萨尔瓦多民法典》亦是出自《智利民法典》，仅对条文做了部分删减；1871 年《尼加拉瓜民法典》与 1880 年《洪都拉斯民法典》在一定程度上受到了《智利民法典》的影响。当然，就具体制度层面而言，整个拉丁美洲国家的民法典都曾受到《智利民法典》的影响。④

2. 对《巴西民法典草案》的影响

1822 年 9 月 7 日，巴西宣布独立。1824 年《巴西帝国宪法》第 179

① 具体制度介绍，及《智利民法典》相关条文与 1825 年《路易斯安那民法典》的关系，可参见 Rolf Knütel, “Influences of the Louisiana Civil Code in Latin America”, 70 *Tulane Law Review* 1453-1457, 1475 (1996).

② See Rolf Knütel, “Influences of the Louisiana Civil Code in Latin America”, 70 *Tulane Law Review* 1459-1459 (1996).

③ [智利] 古兹曼:《关于智利民法典重新编纂的一些思考》，薛军译，载《中外法学》2004 年第 6 期。

④ 参见 [意] 桑德罗·斯奇巴尼:《在智利、厄瓜多尔、哥伦比亚生效的安德雷斯·贝略民法典》，徐国栋译，载徐国栋主编:《智利共和国民法典》，徐涤宇译，金桥文化出版（香港）有限公司 2002 年版，第 4 页。

条第 18 款规定尽快编纂民法典和刑法典。对于民事法律的法典化，面对当时的情形，巴西政府采取了较为务实的方式，对民事法律进行系统化处理之后再编纂民法典。1855 年，奥古斯都·泰赫拉·德·弗雷塔斯（Augusto Teixeira de Freitas）受巴西司法部委托，开始对民事法律进行系统化、体系化整理，并于 1857 年完成、出版了《巴西民法汇编》。[①] 对当时有效民事法律系统化整理的《巴西民法汇编》为巴西民法典的起草做了较为充分的准备。1859 年 1 月 10 日，巴西政府再次委托弗雷塔斯，要求其在三年内起草一部民法典草案。弗雷塔斯于 1860 到 1865 年之间，以分册的方式发表了其起草成果，共 7 个分册，条文达到 4908 个，但未提供完整的民法典草案，加之弗雷塔斯的民法典草案实行民商合一的立法模式显然与巴西已经制定的商法典相冲，于是突弗雷塔斯于 1872 年 11 月 18 日被巴西司法部解雇。[②]

弗雷塔斯的民法典草案受到了 1825 年《路易斯安那民法典》的影响。第 1 编"总则"中的 15 个条款直接源于 1825 年《路易斯安那民法典》第 1 编"法人"一题。此外，弗雷塔斯在参考 1825 年《路易斯安那民法典》第 413 条规定后，认为是否挥霍关涉个人自由，从而废止了《法国民法典》第 488 条第 3 款所规定的关于挥霍的禁治产制度；[③] 在获得解放的未成年

---

① 《巴西民法汇编》制定于《巴西民法典》之前，在《巴西民法典》颁布前的六十多年里，其事实上获得了法典的权威，并成为巴西以后的民法典草案起草者的必须起步点，它们都不同程度地受到其制约，在结构设计上长期受到其压倒性的支配。这一设计的重要内容是"总则—分则"的两分结构，它构成巴西民法典编纂传统在伊比利亚—拉丁美洲法系国家中的独特之处——其他民法典都没有总则。（参见徐国栋:《从〈巴西民法汇编〉到〈新巴西民法典〉》，载《华东政法大学学报》2009 年第 3 期。）

② 关于弗雷塔斯最终被巴西司法部解雇的详细原因，可参见徐国栋:《从〈巴西民法汇编〉到〈新巴西民法典〉》，载《华东政法大学学报》2009 年第 3 期。

③ 1825 年《路易斯安那民法典》第 413 条规定:"禁止以挥霍或者浪费的名义申请禁治产。"《法国民法典》第 488 条第 3 款规定:"由于挥霍浪费、纨绔不羁、游手好闲，有可能自陷贫困或影响履行家庭义务的成年人，亦得进行保护。"

人[①]的合同义务、家庭的界定与胎儿的权利方面，弗雷塔斯亦参照了《路易斯安那民法典》。除此之外，弗雷塔斯在草案注释中，多处地方共同参考了罗马法、《法国民法典》《路易斯安那民法典》等。[②]

尽管弗雷塔斯的民法典草案未被采纳，但它成了克洛维斯·贝维拉瓜（Clovis Bevilaqua）起草的1916年《巴西民法典》的基础，[③]并对拉丁美洲其他国家的民法典编纂产生了广泛影响，1868年《乌拉圭民法典》、1871年《阿根廷民法典》、1877年《巴拉圭民法典》等都受其影响。这些民法典共同巩固了《巴西民法典》设立总则的传统。[④]

3. 对《阿根廷民法典》的影响

1816年7月9日，阿根廷宣告独立，但《阿根廷民法典》的起草经历了漫长又曲折的过程。[⑤] 1864年10月20日，阿根廷总统任命萨斯菲尔德独自编纂阿根廷民法典。自1865年6月21日至1869年8月，萨斯菲尔德分别提交了阿根廷民法典草案第1编“人”、第2编“民事关系中的对人权”、第3编“物权”、第4编“物权和对人权的共同规则”及一些法律

---

① 获得解放的未成年人（emancipated minors），指脱离父母而能完全独立生活之未满18岁的未成年人。获得解放的未成年人类似于我国《民法通则》第11条第2款规定的特殊的完全民事行为能力人，即16周岁以上不满18周岁，但以自己的劳动收入为主要生活来源的自然人。

② See Rolf Knütel, “Influences of the Louisiana Civil Code in Latin America”, 70 *Tulane Law Review* 1461, 1476 (1996).

③ See Rolf Knütel, “Influences of the Louisiana Civil Code in Latin America”, 70 *Tulane Law Review* 1461-1462 (1996).

④ 参见徐国栋:《从〈巴西民法汇编〉到〈新巴西民法典〉》，载《华东政法大学学报》2009年第3期；[意]桑德罗·斯奇巴尼:《〈巴西新民法典〉序言》，齐云译，载《巴西新民法典》，齐云译，中国法制出版社2009年版，第8～9页。

⑤ 关于《阿根廷民法典》制定的曲折过程，可参见徐国栋:《从1871年〈阿根廷民法典〉到1998年〈阿根廷民法典草案〉》，载徐国栋主编:《罗马法与现代民法》(第4卷)，中国人民大学出版社2004年版，第115～116页。

通则和法律时间计算的序编，共计4051个条文。[①]1869年9月25日，阿根廷政府通过了萨斯菲尔德的民法典草案，《阿根廷民法典》正式诞生。《阿根廷民法典》的诞生标志着阿根廷真正实现了统一。

萨斯菲尔德在起草过程中，依赖最多的是1804年《法国民法典》。在当时的立法环境中，想摆脱《法国民法典》的影响极其不易，但《阿根廷民法典》引用1825年《路易斯安那民法典》多达265处。[②]1825年《路易斯安那民法典》的解释性特征满足了萨斯菲尔德提供更加明细、更多针对特殊情况的规则的意图：首先，《路易斯安那民法典》较之于《法国民法典》包含有大量的定义界定与一般引导性内容，这引起了萨斯菲尔德的兴趣；其次，《路易斯安那民法典》很大程度上移植了《法国民法典第八草案》的内容，较之于《法国民法典》，涉及了更多罗马法中的决疑法。因此，《阿根廷民法典》中的很多概念源于经由路易斯安那州编纂而成的罗马法概念。[③]

《阿根廷民法典》的编纂“体现着南美立法风格最为独特的和最具本

---

① 参见徐国栋:《从1871年〈阿根廷民法典〉到1998年〈阿根廷民法典草案〉》，载徐国栋主编:《罗马法与现代民法》(第4卷)，中国人民大学出版社2004年版，第116页。

②《阿根廷民法典》序题中有3个条文、第1编(人法与家庭法)中有24个条文、第2编(债法)中有95个条文、第3编(财产法)中有95个条文、第4编(关于财产权与对人权的一般规则;继承法)中有48个条文源于1825年《路易斯安那民法典》。[《阿根廷民法典》源于《路易斯安那民法典》的具体条款，可参见Rolf Knütel, “Influences of the Louisiana Civil Code in Latin America”, 70 *Tulane Law Review* 1463、1477-1480(1996).]但徐国栋教授认为源于《路易斯安那民法典》的有290个条文。[参见徐国栋:《从1871年〈阿根廷民法典〉到1998年〈阿根廷民法典草案〉》，载徐国栋主编:《罗马法与现代民法》(第4卷)，中国人民大学出版社2004年版，第119页。]对于该差异，可能的原因是，《法国民法典》《路易斯安那民法典》为《阿根廷民法典》的共同渊源，而《路易斯安那民法典》又是以《法国民法典》为主要渊源的。

③ See Rolf Knütel, “Influences of the Louisiana Civil Code in Latin America”, 70 *Tulane Law Review* 1466-1467(1996).

色的成就”[①]。“阿根廷民法典对拉丁美洲法建立在罗马法系共同基础上的统一，作出了自己的贡献。”[②]作为拉丁美洲民法典之典范，它先后被其他国家所采用：1876年《巴拉圭民法典》完全是《阿根廷民法典》的翻版，1868年《乌拉圭民法典》、1904年《尼加拉瓜民法典》、1916年《巴拿马民法典》都一定程度上受到了其影响。

（三）对爱沙尼亚民法典的影响

1991年8月20日，爱沙尼亚脱离苏联。独立前，爱沙尼亚适用《苏俄民法典》。宣布独立后，爱沙尼亚急于制定与当时政治、经济环境相适应的新法律，作为调整商品经济关系的基本法，私法的重塑至关重要，但政治体制的转向与经济环境的变化决定了这一任务的艰巨性。

独立后的爱沙尼亚，制定并以全民公投的方式通过了新宪法，“强调今天的爱沙尼亚与非苏维埃的建立于1918年的独立的爱沙尼亚共和国的联系”[③]。法律是与1918年爱沙尼亚共和国相联系的重要部分，爱沙尼亚司法部决定对1940年《爱沙尼亚民法典草案》进行修订，并授权下辖于司法部的民商事法律委员会于1992年8月开始修订1940年民法典草案，但民商事法律委员会认为应当制定一部完全现代化的民法典，司法部对此也予以肯定。为此，该委员会、爱沙尼亚法学家们开始研究世界上新制定的、新修订的民法典，如德国、瑞士、荷兰、丹麦、意大利、魁北克等国家或地区的民法典，现行《路易斯安那民法典》也被加以参考，因为其被

---

① [德] K. 茨威格特、H. 克茨:《比较法总论》，潘汉典、米健、高鸿钧、贺卫方译，法律出版社2003年版，第175页。

② [意]桑德罗·斯奇巴尼:《在阿根廷生效的萨斯菲尔德民法典——为该法典的汉语译本而作》，薛军译，载徐涤宇译注:《最新阿根廷共和国民法典》，法律出版社2007年版，第1～2页。

③ 徐国栋:《东欧剧变后前苏联集团国家的民商法典和民商立法——法律史、民商法典的结构、土地所有权和国有企业问题》，载梁慧星主编:《民商法论丛》(第14卷)，法律出版社2000年版，第237页。

视为当代最优秀的民法典之一。[①]

当时爱沙尼亚没有足够的关于外国法的素材，民商事法律委员会也没有足够的时间来研究和起草，该委员会通过与上述国家或地区的学者建立联系以弥补这些缺陷。该委员会与路易斯安那州著名学者意亚那不勒斯（A.N. Yiannopoulos）教授[②]取得联系，意亚那不勒斯教授对《爱沙尼亚民法典》的体系及民法典财产法部分及一般规则部分做出了贡献:《路易斯安那民法典》的逻辑结构对《爱沙尼亚民法典》产生了影响；财产法部分的数个条款源于意亚那不勒斯教授的建议；一般规则部分的数个条款亦源于其建议。该委员会深入研究了《路易斯安那民法典》，并采纳了一些条款为爱沙尼亚民法典所效仿。[③]

另外，1879年《圣卢西亚民法典》基本上是1866年《魁北克民法典》的翻版，并在一定程度上受《路易斯安那民法典》的影响。[④]1898年，美西战争后，美国占领菲律宾，在其统治的近50年里，将西班牙人留下的《西班牙民法典》译成了英文，并加入了很多源于《路易斯安那民法典》与《加利福尼亚民法典》的制度。[⑤]因此，《路易斯安那民法典》在一定程度上也影响到了菲律宾。

还需要注意的是，欧盟统一立法进程本身就是混合法律体系研究兴起的主要原因之一，作为混合法域的路易斯安那州之法律发展，尤其是路易

---

① See Paul Varul, Heild Pisuket, “Louisiana's Contribution to the Estonian Civil Code”, 73 *Tulane Law Review* 1028-1029（1999）.

② 意亚那不勒斯（A.N. Yiannopoulos）教授在民法、比较法与海商法领域享誉全球。自1980年起，作为路易斯安那州法律委员会的报告人（即起草人），其一直负责《路易斯安那民法典》的修订。

③ See Paul Varul, Heild Pisuket, “Louisiana's Contribution to the Estonian Civil Code”, 73 *Tulane Law Review* 1029-1031（1999）.

④ See N.J.O. Liverpool, “The History and Development of the Saint Lucia Civil Code”, 14 *Revue Generale de Droit* 373（1983）.

⑤ 参见徐国栋:《孤星下的民法典——〈波多黎各民法典〉的过去、现在和未来》，载徐国栋译著:《比较法视野中的民法典编纂（一）》，北京大学出版社2007年版，第162～163页。

斯安那民法典的发展，为其提供了经验。

第四节　全球化背景下路易斯安那民法典的推广契机

20 世纪 80 年代以来，以经济全球化为基础和核心的全球化趋势进一步加强，带动了政治、文化、社会等各个方面的全球化。在全球化背景下，世界法律体系，尤其是大陆法系与普通法系间的融合、趋同之势进一步加强。应如何融合，怎样融合，经由上百年甚至几百年而形成的混合法域提供了一个可资借鉴的图景。混合法域的经验对世界私法的未来发展有着重要意义。在全球化时代，体现法律趋同的混合法域民法典，如《路易斯安那民法典》，将极具研究价值和借鉴意义。

一、全球化对世界法律体系融合的促进

（一）全球化与法律全球化

1. 全球化

自 1985 年美国经济学家提奥多尔·莱维特（Theodore Levitt）发表《市场全球化》一文之后，“全球化”一词引起了理论界的广泛关注，并作为一种理论，迅速扩张至各个研究领域。全球化有广义与狭义之分，广义全球化是指与现代化同步而发生的现象；狭义全球化主要是指 20 世纪 90 年代以来经济、技术和法律的全球流动和传播。①

至今，关于全球化从何时开始未形成统一。本书赞同以下观点：全

① 参见高鸿钧:《美国法全球化：典型例证与法理反思》，载《中国法学》2011 年第 1 期。

球化是人类在社会发展过程中，突破狭隘的实践交往空间而走向融合的过程，全球化的形成应当以“全球意识”的产生或世界史的生成为标志。以此为标准可以确定全球化始于近代西方文明。以人类社会发展中的重要历史转折作为参考依据，全球化进程大致可以分为三个阶段。[①] 第一阶段为资本主义世界市场的形成阶段，自 1492 年哥伦布发现美洲新大陆至 1945 年第二次世界大战结束。在该阶段，全球化是西方发达国家向外扩张和拓展殖民地的过程，全球化的实质是资本主义化，即西方国家企图将资本主义制度及其相关的价值观念推向世界并统治世界。第二阶段是资本主义世界市场的发展阶段，自 1945 年第二次世界大战结束至今。主体（资本主义世界、社会主义世界、第三世界和国际组织等）的多元化意味着该阶段的全球化不再是西方发达国家的霸权主义，与之相对的是，观念的多元化、多极化，各个国家、各个民族主张文化平等、自由发展等。在此阶段，全球化是在不同文化的交流、冲突、消解和融合中实现的。但应当看到的是，今天的全球化依然带有第一阶段全球化的胎记，当今全球化的现实并没有改变西方霸权主义性质。第三阶段的全球化还只是一种发展趋势，它一方面强调世界的统一性；另一方面强调发展中各主体思维差异性与非同质性，以及由此而来的多元化、多极化格局。第三阶段的全球化追求个人、组织、民族和国家以平等的资格自由交往，以保障多元化主体利益合理、公平、公正的发展。[②]

2. 法律全球化

法律全球化作为全球化的一个维度，“是指法律在全球范围的传播和流动，主要表现为特定国家法律的全球化，伴随全球治理而出现的法律全

---

① 关于全球化的历史阶段划分的基本分类，可参见崔兆玉、张晓忠:《学术界关于“全球化”阶段划分的若干观点》，载《当代世界与社会主义》2002 年第 3 期。

② 参见崔兆玉、张晓忠:《学术界关于“全球化”阶段划分的若干观点》，载《当代世界与社会主义》2002 年第 3 期。

球化，以及世界主义法律价值的全球化”。[①]

根据美国哈佛大学法学院教授邓肯·肯尼迪（Duncan Kennedy）对1850年至2000年法律与法律思想的研究，西方法律制度和概念的变革存在两个交叠时期，即法律全球化亦分为3个阶段：一是1850年至1914年，古典法律思想的全球化；二是1900年至1968年，社会法学的全球化；三是1945年至2000年，关注法律技术的思维趋势。第一阶段，古典法律思想的全球化源自西方资本主义国家对殖民地的直接强加，但古典法律思想能为欧洲和非欧洲的边远地区所接受，是因为其所具有的内在吸引力，这种吸引力体现于三方面的特征：公法与私法的区分、国内法与国际法“主体”的区分、市场法与家事法的区分。这次全球化仅涉及法律的思维模式，“即把法律作为规制私人和公共行动者的自治系统，这个系统的边界由法律推理所界定，而法律推理被理解为一种科学实践”。第二阶段，全球化口号是“社会”，是针对19世纪后期法律推理方法的滥用及法律内容方面的“个人主义”倾向而提出，但第二次全球化遵循了第一次所开通的路径。这次全球化同样只涉及法律思维模式而没有涉及实质内容，主张思考法律时，应“把法律作为有目的的活动和调控机制，认为它能够且应该推动社会生活的演进，使社会生活适应强烈感受到的社会各个层面（从家庭到国家）的相互依赖”。第三阶段，不同于前两次，此次全球化开始关注法律技术的思维模式，“继对古典法律思想和社会法学的批判之后，这是一种从实用角度对冲突的权衡，这种权衡的内容是由社会法学家所倡导的制度”。第三阶段全球化路径是西方国家或以“帮助”欠发达国家实现“现代化”为名，或以其在世界范围内的霸权地位而实现的。[②]

---

① 高鸿钧：《美国法全球化：典型例证与法理反思》，载《中国法学》2011年第1期。

② 参见［美］邓肯·肯尼迪：《法律与法律思想的三次全球化：1850—2000》，高鸿钧译，载高鸿钧、於兴中主编：《清华法治论衡》（第12辑　社会理论之法前言），清华大学出版社2009年版，第48～54页。

全球化更多的是一种“一体化”的过程，在全球化时代，法律“一体化”现象是很明显和很普通的。[①] 历史上，法律的一体化主要是在一个国家或一个地区范围内进行，进入全球化时代后，法律一体化扩大到全球范围。法律的局部一体化往往是全球化的缩影，欧盟法律一体化就是典型代表。可以说，欧盟法律一体化是法律全球化的探路石。经济一体化区域（如拉丁美洲的南方共同市场组织、非洲地区经济一体化等）的逐渐增多是法律实现全球化的重要过程。

（二）全球化促进世界法律体系进一步融合

大陆法系与英美法系经过长期发展，在很多方面逐渐趋同。除两大法系国家或地区的文化基础、法律价值、法律渊源存在共同性与法律技术存在互补性之外，在全球化背景下国际范围更广、程度更深的经济、文化交流进一步促进了大陆法系与英美法系间的融合。大陆法系与英美法系的趋同成为现代世界法律发展的一个总体表征。

“当今世界法系格局主要由大陆法系、英美法系、伊斯兰法系和混合法系构成，随着社会政治经济条件的变化，法系本身以及法系之间的关系也在发生变化。在此当中，全球化尤其是经济全球化是直接影响当今法系以及法系格局发展的最重要因素之一。”[②] 全球化使得世界经济、政治、文化与社会的发展无法再局限于一个民族国家或地区之内，不同民族国家或地区人民的交往越来越密切，利益变动就不可避免地导致利益纠纷的全球

① 参见严存生:《法的“一体”和“多元”》，商务印书馆 2008 年版，第 247 页。

② 米健:《当今与未来世界法律体系》，法律出版社 2010 年版，第 256 页。需要注意的是，米健教授认为未来世界法律体系大体可以分为大陆法系、英美法系与融合法系。融合法系，即混合法系，是指历史上曾有自身法律传统，但在发展过程中不同程度上接受了其他法系或法律传统，并对自身法律秩序进行了重大改造的法律。基于此，米健教授将大陆法系与英美法系之外，凡是近代以来处在嬗变发展过程中而且又具有不同法律文化传统元素的法律制度，都纳入混合法系的范畴。对此，米健教授所指的“混合法系”中的“混合”概念并不等同于混合法域之“混合”含义。

化。为了应对全球化进程中产生的利益纠纷，法律本地化与政府间一致同意、超国家法、非国家化 4 种法律发展取向开始并存，由此创制的法律规范和进行的法律实践，极大地丰富了人类社会的法律经验，并影响着世界法系格局的未来变化。①

法律本地化与政府间一致同意、超国家法、非国家化 4 种法律发展取向决定了全球化背景下法律发展呈现“多元化”与“一体化”的辩证统一：法律本土化发展决定了法律的多元化；政府间一致同意、超国家法、非国家化发展则意味着法律发展趋向于一体化。政府间一致同意原则的法律发展具体体现为各国国内法之间的协调与合作，法律发展的非国家化取向体现为国际统一私法实体法的发展，超国家原则主导的法律发展体现为国际公法不同于传统的新发展。在各国法之间的协调与合作、国际统一私法实体法的迅速发展、国际公法不同于传统的新发展背景下，不同法系之间逐渐出现一些跨法系的共同法，如私法中的国际贸易领域；公法方面，内国宪法对国际人权法的引用等，而且呈逐渐增多之势。

全球化的私法与公法超越了不同法系间的差别，可以说在不同法系之外新增了“法族”，这一共同法的“新法族”的发展，将有力地促进不同法系之间的趋同。

二、路易斯安那民法典的推广契机

近 20 年来，法律全球化致使一批学者对域外法律的研究兴趣逐渐增加，欧盟扩张及欧洲一体化进程加速了欧洲法律统一，1993 年南非开始进行政治改革，混合法域内学者的民族自我发现与自信开始崛起，等等。在这一系列因素作用下，关于混合法律体系理论的研究开始逐渐兴起。近年来，关于混合法域或者混合法律体系研究成果的大量出版以及欧美法学界

① 参见米健:《当今与未来世界法律体系》，法律出版社 2010 年版，第 261 ~ 266 页。

召开的4次关于“混合法域”的国际会议，即是混合法域、混合法律体系理论研究兴起的一个侧面。

全球化背景下，不同法系间呈现的融合趋势以及欧盟法律一体化进程可能是混合法律体系研究兴起的最主要原因。全球化推动的不同法系之间的法律交流从法律思想、法律规范与制度、法律事务等各个层面展开，无论是交流的广度、深度，还是交流的数量、质量都超过了以往，但不同法系之间的差别依然存在。不同法系之间的融合过程，亦是冲突消解的过程。如何消解冲突，如何走向融合，经由二百多年发展，并最终走向混合的路易斯安那州提供了一个可资借鉴的图景。“路易斯安那州和魁北克省在很大程度上给比较法学者提供了观察不同法律风格相互影响进程的‘活对象’……苏格兰法具有世界主义的和‘国际的’特性”，也许对致力于推动未来大陆法和普通法逐渐融合的那些人提供帮助。“混合法律体系被视为大陆法与普通法在欧洲统一的可能模式”①，混合法域的经验对世界私法的未来发展有着重要意义。在全球化背景下，体现法律趋同的混合法域民法典，如《路易斯安那民法典》，将极具研究价值。

本章小结

混合法域，有广义与狭义之分，但在传统意义上，其专指那些法律体系主要由英美法和大陆法这两种法律传统的成分所构成，且达到一定程度的国家或地区。混合法域法律的混合性体现于两个层面：一是基于历史事件而形成的法律体系之二元性，即大陆式的私法与英美式的公法；二是法律规则、法律制度与法律思维层面的混合。

---

① 欧盟统一立法需建构于欧洲大陆的大陆法，英格兰、威尔士、爱尔兰的普通法及苏格兰的混合法之上。

当今，世界混合法域包括17个国家或地区，路易斯安那州法在混合法域地位卓著，尤其是《路易斯安那民法典》。《路易斯安那民法典》的地位是由其对美国法典化运动、其姊妹州等民法典及域外其他民法典的影响决定的，这也正是本书选择以《路易斯安那民法典》为研究对象的原因。

在全球化背景下，不同法系之间的法律交流从法律思想、法律规范与制度、法律事务等各个层面展开，无论是交流的广度、深度，还是交流的数量、质量都超过以往。综上可知，体现大陆法与英美法趋同的《路易斯安那民法典》，将迎来推广契机。

第二章　路易斯安那州法律体系二元化的确立

路易斯安那整个发展史都充满传奇色彩，但最传奇、最重要的时期是19世纪前25年。1803年路易斯安那购置（Louisiana Purchase）后，路易斯安那地区并入美国联邦，自此，路易斯安那州法律体系结构层面逐渐呈现二元性。

本章主要探讨混合法域第一个特征——大陆法式的私法与英美法式的公法在路易斯安那州的形成过程与体现：其一，以路易斯安那地区的3次主权更迭为线，介绍殖民地时期路易斯安那地区的法律发展史，及路易斯安那购置时该地区的法律体系；其二，探讨路易斯安那州法律体系结构层面呈现二元性形成的过程及实质体现。

第一节　殖民地时期路易斯安那地区的法律体系

意欲了解殖民地时期路易斯安那地区的政治与法律，需要对路易斯安那的历史进行一番概述。路易斯安那购置之前，路易斯安那地区[①]经历了3次主权更迭。

一、路易斯安那地区主权三次更迭

路易斯安那购置之前，路易斯安那地区相继经由了法国——西班牙——法国的殖民统治。

（一）法国殖民统治时期

美国历史上，路易斯安那地区的发现富有传奇色彩。当今证据显示，近代以来，最早进入路易斯安那地区的是西班牙人赫尔南多·德·索托（Hernando de Soto）探险队的幸存者。他们的确于1543年到达过密西西比河口，但是西班牙没有对这一地区提出主权要求。[②]

1682年，法国人罗伯特·卡维里尔（Robert Cavelier）、西儒尔·德·拉·萨雷（Sieur de la Salle）以法国的名义首次占领了这块土地。新的占领地被命名为路易斯安那，以纪念法国国王路易十四。

路易斯安那地区近代法制史始于1712年，当时路易十四以特许状的形式允许安托万·克罗扎（Antoine Crozat）开发、管理和利用这块占领地，特许状规定这块土地根据法国救令、条例和巴黎习惯管理。1731年，路易斯安那地区变为国王的直辖殖民地，依然根据法国救令、条例和巴黎习惯

---

① 关于路易斯安那州的称谓问题，需要说明的是，自1682年法国人占领该地区，并将其命名为路易斯安那，至1804年3月26日国会法案将路易斯安那地区被分为路易斯安那行政区（the district of Louisiana）与奥尔良地区（the territory of Orleans），此时间段内，本书将地区称为路易斯安那地区；自1804年3月26日至1812年4月30日该地区成为美国第18个州，此时间段内本书将该地区称之为奥尔良地区；自1812年4月30日之后，将该地区称之为路易斯安那州。如果时间上横跨上述时间段，则统一使用路易斯安那指称。

② See A.N. Yiannopolous, "The Civil Code of Louisiana, in A.N. Yiannopolous (ed.)", *Louisiana Civil Code* (2013 *Edition, Volume I*), Brand: Thomson West, 2013, Preface, p.LIX.

进行治理。[①]

（二）西班牙统治时期

1762年，法国与西班牙签订了《枫丹白露条约》（Treaty of Fountainbleau），路易斯安那地区被割让给西班牙。根据国际法原则，割让领土的原有法律制度会依然存在，直到新政权予以明确废止，所以法国法至少适用到了1769年11月25日。这天，新任命的西班牙总督堂·唐·亚历山大·奥莱理（Don Alexander O' Reilly）发布了两个条例，第一个条例要求按照西班牙法律建立新政府及司法系统；[②]第二个条例旨在将《卡斯蒂利亚王国的新汇编》（Nueva Recopilación de Castilla）和《西印度群岛诸王国法律汇编》（Recopilación de las Indias）适用于路易斯安那地区。[③]这些法律统称为《奥莱理法典》（O' Reilly' s Code），《奥莱理法典》是一部法律汇编，既有公法的规定，又有私法规定，被用以处理一般民事判决、遗嘱、执行程序以及刑事案件中的判决、上诉、刑罚等。自此，路易斯安那地区成为西班牙的一个海外省，完全适用西班牙为殖民地所颁布的法律，并设立了相关司法系统等。[④]

《奥莱理法典》的颁布是否意味着西班牙法完全适用于路易斯安那地区，而法国法完全被取代？对此，存在争议。“奥莱理发布了一个公告，改变了路易斯安那政府的组织形式，废除了法国法的权威，以西班牙法取代了法国法的地位……从其颁布直到现在，法国法丧失了其在该地区的权

① See John T. Hood, Jr., “A Crossroad in Louisiana History”, 22 *Louisiana Law Review* 710 (1962).

② See Schmidt, “Ordinances and Instructions of Don Alexander O'Reilly”, 1 *Louisiana Law Journal* 1-60 (1841).

③ Instructions of Nov. 25, 1769, Preamble, Reprinted in English, Translation in Schmidt, “Ordinances and Instructions of Don Alexander O'Reilly”, 1 *Louisiana Law Journal* 1, 27 (1841).

④ See Hans W. Baade, “Marriage Contracts in French and Spanish Louisiana: a Study in ‘Notarial’ Jurisprudence”, 53 *Tulane Law Review* 3, 40 (1978).

威，所有的争议都根据西班牙法审判和裁决……”[①] 但是有人认为奥莱理并未被授权变更殖民地的法律，除了或许能修改继承法的某些条款外，1769年的条例和命令不能、也的确不曾废除既有的法国法。[②] 现代研究表明在1769年8月，西班牙正式占领路易斯安那地区后，奥莱理被授权在路易斯安那地区引入卡斯蒂利亚和西印度群岛的法律，且得到了西班牙国王的批准。[③] 但是同样亦有证据表明法裔路易斯安那地区居民依然眷恋法国习惯与法律，常常在西班牙法院之外按照法国法、习惯与通行惯例解决纠纷。[④]

（三）重归法国统治时期

为了给西班牙国王的女婿创建意大利公国，西班牙以归还路易斯安那地区为条件，同法国于1800年10月1日签署了《圣·依德尔芳索条约》（Treaty of San Ildefonso），路易斯安那地区重归法国统辖。

但是直到1803年11月30日，法国才对其宣示主权。这意味着法国仅在20日内对其恢复了主权。在重归法国统治的短暂时间内，长官劳萨（Pierre Clement de Laussat）解散了西班牙当局，建立了地方自治政府。劳

① Moreau Lislet, Henry Carleton, *The Law of Las Siete Partidas*, New Orleans: James M'Karaher, 1820, Preface pp.xix–xxi. See also Elizabeth Gaspar Brown, "Legal Systems in Conflict: Orleans Territory 1804–1812", 1 *American Journal of Legal History* 35, 46–48 (1857); Mitchell Franklin, "The Place of Thomas Jefferson in the Expulsion of Spanish Medieval Law from Louisiana", 16 *Tulane Law Review* 319, 323–326 (1942); Beard v. Poydras, 4 Mart. (O.S.) 348 (La. 1816).

② See Schmidt, "Were the Laws of France, which Governed Louisiana, Prior to the Cession of the Country to Spain, Abolished by the Ordinances of O'Reilly?", 1 *Louisiana Law Journal* 24–25, 37 (1841); John H. Tucker, "Effect on the Civil Law of Louisiana Brought about by the Change in Sovereignty", 1 *Juridical Studies (Society of Bartolus)* 2–42 (1971).

③ See Hans W. Baade, "Marriage Contracts in French and Spanish Louisiana: a Study in 'Notarial' Jurisprudence", 53 *Tulane Law Review* 3, 74 (1978); see also Hans W. Baade, "The Formalities of Private Real Estate Transactions in Spanish North America", 38 *Louisiana Law Review* 656, 682 (1978).

④ See Hans W. Baade, "Marriage Contracts in French and Spanish Louisiana: a Study in 'Notarial' Jurisprudence", 53 *Tulane Law Review* 3, 74 (1978).

萨对路易斯安那地区当时法律的唯一改变是重新采用了法国的《黑色法典》(Code Noir)。[①]

二、路易斯安那购置之时的法律体系

路易斯安那地区法制近代化始于1712年，至1803年路易斯安那购置之时，法国法与西班牙法在此适用了长达近百年之久。

法国人与西班牙人是第一批到达该片土地的殖民统治者，其当时所带来的先进文明是印第安文明所不能抵抗的。"在任何一个地方，每当一个群体将自己的法律强加于新攫取的领土以及该领土上的居民的时候，都需要对法律控制的程度和性质做出策略性的决定。有一种统治策略是大胆尝试将自己的法律体系原封不动地移植过去。"[②]法国、西班牙殖民者采用了"原封不动"的移植策略，伴随着该地区法裔、西班牙裔等欧洲后裔的逐渐增多，该地区法律被完全"近代化"，法律完全适用法国法、西班牙法。当时，大陆法系与英美法系已经形成，这意味着无论当时有效的法律是法国法还是西班牙法，该地区的法律都属于大陆法系，所以路易斯安那购置之时，路易斯安那地区的法律是一元的，属于大陆法系。

在法国、西班牙统治路易斯安那地区之时，英国殖民者于18世纪30年代在北美形成了13个英属殖民地，即弗吉尼亚、马萨诸塞、康涅狄格、罗得岛、纽约、新泽西、特拉华、新罕布什尔、宾夕法尼亚、马里兰、北卡罗来纳、南卡罗来纳与佐治亚。英国在此长时间的殖民统治决定了美国联邦法律发展的走向，尽管在美国独立战争期间，殖民地人民对英国的敌对情绪影响了法学界人士对英国法的态度，出现了禁止适用英国判例法而引入大陆成文法典的活动，且在私法领域曾一度出现私法成文化运动，但美国最终基本

---

① 关于《黑色法典》的详细介绍，可参见Vernon Valentine Palmer, "The Origins and Authors of the Code Noir", 56 *Louisiana Law Review* 363-407 (1995).

② [美]劳伦·本顿:《法律与殖民文化——世界历史的法律体系(1400-1900)》，吕亚萍、周威译，清华大学出版社2005年版，第3页。

上采纳了普通法，并伴随着肯特和斯托里为法官和律师所撰写权威性法律指南而最终取得胜利。路易斯安那地区加入美国联邦之前，该地区与上述13个州法律发展的不同之路为路易斯安那州法律体系二元化奠定了基础。

第二节 路易斯安那州法对普通法的“第一次继受”[①]之过程

路易斯安那购置之后，由于受政治因素的影响，路易斯安那地区的政治体制、公法等迅速普通法化；而在私法领域，文化因素超越政治因素，推翻了政府将路易斯安那地区法律完全普通法化的企图，使得大陆法传统得以保留。

一、路易斯安那购置[②]

美国独立战争时期，美国领土的扩张已致使西班牙的统治领地缩至阿

① “第一次继受”是相对于“第二次继受”而言的，“第二次继受”是帕尔梅教授所使用的术语，特指路易斯安那州法律规则、法律制度及法律思维因法律文化的失衡而对普通法的继受过程及大陆法与普通法的融合过程。为对应，本书将路易斯安那购置之后，至1812年《路易斯安那州宪法》颁布为止，路易斯安那法律对普通法的继受称为“第一次继受”。

② 路易斯安那购置是美国于1803年以大约每英亩三美分向法国购买超过529,911,680英亩（2,144,476平方公里）土地的交易案，该交易的总价为1500万美元。

法属路易斯安那的版图比今日美国的路易斯安那州大很多。从南至北，该属地范围包括了现今美国路易斯安那州密西西比河两岸（包括新奥尔良市）、阿肯色州、俄克拉荷马州、德克萨斯州北部边界地带、新墨西哥州东北角、密苏里州、堪萨斯州、科罗拉多州洛基山脉以东、爱荷华州、内布拉斯加州、怀俄明州大部（落基山脉以东）、明尼苏达州密西西比河以西、南达科他州、北达科他州大部、蒙大拿州大部（除西端），以及现今加拿大马尼托巴、萨斯喀彻温、艾伯塔各省之密苏里河流域地区（也即南部边境地带）。购地所涉土地面积是今日美国国土的22.3%，与当时美国原有国土面积大致相当，因此使得当时美国的国土翻倍。（关于路易斯安那购置详细过程的论述，可参见http://zh.wikipedia.org/wiki/%E8%B7%AF%E6%98%93%E6%96%AF%E5%AE%89%E9%82%A3%E8%B3%BC%E5%9C%B0。）

需要说明的是，本书在论述路易斯安那的发展史过程中仅仅限于今天的路易斯安那州，对其他原本属于路易斯安那地区的州、省的法律未作研究，尤其是比较研究。

拉巴契亚山脉和俄亥俄山谷。1794年，美国同西班牙签订条约，规定密西西比河成为两国在西部的边界，美国居民同时享有在密西西比河的自由航行权。1797年，条约到期后，西班牙拒绝再为美国人提供自由航行权，这是美国居民无法忍受的，因为密西西比河河口对他们的经济发展至关重要。杰弗逊总统已经意识到了美国在密西西比河自由通行以及享有新奥尔良港口使用权的重要性，在路易斯安那地区重回法国之后，杰弗逊总统就派遣了一位全权公使到法国巴黎与法国进行谈判，“要求购买新奥尔良及周边地区或者至少是能保证有通往墨西哥湾的出口”①。获得密西西比河河口的自由航行权与新奥尔良港的使用权，以确保经济的发展，是路易斯安那购置的原初动力。

1803年4月30日，法国与美国在巴黎达成一致，签订割让条约。根据条约，法国提供的并非是新奥尔良那片“孤岛”，而是整个路易斯安那地区。1803年6月13日，时任国务卿的詹姆斯·麦迪逊（James Madison）承认了这一购置。对于法国为什么会将该地区割让给美国，不得而知，但有一点是可以确信的，时处英法战争之时，“拿破仑急于阻止英国与美国之间的联盟，他相信将路易斯安那地区割让给美国会阻止他们联盟”②。

在路易斯安那地区正式成为美国领土之前，杰弗逊总统已急于了解该地区的一切情况。1803年7月17日，杰弗逊总统就该地区的地理、人口、土地所有权、公共建筑、耕地、文职与军职人员及职责、税收、货币、进出口、农产品、现行法律、律师及其地位、刑法理论、司法系统等以提问的方式写信向时任密西西比地区的总督威廉·克莱本（William C. C. Claiborne）咨询，其中第16～21个问题是关于当时法律与当地司法

---

① Elizabeth Gaspar Brown, “Law and Government in the ‘Louisiana Purchase’: 1803-1804”, 2 *Wayne Law Review* 169 (1956).

② Elizabeth Gaspar Brown, “Law and Government in the ‘Louisiana Purchase’: 1803-1804”, 2 *Wayne Law Review* 170 (1956).

情况的。克莱本认为当时路易斯安那地区的现行法是西班牙法。但是丹尼尔·克拉克（Daniel Clark）就杰弗逊的上述问题在给时任国务卿詹姆斯·麦迪逊（James Madison）的书信中，答案却是不同的。克拉克主张当地居民使用的法律是《卡斯蒂利亚王国的新汇编》和《西印度群岛诸王国法律汇编》，但是他们所使用的惯例和习惯则来源于巴黎习惯。克拉克对西班牙统治下的路易斯安那地区非常了解，考虑到1803年该地区的人口特点，克拉克的回答是可信的。"作为一个商人，他知道西班牙法是正式生效的法律；作为一个普通居民，他可能知道新奥尔良地区法国居民的情况，他们并不完全遵从西班牙规则，如在私人纠纷与家庭关系方面他们遵从的是法国习惯和法国法。"①

1803年10月31日，国会授权杰弗逊总统占领这块土地，同时确定了路易斯安那地区的临时管理方法，"维持和保护路易斯安那地区居民所享有的自由、财产和宗教"②。杰斐逊总统占领该地区之后，任命克莱本为地区行政长官，行使一切行政与司法权力。上任后，克莱本宣布了第一个正式命令，"领土割让时，前任政府生效的所有法律与市政条例，依然全部有效"③。1803年12月20日，美国正式予以接收，自此路易斯安那地区成为美国领土。

---

① Elizabeth Gaspar Brown, "Law and Government in the 'Louisiana Purchase': 1803-1804", 2 *Wayne Law Review* 182 (1956) .

② An act to enable the President of the United States to take possession of the territories ceded by France to the United States, by the treaty concluded at Paris on the thirtieth of April last, and for the temporary government thereof (Act of October 31, 1803) , 2 Statutes at Larger 245.

③ Claiborne to James Madison, Nov.18, 1803, in Dunbar Rowland, *Official Letter Books of W. C. C. Claiborne*, 1801-1816, Mississippi: State Department of Archives and History, 1917, p.284.

二、走向美国化的公法与美国式司法系统的设立

路易斯安那地区加入美国联邦之后，美国联邦宪法、公法通过 1803 年《割让条约》及 1803 年、1804 年国会组织法案适用于路易斯安那地区，美国式的司法系统也逐渐设立，并随着 1812 年《路易斯安那州宪法》的颁布而最终确立。

（一）公法：迅速美国法化

1803 年，法国与美国签订割让条约时，顾及了以法国后裔为主的当地居民，条约第 3 条规定："被割让领土内的所有居民应当被纳入美国联邦，并根据联邦宪法原则，尽快地承认他们享有美国公民所享有的一切权利、利益与豁免权，同时他们的自由、财产与信奉的宗教应受保护"[①]。路易斯安那地区主权转移后，美国联邦宪法当然成为该地区的最高法，与宪法相伴的海事法、破产法、版权、专利权及其他联邦法律也当然适用于该地区。[②]

1803 年 8 月 31 日国会法案授权总统占领该地区，并规定不改变所有当时有效的法律，但是规定地区行政长官行使美国式的司法权等，这在一定程度上引入了美国公法。[③]1804 年 3 月 26 日，美国通过国会法案，路

① "Treaty with France for the Cession of Louisiana", Concluded at Paris, April 30, 1803, in Charles W. Eliot, *American Historical Documents* 1000 *to* 1904: *Part* 43 *Harvard Classics*（*Kessinger Publishing Reprints*）, Whitefish: Kessinger Publishing, 2004, p.289.

② See Gordon Ireland, "Louisiana's Legal System Reappraised", 11 *Tulane Law Review* 586（1937）.

③ An Act to enable the President of the United States to take possession of the territories ceded by France to the United States, by the treaty concluded at Paris, on the thirtieth of April last; and for the temporary government thereof（Act of October 31, 1803）, 2 Statutes at Large 245; See Vernon Valentine Palmer, *Mixed Jurisdictions Worldwide*: *The Third Legal Family*（*2nd ed.*）, Cambridge: Cambridge University Press, 2012, p.277.

易斯安那地区被分为路易斯安那行政区（The District of Louisiana）与奥尔良地区（The Territory of Orleans，即现在的路易斯安那州），法案同时为这两个地区创设了过渡政府，并在奥尔良地区引入了人身保护法与陪审团制度。[①] 至此，该地区的公法已基本普通法化。

（二）司法系统：迅速建立美国式的司法系统

自路易斯安那地区纳入美国联邦后，古路易斯安那人与美国联邦政府就该地区政治体制改革（争论主要集中于司法系统改革）与法律完全美国化的争论，在时间上可以分为两个阶段：第一阶段，1804 年至 1805 年，争论主要集中于奥尔良地区的司法系统改革及程序法层面；第二阶段，始于 1806 年，立法机关提出制定以西班牙法为主要渊源的民法典而引起的争论。[②]

1803 年 11 月 30 日，路易斯安那地区重回法国统治之后，短短的 20 日内，该地区长官劳萨废除了所有的西班牙法院，但是没有设立司法机关。对此，克莱本上台后，迅速建立起了司法机关：设立了由 7 个法官组成的行使民事管辖权的"民诉法院（court of pleas）"，该法院可以审判标的额在 3000 美元以下的民事案件，同时可以审判有限的刑事案件；同时还设立了州长法院，即唯一的法官由地区长官克莱本担任，该法院审判"民诉法院"不能审判的案件；在偏远地区，克莱本授权军队长官行使法官的权利，审判一些案件。1804 年 3 月 26 日颁布的国会法案规定在奥尔良地区设立美国式的机关，司法系统由地区最高法院（the Superior Court）、地方法院（country courts）及治安法官（justices of the peace）组成。立法委

① An Act erecting Louisiana into two Territories and providing for the Temporary Government thereof, 2 Statutes at Large 283.

② See George Dargo, *Jefferson's Louisiana: Politics and the Clash of Legal Traditions*, Cambridge: Harvard University Press, 1975, p.135.

员会在奥尔良地区的 12 个行政区中分别设立了地方法院，该类法院对 100 美元以下的合同案件与 50 美元以下的侵权案件行使管辖权，同时行使刑事管辖权，并采用陪审团审案；最高法院由三个总统任命的法官组成，行使民事、刑事管辖权，在刑事案件中适用陪审团审判；由奥尔良地区长官选任的治安法官取代了军队长官，针对偏远地区的小型民事纠纷行使审判权。[①] 奥尔良地区过渡政府采用了美国式的三权分立模式，由总统任命的行政长官、最高法院法官与立法委员会的委员，基本上都曾是受过普通法训练并坚信美国的司法系统具有优越性的律师。自此，奥尔良地区对美国式司法系统的选择决定了于 1812 年获得州地位的路易斯安那州司法系统的设置。

（三）程序法：逐渐美国法化

与公法、司法系统迅速普通法化有所不同，程序法的普通法化进程较为缓慢。路易斯安那购置之后，美国刑事诉讼法与刑法很快为路易斯安那州采用，而西班牙民事诉讼法在路易斯安那的影响依然突出，尤其是 1805 年到 1825 年间。

1805 年，立法机关通过了由利文斯顿起草的《程序法案》（the Practice Act）以规范新设地方法院的诉讼。《程序法案》纳入了关于普通法对抗式庭审模式、陪审团制度与正当程序“适当注意”的规则，同时糅合了诸多西班牙法律规则。1805 年至 1825 年间，路易斯安那诉讼法逐步被普通法化。立法机关考虑到 1805 年《程序法案》的不足，于 1822 年授权利文斯顿等起草了新的民事诉讼法典，于 1828 年以《路易斯安那民事诉讼法典》为题被通过。1828 年《路易斯安那民事诉讼法典》为能适应当时迅速发展

① See George Dargo, *Jefferson's Louisiana: Politics and the Clash of Legal Traditions*, Cambridge: Harvard University Press, 1975, pp.105-106.

的社会与经济，吸取了大陆法系与普通法系的精华。1825年之后，路易斯安那州精通西班牙语、法语的法律专业人士逐渐减少，致使法院逐渐依赖于普通法文献，普通法在实践层面的影响力日益增强，这为英美程序法在路易斯安那州的发展铺平了道路。

“法律不仅起到了将一个帝国各个不同的组成部分联结在一起的纽带作用，而且还要为在政治和文化上互相独立的帝国权力或者殖民地权力之间的各种交流奠定基础。”[①] 一国内各个不同的组成部分法律的统一，尤其是公法的统一是国家统一的基础，亦是一国政治体制统一的要求。国家统一意味着各组成部分政治体制的统一，这在一定程度上决定了公法的统一，即决定了某些组成部分公法的国家法化，因而政治主导公法变革。正因如此，路易斯安那购置后，该地区政治体制与公法得以顺利改革。

三、政府完全普通法化的尝试及失败

在奥尔良地区政治体制改革（争论主要集中于司法系统改革）与法律完全美国化问题上，联邦政府在第一阶段取得了胜利。至1805年，在古路易斯安那人组织起有效的反对之前，奥尔良地区已经建立起了美国式的司法系统；程序法方面，采用了普通法对抗式诉讼制度，并在刑事案件中引入了陪审团制度；奥尔良地区的法官们都曾有着普通法训练的背景。所有这些使得杰弗逊总统与克莱本长官对该地区法律的完全普通法化，充满了希望。

（一）政府完全普通法化的尝试

路易斯安那购置之后，确认殖民地时期的法律继续有效，不过是克

① [美]劳伦·本顿：《法律与殖民文化——世界历史的法律体系（1400-1900）》，吕亚萍、周威译，清华大学出版社2005年版，第3～4页。

莱本的权宜之计。克莱本曾在其出生地——弗吉尼亚州接受过普通法训练，他认为普通法较于大陆法有很多优势，路易斯安那地区也应该采用普通法。杰弗逊总统崇尚国家统一，反对政策上的妥协，主张整个国家应该使用同一种语言，应适用相类似的法律。正如乔治·达戈（George Dargo）所说，"他（杰弗逊总统）认为如果包含有混合法律体系，联盟将得不到统一"[①]。杰弗逊极力主张以普通法完全取代路易斯安那的法律传统。西班牙官员曾忠告杰弗逊总统与克莱本，路易斯安那人民"只有在铁腕下才能保持秩序……极有必要准备应付各种不测事件"[②]。对此，杰弗逊总统与克莱本认为使用强权迫使路易斯安那居民屈服于美国当局是必需的，并主张"一旦政权建立起来之后，采用普通法将会是一件很容易的事"[③]。

虽然美国式政治体制在奥尔良地区成功建立，但情况并不如二人所愿，"早期美国联邦政府的胜利引发了当地居民阻止引入普通法的决心"[④]。美国在法律层面意欲采取的"原封不动"移植策略面对的不再是落后的印第安文明，而是欧洲后裔古路易斯安那人，古路易斯安那人人口数量上的绝对优势及以利文斯顿为代表的律师们成功推翻了美国政府完全普通法化的企图。

（二）尝试失败：古路易斯安那人的反抗

1807 年 1 月，奥尔良地区的白人大约有 26,000 人，自由黑人大约为 4000 人，奴隶大约有 23,500 人。[⑤]奥尔良地区白人主要来自法国、西班牙、

---

① George Dargo, *Jefferson's Louisiana: Politics and the Clash of Legal Traditions*, Cambridge: Harvard University Press, 1975, p.107.

② John T. Hood, Jr., "A Crossroad in Louisiana History", 22 *Louisiana Law Review* 713-714 (1962).

③ John T. Hood, Jr., "A Crossroad in Louisiana History", 22 *Louisiana Law Review* 714 (1962).

④ George Dargo, *Jefferson's Louisiana: Politics and the Clash of Legal Traditions*, Cambridge: Harvard University Press, 1975, p.135.

⑤ Ibid., p.7.

德国、加拿大、加勒比群岛以及联邦美国，“尽管融合了通晓各种语言的欧洲移民，但是路易斯安那基本上是法国文明”①。

根据1806年的人口普查，美国人仅占奥尔良地区人口总数的13%。1803年至1812年是事关路易斯安那民法生存的最关键时期，此间，杰弗逊总统与奥尔良地区长官克莱本一直主张该地区法律完全普通法化，但古路易斯安那人②将人口数量上的绝对优势及其文化优势转化为政治优势，最终操控了奥尔良地区最初的（尤其是1806年以后的）政治进程，致使美国政府将普通法完全取代现有法律制度的企图破灭。

古路易斯安那人认为，保留规范私人间关系的现有大陆法传统是民族自决的一部分，对此不应让步。③他们对英语语言与英美文化双重影响的恐惧，使得他们顽强抵抗法律的完全普通法化。在事关古路易斯安那人切身利益的私法领域，文化因素超越政治因素，成为反对普通法引入并保留该地区的大陆法传统的最重要力量。

① Jerah Johnson, “Colonial New Orleans: A Fragment of the Eighteenth-Century French Ethos”, in Joseph Logsdon and Arnold R. Hirsch (ed.), *New Orleans: Race and Americanization*, Baton Rouge and London: Louisiana State University Press, 1992, p.22.

② 本书所用古路易斯安那人是对当时讲法语的路易斯安那人的统称，包括克里奥尔人（Creoles）、新移民、阿卡迪亚人（Acadians）、法国原生居民（natives of France）。19世纪初，克里奥尔人指出生于路易斯安那的人，无论其种族、法律地位、语言、国籍，以法国人后裔为主，他们组成了一个有着共同的身份认同感与共同的利益、目标的同种同文化之民族。阿卡迪亚人于西班牙统治时期移居而来，他们虽然贫穷，但是数量很大，在美国政府改变路易斯安那地区的人口组成与文化特征过程中，强烈地维护着法国文化。法国原生居民，虽然数量较少，但是是古路易斯安那人中最有影响力的一部分，他们地位显著，是维护该地区法国文化的主导力量。另外，当地的欧洲居民还包括移民而来的德国人与西班牙人，但是他们没有形成一种独立的有着共同政治认同感的群体。1803年路易斯安那购置之后，他们同法国的联系逐渐加强。See George Dargo, *Jefferson's Louisiana: Politics and the Clash of Legal Traditions*, Cambridge: Harvard University Press, 1975, pp.7-8.

③ See Vernon Valentine Palmer, *Mixed Jurisdictions Worldwide: the Third Legal Family* (2nd ed.), Cambridge: Cambridge University Press, 2012, p.280.

1805 年 3 月 2 日，美国国会通过组织法案，将 1787 年《西北法令》[①]（亦称《1784、1785 暨 1787 年法令》（Ordinances of 1784, 1785, and 1787））的主要规定适用于奥尔良地区。法令第 2 条规定，保证居民“依据普通法（common law）程序进行诉讼”[②]，这致使该地区大陆法传统的连续性受到质疑。此处“common law”的含义极其含糊不清，这为奥尔良地区是适用普通法还是大陆法的争论“火上浇油”。奥尔良地区最高法院法官约翰·普雷沃斯特(John Prevost)解决了这一争论，指出“common law”并非指英国、美国普通法，而是指路易斯安那地区当时有效的法律。[③]尽管普雷沃斯特法官倾向于向该地区引入普通法，但迫于当地居民的压力，其宣布罗马、西班牙与法国大陆法(civil law)作为奥尔良地区的习惯法适用于所有案件，并认为这是解决该地区新移民（即从美国其他州涌入的没有大陆法背景的美国居民）法律困惑最好的临时补救措施。尽管这并没有一劳永逸地解决所有法律争议和问题，但是这在奥尔良地区最终保留大陆法传统之路上迈出了重要一步。[④]

（三）1806 年立法机关宣言维护大陆法

文化上反对引入普通法的有力证据还体现于 1806 年 3 月立法机关的宣言中。根据 1804 年 3 月 26 日国会组织法案，奥尔良地区设立了由总统

---

① 美国国会所制定的数项法令。这些法令为西北地方（即美国宾夕法尼亚州以西、俄亥俄河以北、密西西比河以东和大湖区以南的边陲地区）的垦殖和建州奠定了公平合理的程序。

② An Ordinance for the Government of the Territory of the United States North-West of the River Ohio, Article II, 1 Statutes at Large, note (a), p.51.

③ See Richard H. Kilbourne, *A History of the Louisiana Civil Code: the Formative Years*, 1803-1839, Baton Rouge: Publications Institute, Paul M. Hebert Law Center, Louisiana State University, 1987, pp.21-23.

④ See George Dargo, *Jefferson's Louisiana: Politics and the Clash of Legal Traditions*, Cambridge: Harvard University Press, 1975, p.132.

任命的13名成员组成的立法委员会。为防止该立法机关采纳普通法，爱德华·利文斯顿迅速请愿予以反对。对此，国会于1805年解散了该委员会，并根据1805年3月2日国会组织法案，建立了一个经由民主选举组成的众议院和立法委员会组成的立法机关。古路易斯安那人基于人口数量优势，占据了该立法机关的绝大多数席位，从而操控了立法机关，并于1806年通过一项法案，规定：奥尔良地区根据以前适用于路易斯安那地区的条例与法令治理。[①]"该法案的目的是双重的：第一，宣布法律是什么，从而阐明现行有效的法律；第二，阻止任何进一步宣布普通法生效的企图。"[②]但1806年法案遭到了克莱本的否决，他指出该地区是否适用大陆法应由国会决定。法案被否决后，立法机关休会以示抗议，几日以后，奥尔良地区的报纸刊登了许多众议员签名的宣言，[③]该宣言主要表明了当地居民在法律问题上的大陆法立场。该宣言开篇点题，"让一个民族最受益的是保留其法律、惯例与习惯"[④]。在一个联邦制国家内，公法应该是统一的，但对私法而言，没有统一的必要性，因为私法不是联邦宪法的组成部分。宣言同时主张民法是"95%的路易斯安那人所熟知且自小就适应的法律"[⑤]。克莱本也承认古路易斯安那人与他们祖先的法律和习惯存在共生关系。古路易斯安那人坚持自己大陆法传统的另一原因在于，英美普通法对他们而言，

---

① See Mitchell Franklin, "The Place of Thomas Jefferson in the Expulsion of Spanish Medieval Law from Louisiana", 16 *Tulane Law Review* 319, 323-326 (1941).

② George Dargo, *Jefferson's Louisiana: Politics and the Clash of Legal Traditions*, Cambridge: Harvard University Press, 1975, p.136.

③ 该宣言的法文版与英文版，可参见 Clarence Edwin Carter, U.S. Department of State, *The Territorial Papers of The United States* (*Vol.* 9), Washington: United States Government Printing Office, 1940, pp.643-657.

④ Clarence Edwin Carter, U.S. Department of State, *The Territorial Papers of The United States* (*Vol.* 9), Washington: United States Government Printing Office, 1940, p.650.

⑤ Ibid., p.652.

像是一部“真正的魔法书”[①]。该宣言同时指出了大陆法相对于普通法的优点，并指出改变现行的大陆法将会导致法律关系的混乱。

该宣言是1804年、1805年司法系统改革之后与1808年《民法学说汇纂》颁布之前，最重要的过渡性文件。它是第一个集中于实体法层面，为保留大陆法传统而作出的重要声明。面对那些事关民众日常生活的婚姻家庭法、继承法、财产法与合同法将要为普通法完全取代的危险，宣言指出阻止普通法入侵与巩固该地区的大陆法传统的最有效措施是制定民法典。立法机关同时将制定民法典视为自己的责任。[②]尽管法案被克莱本否决，但是立法机关并未放弃制定民法典之路，并于1806年7月再次召开会议，通过了为奥尔良地区制定民法典的决议，并将委任詹姆斯·布朗（James Brown）与路易斯·莫罗－李斯雷（Louis Moreau-Lislet）起草民法典。

1. 地主阶级对普通法的反对

地主阶级对其财产权的关心亦是反对引入普通法的因素。1804年2月，甘蔗种植园主博丹（A. Baudin）请求总统授予其按照西班牙《西印度群岛诸王国法律汇编》所享有的相同特权，特别是保护他们享有逮捕拖欠债务的人及没收其财产的权利。[③]博丹指控，克莱本在新奥尔良市设立的法院并不认可他们享有的特别豁免权，且他们对法院所适用的法律完全不懂。他警告说，除非他们为西班牙法律承认的权利被现任政府承认，否则甘蔗种植园将被抛弃。[④]1804年3月26日的国会组织法案规定，自1800年8

① See George Dargo, *Jefferson's Louisiana: Politics and the Clash of Legal Traditions*, Cambridge: Harvard University Press, 1975, pp.168, 173.

② Clarence Edwin Carter, U.S. Department of State, *The Territorial Papers of The United States*（*Vol. 9*）, Washington: United States Government Printing Office, 1940, p.653.

③ See George Dargo, *Jefferson's Louisiana: Politics and the Clash of Legal Traditions*, Cambridge: Harvard University Press, 1975, p.110.

④ Clarence Edwin Carter, U.S. Department of State, *The Territorial Papers of The United States*（*Vol. 9*）, Washington: United States Government Printing Office, 1940, p.187.

月 1 日之后的土地赠与，除少数已被“定居者实际占有的”之外，都无效。1805 年 3 月 2 日，国会通过了《关于适用于奥尔良地区和路易斯安那行政区的土地所有权法案》，这加重了古路易斯安那人的恐惧。①

2. 以利文斯顿为代表的法律精英阶层的努力

“伟人诞生于人民群众，人民群众造就伟人”，但是“相对于人类行为的任何其他领域，法律与其具体制度的发展更是掌控于伟大人物之手。这绝非言过其实，因为任一法律制度的历史都是法官、教授与其他有影响力的法学家形塑的历史”②。1803 年至 1812 年间，路易斯安那地区拥有发达的专业律师阶层，法律完全普通法化对执业律师的影响成为他们拥护大陆法传统的原因。诸如利文斯顿、詹姆斯・布朗、莫罗－李斯雷等具有才华的律师在与政府完全普通法化的斗争和民法典制定中扮演了重要角色。

政府将法律完全普通法化的主张遭到了古路易斯安那人的强烈反对，反对者的领袖是爱德华・利文斯顿。利文斯顿进入路易斯安那地区有多种原因：首先，他的研究使他对罗马、西班牙和法国的法律制度比较熟悉；其次，他急于还清债务。③ 利文斯顿的才华在该地区得到迅速施展，这位政治家和法学家皈依了大陆法事业。利文斯顿认为大陆法比在美国联邦其他州所适用的普通法要优越，因此，他致力于在路易斯安那保留大陆法传统。在法典编纂方面，他也做出了巨大贡献。④

① See Richard H. Kilbourne, *A History of the Louisiana Civil Code: the Formative Years*, 1803-1839, Baton Rouge: Publications Institute, Paul M. Hebert Law Center, Louisiana State University, 1987, pp.10, 31-41.

② Daniel Visser, "Cultural Forces in the Making of Mixed Legal Systems", 78 *Tulane Law Review* 42 (2003).

③ See Eugene Smith, "Edward Livingston and the Louisiana Codes", 2 *Columbia Law Review* 28 (1902). 关于爱德华・利文斯顿来路易斯安那地区之前的履历，可参见 Eugene Smith, "Edward Livingston and the Louisiana Codes", 2 *Columbia Law Review* 25-27 (1902)。

④ See Eugene Smith, "Edward Livingston and Louisiana Codes", 2 *Columbia Law Review* 24-36 (1902).

根据1804年3月26日的国会组织法案，奥尔良地区设立了由总统任命的13名成员组成的立法委员会。

利文斯顿及时请愿国会奥尔良地区享有州地位，并且立法机关应由民主选举，而不是行政长官任命，意图阻止私法领域引入普通法。的确，“利文斯顿在其请愿书被国会考虑前，成功地阻止了立法机关在采用哪种法系的问题上采取任何明确的行动。”① 国会考虑利文斯顿的请愿书后，尽管没有赋予奥尔良地区以州地位，但是于1805年年初解散了由任命委员组成的立法委员会，并建立了一个经由民主选举组成的众议院和立法委员会组成的立法机构。利文斯顿在事关路易斯安那地区未来法律走向的关键时期，阻止了立法委员会就该地区法律完全普通法化的企图。

詹姆斯·布朗、莫罗-李斯雷等则在1808年民法典制定中扮演重要角色。

政治主导了路易斯安那的政治体制与公法改革，当时政府完全普通法化的主张唤醒了古路易斯安那人对文化界限的意识。古路易斯安那人的文化优势超越政治影响，主导了私法的发展，保留了体现其文化因素的大陆法传统。

第三节 路易斯安那州法对普通法的“第一次继受”之结果以及原因

在法律应否完全普通法化问题上，古路易斯安那人最终在私法领域保留了大陆法传统。为了巩固该胜利，古路易斯安那人操控的立法机关

① A. N. Yiannopoulos, *Civil Law System: Louisiana and Comparative Law* (*2nd ed.*), Baton Rouge: Claitor's Publishing Divison, 1999, p.63.

于 1808 年制定了《民法学说汇纂》，这意味着大陆法传统在私法领域的最终确立，同时也为 1825 年、1870 年及现行民法典对大陆法传统的维持奠定了基础。1812 年《路易斯安那州宪法》的颁布，在确立了路易斯安那州基本政治制度的同时，使得路易斯安那州法律体系的二元化最终确立。

一、1808 年《民法学说汇纂》：大陆法传统在私法领域的确立

基于下述 4 个方面原因，古路易斯安那人最终保留其大陆法传统：[①] 第一，在最重要的 1803 年至 1812 年间，古路易斯安那人在人口数量上具有压倒性优势。尽管这种人口优势与文化霸权在一代人之后消失，但是这已经持续了足够长的时间来制定和巩固大陆法。“如果路易斯安那法律制度构建之期延迟 20 年，那么整个历史将会是截然不同的，因为美国化进程与克里奥尔人努力巩固大陆法是齐头并进的。”[②] 第二，人口占绝对优势的古路易斯安那人控制了该地区经民主选举的立法机关，从而直接决定了法律制度的命运。“路易斯安那人保住了他们的私法，并不是基于统治者的恩典，而是因为他们控制了立法机关，从而获得了政治主动权。”[③] 第三，法律完全普通法化对路易斯安那发达的专业律师阶层的影响是他们促进和

---

① See Vernon Valentine Palmer, *Mixed Jurisdictions Worldwide: the Third Legal Family* (*2nd ed.*), Cambridge: Cambridge University Press, 2012, pp.282-284.

② Vernon Valentine Palmer, "Two World in One: the Genesis of Louisiana's Mixed Legal System", 1803-1812, in Vernon Valentine Palmer, *Louisiana: Microcosm of a Mixed Jurisdiction*, Durham: Carolina Academic Press, 1999, pp.27-28.

③ Vernon Valentine Palmer, "The French Connection and the Spanish Perception: Historical Debates and Contemporary Evaluation of French Influence on Louisiana Civil Law", 63 *Louisiana Law Review* 1106 (2003).

维持大陆法的原因。[①] 诸如利文斯顿、莫罗等具有才华的律师在政治争论和民法典的制定中扮演了积极的角色。第四，完全转向到一个对当地人来说完全陌生的且用另一门语言制定的法律体系，高昂的“交易成本”也是显而易见的。[②]

1806 年 7 月，由古路易斯安那人操控的立法机关通过一项决议，决定制定民法典。立法机关委任詹姆斯·布朗和莫罗 - 李斯雷承担起草民法典的工作，并要求在当时有效的法律基础上编纂。1808 年 3 月 31 日，立法机关通过了二者起草的民法典——《经更动和修改以适应现政府形式的奥

① 1810 年，新奥尔良市律师协会的名录中，27 位律师中有 20 位是法国人。[See Lewis William Newton, *The Americanization of French Louisiana: a Study of the Process of Adjustment Between the French and the Anglo-American Populations of Louisiana*, 1803-1860 (*reprint*) , New York: Arno Press, 1980, p.175.] 与之形成鲜明对比的是阿肯色州，熟知法国法的律师阶层的缺失使得法国法很容易被普通法替代。(See Morris Arnold, *Unequal Laws Unto a Savage Race: European Legal Traditions in Arkansas*, 1686-1836, Fayetteville: University of Arkansas Press, 1985, pp.203-208.)

西班牙法对首府新奥尔良市以及法院和政府机关所在地的居民和行政人员具有重要的影响。在 1803 年之后，它直接影响了一小部分在该地区从事律师工作的法律专业人士。法国和西班牙在该地区的轮流统治，使得各自保持与之法律相关的律师，但具有讽刺意味的是，并没有专业人士阶层支持西班牙法律。[See Vernon Valentine Palmer, “The French Connection and the Spanish Perception: Historical Debates and Contemporary Evaluation of French Influence on Louisiana Civil Law”, 63 *Louisiana Law Review* 1105 (2003) .]

② 法经济学运动中一个重要观点认为，法律规则与法律制度会造成“潜在价格 (implicit prices)”，在市场环境中，人们对明确价格(explicit prices)的反应与对潜在价格的反应遵循着相同的逻辑。[See Thomas Ulen, “Law’s Contribution to Economic Growth”, in Edgardo Buscaglia, William E. Ratliff, Robert Cooter (eds.) , *The Law and Economics of Development*, Greenwich: Jai Press, 1997, pp.69-73.] 以一个完全不同的法律体系完全替代另一个法律体系，必然会产生巨大的潜在价格，以下成本会被考虑：将法律文本、判决与专著翻译成当地语言，专业阶层的再训练，补充新法律领域知识的公共教育，被替换的图书，当地居民对法律转向的抵抗，法律不确定性对商业贸易的影响，等等。(See Vernon Valentine Palmer, “Two World in One: the Genesis of Louisiana’s Mixed Legal System”, 1803-1812, in Vernon Valentine Palmer, *Louisiana: Microcosm of a Mixed Jurisdiction*, Durham: Carolina Academic Press, 1999, p.27.)

尔良地区现行民法汇集》，在路易斯安那州又被统称为1808年《民法学说汇纂》或者1808年民法典。1808年民法典最终得到了克莱本的批准。

克莱本对1808年民法典与两年以前的1806年法案展现出了截然相反的态度。克莱本态度的转变源于1808年民法典相对于当时法律的优势以及其本人对古路易斯安那人的逐渐了解，直至尊重。[①] 与1808年民法典不同，1806年法案旨在确认中世纪法的继续适用，但是当时的情形是确定当时有效的法律并非一件易事。就西班牙法而言，当时的西班牙法数量庞杂，包括11个不同的法典，两万个以上的单行法，法律条款的互相冲突随处可见；西班牙法学家就西班牙本土法律的优先性问题都存在争议，何况当时的路易斯安那；当时的路易斯安那，根本没有一套完整的西班牙法律汇集，有迹象表明，连克莱本都没有一本《奥莱理法典》；[②] 这些适用于中世纪的西班牙法，很多制度已经过时，甚至有些制度引起了当地居民的厌恶之情[③]。一方面，1808年民法典深受法国革命思潮的影响，确立了近代私法领域的三大原则，且体系化的法典易为人们使用、查找规则。另一方面，1806年法案意图搁置何种法律有效以及围绕于此的争议，1808年民法典则是意图解决上述问题，也的确暂时解决了上述问题。另外，随着对古路易斯安那人的逐渐了解，以及当时所在政府的压力，克莱本由开始的强硬态度逐渐转变为对古路易斯安那人的尊重。

---

① See A.N. Yiannopolous, "The Civil Code of Louisiana", in A.N. Yiannopolous (ed.), *Louisiana Civil Code* (2013 *Edition, Volume I*), Brand: Thomson West, 2013, Preface, p.LXIII.

② See John T. Hood Jr., "The History and Development of the Louisiana Civil Code", 19 *Louisiana Law Review* 19 (1958).

③ 例如，民事诉讼中败诉的被告可能遭受严重的刑事处罚；受害人受害之后同加害人坐到一起则丧失要求赔偿的权利；故意错误引用法律的律师可能受放逐之刑，并可以没收他的财产；拷打是从刑事被告或不合作的证人取得证言的合法手段；许多犯罪都处以死刑；烧死、绞死、斩首是执行极刑的受欢迎的方式。See John T. Hood, Jr., "A Crossroad in Louisiana History", 22 Louisiana Law Review 713 (1962).

1808年《民法学说汇纂》用英语、法语两种文字出版，但英文版本是法文版本的译本，对此，颁行1808年《民法学说汇纂》的法律规定：如果出现"模糊或模棱两可、错误或遗漏，应同时参看英法两种文本，通过相互对照来加以解释"①。

二、1812年《路易斯安那州宪法》：法律体系二元化的最终确立

1811年，美国国会通过一项法案，授权奥尔良地区制定宪法和成立州政府，并允诺一旦其制定的宪法为美国国会批准，该地区将以州的身份加入美国联邦。1811年11月4日，奥尔良地区召开制宪会议，并于1812年1月22日签署了路易斯安那州史上的第一部宪法。1812年3月4日，美国国会通过该宪法，自此奥尔良地区获得州地位，更名为路易斯安那州，成为美国史上第18个州。1812年《路易斯安那州宪法》的颁布，标志着路易斯安那州法律体系二元化的最终形成。

（一）确立大陆法传统于私法领域

1808年《民法学说汇纂》颁布之后，古路易斯安那人迫切需要一部宪法以保护其胜利果实。他们在1812年《路易斯安那州宪法》中成功地创立了两个条款以保证现行法律免受美国法的颠覆。这两个条款分别对立法权与司法权进行了限制，以防止其引入普通法。第一个条款规定该州现行有效的大陆法将一直生效，直到被修改或废止。为捍卫这一法律秩序，宪法又限制了立法机关的权力，"禁止立法机关通过泛泛地提及某个法律体系或者法典的方式将该体系或法典引入，在所有情况下，都应该明确指出

① Louisiana Acts of 1808, No.29.

其所引入法律的具体条款”[①]。人们普遍认为该禁止性规定指向的是普通法与普通法法律体系，因为这些未法典化的法律体系被认为不可能成文法化。[②]

第二个条款禁止当今的与将来的法官们在判决书中援引特别法作为其判决的基础，并禁止陈述判决理由。这又是古路易斯安那人授意的条款，企图限制法官权力，防止其将普通法纳入路易斯安那州私法领域。

至今，上述两个条款依然留存于现行《路易斯安那州宪法》之中。

（二）美国式基本政治制度的确立

为了获得州的地位，奥尔良地区制宪会议采用了其他州的宪法性规定，并在模式上追随了《肯塔基州宪法》。1812 年《路易斯安那州宪法》确立了路易斯安那州基本政治制度的建制原则——三权分立，并明确规定了行政机关、立法机关与司法机关的相关权力。宪法起草委员会认为美国公民所享有的所有权利与特权应由联邦宪法规定，所以 1812 年宪法中没有包含权利法案（bill of rights），但对人身保护权（rights of habeas corpus）、陪审团审案、保释等做了概括性规定。此外，“1812 年《路易斯安那州宪法》与联邦宪法在两个方面截然不同：其一，相对于整个联邦适用普通法而言，该州保留了《法国民法典》；其二，以‘教区’而不是以县或其他作为行政区域的划分”[③]。

1812 年《路易斯安那州宪法》基本上完全是美国式的文献，基于宪法规定，在基本政治制度层面，路易斯安那州采用了与美国联邦以及其姊妹州完全相同的建制原则。三权分立下的路易斯安那州法院采用了美国普通

---

① Louisiana Constitution of 1812, Art. IV (11) .

② See Vernon Valentine Palmer, “The Many Guises of Equity in a Mixed Jurisdiction: a Functional View of Equity in Louisiana”, 69 *Tulane Law Review* 13 (1994) .

③ Louisiana Writers’ Project, *Louisiana: a Guide to the State*, New York: Hastings House, 1941, p.56.

法式的模式。

1812 年《路易斯安那州宪法》标志着路易斯安那州法律体系二元化在结构层面的正式确立。1812 年宪法为保留大陆法传统而设立的两个规则一直保留至今，这在一定程度上维系了路易斯安那州的大陆法传统，同时其确立的基本政治制度建制原则与立法机关、司法机关的权力及英美式的公法、美国式的法院系统为私法领域对普通法的“第二次继受”与路易斯安那民法典从“大陆”走向“混合”奠定了基础。

三、政治主导公法转向与文化主导私法传统

1812 年《路易斯安那州宪法》的颁布标志着路易斯安那州法律体系结构二元化的正式形成。

法律对一个国家内部各个不同的组成部分统一起到了重要作用，公法作用尤为明显。一国内各个不同组成部分法律的统一，尤其是公法的统一是国家统一的基础，亦是一国政治体制统一的要求。国家统一意味着各组成部分政治体制的统一，这在一定程度上决定了公法的统一，即决定了某些组成部分公法的统一化，因而政治主导了公法的变革。路易斯安那购置后，路易斯安那地区基本政治制度采用美国式的三权分立模式是其以州身份加入美国联邦的前提。基本政治制度的美国化，意味着立法机关、司法机关与公法的普通法化。

在基本政治制度方面，古路易斯安那人表现出妥协性。但在关系其切身利益的私法领域，古路易斯安那人却积极参与，其对法国传统文化的眷恋及对普通法的恐惧使其团结起来抵抗政府，文化优势超越政治影响，控制了私法的发展。

路易斯安那州公法层面，政治因素起决定性作用；私法层面，文化力量使大陆法传统得以保留。

本章小结

法国、西班牙对路易斯安那地区殖民统治长达近一百年之久，路易斯安那购置之时，该地区属于大陆法法域。路易斯安那购置之后，政治因素决定了该地区政治体制及公法的发展，为实现联邦统一，路易斯安那地区的公法、司法系统完全普通法化，程序法亦逐渐普通法化。

但是私法领域，文化超越政治，主导了法律的发展。古路易斯安那人基于人口数量的绝对优势及文化优势控制了当时的立法机关，从而保留了大陆法传统。这使得大陆法传统伴随着1808年《民法学说汇纂》的颁布而在私法领域确立。1812年《路易斯安那州宪法》的颁布标志着路易斯安那州法律体系二元化的最终确立。

第三章 路易斯安那民法典对大陆法的背离——一种形式上的比较

因历史事件——路易斯安那购置，路易斯安那州的公法等迅速普通法化，美国式的司法系统迅速建立，程序法也逐渐普通法化。随着1808年《民法学说汇纂》与1812年《路易斯安那州宪法》的颁布，路易斯安那州法律体系二元化正式确立。但法律体系层面的二元化并非是路易斯安那州混合法律体系中“混合”的最终形式。法律体系二元性既满足了当时古路易斯安那人的文化诉求，又满足了美国联邦政府的政治需求。但随着时间推移，美国白人的大量涌入与古路易斯安那人的逐渐减少，原有平衡被打破，这不可避免地影响到大陆法与普通法间原有的平衡——法律体系二元化。失衡的结果是普通法的逐渐渗透，这主要体现于私法领域。

历史研究方法与比较研究方法是本书的主要研究方法。本章与第四、五章将分别具体研究路易斯安那民法典对大陆法背离与对普通法“第二次继受”的表现与原因，第五章将分析“第二次继受”原因。

1808年《民法学说汇纂》、1825年《路易斯安那民法典》、1870年《路易斯安那修订民法典》与现行《路易斯安那民法典》的体系与条文渊源是本章进行比较研究的重要依据。本章主要探讨两个问题：其一，阐述1808年、1825年、1870年及现行民法典制定的原因，并分别分析其与1804年《法国民法典》及法国著述的渊源关系；其二，基于上述研究，就现行《路易斯安那民法典》对普通法的“第二次继受”分财产法领域、债法领域与侵权法领域进行比较研究，比较现行民法典的财产法领域、债法领域与侵权法领域对法国法的背离程度。

第一节　1808 年《民法学说汇纂》

路易斯安那州对普通法“第一次继受”的结果是路易斯安那州法律体系呈现二元化，1808 年《民法学说汇纂》的颁布标志着大陆法传统在路易斯安那州私法领域的确立。1808 年《民法学说汇纂》在体系上采用了 1804 年《法国民法典》的三编制，法律渊源大多源于法国法以及法国著述等。

一、1808 年《民法学说汇纂》的体系

1804 年《法国民法典》是 1808 年《民法学说汇纂》体系设置所参考模式之一，并为 1825 年《路易斯安那民法典》视为典范。即使到今天，《法国民法典》依然被视为当前正在修订的《路易斯安那民法典》的一种参考模式。

（一）1804 年《法国民法典》的三编制体系

1804 年《法国民法典》采取了“人—物”二分结构，除序题之外，分为三编：

序　题

第一编　人

第二编　财产及对所有权的各种限制

第三编　取得财产的各种方法

这种结构源于《法学阶梯》。盖尤斯与优士丁尼《法学阶梯》的体系经由17、18世纪的法国学者多马、拉马隆、达盖索、波蒂埃等的阐释及在著作中的采用而为《法国民法典》的起草者采纳。[1]这种结构被称为法学阶梯式。盖尤斯《法学阶梯》的基本结构如下：

第一编　关于人（身份·婚姻·家庭）

第二编　关于物（物权·遗嘱继承）

第三编　关于物（无遗嘱继承·契约之债·私犯之债）

第四编　关于诉讼[2]

除掉第四编“关于诉讼”,1804年《法国民法典》与盖尤斯《法学阶梯》的体系结构基本相同,《法国民法典》实质上遵循了《法学阶梯》隐含的结构，即“人—物—取得物的方法”三分法。

1804年《法国民法典》的颁布，揭开了近代法典化运动的序幕，推动了欧洲法典化进程，其后世界上的每一部民法典都受到了其影响。[3]历经两百多年的《法国民法典》依然保持着旺盛的生命力，这源于其逻辑体系以及其所蕴含的个人主义、自由主义和平等原则等价值体系。《法国民法典》三编制体系的优势在于：

第一，“人—物—取得物”的结构符合社会生活本身的秩序和人的认识规律。盖尤斯认为，一切法律都涉及人、物与诉讼，法律生活“以戏剧

---

① 关于法国学者在法典体系建构上的思想和理论发展，可参见王利明:《民法典体系研究》，中国人民大学出版社2008年版，第118～121页。

② 参见［古罗马］盖尤斯:《盖尤斯法学阶梯》，黄风译，中国政法大学出版社2008年版，目录页，第1～11页。

③《法国民法典》对后世民法典的影响，体现但不限于以下情形：第一，其他国家或地区直接采用《法国民法典》；第二，其他国家或地区直接采用其三编制结构；第三，法国专家帮其他国家或地区直接制定民法典。《法国民法典》模式在全球的传播，可参见徐国栋:《〈法国民法典〉模式的传播与变形小史》，载《法学家》2004年第2期。

性的方式呈现出来，相继涉及演员、舞台装饰和舞台上的运动"①。"人—物—诉讼（取得物）"的结构立足于对法律生活的观察。"先人，后物，再诉讼"的思维方式符合了人与其所处的环境进行交流与互动的规律。"人—物"的区分将世界区分为人的主观世界与外在的客观世界，这符合"主体—客体"的认识规律；"物—取得物（诉讼）"相互对应，即认为不能提起诉讼予以主张的权利不是真正的权利。《法国民法典》起草人认为，"法律尤其要避免在体系划分上的任意性，这方面只能取法于事物的本质"，三编制结构"与思想的自然发展相符"②。

第二，三编制体系突出人法，确立了人在民法典中的中心地位。梅仲协先生在评价《法国民法典》与《德国民法典》体系之优劣时，认为"以罗马式较为合理，盖人皆有母，丐亦有妻，以亲属法列于民法之首部，匪特合乎自然原则，且可略避重物轻人之嫌也"③。21 世纪的民法以保障人的尊严及人权为特点，"民法在某种意义上也被称为人法，作为保障人的全面发展的最重要法律形式，现代民法离不开人文关怀价值的保障"④。与潘德克顿式的《德国民法典》没有突出人法不同，法国的三编制体系突出了人法。人格权作为人法的组成部分，尽管不属于权利能力的范畴，但它和人的能力有密切关系，所以，在这个意义上，法国的三编制模式焕发了其青春。⑤

第三，1804 年《法国民法典》具有浓厚的人文主义色彩，对人权予以充分的尊重和保障。《法国民法典》所贯彻的人文主义，具有相当的进步性，

① André-Jean Arnaud, Les origins doctrinales du Code Civil français, Paris: LGDJ, 1969, p.122. 转引自石佳友:《民法法典化的方法论问题研究》，法律出版社 2007 年版，第 152 页。

② 参见石佳友:《民法法典化的方法论问题研究》，法律出版社 2007 年版，第 153 页。

③ 梅仲协:《民法要义》，中国政法大学出版社 1998 年版，第 18 页。

④ 王利明:《民法的人文关怀》，载《中国社会科学》2011 年第 4 期。

⑤ 参见［日］松本恒雄:《关于 21 世纪的民法典体系与人格权法的地位和内容》，载中国人民大学法学院《2008 年民法体系与侵权法国际研讨会材料》。转引自王利明:《民法典体系研究》，中国人民大学出版社 2008 年版，第 123 页。

依然是现代民法所追求的基本价值。“正是这种人文主义的精神构筑了整部民法典的哲学基础，才使得《法国民法典》具有强大的生命力和渗透力，相继为后世多个国家的民法典所效仿。”[①]

（二）1808 年《民法学说汇纂》的三编制体系

具体制度层面，1808 年《民法学说汇纂》主要源于 1800 年《法国民法典第八草案》与 1804 年《法国民法典》；体系层面，采用了盖尤斯《法学阶梯》与 1804 年《法国民法典》所采用的经典的三编体系，1808 年《民法学说汇纂》体系如下：

序　题

第一编　人

第二编　财产及对所有权的不同限制

第三编　取得物之所有权的不同方式

1808 年《民法学说汇纂》的三编制体系与《法国民法典》相一致，两部法典在具体的“题”上，也基本是一致的（见附录表 1-1——路易斯安那民法典与法国民法典之体系比较；附录表 1-2——路易斯安那民法典与法国民法典财产法、债法与侵权法之体系比较）。财产法、债法与侵权法分别规定于 1808 年《民法学说汇纂》的第二编、第三编第 3 题、第三编第 4 题，其体系设置与 1804 年《法国民法典》完全相同。[②]但《民法学说汇纂》在体系设置、内容上有自己的特点：

对法国模式的背离，首先体现于《民法学说汇纂》所包含有的大量定

---

① 麻昌华、覃有土:《论我国民法典的体系结构》，载《法学》2004 年第 2 期。

② 参见 1808 年《民法学说汇纂》英文版、法文版（*A Digest of the Civil Laws Now in Force in the Territory of Orleans, with Alterations and Amendments Adapted to its Present System of Government*, New Orleans: Bradford and Anderson, 1808.），1804 年《法国民法典》英文版［*The Code Napoleon; or, the French Civil Code*（*Translated from the Original and Official Edition, Published at Paris*, 1804）, London: Thomas Davison, Whitefriars, 1824］。

义界定与在《法国民法典》中被压缩到最小范围的一般引导性内容。①《民法学说汇纂》一个显著的说教性特点在于置于序题之前的“按字母顺序排列的目录（Table of Contents, Alphabetically Arranged）”。该目录是《民法学说汇纂》中主要术语和概念的索引，其目的似乎针对那些对法典完全不熟悉的一般民众和律师。这种人性化的特点不是法国式的，而是美国式的。这种背离还体现于《民法学说汇纂》的序题之中。1804 年《法国民法典》的序题由 6 个条文组成，除第 3 条是关于国际私法性质的规定外，其他 5 个条文的内容确立了近代民族国家一切法律的基本原则：②法律统一原则（第 1 条）、法不溯及既往原则（第 2 条）、法官不得拒绝审判（第 4 条）、立法与司法分离原则（第 5 条）、不得违反公序良俗原则（第 6 条）。1808 年《民法学说汇纂》序题则由 5 章、24 个条文组成：第 1 章规定了法律的渊源为立法与习惯，由 3 个条文组成；第 2 章规定了法律的颁布问题，由 3 个条文组成；第 3 章规定了法律的效力问题，由 6 个条文组成；第 4 章规定了法律的适用和解释问题，③由 10 个条文组成；第 5 章规定了法律的

---

① 诸如定义界定、例证与法官就法典的解释性指令等说教性内容在《法国民法典》中被压缩到最小的范围内，参见 A.N. Yiannopoulos, “Requiem for a Civil Code: a Commemorative Essay”, 78 *Tulane Law Review* 379（2003）。

② 据说，序题的 6 条规定在民法典制定之时不是只作为民法的前 6 条，而是作为当时计划中的包括几个法典（民法典、刑法典、商法典、民事诉讼法典、刑事诉讼法典）的一个总法典的《前编》。参见［日］谷口知平：《现代外国法典丛书（14）·佛兰西民法（I）人事法》，有斐阁昭和 31 年版，第 27 页。转引自谢怀栻：《大陆法国家民法典研究》，载《外国法译评》1994 年第 3 期。

③ 第 21 条规定：“当法律没有明确规定时，法官应当诉诸衡平。当制定法没有规定之时，为了衡平地裁判，可诉诸于自然法、理性与通行惯例。”有研究表明，该条并没有限制住法官，法官逐渐有了普通法方法论的倾向。［参见 Vernon Valentine Palmer, The Many Guises of Equity in a Mixed Jurisdiction: a Functional View of Equity in Louisiana, 69 *Tulane Law Review* 7-70（1994）.］路易斯安那州的法官非常独立，见自己视为法律制定者，公开挑战立法机关在法律中已经确立的法律概念。［参见 Symeon C. Symeonides, The Louisiana Judge: Judge, Statesman, Politician, in Vernon Valentine Palmer（ed.）, *Louisiana: Microcosm of a Mixed Jurisdiction*, Durham: Carolina Academic Press, 1999, p.89.］

废止问题，由2个条文组成。这24个条文主要源于《法国民法典第八草案》与1804年《法国民法典》，[①]《法国民法典》确立的上述原则在《民法学说汇纂》中都有体现，只不过《民法学说汇纂》包含了更多解释性的语言。早期路易斯安那地区没有大学及法学院，没有任何研讨法律的学术会议，更没有任何完善的法律文献，这使得法典制定者认为有必要在法典中加入大量解释性的引导语言。“解释性语言的加入更易为一般民众所理解，可以说，1808年《民法学说汇纂》进一步实现了拿破仑的理想。”[②]

在法律渊源问题上，1808年《民法学说汇纂》没有遵循《法国民法典》严格的法律实证主义，而将习惯亦作为法律的渊源之一。尽管路易斯安那州某些法学家认为法律应为立法机关所垄断，并建议禁止将习惯作为法律的渊源之一，[③]但是这一提议未被立法机关采纳。路易斯安那立法者依然将立法置于最重要地位，1808年《民法学说汇纂》第1条（1825年、1870年《路易斯安那民法典》第1条与此规定相同）规定，“法律是立法意志的唯一表述”，该条规定意在构筑一个堡垒，以抵御普通法的入侵。[④]毫无疑问，作为单一制国家的法国并不需要这种抵御机制，但对处于普通法海洋中的路易斯安那州则是意义重大。

另外，与《法国民法典》完全废止旧法的处理方式不同，1808年《民法学说汇纂》仅废止了与其规定相矛盾的西班牙私法，这为未被编纂入

---

① See Rodolfo Batiza, “The Louisiana Civil Code of 1808: its Actual Sources and Present Relevance”, 46 *Tulane Law Review* 45-46 (1971).

② Vernon Valentine Palmer, “The French Connection and the Spanish Perception: Historical Debates and Contemporary Evaluation of French Influence on Louisiana Civil Law”, 63 *Louisiana Law Review* 1076 (2003).

③ See Symeon C. Symeonides, *An Introduction to the Louisiana Civil Law System*, Baton Rouge: Paul M. Hebert Law Center Publications Institute, 1983, p.130.

④ See Louis Baudouin, “The Influence of the Code Napoleon”, 33 *Tulane Law Review* 24 (1958).

1808年《民法学说汇纂》的西班牙法的适用留下了广阔的空间。这成为1808年《民法学说汇纂》仅适用一代人之后，1825年《路易斯安那民法典》就被制定的重要原因。

二、1808年《民法学说汇纂》的法律渊源

从路易斯安那购置之时至1808年《民法学说汇纂》颁布，古路易斯安那人首先关注的是对其大陆法传统的维护，《民法学说汇纂》渊源问题则居于次要地位。但是确定《民法学说汇纂》渊源是以法国法为主还是以西班牙法为主是至关重要的，因为二者的区分决定了路易斯安那州法律体系的归属问题，而且二者的实质性不同甚至影响着当今的诉讼结果。[①]“从立法意图来说，条款的渊源问题会影响《民法学说汇纂》解释与适用。”[②]

1808年《民法学说汇纂》因起草者没有公布法律渊源，[③]而一直存在争

---

① See George Dargo, *Jefferson's Louisiana: Politics and the Clash of Legal Traditions*, Cambridge: Harvard University Press, 1975, p.164.

② A.N. Yiannopoulos, "The Early Sources of Louisiana Law: Critical Appraisal of a Controversy", in Edward F. Haas (ed.), *Louisiana's Legal Heritage*, Pensacola: The Perdido Bay Press, 1983, p.103.

③ 对于为什么没有公布1808年《民法学说汇纂》的渊源，路易斯安那州最高法院的艾伯特·塔特（Albert Tate）法官解释说，起草者所起草的1808年民法典是典型的大陆法系民法典，是由法律原则与规则组成的体系化成文法，既可以直接适用于法律争议，又可以以类推方式等加以使用；当法律无明确规定时，1808年民法典规定了法官应适用衡平规则解决争议，而不是诉诸《民法学说汇纂》颁布之前的旧法；当条文含义模楞两可时，根据1808年民法典，法官可以适用当时的习惯、理性与通行惯例，而不再是西班牙法、法国法。“把路易斯安那民法典条款的渊源掩盖于神秘之中，法学家意在免使条款的意义与适用受其‘祖先’的意义与适用的限制。因为不受旧时所定含义的影响，路易斯安那民法典的总则可适用于几十年来不断出现的新条件。”See Albert Tate, Jr., "The Splendid Mystery of the Civil Code of Louisiana", 3 *Louisiana Review* 1, 11 (1974).

论。[①] 立法机关要求布朗与李斯雷"共同编制和起草民法典","在这一地区现行有效的大陆法（civil law）基础上制定民法典",[②] 争论源于"当时现行有效的大陆法"是西班牙法还是法国法，以及起草者所处的客观条件。

上面已述，西班牙殖民统治时期，西班牙政府一直没有足够的力量来改变法国的影响。[③] 自路易斯安那购置之时到 1808 年《民法学说汇纂》的颁布，西班牙法一直是路易斯安那适用的官方法律。法国法于 1769 年被废止之后，并没有被再次正式引入到该地区。但西班牙法绝对没有在整个路易斯安那地区完全取代法国法，法国私法依然是一些地区适用的一般法。

另外，当时的西班牙法是一堆数量之大、杂乱无章且法律间相互冲突的法典、敕令等的集合，包括"11 部法典, 23 卷，共 20,335 部单行法律",一部完整的法律大全甚至从来没有为在该地区拥有过。[④] 而 1804 年《法国民法典》的优点及起草者的法律背景是起草者在起草《民法学说汇纂》时选择以法国法为主要渊源的另一个原因。

尽管如此，但是路易斯安那学者间关于 1808 年《民法学说汇纂》法

---

① See Rodolfo Batiza, "The Louisiana Civil Code of 1808: its Actual Sources and Present Relevance", 46 Tulane law Review 4-165 (1971); Joseph Modeste Sweeney, "Tournament of Scholars over the Sources of the Civil Code of 1808", 46 *Tulane law Review* 585-602 (1972); Robert A. Pascal, "Sources of the Digest of 1808: a Reply to Professor Batiza", 46 *Tulane law Review* 603-627 (1972); Rodolfo Batiza, "Sources of the Civil Code of 1808, Facts and Speculation: a Rejoinder", 46 *Tulane law Review* 628-652 (1972); George Dargo, *Jefferson's Louisiana: Politics and the Clash of Legal Traditions*, Cambridge: Harvard University Press, 1975, p.163.

② Resolution of June 7, 1806, Territory of Orleans Acts 215 (1806).

③ See Lewis William Newton, *The Americanization of French Louisiana: a Study of the Process of Adjustment between the French and the Anglo-American Populations of Louisiana*, 1803-1860 (*Reprint*), New York: Arno Press, 1980, p.13.

④ Edward Livingston, Moreau Lislet, P. Derbigny, Preliminary Report of the Code Commissioners dated February 13, 1823, 1 *Louisiana Legal Archives* LXXXV (1937).

律渊源的争议一直在持续，如巴提扎教授与帕斯卡尔教授之间的争议。但是随着德·拉·韦尔涅手册①（the de la Vergne Volume）的发现及对其研究的逐渐深入，上述争议逐渐得以解决。

帕尔梅教授对韦尔涅手册中未标注参考文献与法律渊源的645个条文进行研究，结果表明这些条文源于法国法，且西班牙法中没有与之对应的相关规定。即使那些标注有渊源的条文中，这些所谓的渊源也并不意味着西班牙法中有与之相对应的规定，因为《民法学说汇纂》中关于婚姻与父权的概念，并不同于西班牙法，而在法国北方习惯法中被发现。②另外，路易斯安那州最高法院发现在某些案例中，韦尔涅手册中对西班牙法的引用与《民法学说汇纂》的规定是相矛盾的。③之所以莫罗在其手稿中没有引用法国法，是因为没有任何人怀疑法国法是《民法学说汇纂》的最主要渊源。④这种观点也被莫罗的同辈学者所证实，莫罗的确逐字复制了1804

① 1938年，皮埃尔·德·拉·韦尔涅（Pierre de la Vergne）告知杜兰大学斐迪南·斯通（Ferdinand F. Stone）教授，其家族拥有一册莫罗－李斯雷针对《民法学说汇纂》的手写笔记，该笔记源于其祖先雨果·德·拉·韦尔涅（Hugues de la Vergne）——莫罗的助理。随后，各种版本的莫罗手稿又被陆续发现。对于莫罗手稿各种版本的介绍及汇总，可参见John W Cairns, "The de la Vergne Volume and the Digest of 1808", 24 *Tulane European & Civil Law Forum* 34, 49-72（2009）。

② John W. Cairns, *The* 1808 *Digest of Orleans and* 1866 *Civil Code of Lower Canada*: *an Historical Study of Legal Change*, Edinburgh: University of Edinburgh, 1980, p.630.另外，塔克法官也注意到韦尔涅手册中对西班牙法的引用与《民法学说汇纂》的规定是完全不相干的;（See Thomas W. Tucker, Sources of Louisiana's Law of Persons: Blackstone, Domat and the French Codes, 44 *Tulane Law Review* 266（1970）.）巴提扎教授同样发现在奴隶婚姻的有效性上，引用与规定是相冲突的。（See Rodolfo Batiza, The Louisiana Civil Code of 1808: its Actual Sources and Present Relevance, 46 *Tulane Law Review* 9-10（1971）.）

③ See Dickson v. Sandefur, 250 So. 2d 708, 717（Louisiana 1971）; Holland v. Buckley, 305 So. 2d 113, 119（Louisiana 1974）.

④ See John W. Cairns, *The* 1808 *Digest of Orleans and* 1866 *Civil Code of Lower Canada*: *an Historical Study of Legal Change*, Edinburgh: University of Edinburgh, 1980, pp.661-663.

年《法国民法典》与1800年《法国民法典第八草案》的内容。[①]“手稿专注于与条文相对应的西班牙法与罗马法，莫罗没有打算将条文的全部渊源展示出来。这些空白表明法国法渊源被有意地排除在外。”[②]

对韦尔涅手册的研究表明，《民法学说汇纂》主要源于法国法。这也就意味着，巴提扎教授的研究成果在一定程度上贴合了1808年《民法学说汇纂》的渊源。巴提扎教授指出了1808年《民法学说汇纂》中绝大多数条文的渊源，1808年《民法学说汇纂》共2160个条文，其中2081个条文可以辨别其来源。源自《法国民法典第八草案》的有807个条文，其中315个条文是照搬（verbatim），398个条文是几乎照搬（almost verbatim），65个条文整体上受到草案影响，29个条文部分上受到草案影响；源自《法国民法典》的有709个条文，其中293个条文是照搬，382个条文是几乎照搬，26个条文整体上受到法典影响，8个条文部分上受到法典影响；[③]源自多马（Domat）著作的有175个条文，其中9个条文是照搬，98个条文是几乎照搬，60个条文整体上受到其著作的影响，8个条文部分上受到其著作的影响；源自波蒂埃（Pothier）著作的有113个条文，其中32个条文是几乎照搬，74个条文整体上受到其著作的影响，7个条文部分上受到其著作的影响；源自巴黎习惯法的有9个条文，其中3个条文是几乎照搬；源自《1667年有关民事程序的法令》（Ordinance of 1667 on civil

---

① 1806年，耶利米·布朗在给奥尔良地区国会议员的一封信中，指出，“莫罗在民法典制定过程中，公然地抄袭拿破仑法典，这为世人公知。”参见Jeremiah Brown, A Short Letter to a Member of Congress Concerning the Territory of Orleans（Wash., D.C., 1806）, cited in George Dargo, *Jefferson's Louisiana: Politics and the Clash of Legal Traditions*, Cambridge: Harvard University Press, 1975, p.231。

② Vernon Valentine Palmer, "The Recent Discovery of Moreau Lislet's System of Omissions and its Importance to the Debate over the Sources of the Digest of 1808", 49 *Loyola Law Review* 312（2003）.

③ 1804年《法国民法典》的很多条文照搬或者几乎照搬于1800年《法国民法典第八草案》，因此很难确定1808年《民法学说汇纂》的制定者是以法典还是以草案为渊源，在草案与法典的条文相同时，巴提扎教授将草案作为《民法学说汇纂》的渊源，因为草案制定于法典之前。

procedure）的有 6 个条文。[①] 这意味着 1808 年《民法学说汇纂》共有 1516 个条文（约占全部条文的 70%）源于 1800 年《法国民法典第八草案》与 1804 年《法国民法典》，而 321 个条文（约占全部条文的 15%）源于法国其他的法律或法国学者的权威性著作。其余条款大部分源于西班牙法：如源自《七章律》（las Siete Partidas）的有 67 个条文；源自《二月令》（Febrero Adicionado）的有 52 个条文。也有部分条款源于罗马法、英国法以及 1803 年路易斯安那购置之后颁布的法案，如源自优士丁尼《法学阶梯》的有 27 个条文；源自威廉姆·布莱克斯通（William Blackstone）《英国法释义》的有 25 个条文；源自《学说汇纂》的有 16 个条文；源自 1807 年 4 月 6 日法案的有 16 个条文，等等。[②]

财产法领域[③]，1808 年《民法学说汇纂》第 2 编"物及对所有权的不同限制"共包括 217 个条文，根据巴提扎教授与意亚那不勒斯教授的研究，[④]

① See Rodolfo Batiza, "The Louisiana Civil Code of 1808: its Actual Sources and Present Relevance", 46 *Tulane Law Review* 11-12（1971）.

② See Rodolfo Batiza, "The Louisiana Civil Code of 1808: its Actual Sources and Present Relevance", 46 *Tulane Law Review* 12（1971）.

③ 本书所讨论的财产法领域仅限于民法典第 2 编的条文内容，这亦是法国与路易斯安那州以"财产法"命名的教科书所涉及的内容，[如［法］弗朗索瓦·泰雷、菲利普·森勒尔：《法国财产法》，罗结珍译，中国法制出版社 2008 年版。A.N. Yiannopoulos, Property（*4th ed., Louisiana Civil Law Treatise Series, Vol. 2*）, Brand: Thomson West, 2001; *Personal Servitudes*（*5th ed., Louisiana Civil Law Treatise Series, Vol. 3*）, Brand: Thomson West, 2011; *Predial Servitudes*（*4th ed., Louisiana Civil Law Treatise Series, Vol. 4*）, Brand: Thomson West, 2013.］即只探讨物（或财产）与所有权、用益权与役权，对于占有、取得实效等与担保物权等不做探讨。如未作特殊说明，上述说明亦适用于本书他处所指的财产法领域。

④ 需要说明的是，巴提扎教授与意亚那不勒斯教授关于 1808 年《民法学说汇纂》、1825 年《路易斯安那民法典》、1870 年《路易斯安那修订民法典》与 1804 年《法国民法典》之间的渊源关系，在某些条款上，存在一定差别，本书结合二者研究基础上，将 1808 年《民法学说汇纂》、1825 年《路易斯安那民法典》、1870 年《路易斯安那修订民法典》、现行《路易斯安那民法典》与 1804 年《法国民法典》的具体条款做了详细的比较，所以没有采纳巴提扎教授的照搬、几乎照搬、整体受影响、部分受影响的研究方法，而是本着相关条文所包含的规则一致，即视为其渊源，这也正是意亚那不勒斯教授所采用的方法，因为现行民法典的表述已发生了很大变化，单纯"语言学的"方法就现在而言是不可取的。

可以指出其中213个条文的渊源：其中169个条文与1804年《法国民法典》相关条文相对应，34个条文在1800年《法国民法典第八草案》《巴黎习惯法》、1796年《法国第三部民法典草案》及多马、波蒂埃的著述中有对应条款或表述。1804年《法国民法典》第2编财产及对所有权的各种限制共195个条文，其中有162个条文被纳入1808年《民法学说汇纂》。

债法领域[①]，规定于1808年《民法学说汇纂》第3编"取得财产的各种方法"第3题"契约与合意之债的一般"，共计264个条文，其中244个条文与1804年《法国民法典》第3编"取得财产的各种方法"第3题"契约与合意之债的一般规定"的相关条文相对应，无论是实质内容还是条文的具体表述。其余20个条文中，有12个在1800年《法国民法典第八草案》、1667年《关于司法改正的民事法律汇编》及多马、波蒂埃的著述中有对应条款。1804年《法国民法典》第3编第3题共计269个条文，其中245个条文被纳入1808年《民法学说汇纂》。

侵权法领域，1808年《民法学说汇纂》第3编"取得财产的各种方法"第4题"非因合意而发生的债、准合同与准侵权"予以规定，共计9个条文，其中5个条文在1804年《法国民法典》中有对应条款。根据巴提扎教授的研究，第4题中的22个条文在1800年《法国民法典第八草案》中都有对应条款。[②]

① 本处所指债法领域，就现行《路易斯安那民法典》而言，是指第3编"取得物的所有权的不同方式"第3题"债法总则"与第4题"约定之债或合同"两题的规定，即债法总则与合同法总则。如未作特殊说明，上述说明亦适用于本书他处所指的债法领域。

② See Rodolfo Batiza, "The Louisiana Civil Code of 1808: its Actual Sources and Present Relevance", 46 *Tulane Law Review* 102-103 (1971).

第二节 路易斯安那州法对普通法的“第二次继受”及其原因

混合法律体系的混合性体现于两个层面：法律体系之二元性与法律规则、法律制度和法律思维层面的混合。1812 年《路易斯安那州宪法》的颁布，标志着路易斯安那州法律体系结构层面二元性的最终形成。

一、路易斯安那州法对普通法的“第二次继受”

1812 年《路易斯安那州宪法》颁布之后，路易斯安那州法律体系呈现二元性：普通法式的公法与大陆法式的私法。

但是法律规则、法律制度和法律思维层面的混合是法律长时间发展的结果，这一过程被帕尔梅教授称为“第二次继受（the Second Reception）”。“第二次继受”是由法官主导并由立法机关支持的长期发展过程，当今混合法律体系的第二个特征是法官在司法实践中将普通法逐渐与大陆法融合的结果。①

二、路易斯安那州法对普通法的“第二次继受”之原因分析

路易斯安那州法律体系结构二元性是美国联邦政府及州政府对古路易斯安那人最终“妥协”的结果，即政治因素决定了公法转向普通法，而文化因素确保了私法领域大陆法的保留。1803 年至 1812 年间，古路易斯安那人人口数量的绝对优势确保了文化与政治之间的平衡。但是这种人口优势与文化霸权仅在一代人之后便消失。

① See Vernon Valentine Palmer, *Mixed Jurisdictions Worldwide: the Third Legal Family* (*2nd ed.*), Cambridge: Cambridge University Press, 2012, p.65.

随着美国人大量涌入奥尔良地区，该地区的法国文化霸权受到了挑战。基于1806年的人口普查，美国人只占该地区白人数量的13%。杰弗逊总统意识到将政治希望寄托于该少数人是渺茫的，其计划以市民武装（militia might）的形式引入3万美国人居住于为其捐赠的奥尔良地区土地上，企图使奥尔良地区快速美国化。该计划没有得到国会授权，但是人口状况得以迅速改变。截至1824年，法国人与美国人在数量上基本相当。

随着法国人及后裔与美国人在数量关系上的此消彼长，法国文化霸权逐渐消失，取而代之的是美国文化。那种曾经控制立法机关的优势亦逐渐消失，以法语为例，比较1812年、1845年、1864年路易斯安那州宪法，可以看出法语在路易斯安那州的逐渐衰亡之势。1812年，制宪会议与宪法起草都使用法语，因为43位代表中有26位法国人，交由美国国会的英文版1812年《路易斯安那州宪法》是根据法文版翻译而来的。至1845年，美国人已控制了路易斯安那州众议院与下议院（又称立法委员会），制宪会议上，讲英语的人是讲法语人的3倍之多。尽管1845年宪法规定法律应当以法语、英语两种语言颁布，但是此情形没有维持很长时间，1864年宪法规定法律应以英语颁布。路易斯安那州宪法中关于法律语言的规定反映了法国文化在路易斯安那州的逐渐衰亡，与美国文化的逐渐兴盛直至主导了路易斯安那州文化。

路易斯安那州美国化后，原有平衡被打破。此背景下，普通法逐渐入侵，形成了“第二次继受”。“第二次继受”是否存在一般规律？民法中是否存在某些领域相对于其他领域而言，更容易受普通法的影响？本书将在本章、第四章分别从形式层面与实质层面对财产法、债法、侵权法做比较研究，以探讨路易斯安那民法典对大陆法背离与对普通法继受的规律。“第二次继受”是由法官主导并有立法机关支持的长期发展过程，第五章将分析路易斯安那州三权分立模式下司法机关相对于大陆法系的特殊性及其在继受普通法过程中所起到的作用。

第三节　1825 年《路易斯安那民法典》

1808 年《民法学说汇纂》规定，"本地区的一切旧法或者地方性立法，与上述汇纂的规定相抵触或者与其不一致的，从今一律废除"[①]。该条款意在阐释 1808 年《民法学说汇纂》是一部民法典，而不是法律汇编。但是该条款的设置自相矛盾：民法典当然是一个法域内私法领域的最高法，作为综合性立法，其一经生效，所有旧法当然被废止。这一条款完全是无用的预防措施。[②] 这为新路易斯安那民法典的制定埋下了伏笔。

一、1825 年《路易斯安那民法典》的制定

路易斯安那州最高法院对 1808 年《民法学说汇纂》的"误解"导致 1808 年民法典的"瓦解"，并最终导致 1825 年民法典的产生。

（一）1808 年《民法学说汇纂》的"瓦解"：科坦诉科坦案

1808 年《民法学说汇纂》没有提供一个完备而充足的规则体系，仅在颁布几年之后，便遭遇到危机。司法实践中，律师们[③] 与路易斯安那州最高法院法官们在一些具体案例中援引了罗马法、西班牙法、法国法等而没有参照《民法学说汇纂》，这些被援引的法律也没有包含于《民法学说汇

---

① Raphael J. Rabalais, "The Influence of Spanish Laws and Treatises on the Jurisprudence of Louisiana: 1762-1828", 42 *Louisiana Law Review* 1493 (1982) .

② See A.N. Yiannopolous, "The Civil Code of Louisiana", in A.N. Yiannopolous (ed.) , *Louisiana Civil Code* (2013 *Edition, Volume I*) , Brand: Thomson West, 2013, Preface, p.LXV.

③ 1808 年《民法学说汇纂》在处理旧法方式上，是不妥当的，该缺陷被律师们加以适用。See Elizabeth Gaspar Brown, "Legal Systems in Conflict: Orleans Territory 1804-1812", 1 *American Journal of Legal History* 59 (1957) .

纂》之中。[①]

1812年，路易斯安那州最高法院在海耶斯诉贝里克（Hayes v. Berwick）案中主张：“我们所称的法典（即1808年《民法学说汇纂》）只不过是法国和西班牙君主统治时所适用法律的汇集。”[②] 该判决成为1817年科坦诉科坦案（Cottin v. Cottin）的预兆。

1817年，路易斯安那州最高法院在科坦诉科坦案中主张，“1808年《民法学说汇纂》颁布之时，其仅是当时奥尔良地区法律的汇编，”旧法“必须被认为是未受影响的，1808年《民法学说汇纂》中关于法律的任何更动和修改并不影响当时的生效法律”[③]。该判决导致了路易斯安那州法律适用的无限混乱，并打开了诉讼洪流的闸门。[④]

路易斯安那州最高法院关于科坦诉科坦案的判决意味着将1808年《民法学说汇纂》视为对当时生效法律的不完全汇编，因此旧法（即当时生效的法律）将继续有效，而未被《民法学说汇纂》废止。但是，当时的路易斯安那州法律包括各种西班牙法判例集及西班牙学、巴黎习惯法、法国大革命前后的法律、美国联邦宪法和路易斯安那宪法、美国国会法案、该地区各种立法以及1808年《民法学说汇纂》，这不可避免地成为“法律大杂烩，了解哪个法典、法典的什么部分具有法律效力是不可能的”。更糟糕的是，上述法律副本非常稀少，整合上述法律的汇编更是无处可寻。[⑤]

---

① See e.g., Caisergues v. Dujarreau, 1 Mart. (O.S.) 7 (La. 1809); Beauregard v. Piernas, 1 Mart. (O.S.) 281 (La. 1811); Marr v. Lartigue, 2 Mart. (O.S.) 89 (La. 1811). 在海耶斯诉贝里克[Hayes v. Berwick, 2 Mart. (O.S.) 141 (La. 1812).]案中，路易斯安那最高法院适用的失踪人制度就是援引自罗马法。

② Hayes v. Berwick; 2 Mart. (O.S.) 138, 140 (La. 1812).

③ Cottin v. Cottin, 5 Mart. (O.S) 93-94 (La. 1817).

④ See Samuel B. Groner, “Louisiana Law: it's Development in the First Quarter-Century of American Rule”, 8 *Louisiana Law Review* 375 (1948).

⑤ See Samuel B. Groner, “Louisiana Law: it's Development in the First Quarter-Century of American Rule”, 8 *Louisiana Law Review* 375-376 (1948).

对此，路易斯安那州采取了一系列措施，首先是重新刊印上述法律，如限于当时该地区西班牙法律汇编的副本十分稀少，且西班牙语在路易斯安那地区使用逐渐减少，路易斯安那州立法机关于 1819 年 3 月 3 日授权莫罗 – 李斯雷和亨利 · 卡尔顿（Henry Carleton）翻译"《七章律》[①]（Siete Partidas）中被认为仍在本州生效的部分"[②]。1819 年法令同时任命由皮埃尔 · 德比尼（Pierre Derbigny）、史蒂芬 · 马祖罗（Stephen Mazureau）与爱德华 · 利文斯顿组成委员会以审查和核实其译本。但李斯雷和卡尔顿发现无法确定《七章律》"被认为仍在本州生效的部分"，于是翻译了所有未被立法机关废除的部分，以交由立法机关确定哪些部分有效。[③]1822 年 2 月 26 日，英文版《七章律》正式在路易斯安那州销售。[④]

（二）1825 年《路易斯安那民法典》的产生

针对科坦诉科坦案所引发的问题及当时路易斯安那州法律的混乱情况，路易斯安那州采取的另一项措施是修订 1808 年《民法学说汇纂》。

1822 年 3 月 28 日，路易斯安那州立法机关委托由德比尼、李斯雷和利文斯顿 3 人组成的委员会"以他们认为适当的方式"修订民法典，并起草诉讼法典、商法典。[⑤]1823 年 3 月 22 日，委员会将修订完成的民法典，

---

① 《七章律》是西班牙卡斯提利亚国王阿方索十世颁布的成文法典，目的是为卡斯提利亚王国制订统一的规范。其制定始于 1256 年，完成于 1265 年，由 7 章（第 1 章"习惯、宗教和教会法"；第 2 章"国王与人民的权利和义务"；第 3 章"审判与民事诉讼"；第 4 章"婚姻与人"；第 5 章"买卖、赠与、保证和借贷"；第 6 章"继承法"；第 7 章"刑事法律"）组成，共 182 题，共 2802 条。

《七章律》主要渊源于罗马法，对西班牙、葡萄牙和拉丁美洲的法律产生了重大影响，这些国家或地区的民法是在《七章律》的基础上发展起来的。

② Louisiana Acts of 1819, p.44.

③ See Louis Moreau-Lislet, Henry Carleton, *The Laws of Las Siete Partidas: Which are Still in Force in the State of Louisiana*（*Volume* 1）, New Orleans: James M'Karaher, 1820, Preface p.xxiv.

④ See Louisiana Acts of 1822, pp.20-21.

⑤ See Louisiana Acts of 1822, pp.108-109.

及起草的诉讼程序法典草案与商法典草案提交给立法机关。1824 年 4 月 12 日，路易斯安那州立法机关通过了民法典与诉讼程序法典，并以法语和英语两种语言形式出版。① 商法典草案未被通过，因为立法机关主张商法应是整个联邦统一的，应当适用普通法规定。②

1825 年《路易斯安那民法典》用英语、法语两种文字印刷，于 1825 年 6 月 20 日生效。1825 年民法典汲取了 1808 年《民法学说汇纂》的教训，明确废除旧法。③ 但是路易斯安那州最高法院认为：如果 1808 年《民法学说汇纂》未被 1825 年《路易斯安那民法典》明确修改、废除或替代，那么将继续有效。④ 对此，路易斯安那州立法机关于 1828 年通过了《大废除法》(the Great Repealing Act of 1828)，规定除了 1808 年《民法学说汇纂》第 10 题外，废除“在新颁布的民法典颁布前有效的一切民事法规”⑤。尽管如此，路易斯安那州最高法院于 1839 年宣布：立法机关只能废除它自己制定的法律，但无意也无权废除“那些由法院法官基于旧法建立起来的法律原则”。⑥ 即使到今天的民事诉讼案件，特别是案件涉及土地让渡时，西班牙旧法的某些规则依然会“探出头来”。⑦

1825 年《路易斯安那民法典》，先用法语起草，后被译成英语，英译本因完成过于匆忙而存在诸多错误。“在这种情况下，法院注意到法文本

① See Louisiana Acts of 1824, pp.172-179.

② See Charles F. Bailey, “The Commercial Law in Louisiana”, 4 *Tulane Law Review* 272 (1930) .

③ 1825 年《路易斯安那民法典》第 3521 条规定：“路易斯安那被割让给美国时在该州有效的西班牙法、罗马法和法国法，以及立法委员会、奥尔良地区立法机关、路易斯安那州立法机关制定的法律一概废除，因为它们已被具体规定到本法典中，即使其规定同本法典不违背或抵触，也不得作为法律加以援用。”

④ See Flower v. Griffith, 6 Mart. (N.S.) 89 (La. 1827) .

⑤ Louisiana Acts of 1828, No. 83, p.25.

⑥ Reynolds v. Swain, 13 La. 193, 198 (1839) .

⑦ See A.N. Yiannopolous, “The Civil Code of Louisiana”, in A.N. Yiannopolous (ed.) , *Louisiana Civil Code* (2013 *Edition, Volume I*) , Brand: Thomson West, 2013, Preface, p.LXVII.

为最初版本的事实并考虑到英译本低劣的质量，从而发展出法文本有优先效力的观点。”①

二、1825年《路易斯安那民法典》的体系

1825年《路易斯安那民法典》是由起草者在1808年《民法学说汇纂》的基础上予以制定的。1825年民法典，在内容上进一步地倒向法国法；在法典体系设置上，同1808年《民法学说汇纂》一样，继续追随了《法国民法典》的三编制体系：

序题　权利之一般规定与法律之颁布

第一编　人

第二编　物及对所有权的不同限制

第三编　取得物之所有权的不同方式

亨利·梅因（Henry Maine）认为1825年《路易斯安那民法典》是一个宏伟大业，是“罗马法的再版，是呈现于我们面前最清晰、最充分、最富哲学且最能适应现代社会的法典”。②尽管这部卓著的民法典，在很大程度上追随了《法国民法典》，但同1808年《民法学说汇纂》一样，具有许多原创的和显著的特点：

第一，民法典序题领域，1825年民法典的序题用多达24个条文规定了1804年《法国民法典》序题中由6个条文确立的规则，这表明1825年民法典将更多的语言用于术语的解释以及规定一般引导性内容；第二，1825年民法典第3编第24题“本法典中诸术语的意思”，即第3522条，对该民法典中的诸多术语进行了界定。这些与路易斯安那州当时的法学教

① A. N. Yiannopoulos, “Two Critical Years in the Life of the Louisiana Civil Code: 1870 and 1913”, 53 *Louisiana Law Review* 22 (1992).

② Henry Maine, “Roman Law and Legal Education”, in *Cambridge Essays*, London: Savill and Bdwards, Printers, 1856, p.17.

育、法学研究及法律文献的匮乏等是相适应的。[①]

在法律渊源问题上，1825 年民法典没有采用《法国民法典》严格的法律实证主义，而将习惯作为法律的渊源之一。

三、1825 年《路易斯安那民法典》的法律渊源

关于 1825 年《路易斯安那民法典》制定的历史文献，较 1808 年《民法学说汇纂》而言，有较大改进。法典制定者的意图、关于法官地位的问题及具体法条的渊源，可见诸 1823 年委员会向立法机关提交的初步报告（Commissioners's Preliminary Report to the Legislature 1823）、附带修改、删除和新增法条的草案（Projet Setting forth Proposed Amendments, Deletions and Additions）、关于草案新法条的述评与渊源（Comments and Sources Intercalated between the New Articles of the Projet）。“这些历史文献表明法典制定者意图全面废止旧法，进而全面接受法国法。”[②]

在 1825 年民法典制定过程中，立法机关没有为制定者设置任何障碍，没有像 1808 年《民法学说汇纂》制定时要求制定者基于“现行法”。1822 年 3 月 14 日，民法典制定委员会委员被授权“按照他们自己的意愿对民法典进行修订”。因此，1825 年民法典的制定者不会遭受 1808 年《民法学说汇纂》制定者因为被认为没有忠于立法机关而遭受的指控。

1825年民法典制定者对法国法的全新、全面接受体现于以下几个方面：第一，在初步报告中，制定者们告知立法机关准备全面接受法国法，“《法

---

① Vernon Valentine Palmer, "The French Connection and the Spanish Perception: Historical Debates and Contemporary Evaluation of French Influence on Louisiana Civil Law", 63 *Louisiana Law Review* 1076 (2003).

② Vernon Valentine Palmer, "The French Connection and the Spanish Perception: Historical Debates and Contemporary Evaluation of French Influence on Louisiana Civil Law", 64 *Louisiana Law Review* 1089 (2003).

国民法典》这部综合性立法是一座储藏丰富的矿山，我们可以从中挖掘立法宝藏”。另外，该报告显示在法官权力问题上，制定者部分采纳了法国的分权方式，即没有赋予法院以判例权，并且要求法院定期向立法机关汇报并解释其已作出的判决。“这表明法国大陆法（Civil Law）在路易斯安那州回暖。”① 第二，在解释性备忘录（exposé des motifs）中，制定者公开了法典的渊源。解释性备忘录旨在标注 1825 年民法典条款的渊源，并对相关条款进行评述，其显示新增条款源于罗马法、西班牙法 [如约瑟夫·费夫雷罗（Joseph Febrero）的著述与《七章律》] 与法国法，但绝大部分是法国法，如波蒂埃的著述、《法国民法典》及民法典颁布之后的法国注释法学派学者图利耶（Toullier）、马勒维尔（Maleville）、帕德苏斯（Pardessus）的著述。② 与“隐秘”地援引法国法的韦尔涅手册不同，解释性备忘录对法国法的援引是公开的。

相较于对法国法的全面接受，1825 年民法典对西班牙法则进行了限制，如在继承法规则中，法典制定者废除了西班牙法中源于《七章律》的关于旁系血亲代位继承的某些条款，因为这些条款“与路易斯安那州政府的精神是背道而驰的”。解释性备忘录表明，法典制定者将其取而代之的是源于《法国民法典》的规定。

---

① Vernon Valentine Palmer, “The French Connection and the Spanish Perception: Historical Debates and Contemporary Evaluation of French Influence on Louisiana Civil Law”, 63 *Louisiana Law Review* 1090（2003）.

② 1804 年《法国民法典》的颁布，是法国近代史上一个重大的历史事件，它不仅使法国乃至西方世界步入了法制建设的新时代，而且对法国的政治、经济、法律以及文化的发展均发生了不可估量的影响。19 世纪法国私法学的发展，也不能摆脱这种影响:《法国民法典》的面世，以及对它的研究，在法国导致了一个重要法学流派——注释法学派的诞生，并且此学派统治了法国法学界近一个世纪。马勒维尔、图利耶为法国注释法学派代表，分别著有《关于民法典起草会议之讨论的分析和推理》（Analyse Raisonnée de La Discussion Du Code Civil Au Conseil D’Etat）、《按照法典顺序之法国民法解说》（Le Droit Civil Francais: Suivant L’ordre Du Code）。参见何勤华:《十九世纪法国注释法学派评述》，载《南京大学法律评论》（1995 年秋季号），第 24 ~ 25 页。

尽管学者间在1825年民法典的渊源问题上还存在争议，[①]但是上述历史文献表明，民法典制定者事实上对法国法的借鉴、继受远远多于其他法。1825年《路易斯安那民法典》较之于1808年《民法学说汇纂》，对法国法的接受程度进一步增加，而对西班牙法的脱离也是更进一步。

1825年民法典制定者被要求在1808年《民法学说汇纂》的基础上制定民法典，制定者遵守了该要求，《民法学说汇纂》近3/4的规定被直接纳入1825年民法典，《民法学说汇纂》的“法国血统”传承至1825年民法典之中。民法典制定者新增1746个条款，但是这没有在任何形式上削减与法国法的渊源，且新增条款主要源于法国法。另外，修订条款有423个，废除276个条款，分布如表3-1：

表3-1 1825年《路易斯安那民法典》修订、新增、废除条款一览

编章	修订	新增	废除
第1编	72个	78个	33个
第2编	78个	215个	11个
第3编　第1～2题	134个	466个	68个
第4编　第3～23题	139个	987个	164个

尽管历史文献表明1825年民法典新增的1746个条款中的2/3源于波蒂埃的著作（246个）、图利耶的著作（228个）、《法国民法典》（150个）、1808年《民法学说汇纂》（139个），多马的著作（55个），但是1825年《路易斯安那民法典》的大部分条款在《法国民法典》中都有完全相同的

① 帕斯卡尔教授坚持认为，1825年《路易斯安那民法典》的采用并不意味着对西班牙法的完全放弃。西班牙法只是在细节上被改变了，但存在令人信服的证据表明这样的“基本假定：西班牙—罗马法的特征和精神在找到或设计出更好的规则前应加以保留”。[See Robert A. Pascal, Sources of the Digest of 1808: a Reply to Professor Batiza, 46 *Tulane Law Review* 627 (1972).] 费尔南德斯教授一样坚持认为1825年民法典的“实质”渊源是西班牙法。(See Mark F. Fernandez, *From Chaos to Continuity: the Evolution of Louisiana's Legal System*, 1712-1862, Baton Rouge: Louisiana State University Press, 2001, p.79.)

对应条款。[①]

财产法领域，1825 年《路易斯安那民法典》共包括 427 个条文，根据巴提扎教授与意亚那不勒斯教授的研究，可以指出其中 379 个条文的渊源，其中 184 个条文在 1804 年《法国民法典》中有对应条款，128 个条文在法国学者多马（Jean Domat）、帕德苏（J.M. Pardessus）、图利耶（C.B.M. Toullier）、波蒂埃（R. Pothier）、勒帕热（P. Lepage）、马尔维尔（J. de Maleville）、梅兰（Philippe Antoine Merlin）的著述中有相对应的表述。1804 年《法国民法典》第 2 编"财产及对所有权的各种限制"共 195 个条文，其中有 164 个条文被纳入 1825 年《路易斯安那民法典》。

债法领域，1825 年《路易斯安那民法典》共包括 522 个条文，根据巴提扎教授与意亚那不勒斯教授的研究，可以指出其中 490 个条文的渊源，其中 241 个条文在 1804 年《法国民法典》中有对应条款，243 个条文在法国学者多马、波蒂埃、图利耶的著述中有相对应的表述。1804 年《法国民法典》第 3 编第 3 题共计 269 个条文，其中 228 个条文被纳入 1825 年《路易斯安那民法典》。

侵权法领域，1825 年《路易斯安那民法典》共包括 12 个条文，根据巴提扎教授与意亚那不勒斯教授的研究，其中 10 个条文完全与 1804 年《法国民法典》第 3 编"取得财产的各种方法"第 4 题"非因合意而发生的债"第 1370 条及该题第 2 章"侵权行为与准侵权行为"相对应。1804 年《法国民法典》"侵权行为与准侵权行为"一章被逐字纳入 1825 年《路易斯安那民法典》。

相对于 1808 年《民法学说汇纂》而言，1825 年《路易斯安那民法典》标志着对法国实体法和编纂理念的公开规定和进一步继受。

---

① See A.N. Yiannopolous, The Civil Code of Louisiana, in A.N. Yiannopolous (ed.), *Louisiana Civil Code* (2013 *Edition, Volume I*), Brand: Thomson West, 2013, Preface, p.LXVI.

第四节 1870年《路易斯安那修订民法典》

美国内战、1868年《路易斯安那州宪法》的颁布以及1825年《路易斯安那民法典》以外民事立法的增多，迫使路易斯安那州重新修订民法典。

一、1870年《路易斯安那修订民法典》的制定

1861年，美国内战结束，美国进入重建时期。[①]“重建”有两层含义：重建联邦，即让在战争中分裂出去的州重新回归美国联邦；改造南方，扫清奴隶制，发展资本主义，从而实现美国经济制度的统一。为扫清奴隶制，美国先后通过了宪法第十三、十四、十五修正案。第十三修正案废除了奴隶制，第十四修正案包括了特权与豁免权条款、正当程序与平等保护条款，第十五修正案授予无论“种族、肤色，或以前曾受劳役”的人投票权。这些修正案旨在保障非裔美国人的自由，赋予其公民权，从而废除奴隶制，这在战争结束后美国南部重建过程中起到了重要作用。

为了满足批准美国宪法第十四修正案的需要，路易斯安那州于1868年3月7日通过了新宪法，新宪法是路易斯安那州第一部正式的权利法案。1868年《路易斯安那州宪法》根除了1865年《黑人法典》，[②]废除了为取得议员资格或选举权等而应具备相应财产的要求等。1868年7月9日，路

---

① 美国重建时期（Reconstruction），在美国历史上指1865年至1877年，当南方邦联与奴隶制度一并被摧毁时，试图解决南北战争遗留问题的尝试时期。“重建”提出了南方分离各州如何重返联邦，南方邦联领导人的公民地位，以及黑人自由民（Freedman）的法律地位等课题的解决方式。这些问题应如何处理引起了激烈的争论。

② 在美国，《黑人法典》是最臭名昭著的法律，其是在美国内战结束后的1865年到1866年间由南方各州各自通过。这些法律意在限制非裔美国人的自由，在低工资情形下或者因为债务原因而强迫他们工作。

易斯安那州批准了美国宪法第十四修正案，路易斯安那州重新加入美国联邦。

1868年，路易斯安那州新宪法通过之后，1825年《路易斯安那民法典》陷入了尴尬境地，“奴隶制度遍布于民法典，是对自由、博爱、平等的否定”①。此外，1825年《路易斯安那民法典》颁布之后，又颁布了诸多民事立法，到1868年，这部曾经“最清晰、最充分、最富哲学且最能适应现代社会的法典”已是“杂乱无章”。

时处美国重建期中期的路易斯安那州被联邦军队占领，“军队指挥官监督并控制着路易斯安那州的整个政治、经济生活，并在一定程度上控制着该州人民的文化与社会生活”②。1868年，路易斯安那州众议员仅有大约30%的成员是黑人，而参议院的38个议员中仅有7个是黑人。参众两院立法机关的很大部分是激进的共和党人，他们对当地战前的社会、经济、政治与法律毫不关心。在这种情形下，废止1825年《路易斯安那民法典》，采用北部各州所适用的普通法似乎是最简单的解决方式。但为了适应上述需要，路易斯安那州立法机关于1868年通过了第31号法案，任命一个联合立法委员会修订本州制定法。③对于为什么当时的立法机关没有采用普通法，不得而知，可能是“惯性，对未知的恐惧，立法机关委员的胆怯，其他激进组织的社会保守主义，或者是其他因素……但是这种动力源于作为1868年立法机关成员的律师，如亨利·沃默思（Henry Clay

---

① A. N. Yiannopoulos, “Two Critical Years in the Life of the Louisiana Civil Code: 1870 and 1913”, 53 *Louisiana Law Review* 11（1992）.

② Edwin Adams Davis, *Louisiana: a Narrative History*, Baton Rouge: Claitor’s Publishing Division, 1961, p.266.

③ An Act to Provide for the Revision of the Statutes of the State of a General Character, Louisiana Acts of 1868, No.31.

Warmoth)与约翰·雷(John Ray)是最突出的，是他们选择了修订民法典”[①]。在私法领域，从1808年《民法学说汇纂》到1868年，大陆法在路易斯安那已有60年的历史，如果从1712年算起，大陆法之私法适用于该地区已一百五十多年，法律发展的突然转向所引发的后果是不可预知的，对历史传统予以尊重是较为可行的方式。在决定法律走向的关键时刻，沃默思与雷等律师选择了继续适用大陆法。作为实证主义者的律师，不仅缺乏想象力，而且在一定程度上来说是“现实的、懒惰的”，他们不可能采取那种“完全抛弃该州大陆法传统，而完全转向普通法”的“作茧自缚”方式，对该州大陆法传统的尊重，即是对自身所熟知法律的尊重，这对其自身而言是有利的。另外，1868年8月21日，立法机关要求民法典修订者应在1869年例会上提交草案，[②]显然民法典修订者没有充足的时间来制定普通法以取代1825年民法典。

联合立法委员会委托门罗律师协会的约翰·雷负责民法典与诉讼程序法典的修订。雷聘请了以赛亚·加勒特（Isaiah Garrett）律师负责修订民法典，并聘请了富兰克林·加勒特（Franklin Garrett）律师与科罗内尔·阿尔（Colonel F.A. Hall）辅助以赛亚。1869年12月27日，雷向立法机关提交了起草报告与民法典草案。1870年3月14日，立法机关以《路易斯安那修订民法典》为题予以通过。[③]

二、1870年《路易斯安那修订民法典》的体系

雷向立法机关提交的关于民法典修订的报告中，关于民法典的修订几乎没有涉及，在这份仅有两页纸的报告中，雷陈述道:“保留法典（即

---

① A. N. Yiannopoulos, “Two Critical Years in the Life of the Louisiana Civil Code: 1870 and 1913”, 53 *Louisiana Law Review* 11 (1992).

② A Joint Resolution, Louisiana Acts of 1868, No.182.

③ Louisiana Acts of 1870, No.97.

1825年《路易斯安那民法典》）条款的编号是不可能的。”[①]1870年《路易斯安那修订民法典》除做了以下修订外，基本保持了1825年《路易斯安那民法典》的原貌：

1. 废除了所有与奴隶制相关的条款；

2. 吸收了自1825年以来对民法典所做的修正；

3. 合并了自1825年以来通过的但未经正式修改而被纳入到民法典的法律。[②]

上述修订仅影响到了民法典条款的编号，并没有影响到民法典的结构、基本理论与大多数条款的实质内容。修订后的民法典成为路易斯安那州私法领域的根本法。

1870年民法典，基本上仅是对条款的重新编号，而在民法典体系上没有任何变化，依然采用了《法国民法典》的三编制体系，甚至在具体的题上也几乎没有任何修改。

三、1870年《路易斯安那修订民法典》的法律渊源

如上所述，1870年《路易斯安那修订民法典》基本上保持了1825年民法典的原貌，所以，法律渊源上，1870年民法典基本没有变化。

财产法领域，1870年《路易斯安那修订民法典》仅仅删除了1825年《路易斯安那民法典》第二编中的第461、539、562、588、631条，其他条文表述没有任何变化。

债法领域，1870年《路易斯安那修订民法典》仅删除了1825年《路易斯安那民法典》中的第1783、1933、2093、2206条，新增了18个条文，

① John Ray, Report to the Joint Committee on the Revision of the Civil Code (Dated December 27, 1869) , in Louisiana Legislature, John Ray (eds.) , *The Civil Code of the State of Louisiana*, Monroe: Printed at the office of the Louisiana intelligencer, 1869, p.viii.

② John H. Tucker, “Source Books of Louisiana Law”, 6 *Tulane law Review* 295 (1932) .

其他条文表述没有任何变化。

侵权法领域，1870年《路易斯安那修订民法典》仅删除了1825年《路易斯安那民法典》中的第2300条，对其他条文的表述没有发生任何变化。

无论是在体系上，还是在条文实质内容上，甚至具体表述上，1870年《路易斯安那修订民法典》都非常接近于1804年《法国民法典》。1870年民法典共计3556个条文，废除了所有与奴隶制相关的条款后，依然比1825年民法典多34个条文，较1804年《法国民法典》多1275个条文。根据路易斯安那州学者的研究，这些新增条款，在《法国民法典》中没有相对应的条款或表述，而是源于优士丁尼《法学阶梯》与《学说汇纂》、盖尤斯《法学阶梯》、法国学说、西班牙法及自1808年以来路易斯安那州自身的立法，而这些条款更加契合了路易斯安那州的社会与文化。对法国民法典的背离，最重要地体现于法律渊源方面，同1808年《民法学说汇纂》和1825年民法典一样，1870年民法典规定法律渊源包括立法、习惯，及"自然法、理性或者通行惯例"。①

第五节　现行《路易斯安那民法典》

从1808年《民法学说汇纂》到1825年《路易斯安那民法典》，再到1870年《路易斯安那修订民法典》，大陆法传统，尤其是法国法传统在路易斯安那州得以确立与发展。1870年民法典适应于当时建立于农业基础之上的社会，但是到19世纪末20世纪初，路易斯安那州工业取得了长足发

① 1870年《路易斯安那修订民法典》第21条规定："在民事案件中，当法律没有明确规定时，法官有义务根据衡平进行诉讼和裁决。当法律沉默时，为了衡平地裁判，可诉诸自然法、理性或者通行惯例。"现行《路易斯安那民法典》第4条源于该条，规定："如不能从立法或习惯中推导出适用某一特殊情形的规则，则法院有义务根据衡平处理。为了衡平地裁判，可诉诸正义、理性以及通行惯例。"

展，社会与经济变革使得民法典的基础已被抽掉，1870 年民法典已不能满足于现实生活、风俗和文化的需求。民法典面临再次修订。

一、现行《路易斯安那民法典》的制定

自 20 世纪初，路易斯安那州开始考虑修订民法典，直到 1978 年正式开始修订，民法典的修订过程曲折而又复杂。

（一）时代背景：时代变迁与法国文化的进一步衰落

进入 20 世纪之后，路易斯安那州的社会、经济发生了巨大变化。这些变化超过了民法典本身，在许多领域，民法典的规定与当时的社会制度已是格格不入。

1. 经济发展与社会变革

1909 年，在路易斯安那州律师协会的年会上，米林（R. E. Milling）陈述了当时的社会变革与经济发展：

我们知道，工业已经取得了长足发展，科学与艺术的发展也是非凡的。我们认识到上述发展带来的变化呼吁调整公民关系的新规则……

当《拿破仑民法典》颁布之时，科学与发现都处于初级阶段。蒸汽机的使用几乎不存在，电还没有为人类所利用，还没有按照人类的命令运作。围绕全球的商贸高速路是《拿破仑民法典》制定者们不可想象的，而我们可以依照自身需要来拓宽。这些巨大的物质发展使得雇主与雇员之间的关系复杂化，在本州几乎所有的法院里，关于一方基于另一方而享有的权利，每天都在讨论和裁决。大家普遍认为我们民法典的规定没有足够的规则来调整雇主与雇员之间复杂的关系……①

---

① R.E. Milling, The Plan of the Code Revision, Report of the Louisiana Bar Association, 1909, pp.112, 114.

2. 法国文化的进一步衰落

除了社会变革与经济发展之外，路易斯安那州立法与法律文化的重大变化也对民法典产生了巨大冲击。美国内战结束之后，不仅1864年、1868年《路易斯安那州宪法》规定英语成为该州的官方语言，而且社会层面上，英语已经普遍使用于路易斯安那州的政治与法律领域，这阻碍了大陆法文化在路易斯安那州的发展。

路易斯安那州法院在司法实践中，通常诉诸普通法判例，而不是在民法典中寻求解决方案。这致使法院对法国、西班牙法律及著述的依赖程度逐渐降低，而逐渐开始依赖于普通法。法官通过个案裁决逐渐将普通法引入到路易斯安那州，逐渐影响到了大陆法规则，并最终影响到立法。路易斯安那州最高法院首席法官查尔斯·芬纳（Charles P. Fenner），作为一个路易斯安那州大陆法学者，甚至哀叹道:“我们的法官与律师频繁地诉诸普通法，即使民法典中包含有类似规则……我们已经完全接受了普通法的遵循先例原则”①。

在1909年出版的《路易斯安那修订民法典及修正案（包括1908年立法会议）》序言中，编者尤金·桑德斯（Eugene Davis Saunders）写道：

路易斯安那州最高法院常常无视路易斯安那州法律中的法国法和罗马法渊源……本州法律发展之进程如下：其与法国法的关系一直在减弱，到今天，几乎已经不存在，除非更高标准的法学教育为立法机关或者最高法院所需要，否则将会在未来几年完全消失……今天，甚至对法国权威的援引都是十分罕见的、充满不确定性的，这足以表明州最高法院对法国法律、著述完全不重视。这是令人痛惜的。近代法国如此之丰富和有益的法

① A. N. Yiannopoulos, “Two Critical Years in the Life of the Louisiana Civil Code: 1870 and 1913”, 53 *Louisiana Law Review* 25 (1992).

律著述，是世上任何国家都无法比拟的。①

民法典之外，新制定的法律因受法院判决的影响而逐渐背离民法典规则，甚至是相冲突的，如夫妻财产制；已婚妇女获得解放；与监护相关事项，在没有亲属会议（family meeting）辅助时，法院可以行使相关权利；为教育、慈善与宗教事业而设立的永久性信托财产等领域。② 商法领域，随着商事活动逐步扩大与联邦各州之间的贸易往来，至少从 1825 年之后，路易斯安那州已经选择适用联邦法。侵权法领域，尤金·桑德斯声称，“实质上，可以说路易斯安那州侵权法完全是普通法规则与原则，与罗马法、法国法和西班牙法已不再有联系”③。他还宣称，在 1870 年《路易斯安那修订民法典》第 21 条的适用过程中，“法院已经采用了大量的英国和美国各州的衡平法……在民法典第 21 条背景下，本州法律的发展使得衡平法成为路易斯安那州律师不可缺少的知识。”④

在此情形下，1908 年，尚兹教授“公开表达了作为路易斯安那州法学理论基础的罗马法应当被废除，而应由普通法代替的愿望”⑤。随着普通法影响的逐步扩张，到 20 世纪初，路易斯安那民法典已被视为一部仅被按

① Eugene Davis Saunders, The Law of Louisiana, in Louisiana, Eugene Davis Saunders (eds.) , *Revised civil code of Louisiana: with amendments, including the session of the Legislature of* 1908, New Orleans: F.F. Hansell & Brother, 1909, Preface, pp. xxv, xxxvii.

② See Benjamin Wall Dart, *Civil Code of the State of Louisiana*, Indianapolis: The Bobbs-Merrill Company, 1932, p.v.

③ Eugene Davis Saunders, The Law of Louisiana, in Louisiana, Eugene Davis Saunders (eds.) , *Revised civil code of Louisiana: with amendments, including the session of the Legislature of* 1908, New Orleans: F.F. Hansell & Brother, 1909, Preface, p.xvi.

④ Ibid., p.xvii.

⑤ Hon. Carleton Hunt, Report of the Louisiana Bar Association, 1908, p.5, cited in A. N. Yiannopoulos, "Two Critical Years in the Life of the Louisiana Civil Code: 1870 and 1913", 53 *Louisiana Law Review* 23 (1992) .

字面意思解释加以适用的制定法（statute）。[①] 路易斯安那州私法再次处于“十字路口”。

（二）民法典普通法化的尝试：1913 年民法典草案

对民法典的修订遭到了传统主义者和那些对路易斯安那民法体系缔造者的人格过分崇敬人的反对，他们主张，虽然法语与法国文化在路易斯安那州已逐渐褪色，但是路易斯安那民法典依然是路易斯安那州私法的主要渊源，且依然无恙。

路易斯安那民法典起到了私法领域基本法的作用，并经受住了时间考验。作为一个时代的产物，路易斯安那民法典当然是法律起草技术上的一个成就，其被盛誉为：

我们从祖先继承而来的最珍贵遗产……滤去了糟粕，保留和表现了不同时代、不同祖先、生活在不同条件和环境中的人民所积累的经验和智慧，闪耀着保罗（Paul）、乌尔比安（Ulpian）和帕比尼安（Papinian），以及格劳秀斯（Grotius）、宾刻舒克（Bynkershoeck）、普芬道夫（Puffendorff）、杜摩兰（Dumoulin）、多马（Domat）和波蒂埃（Pothier）等天才的光辉，清除了种姓、特权等杂质，渗透和充满着正义、自由和衡平的神圣精神。[②]

自 1825 年民法典、1870 年民法典颁布之后，路易斯安那州的社会、经济发生了巨大变革，1870 年《路易斯安那修订民法典》已不敷适用。下

---

① See Eugene Davis Saunders, The Law of Louisiana, in Louisiana, Eugene Davis Saunders (eds.), *Revised civil code of Louisiana: with amendments, including the session of the Legislature of* 1908, New Orleans: F. F. Hansell & Brother, 1909, Preface, pp.xxxv–xxxvi. “Statute”，在英美法中，专指立法机关所指定的法律，表现为正式的法律文件，其制定机关不一定为议会或国会，在美国，联邦、州、市或县的立法机关均可制定。该词使用时专指以立法形式创设的法律，与由法院判决所组成的判例法相对。

② Hon. Chas. E. Fenner, “The Civil Code of Louisiana as a Democratic Institution”, 12 *American Lawyer* 331 (1904).

述情形也要求对民法典进行修订：首先，民法典渊源复杂，不仅包括罗马法、西班牙法与法国法，还包括路易斯安那州当地的习惯法等，这致使民法典中的某些概念，在适用时是含混的，甚至是冲突的；其次，民法典条款在经学理解释后，日益偏离民法典制定之时的立法意图及含义，新制定的法律逐渐背离民法典，甚至与其相冲突；再次，新制定的法律未被纳入民法典之中，而被收入《经修订的路易斯安那制定法》(Louisiana Revised Statutes)第 9 编民法典附属法律(Civil Code Ancillaries)之中，面临着“去法典化”的危险；最后，20 世纪初，法国、荷兰等国家意识到原民法典已不再符合社会需要，民法典的修订势在必行，掀起了新一轮的民法典编纂潮。

路易斯安那州立法机关意识到，“1870 年《路易斯安那修订民法典》的基础已被抽掉，只留下空洞的条文高悬‘空中’，与现代生活、风俗和文化的联系少而纤弱”，[①] 继续割裂书本上的法——民法典与实际运用着的法，对于社会及受人尊敬的民法典而言，都是不利的。1908 年，在 1808 年《民法学说汇纂》颁布百年之后，路易斯安那州立法机关着手准备修订 1870 年民法典。由州长任命米林（R. E. Milling）、哈特（W. O. Hart）与波茨(W. N. Potts)组成的民法典修订委员会于 1909 年提交民法典修订草案，但是限于草案的不足以及路易斯安那州律师协会的反对，1913 年，路易斯安那州立法机关否决了这一民法典草案。[②]

立法机关的否决意味着其与本州法律专家选择了已经过时的民法典，

① James J. Morrison, "The Need for Revision of the Louisiana Civil Code", 11 *Tulane Law Review* 218-219 (1937) .

② Emest T. Florance, Report of Special Committee Revision Civil Code, in Louisiana State Bar Association (ed.) , *Report-Louisiana State Bar Association* (*Volume* 14) , New Orleans: Montgomery-Andree Printing Company, 1913, p.345.

而不是一部普通法的汇纂。“该决定是明智的。”[①] 这使得路易斯安那民法典的大陆法传统得以保留。

（三）路易斯安那州“大辩论”：大陆法的复兴

进入20世纪后，路易斯安那州社会、经济发生了巨大变革，由传统农业社会进入工业社会，法国文化随着美国人的涌入而逐渐消退。在此背景下，路易斯安那州私法领域依然是大陆法传统的观念受到了挑战。

路易斯安那州曾为法国、西班牙的殖民地，殖民地时期，其同宗主国一样，属于大陆法法域（Civil Law Jurisdiction），但自路易斯安那购置之后，路易斯安那州法律走上了与法国、西班牙法截然不同的发展道路：首先，路易斯安那州成为美国联邦的一部分，路易斯安那州宪法与公法采用了普通法，且联邦宪法与法律具有优先效力；其次，与1825年仅商法属于普通法不同，随着法律的发展，路易斯安那州私法领域逐渐受到普通法入侵，且很多新发展出的法律亦是普通法式的；再次，路易斯安那州司法机关与美国其他州相同，民法典被普通法法官理解和适用，而非是大陆法的法学家；最后，大陆法的存在与发展很大程度上依赖于大学教育、学者著述等，但这些在整个19世纪的路易斯安那州都是薄弱的。

但是在整个19世纪，民法典依然是私法领域的主要渊源。虽然有一些学者力图扭转普通法入侵的潮流；虽然19世纪路易斯安那州上诉法院直接援引民法典条文，并在南北战争之后，在此基础上著述了针对某些主题的专著以填补学术专著的空白：但是民法典文本与社会事实之间的紧张关系一直存在，并最终导致了背离民法典文本的“自由法（free law）”运

① A. N. Yiannopoulos, "Two Critical Years in the Life of the Louisiana Civil Code: 1870 and 1913", 53 *Louisiana Law Review* 28 (1992).

动。[1]"自1916年之后，直到'大辩论'发生之时，路易斯安那州的大陆法一直处于衰退之中。"[2]

路易斯安那州最高法院成立百年之时，查尔斯·芬纳（Charies Payne Fenner）宣称："我们的法律体系很大程度上且公开地建立于普通法之上。"[3]1928年，皮埃尔（Pierre Crabités）法官宣称路易斯安那州已不再是一个大陆法之州：

> 将现代法国警犬称为狼与将路易斯安那州律师定位为大陆法律师一样……将警犬称为狼是不公平的，同样，将路易斯安那律师定位为大陆法律师也是不合理的。
>
> ……
>
> 因此，对我们而言，宣称路易斯安那州是一个大陆法州是不正确的。现在，它的确不是；在美国南北战争之前，它可能是。我们已经陷入普通法的漩涡。剩下的仅是由大陆法与普通法组成的路易斯安那式的混合物，但这是一种未能归类的混合物，尽管它是一种可行的制度，因为它体现了真实的路易斯安那州法律情形。[4]

在之后的近十年，皮埃尔法官的观点没有引起太多共鸣。1937年，戈登·爱尔兰（Gordon Ireland）赞同了皮埃尔法官的观点，这引起了路易斯安那州是属于大陆法法域、普通法法域，还是混合法域的"大辩论"。爱尔兰主张：路易斯安那州法官在司法裁决中习惯引用案例而不是民法典；路易斯安那州法院遵循先例，并使用衡平法；路易斯安那州基本上接受了

---

① 在欧洲，自由法运动比路易斯安那州晚了近50年。关于路易斯安那州自由法运动的介绍及与欧洲的比较，可参见Mitchell Franklin, "Equity in Louisiana: the Role of Article 21", 9 *Tulane Law Review* 510（1935）。

② A. N. Yiannopoulos, "Louisiana Civil Law: a Lost Cause?", 54 *Tulane Law Review* 841（1980）.

③ Charies Payne Fenner, "The Jurisprudence of the Supreme Court of Louisiana", in Louisiana Supreme Court（ed.）, *The Celebration of the Centenary of the Supreme Court of Louisiana*, 1913, p.41.

④ Pierre Crabités, "Louisiana Not a Civil Law State", 9 *Loyola Law Journal* 51–52（1928）.

联邦统一法；在侵权法领域，路易斯安那州对普通法予以大量借鉴；路易斯安那州法学院3/4的课程教授的是普通法。[①] 基于上述断言，爱尔兰认为路易斯安那州已不再是大陆法法域：

必须承认当今的路易斯安那州是一个普通法州……民法典仅是一部当没有相关的判决时，被用以解释或适用的立法机关的制定法……

当今日新月异，但很遗憾我们应该承认……我以我们的历史及其遗留物为豪……现状已为我作出了强有力的证明。我必须明确：应该告别传统，尽力跟随近邻的脚步，并希望他们忘记起源的区别，承认我们的司法权，使我们的新判例能像其他普通法成员一样具有相同的约束力。[②]

（四）大陆法学者的反击与大陆法的复兴

爱尔兰的文章被视为对路易斯安那州大陆法学者的宣战，自其文章发表以后，路易斯安那州就其法律体系的性质进行了一场“大辩论”（the Great Debate）。

应战的第一人是伦纳德·格林伯格（Leonard Greenburg），其对爱尔兰使用案例的方式、理解及结论提出了质疑，并认为路易斯安那州没有必要抛弃自己的大陆法传统。[③]1937年，路易斯安那州立大学法学院名誉院长塔利斯（R. L. Tullis）称爱尔兰是一名源于普通法地区的普通法传教士，认为其观点严重背离了路易斯安那州的现实。[④] 同年，哈里特·斯皮勒·达格特（Harriet Spiller Daggett）等人对爱尔兰的论证与结论逐一反驳，指出：

---

① See Gordon Ireland, “Louisiana's Legal System Reappraised”, 11 *Tulane Law Review* 591-596 (1937).

② Gordon Ireland, “Louisiana's Legal System Reappraised”, 11 *Tulane Law Review* 596, 598 (1937).

③ See Leonard Greenburg, “Must Louisiana Resign to the Common Law?”, 11 *Tulane Law Review* 598-601 (1937).

④ See R. L. Tullis, “Louisiana's Legal System Reappraised”, 12 *Tulane Law Review* 113 (1937).

“爱尔兰教授关于路易斯安那州为‘普通法州’的理论与卢梭的自然状态一样，都是存在于自己幻想之中。”[①] 爱尔兰的文章甚至被视为“一种对现实主义的诉求，是对路易斯安那州立法应选择普通法的呼吁，是对路易斯安那州法律应当与其他州统一的呼吁，而不是对路易斯安那州法律的一种真实性描述。”[②]

除遭受上述非议外，爱尔兰教授的结论所依据的因素也逐项地遭到了学者们的反驳。爱尔兰关于大陆法与普通法的划分标准首先遭到了非议。[③] 关于路易斯安那州法院是否接受了普通法系衡平法的问题，争议点主要在于对 1870 年《路易斯安那修订民法典》第 21 条的理解。[④] 第 21 条规定："在民事案件中，当法律没有明确规定时，法官有义务根据衡平进行诉讼和裁决。当法律沉默时，为了衡平地裁判，可诉诸自然法、理性或者通行惯例。"的确，英美法系的衡平法也是建立于“自然法与理性”之上的，但是在路易斯安那州，“衡平”仅仅是法律的补充物，而不是英美法上所指的对立物。

哈里特·斯皮勒·达格特等人认为，“衡平”很容易被人误解，仅从几个孤立判决来判断，可能会认为路易斯安那州采用了衡平原则，但实质

---

① Harriet Spiller Daggett, Joseph Dainow, Paul M. Hébert, Henry George Mcmahon, “A Reappraisal Appraised: a Brief for the Civil Law of Louisiana”, 12 *Tulane Law Review* 41 (1937) .

② A. N. Yiannopoulos, “Louisiana Civil Law: a Lost Cause?”, 54 *Tulane Law Review* 835 (1980) .

③ See R. L. Tullis, “Louisiana's Legal System Reappraised”, 12 *Tulane Law Review* 113-119 (1937); A. N. Yiannopoulos, “Louisiana Civil Law: a Lost Cause?”, 54 *Tulane Law Review* 831-833 (1980).

④ 修订后的现行《路易斯安那民法典》第 4 条源于 1870 年《路易斯安那修订民法典》第 21 条规定："如不能从立法或习惯中推导出适用某一特殊情形的规则，则法院有义务根据衡平处理。为了衡平地裁判，可诉诸正义、理性以及通行惯例。"本条中的“衡平 (equity)”很容易被视为《路易斯安那民法典》受普通法影响的结果。但是并非如此，从本书行文来看，“衡平”是法律 (立法与习惯) 的补充物，而非英美法上的那种作为制定法对立物的衡平法；“衡平”的本质在于补充、软化制定法，古罗马法的裁判官法就是软化制定法的典型。该条规定，自 1808 年《民法学说汇纂》的第 20 条，一直演变至今到现行民法典的第 4 条，具体可参见 Vernon V. Palmer, “The Many Guises of Equity in a Mixed Jurisdiction: a Functional View of Equity in Louisiana”, 69 *Tulane Law Review* 7-70 (1994)。

上，路易斯安那州并未采用英美法系的衡平原则。自1808年《民法学说汇纂》生效至1937年，有84个案例的裁决援引了第21条（1808年《民法学说汇纂》第20条），其中的绝大部分案例都是按照本条的立法目的适用。[①] 这些案例不仅没有接受英美法式的衡平原则，而且也没有援引普通法。[②] 在上述援引第21条的案例中，路易斯安那州最高法院明确认为衡平法判例是无法控制的，仅当在法律没有相关规定时才可以适用，否则将被拒绝采用。在勒布朗诉新奥尔良市（LeBlanc v. City of New Orleans）案中，最高法院声明了路易斯安那州法官对此问题的立场：

……该判例仍然与法律相冲突，并将一直被视为涉及成文法时法院审判的警示，并且仅仅当成文法没有规定时，为了公正（被界定为“自然法和理性或通行惯例”）才可以参照判例。[③]

该立场表明，在法律有明确规定之时，当然适用法律；只有当法律没有规定之时，且在法官履行谨慎义务的前提下，才可以适用衡平原则：这显然是对英美法式的衡平原则的否决。路易斯安那州最高法院后续的裁决一直遵守了这一立场。[④]

---

① 当法律没有相关规定时，法官在谨慎义务的前提下根据衡平进行了裁决，在某些案件的裁决中的确援引了一些英美法中的衡平法原则，如衡平法上的资产清偿序列原则（equitable doctrine of marshalling of assets）[Willey v. St. Charles Hotel Co., 52 La. Ann. 1581, 1592, 28 So. 182, 186（1899）; Lawton v. Smith, 146 So. 361, 363（La. App. 1933）] 等。[更多为路易斯安那州法院采纳的衡平法原则，可参见 Harriet Spiller Daggett, Joseph Dainow, Paul M. Hébert, Henry George Mcmahon, A Reappraisal Appraised: a Brief for the Civil Law of Louisiana, 12 *Tulane Law Review* 31-32（1937）.]

② See Harriet Spiller Daggett, Joseph Dainow, Paul M. Hébert, Henry George Mcmahon, “A Reappraisal Appraised: a Brief for the Civil Law of Louisiana”, 12 *Tulane Law Review* 30（1937）.

③ LeBlanc v. City of New Orleans, 138 La. 243, 257, 70 So. 212, 217（1915）.

④ Osborn v. City of Shreveport, 143 La. 932, 939, 79 So. 542, 545（1918）; Porter v. Conway, 181 La. 487, 525, 159 So. 725, 738（1934）; Southern Bell Tel. & Tel. Co. v. Louisiana Public Service Commission, 183 La. 741, 755, 164 So. 786, 790（1935）.

关于侵权法是否为普通法所替代方面，实际上路易斯安那州侵权法主要源于法国，民法典中侵权法的立法模式——以一般条款的方式对侵权和准侵权行为予以高度概括，亦是源于法国。在这种立法模式下，抽象条款的适用依赖于完备的规则体系。经由长期发展，法国侵权法的规则体系已相当完备。由于路易斯安那州因法学教育的匮乏等，法官在适用一般条款的过程选择借鉴了已经存在的规则体系，即普通法系的侵权法规则。①因此，路易斯安那州侵权法的发展历程更类似于普通法，即类型化模式。②但是爱尔兰关于整个路易斯安那州侵权法为普通法所取代的观点是夸张的。至少在当时情形下，普通法的影响仅存在于侵权法某些特定领域，如个人不法行为、过失行为与一定程度上的妨害，③但远未达到完全普通法化的程度。即便在上述领域，对普通法的引入也并非无一例外的、无条件的，路易斯安那州最高法院在亚当斯诉戈森（Adams v. Golson）案中主张："除非民法典条款或者本州制定法中有明示或默示规定，否则在本州不能要求损害赔偿……"④所以，对普通法原则的接受并不意味着路易斯安那州在侵权法领域对大陆法的完全抛弃和对普通法的完全接受。

在路易斯安那州是否已采用遵循先例原则的问题上，爱尔兰的观点受到质疑。哈里特·斯皮勒·达格特等人与约翰·塔克（John H. Tucker）则认为，"我们从没有接受遵循先例"⑤。司法判例在普通法系与

---

① See Harriet Spiller Daggett, Joseph Dainow, Paul M. Hébert, Henry George Mcmahon, "A Reappraisal Appraised: a Brief for the Civil Law of Louisiana", 12 *Tulane Law Review* 33 (1937).

② See Henry Plauche Dart, "The Place of the Civil Law in Louisiana", 4 *Tulane Law Review* 171 (1930).

③ See Harriet Spiller Daggett, Joseph Dainow, Paul M. Hébert, Henry George Mcmahon, "A Reappraisal Appraised: a Brief for the Civil Law of Louisiana", 12 *Tulane Law Review* 32 (1937).

④ Adams v. Golson, 187 La. 363, 369, 174 So. 876, 878 (1937).

⑤ John H. Tucker, Jr., The Code and the Common Law in Louisiana, 29 *Tulane Law Review* 759 (1955); also see Harriet Spiller Daggett, Joseph Dainow, Paul M. Hébert, Henry George Mcmahon, A Reappraisal Appraised: a Brief for the Civil Law of Louisiana, 12 *Tulane Law Review* 16 (1937).

大陆法系都扮演着重要角色，但是大陆法系判例[①]完全不同于普通法系的遵循先例原则，二者之间的不同体现于：普通法系的单个判例就可以作为法官判决案件的法律依据，但在大陆法系，单个的判例没有必然约束力；[②]普通法系的判例法是法律渊源的主要形式，而在大陆法系，判例仅仅是事实上的法律，起补充法律的作用；[③]普通法系的下级法院必须遵

① 需要说明的是，大陆法系国家存在类似于普通法系遵循先例原则相类似的原则，即 jurisprudence constante，可译为“确定性判例原则”或者“一贯的判例原则”，即适用于特定法律规则的一系列以前的裁决是非常重要的，且可能对后来的案例起决定性作用。该原则见诸大部分大陆法法域（civil law jurisdictions），以及受大陆法影响的国家或地区。

“确定判例原则”是欧洲大陆国家在大革命后，逐渐在司法实践中发展出来的。如在法国，《法国民法典》第5条规定，禁止法官对其审理的案件以一般的规则性条款进行判决，因为一般性规则的创造属于立法活动，不属于司法权。因此，理论上，法国没有判例法。但是限于第4条，法官不得借口法律没有规定、不明确或者不完备而拒绝审判，而必须填补法律的漏洞；同时，民法典与制定法需借助司法解释。在这种情形下，法官不得不依赖于以前的裁决和上级法院的裁决，长此以往，便逐渐产生了与普通法相类似的判例法，即“确定性判例原则”。

与普通法系国家的遵循先例原则，即单个判例即可成为法官判决案件的法律依据不同，在大陆法系国家，单个的判例没有必然的约束力；但当过往的系列判例已经形成一贯的、确定的法理，法官就将其作为判决的依据。这种一系列的判例被作为一种具有说服力的法律依据为法官在判决中所适用。在大陆法系国家，其是次于成文法的下位法律依据。

“法律的发展孕育了确定判例原则，根据该原则，当过去的判例中存在充分的统一性时，法庭必须将这些过去的判例考虑在内。单一的判例不对法庭产生约束力，也不会改变判例法。一旦判例法的统一性形成，法庭便将判例作为具有说服力的法律依据，在作出判决时予以考虑。过去判例的统一性越高，判例法的说服效力越强。可观的权威效力由此产生于任何特定法律议题的统一的判例链条。在现代法律体系中，‘确定判例原则’被法国、德国、路易斯安那州，以及其他混合法域所采用。在法国，统一的判例链条或确定性判例是一种法律渊源。”[Vincy Fon, Francesco Parisi, Judicial precedents in civil law systems: A dynamic analysis, 26 *International Review of Law and Economics* 522–523（2006）.] 在路易斯安那州亦被视为补充性渊源，不具有遵循先例原则的地位。[Royal v. Cook, 984 So.2d 156（La. Ct. App. 2008）.]

② See Édouard Lambert, “Codified Law and Case-Law: their Part in Shaping the Policies of Justice”, in Various Authors（Select）, Ernest Bruncken, Layton B. Register（Translations）, *Science of Legal Method*, Boston: Boston Book Company（reprinted by Macmillan Company, 1969）, 1917, p.257.

③ See Arthur Lehman Goodhart, *Precedent in English and Continental Law: an Inaugural Lecture Delivered before the University of Oxford*, London: Stevens and Sons, limited, 1934, pp.8–9.

循上级法院的判例，而在大陆法系，严格意义上而言，下级法院没有这样的义务，尽管实际上下级法院出于担心被改判、发回重审等因素而往往遵循上级法院的裁决。[①]路易斯安那州判决中出现的“stare decisis”并非普通法意义上的，而是指“judicial precedent”。在路易斯安那州的判决中，法院公认为单个案例没有约束力，路易斯安那州最高法院于1922年至1926年间推翻的案例是美国联邦法院自成立以来否决的先例的两倍，显然路易斯安那州判决中出现的“stare decisis”不是普通法意义上的。[②]

“大辩论”一直在持续中，尽管上述学者没有就路易斯安那州是否还属于大陆法法域达成一致，但是他们及其后继者［尤其是路易斯安那州法学院院长保罗·赫伯特[③]（Paul M. Hebert）］的努力促使了大陆法传统在路易斯安那州的复兴。

（五）1978年至今：修订民法典

“大辩论”之后，路易斯安那州采取了一系列措施，促使了大陆法的复兴：自1938年，路易斯安那州法学会（Louisiana State Law Institute）开始组织和负责民法典修订工作；[④]当代法国著述被翻译成英文介绍到路易斯

---

① See Harriet Spiller Daggett, Joseph Dainow, Paul M. Hébert, Henry George Mcmahon, “A Reappraisal Appraised: a Brief for the Civil Law of Louisiana”, 12 *Tulane Law Review* 17（1937）.

② See Harriet Spiller Daggett, Joseph Dainow, Paul M. Hébert, Henry George Mcmahon, “A Reappraisal Appraised: a Brief for the Civil Law of Louisiana”, 12 *Tulane Law Review* 18-22（1937）.

③ 关于保罗·赫伯特的生平、著述以及对路易斯安那州大陆法复兴的贡献，可参见Robert A. Pascal, “Recollections of Paul Macarius Hebert”, 23 *Loyola Law Review* 309-311（1977）；Leon Sarpy, Paul Macarius Hebert, 23 *Loyola Law Review* 307-308（1977）。

④ Louisiana Acts of 1938, No. 164 §4（f）；Louisiana Acts of 1938, No.166.

安那州；[①]1825 年《路易斯安那民法典》再次出版；法学院开始强调大陆法的教授，并鼓励大陆法学说的发展。路易斯安那州学者在此过程中扮演着重要角色，路易斯安那州部分法官也起到了一定的积极作用，如 1967 年，路易斯安那州最高法院乔·桑德斯（Joe W. Sanders）法官告诫律师们要根据大陆法来陈述案件。[②]

大陆法复兴最重要的成果是对 1870 年《路易斯安那修订民法典》的修订。1948 年，路易斯安那州立法机关授权路易斯安那州法学会修订 1870 年民法典。对于如何修订民法典，路易斯安那州法学会考虑到全新修订民法典的困难之后，决定采用通过部分修订的方式予以修订。1825 年、1870 年民法典颁布之后，路易斯安那州社会发生了重大变革，采用 1870 年民法典基本保持原民法典原貌的修订方式已是不可行的，另外，路易斯安那州法学会认为完全重新起草路易斯安那民法典的任务超过了其能力，最终采用了较为务实的修订方式，即针对民法典中的具体领域进行修订，历史范例也证明这是可行的。[③]

截至 2012 年 12 月 15 日，1870 年《路易斯安那修订民法典》被修订、重新制定、废止情况如下：

---

① 大部分翻译工作都是在路易斯安那州法学会资助下完成的，[《经修订的路易斯安那制定法》(Louisiana Revised Statutes）第 24:204 条规定，为了更好地理解路易斯安那州的大陆法及其生存所依赖的哲学基础，路易斯安那州法学会需翻译关于大陆法的著述与提供研究著述。] 还有一些是由路易斯安那州立大学法学院大陆法研究协会资助完成的，少数是由二者共同资助的。这些译文与当时一起出版的著述对路易斯安那州法学产生了强有力的冲击，有助于法院根据其立法目的和参照法国的经验来理解民法典。关于当时译文与著述的介绍及对路易斯安那州的影响，可参见 Joseph Dainow, “Civil Law Translations and Treatises Sponsored in Louisiana”, 23 *American Journal of Comparative Law* 521-529（1975）。

② See Joe W. Sanders, “The ‘Civil Law’ in the Supreme Court of Louisiana”, 15 *Louisiana Bar Journal* 18（1967）.

③ See A. N. Yiannopolous, “The Civil Code of Louisiana”, in A.N. Yiannopolous（ed.）, *Louisiana Civil Code*（2013 *Edition, Volume I*）, Brand: Thomson West, 2013, Preface, p.LXXII.

1987 年，修订了 1870 年《路易斯安那修订民法典》的“序题”并予以重新制定。现行民法典“序题”由 3 章组成：第 1 章“一般原则”；第 2 章“法律的解释”；第 3 章“法律的冲突”。[①]“序题”第 3 章于 1991 年被再次修订。[②]

对 1870 年《路易斯安那修订民法典》第 1 编的修订尚未完成。1987 年，修订了第 1 题“人的分类”，并予以重新命名，以“自然人与法人”为题。[③]2008 年，修订了第 2 题“住所及其变更方式”，并予以重新命名，以“住所”为题。[④]1990 年，修订并重新制定了第 3 题“失踪人”。[⑤]1987 年，修订并重新制定了第 4 题“夫与妻”。[⑥]1990 年、1993 年颁布的一系列法案修订了第 5 题“别居与离婚”，并予以重新命名，以“离婚”为题。[⑦]1974 年、1990 年颁布的一系列法案废止了 1870 年民法典第 6 题“主与仆”。2005 年，修订并重新制定了第 7 题第 1、2、3 章，[⑧]2008 年、2009 年新增

---

① See Louisiana Acts 1987, No. 124, revising Preliminary Title of the Civil Code (Arts. 1 to 5) .

② See Louisiana Acts 1991, No. 923. This Act revised Chapter 3 of the Civil Code to consist of Articles 14 through 49. The provisions of Articles 15 through 49 as contained in this Act have been redesignated by the authority of the Louisiana State Law Institute as a new Book IV of the Civil Code, containing Articles 3515 through 3549.

③ See Louisiana Acts 1987, No. 125, revising Title I of Book I, Natural and Juridical Persons (Arts. 24 to 29) .

④ See Louisiana Acts 2008, No.801, § 1, effective January 1, 2009.

⑤ See Louisiana Acts 1990, No. 989, revising Title III of Book I, Absent Persons (Arts. 47 to 59) .

⑥ See Louisiana Acts 1987, No. 886, revising Title IV of Book I, Husband and Wife (Arts. 1 to 10).

⑦ See Louisiana Acts 1990, No. 1009, revising Title V, Chapter 1, of Book I, Divorce (Arts. 102 to 105) and Louisiana Acts 1997, No. 1078, revising Title V, Chapter 2, Section 1, of Book I, Spousal Support (Arts. 111 to 117) . See also Louisiana Acts 1990, No. 1008, adding Articles 117 to 120 (redesignated as Articles 121 to 124) .

⑧ See Louisiana Acts 1976, No. 430, revising Title VII, Chapter 2, of Book I, Of Legitimate Children (Arts. 184 to 190) and Louisiana Acts 2005, No. 192, revising Title VII, Chapter 1, Of Children in General, Chapter 2, Of Legitimate Children, and Chapter 3, Of Illegitimate Children (Arts. 184 to 198) .

了许多条款，并对该题章节予以重新命名。①2008年，修订并重新制定了第8题第2章“准治产”。②2000年，修订并重新制定了第9题“不能照料其人身和财产的人”。③1987年颁布的第126号法案废止了1870年民法典第10题“法人”。④

从1976年至1979年颁布的一系列法案修订了1870年《路易斯安那修订民法典》的整个第2编，现在第2编由6个题组成：第1题“物”；第2题“所有权”；第3题“人役权”；第4题“地役权”；第5题“建筑物限制”；第6题“边界”。1990年，在第2编第6题之后增加了第7题“不可分所有权”。⑤

对1870年《路易斯安那修订民法典》第3编的修订是选择性的。1981年，修订并重新制定了序题“一般规定”。⑥1981年，修订并重新制

---

① See Louisiana Acts 2008, No.351, § 1, effective January 1, 2009; Louisiana Acts 2009, No. 3, effective June 9, 2009.

② See Louisiana Acts 2008, No.351, § 1, effective January 1, 2009.

③ See Louisiana Acts 2000, No. 25 (First Extraordinary Session), revising Title IX, of Book I, Persons Unable to Care for Their Persons or Property (Arts. 389 to 399).

④ See Louisiana Acts 1987, No. 126, § 1, repealed Articles 427 to 442, 444, 445 and 447. Articles 443 was repealed by Louisiana Acts 1942, No. 43, § 2.

⑤ See Louisiana Acts 1978, No. 728, revising Title I of Book II, Things (Arts. 448 to 476); Louisiana Acts 1979, No. 180, revising Title II of Book II, Ownership (Arts. 477 to 532); Louisiana Acts 1976, No. 103, revising Title III of Book II, Personal Servitudes (Arts. 533 to 645). However, many of the provisions of Book II, Title III, Chapter 2, (Usufruct), were massively amended by Acts 2010, No. 881, effective July 2, 2010; Louisiana Acts 1977, No. 415, revising Title IV of Book II, Predial Servitudes (Arts. 646 to 774); Louisiana Acts 1977, No. 170, revising Title V of Book II, Building Restrictions (Arts. 775 to 783); Louisiana Acts 1977, No. 169, revising Title VI of Book II, Boundaries (Arts. 704 to 796); Louisiana Acts 1990, No. 990, adding to Book II Title VII, Ownership in Indivision (Arts. 797 to 818).

⑥ See Louisiana Acts 1981, No. 919, revising the Preliminary Title-General Dispositions of Book II (Article 870).

定了第1题“继承”第1、2、3章；[①]1997年，修订并重新制定了第4、5、6、13章。[②]2008年，修订并重新制定了第2题“赠与”第1章“一般规定”；[③]1991年，修订并重新制定了第2章“处分和接受生前赠与和死因赠与的必要能力”。[④]1996年，修订并重新制定了第3章“可处分份额与超额时的扣除”。[⑤]2008年，修订并重新制定了第5章“生前赠与”。[⑥]1997年，修订并重新制定了第6章“死因处分”。[⑦]2004年，修订并重新制定了第8章“第三人因婚姻的考虑而做出的生前赠与”、第9章“配偶间的生前赠与”。[⑧]1984年，修订并重新制定了第3题“债法总则”、第4题“约定之债与合同”。[⑨]1995年，修订并重新制定了第5题“准合同、侵权与准侵权”，并予以重新命名，以“非协议之债”为题，包括第1章“无因管理”、第2章“不当得利”、第3章“侵权与准侵权”。[⑩]1979年，废止了1870年民法典第6题“婚姻契约与婚姻双方对财产的各自权利”，并重

① See Louisiana Acts 1981, No.919, revising Chapters 1, 2, and 3 of Title I of Book III (Arts. 871 to 902).

② See Louisiana Acts 1997, No. 1421, revising Chapters 4, 5, 6, and 13 of Title of, Book III (Arts. 934 to 968 and 1415 to 1429) .

③ See Louisiana Acts 2008, No.204, § 1, effective January 1, 2009, revising Chapter 1 of Title II of Book III (Arts. 1467 to 1469) .

④ See Louisiana Acts 1991, No. 363, revising Chapter 2 of Title II of Book III (Arts. 1470 to 1483) .

⑤ See Louisiana Acts 1996, No. 77 (1st Extraordinary Session) , revising Chapter 3 of Title II of Book III (Arts. 1493 to 1514) .

⑥ See Louisiana Acts 2008, No. 204, § 1, effective January 1, 2009, revising Chapter 5 of Title II of Book III (Arts. 1526 to 1567) .

⑦ See Louisiana Acts 1997, No. 1421, revising Chapter 6 of Title II of Book III (Arts. 1570 to 1616) .

⑧ See Louisiana Acts 2004, No. 619, revising Chapters 8 (Arts. 1734 to 1743) of Title II of Book III and Chapter 9 of Title II of Book III (1744 to 1751) .

⑨ See Louisiana Acts 1984, No. 331, revising Title III of Book III, Obligations in General, and Title IV of the same Book, Conventional Obligations or Contracts (Arts. 1756 to 2057) .

⑩ See Louisiana Acts 1995, No. 1041, revising Title V of Book III, Obligations Arising Without Agreement (Arts. 2292 to 2305) .

新制定了第 6 题“夫妻财产制”的前 3 章；1979 年，增加了第 4 章“遗偶应继份”；2009 年，修订并重新制定了第 3 章“分别财产制”。[①]1993 年，修订并重新制定了第 7 题“买卖”。[②]2010 年，修订并重新制定了第 8 题“互易”。[③]2004 年，修订并重新制定了第 9 题“租赁”。[④]2012 年，修订了 1870 年民法典第 10 题“永佃与年金”，并予以重新命名，以“年金”为题。[⑤]1980 年，修订并重新制定了第 11 题“合伙”。[⑥]2004 年，修订并重新制定了第 12 题“借贷”。[⑦]2003 年，修订并重新制定了第 13 题“寄托与诉争物的寄托”。[⑧]1997 年，修订了第 15 题“委托”，并予以重新命名，以“代理与委托”为题。[⑨]1987 年，修订并重新制定了第 16 题“保证”。[⑩]2007 年，修订了第 17 题“和解或妥协”，并予以重新命名，以“和解”为题。[⑪]1991 年、1992 年一系列法案修订了第 22 题“质押”；2005

① See Louisiana Acts 1979, No. 709, revising Title VI of Book III, Matrimonial Regimes (Arts. 2325 to 2376) . See also, Louisiana Acts 1979, No. 710.

② See Louisiana Acts 1993, No. 841, revising Title VII of Book III, Sales (Arts. 2438 to 2659) , effective January 1, 1995.

③ See Louisiana Acts 2010, No. 186, revising Title VII of Book III, Exchange (Articles 2660 to 2664) , effective August 15, 2010.

④ See Louisiana Acts 2004, No. 821, revising Title IX of Books III, Lease, Chapters 1 and 2 (Articles 2668 to 2729) .

⑤ See Louisiana Acts 2012, No. 258, revising Title X of Books III, Annuities (Arts. 2778 to 2800) .

⑥ See Louisiana Acts 1980, No. 150, revising Title XI of Book III, Partnership (Arts. 2801 to 2848) .

⑦ See La, Acts 2004, No. 743, revising Title XII of Books III, Loan (Arts. 2891 to 2913) .

⑧ See Louisiana Acts 2003, No. 491, revising Title XIII of Book III, Deposit and Sequestration (Arts. 2926 to 2981) .

⑨ See Louisiana Acts 1997, No. 261, revising Title XV of Book III, Representation and Mandate (Arts. 2985 to 3032) .

⑩ See Louisiana Acts 1987, No, 409, revising Title XVI of Book III, Suretyship (Arts. 3035 to 3070) .

⑪ See Louisiana Acts 2007, No. 138, revising Title XVII of Book III, Compromise (Arts. 3278 to 3083) .

年法案废止了一些条款。[①]2005年，新增第22附1题“登记”。[②]1982年，修订并重新制定了第23题“先占与占有”。[③]1982年，修订并重新制定了第24题“时效”的第1、2、3章；1983年，修订并重新制定了的第4章。[④]

1991年，第923号法案在1870年《路易斯安那修订民法典》第3编之后增加了第4编“冲突法”。[⑤]

起草者对民法典编、题、章修订、重新制定或废止的同时，并修订、重新制定或废止了1870年民法典中未被修订但与上述修订相冲突的条款。截至2012年12月15日，仅有以下题、章未被整体上修订，包括第1编第7题第5章“亲权”（29条），第8题第1章“监护”（46条）；第3编第1题第8章“对无人继承遗产以及无遗嘱遗产的管理”（8条）、第11章“合算”（51条）、第12章“遗产分割”（97条），第2题第4章“生前赠与和死因赠与中法律禁止的处分”（2条）、第7章“父母或其他尊亲在卑亲间所做的分割”（7条），第14题“射幸合同”（3条），第18题“延期”（14条），第19题“仲裁”（30条），第20题“质押”（43条），第21题“优先权”（81条）。[⑥]

---

① See Louisiana Acts 1991, No. 652, revising Title XXII of Book III, Mortgages (Arts. 3278 to 3298); Louisiana Acts 1992, No. 1132, revising Title XXII of Book III, Mortgages (Arts. 3299 to 3337); Louisiana Acts 2005, No. 169, effective July 1, 2006.

② See Louisiana Acts 2005, No. 169, effective July 1, 2006.

③ See Louisiana Acts .1982, No. 187, revising Title XXIII of Book III, Occupancy and Possession (Arts. 3412 to 3444) .

④ See Louisiana Acts 1982, No. 187, revising Title XXIV of Book III, Chapters 1, 2, and 3, (Arts. 3445 to 3491); Louisiana Acts 1983, No. 173, revising Title XXIV of Book III, Prescription, Chapter 4 (Arts. 3492 to 3504) .

⑤ See Louisiana Acts 1991, No. 923.

⑥ 括号中内容为该章或题中截至2012年12月15日尚未被修订的条款数量，是在2013年版《路易斯安那民法典》英文版［A. N. Yiannopolous, *Louisiana Civil Code* (2013 *Edition, Volume I*), Brand: Thomson West, 2013, pp.1–824.］基础上整理的。

二、现行《路易斯安那民法典》的体系

自 1978 年开始修订的现行《路易斯安那民法典》，无论是民法典体系上，还是法律渊源层面上，都发生了质变。

1991 年，《路易斯安那民法典》增加了第 4 编“冲突法”，分为“一般规定”“身份”“婚姻财产”“继承”“物权”“约定之债”“侵权与准侵权之债”与“诉讼时效”8 个题。

就法典体系而言，来源于盖尤斯《法学阶梯》并反映在 1804 年《法国民法典》中的关于民法调整事项的三分制在现行《路易斯安那民法典》中随风而去，现行民法典体系如下：

序　题

第一编　人

第二编　物及对所有权的不同限制

第三编　取得物之所有权的不同方式

第四编　冲突法

三、现行《路易斯安那民法典》的法律渊源

修订后的民法典，对于那些源于《法国民法典》的条款，不再是同 1808 年《民法学说汇纂》、1825 年《路易斯安那民法典》与 1870 年《路易斯安那修订民法典》那样将《法国民法典》相关条款“逐字地”或“几乎是逐字地”纳入，而采用更加口语化、普通法化的术语来表述相同的规则或原则，甚至将几个规则纳入到一个条文之中。所以，识别《法国民法典》对现行民法典的影响，在实质层面进行更为重要。在意亚那不勒斯教授研究基础上，对比民法典具体条款，可以得出：

财产法领域，现行《路易斯安那民法典》第 2 编“物及对所有权的不同限制”共计 372 个条文，将 1870 年《路易斯安那修订民法典》第 2 编

422个条文中的333个纳入。372个条文，其中168个条文与《法国民法典》的规则或原则存在联系。1804年《法国民法典》第2编“财产及对所有权的各种限制”共计195个条文，其中151个条文所涉规则或原则被纳入现行《路易斯安那民法典》。在语言层面上，现行民法典与《法国民法典》联系依然明显。

债法领域，现行《路易斯安那民法典》第3编“取得物之所有权的不同方式”第3题“债法总则”146个条文，第4题“约定之债或合同”152个条文，共计298个条文，将1870年《路易斯安那修订民法典》第3编第3题“债”与第4题“合意之债”共计531个条文中的276个纳入。298个条文，其中157个条文与《法国民法典》的规则或原则存在联系。1804年《法国民法典》第3编“取得财产的各种方法”第3题“契约与合意之债的一般规定”共计369个条文，其中172个条文所涉规则或原则被纳入现行《路易斯安那民法典》。语言层面对普通法化语言、术语的广泛使用使得现行民法典与《法国民法典》联系不再明显。

侵权法领域规定于现行《路易斯安那民法典》第3编“取得物之所有权的不同方式”第5题“非源于协议之债”第3章“侵权及准侵权”，共计22个条文，其中7个条文与1804年《法国民法典》侵权行为与准侵权行为一章的全部5个条文相似，但是具体规则层面上，已有所差异。以侵权法一般条款为例，现行民法典第2315条，其的确源于《法国民法典》第1382条，但是第2315条的适用范围远没有第1382条广泛。

第六节　四部民法典体系与法律渊源之比较

本节在本章第一、三、四、五节基础上就1808年《民法学说汇纂》、1825年《路易斯安那民法典》、1870年《路易斯安那修订民法典》与现行

《路易斯安那民法典》的体系及其财产法领域、债法领域（债法总则与合同法总则）、侵权法领域的法律渊源进行比较研究。

一、四部民法典体系之比较

就民法典体系而言，1808 年《民法学说汇纂》、1825 年《路易斯安那民法典》与 1870 年《路易斯安那修订民法典》在“编”结构上是一致的，而现行《路易斯安那民法典》于 1991 年增加了第 4 编“冲突法”。这意味着来源于盖尤斯《法学阶梯》并反映在 1804 年《法国民法典》中的关于民法调整事项的三分制已随风而去。至今，《法国民法典》亦不再是三编制，2002 年 12 月 19 日，法国第 2002-1476 号法令在原民法典基础上增加了“适用于马约特岛的规定”卷，2006 年 3 月 23 日，第 2006-346 号法令在原民法典基础上增加了“担保”卷，分别形成了现行《法国民法典》的第 5 卷、第 4 卷。

现行《路易斯安那民法典》第 4 编“冲突法”是法律发展的产物，是“将现代冲突法的智识精华汇编成文的一次重要尝试”①，它依赖于路易斯安那州司法实践的经验与过去智慧的积累。路易斯安那州于 1991 年修订后的冲突法文本是“美国迄今为止第一部全面的冲突法立法，可谓采撷两大法系之长的成功样本”。②

就具体的“题”而言，这 4 部民法典第 1 编保持了超强的稳定性，经由二百多年的发展，依然没有太多变化。第 2 编，1825 年、1870 年民法

① Wendy Collins Perdue, “Reexamination of the Distinction between Loss-Allocating and Conduct-Regulating Rules”, a Conflict of Laws, Comparative Law and Civil Law: a Tribute to Symeon C. Symeonides, 60 *Louisiana Law Review* 1251 (2000).

② 许庆坤:《论我国债权冲突法司法解释的制定——以美国路易斯安那州立法为镜鉴》，载《法学论坛》2013 年第 6 期。关于现行《路易斯安那民法典》第四编的详细介绍及论述，可参见杜涛:《美国路易斯安那州国际私法改革介评》，载《法制与社会发展》2002 年第 5 期；许庆坤:《论我国债权冲突法司法解释的制定——以美国路易斯安那州立法为镜鉴》，载《法学论坛》2013 年第 6 期。

典在1808年《民法学说汇纂》增加了第5题“确定界限及勘测土地”与第6题“其树立可被停止或阻止的新工作物”，现行民法典在此基础上又增加了第7题“共有”。现行民法典关于共有的规定主要是借鉴了德国、希腊、瑞士等大陆法系国家的规定。[①] 第3编，1825年、1870年民法典将1808年《民法学说汇纂》第4题“非因合意而发生的债、准合同与准侵权”拆分为第4题“合意之债”与第5题“准合同、侵权与准侵权”；将《民法学说汇纂》第19题“优先权与抵押”拆分为第21题“优先权”与第22题“抵押”；并增加了第10题“永佃与年金”。现行民法典在此基础上将第23题“先占、占有与时效”拆分为第23题“先占与占有”与第24题“时效”，并增加了第22附1题“登记”。在“题”层面上，路易斯安那民法典亦维持了超稳定的结构，另外，为维持这种稳定体系，现行民法典的修订方式也较具特色，如采用了附X题的形式。[②]

在具体的“章”“节”层面，法典的结构相对稳定，从1808年《民法学说汇纂》到1825年、1870年民法典，再到现行民法典，因路易斯安那州立法机关及法典起草者对民法典抽象化与体系化的注重，以财产法、债法、侵权法为例，具体的“章”“节”发生了一定程度的变化。[③]

就体系之比较而言，这4部民法典维持了稳定的结构。《法国民法典》在形式上已不再是三编制，但是三编制依然是对《法国民法典》体系的表述，维系二百多年的三编制体系已是《法国民法典》的标示。就此而言，路易斯安那民法典依然是法国式的，所以在体系之形式层面，无法彰显出

---

① 详细论述，可参见本书第四章第二节第二部分“对大陆法的移植”的内容。

② 这种修订方式也体现于“节”“条”层面，可参见本书第四章第一节第一部分“稳定的结构”的论述。

③ 从1808年《民法学说汇纂》到1825年、1870年民法典，再到现行民法典，财产法、债法与侵权法领域在具体章、节层面的变化，可参见附表1-2——路易斯安那民法典与法国民法典财产法、债法与侵权法之体系比较，表4-1——1825年、1870年、现行路易斯安那民法典之侵权法与原、现行法国民法典之侵权法间的对应关系；具体论述可参见本书第四章第一节第一部分“稳定的体系”的论述。

路易斯安那州对普通法的“第二次继受”。

二、四部民法典法律渊源之比较

路易斯安那州法对普通法的“第二次继受”并非是一致的，就私法领域而言，的确存在某些领域对普通法的继受较其他领域而言更多。本部分撷取了这4部民法典中的财产法、债法、侵权法部分进行比较研究。

（一）财产法领域之比较

就财产法领域而言，1808年《民法学说汇纂》第2编“物及对所有权的不同限制”共包括217个条文，其中169个条文与1804年《法国民法典》相关条文相对应，34个条文在1800年《法国民法典第八草案》、巴黎习惯法、1796年《法国第三部民法典草案》及多马、波蒂埃的著述中有对应条款或表述。1804年《法国民法典》第2编“财产及对所有权的各种限制”共195个条文，其中有162个条文被纳入1808年《民法学说汇纂》。

1825年《路易斯安那民法典》共包括427个条文，其中184个条文在1804年《法国民法典》中有对应条款，128个条文在法国学者多马、帕德苏、图利耶、波蒂埃、勒帕热、马尔维尔、梅兰的著述中有相对应的表述。1804年《法国民法典》第2编“财产及对所有权的各种限制”共195个条文，其中有164个条文被纳入1825年《路易斯安那民法典》。

1870年《路易斯安那修订民法典》仅删除了1825年《路易斯安那民法典》第2编中的第461、539、562、588条与第631条，其他条文表述没有任何变化。

现行《路易斯安那民法典》第2编“物及对所有权的不同限制”共计372个条文，1870年《路易斯安那修订民法典》第2编422个条文中的333个被纳入其中。这372个条文中168个条文与1804年《法国民法典》的规则或原则存在联系。1804年《法国民法典》第2编“财产及对所有权的各种限制”共计 195 个条文，其中 151 个条文所涉规则或原则被纳入现行《路易斯安那民法典》。

1808 年《民法学说汇纂》、1825 年《路易斯安那民法典》与现行《路易斯安那民法典》之财产法以 1804 年《法国民法典》具体条款为渊源的条文数量在整个财产法条文中的比重分别是：77.9%、43.1%、45.2%。考虑到 1804 年《法国民法典》第 2 编仅有 195 个条文，1808 年《民法学说汇纂》第 2 编仅有 217 个条文，而 1825 年民法典、现行民法典财产法则多达 427 个条文、372 个条文的因素，这表明法国法的影响依然是显著的。从 1808 年《民法学说汇纂》、1825 年《路易斯安那民法典》与现行《路易斯安那民法典》中具体条款与《法国民法典》条款的关系来看，《法国民法典》在上述 3 部民法典的财产法条文数量分别为：162 个、164 个、151 个。所以说，就财产法领域而言，《法国民法典》对路易斯安那民法典的影响是持久性的，基本没有变化，依然是显著的且主导性的。

（二）债法领域之比较

债法领域，1808 年《民法学说汇纂》规定于第 3 编第 3 题“契约与合意之债的一般规定”，共计 264 个条文，其中 244 个条文与 1804 年《法国民法典》第 3 编第 3 题“契约与合意之债的一般规定”的相关条文相对应。其余 20 个条文中，有 12 个在 1800 年《法国民法典第八草案》、1667 年《关于司法改正的民事法律汇编》及多马、波蒂埃的著述中有对应条款。1804 年《法国民法典》第 3 编第 3 题共计 269 个条文，其中 245 个条文被纳入 1808 年《民法学说汇纂》。

1825 年《路易斯安那民法典》共包括 522 个条文，其中 241 个条文在 1804 年《法国民法典》中有对应条款，243 个条文在法国学者多马、波蒂埃、图利耶的著述中有相对应的表述。1804 年《法国民法典》第 3 编第 3 题共计 269 个条文，其中 228 个条文被纳入 1825 年《路易斯安那民法典》。

1870年《路易斯安那修订民法典》仅删除了1825年《路易斯安那民法典》中的第1783、1933、2093条与第2206条，新增了18个条文，其他条文表述没有任何变化。

现行《路易斯安那民法典》第3编第3题“债法总则”有146个条文，第4题“约定之债或合同”有152个条文，共计298个条文，将1870年《路易斯安那修订民法典》第3编第3题“债”与第4题“合意之债”共计531个条文中的276个纳入。在298个条文中有157个条文与《法国民法典》的规则或原则存在联系。1804年《法国民法典》第3编第3题“契约与合意之债的一般规定”共计269个条文，其中172个条文所涉规则或原则被纳入现行《路易斯安那民法典》。

从1808年《民法学说汇纂》、1825年《路易斯安那民法典》与现行《路易斯安那民法典》之债法的渊源来看，以《法国民法典》具体条款与法国著述为渊源的条文数量在整个债法条文中的比重逐渐减小：97.0%、92.7%、52.6%。从1808年《民法学说汇纂》、1825年《路易斯安那民法典》与现行《路易斯安那民法典》中具体条款与《法国民法典》条款的关系来看，《法国民法典》在上述3部民法典的财产法条文数量分别为：245条、228条、172条。所以说，债法领域，《法国民法典》对路易斯安那民法典的影响逐渐减小，但依然占有较重要的地位。

（三）侵权法领域之比较

1808年《民法学说汇纂》将侵权法领域规定在第3编第4题“非因合意而发生的债、准合同与准侵权”中，共计9个条文，其中5个条文在1804年《法国民法典》中有对应条款，全部条文在1800年《法国民法典第八草案》中都有对应条款。

1825年《路易斯安那民法典》共包括12个条文，其中10个条文在《法国民法典》中有完全的对应条款。1804年《法国民法典》“侵权行为与准侵权行为”一章被逐字纳入1825年《路易斯安那民法典》。

1870年《路易斯安那修订民法典》仅删除了1825年《路易斯安那民法典》中的第2300条，其他条文表述没有任何变化。

现行《路易斯安那民法典》第3编第5题“非源于协议之债”第3章“侵权及准侵权”共计22个条文，其中7个条文与1804年《法国民法典》侵权行为与准侵权行为一章的全部5个条文相似，但是具体规则层面上，已有所差异。以侵权法一般条款为例，现行民法典第2315条，其的确源于《法国民法典》第1382条，但是第2315条的适用范围远没有第1382条广泛。

从1808年《民法学说汇纂》、1825年《路易斯安那民法典》与现行《路易斯安那民法典》之财产法的渊源来看，法国法的影响正逐渐减小。发展到今天，在侵权法的某些领域，普通法的影响甚至远远超过了法国法。①

上述表明，“第二次继受”在私法层面也是不同的，路易斯安那州的经验表明，侵权法对法国法的背离程度最大；债法相对小一些但背离程度亦相当大；相反，财产法是最无懈可击的领域。

本章小结

1803年至1812年，古路易斯安那人人口数量的绝对优势确保了文化与政治之间的平衡。但这种平衡随着法国人及后裔与美国人在人口数量上此消彼长而被打破，路易斯安那州的各个方面逐渐美国化。路易斯安那州法律在长期发展过程中，形成了对普通法的“第二次继受”。“第二次继受”

① 关于路易斯安那州侵权法的发展所受到的普通法的影响，可参见本书第五章第二节第三部分“法官在‘第二次继受’中的作用——以侵权法一般条款发展为例”。

在私法领域尤为明显，就民法典条款的渊源而言，“第二次继受”在民法典中因领域不同而有所不同。

就路易斯安那州4部民法典的条文渊源比较表明，侵权法对法国法的背离程度最大；债法相对小一些但背离程度亦相当大；相反，财产法是最无懈可击的领域。

第四章　路易斯安那民法典对普通法继受之体现——一种实质上的比较

第三章针对1808年《民法学说汇纂》、1825年《路易斯安那民法典》、1870年《路易斯安那修订民法典》与现行《路易斯安那民法典》中的财产法领域、债法领域与侵权法领域作了形式上的比较：一是体系比较；二是法律渊源比较。通过比较，可以发现，就民法典体系而言，这4部民法典维持了稳定的结构；就法律渊源而言，侵权法领域背离法国法的程度最大，债法领域次之但亦相当大，财产法领域背离程度最小。

本章将从具体制度层面介绍现行《路易斯安那民法典》财产法领域、债法领域与侵权法领域，并从实质（具体制度）层面探讨第三章的结论，即探讨对法国法的背离是否意味着对普通法的继受。本章首先宏观介绍现行民法典，其次从具体制度层面介绍现行民法典之财产法、债法与侵权法，最后在此基础上分析第三章的结论。

第一节　现行《路易斯安那民法典》之整体介绍

“就法典文本的整体而言，这部民法典有三大特色：一是在修订民法典方面的‘老房子，新装修’的做法；二是对普通法制度的大规模消化和吸收；三是在坚持法国传统的同时有所创新。"[①]就现行《路易斯安那民法典》体系而言，其依然是大陆法系意义上的法典，因为其体系依然追随的是《法国民法典》；就民法典具体制度而言，其体现了"第二次继受"对民法典的影响。

一、民法典体系：稳定的体系

比较1808年《民法学说汇纂》、1825年《路易斯安那民法典》、1870年《路易斯安那修订民法典》与现行《路易斯安那民法典》的结构（附录表1-1路易斯安那民法典与法国民法典之体系比较；表1-2路易斯安那民法典与法国民法典财产法、债法与侵权法之体系比较），路易斯安那民法典维持了一个超稳定的结构。

（一）追随《法国民法典》：超稳定的结构

1808年《民法学说汇纂》、1825年《路易斯安那民法典》、1870年《路易斯安那修订民法典》与现行《路易斯安那民法典》在体系上一直追随《法国民法典》，维持了稳定的结构。

这4部民法典第1编，10个题保持了高度统一。除第5题由1808年、1825年的"别居"，到1870年的"别居与离婚"，变为现行民法典的"离婚"外，其余9题基本没有变化。

第2编，结构上稍有变化。1825年、1870年民法典在1808年《民法学说汇纂》基础上增加了第5题"确定界限及勘测土地"与第6题"其树立可被停止或阻止的新工作物"，现行民法典在此基础上，将第5题、第6题分别更名为"建筑物限制""边界"，并增加了第7题"共有"。

---

① 《路易斯安那民法典》（2010年1月版），娄爱华译，厦门大学出版社2010年版，译者序言，第1～2页。

第3编，没有发生根本性变化。1825年、1870年民法典在1808年《民法学说汇纂》基础上增加了“债”“永佃和年金”“本法典中诸术语的意思”三题，现行民法典在此基础上，将“婚姻合同”题改为“夫妻财产制”，增加“登记”一题，并将原23题“先占、占有与时效”拆分为第23题“先占与占有”与第24题“时效”两题。

结构上，较之于前3部民法典，现行民法典最大变化在于增加了第4编“冲突法”，分为8个题，依次为“一般规定”“身份”“婚姻财产”“继承”“物权”“约定之债”“侵权与准侵权”“诉讼时效”。

路易斯安那民法典的结构是非常稳定的。本质上，现行民法典没有放弃盖尤斯、《法国民法典》的三分法，转而采用了更加体系化、合理化的带有总则的潘德克吞体系。

为维系法典的稳定结构，路易斯安那州修订民法典的方式也较具特色。现行民法典，在题、节层面出现了附X题（或节）的修订方法，如第22附1题，第24题第4章第1附1节；在具体条文层面亦出现了类似修订方式，在不改变条文编号的前提下，新增条文以第X.n条的形式编号，如侵权法第2315条后增加了8个条文，为第2315.1～2315.8条。与增加条文相对应，现行民法典在删除条文方面亦较具特色。现行民法典采用了“废止”（Repealed）“保留”（Reserved）“空白”（Blank）3种删除条文的方式。“废止”系指以新法废止旧法，“保留”意指原规则并未被废止，但体现于其他条文之中，“空白”似乎是指原条文已被废止已久。这些被剔除的法条为增加的新法条腾出了空间，这就在一定程度上确保了《路易斯安那民法典》在解法典化时代能够“反其道而行之”，将特别法纳入法典之中，在价值观念上与时代保持同步。[①]

---

① 参见《路易斯安那民法典》（2010年1月版），娄爱华译，厦门大学出版社2010年版，译者序言，第5～6页。

（二）借鉴《德国民法典》抽象思维：体系进一步合理化

2002 年 12 月 19 日，法国第 2002-1476 号法令在原《法国民法典》基础上增加了第 5 卷“适用于马约特岛的规定”，[①]2006 年 3 月 23 日，法国第 2006-346 号法令在《法国民法典》基础上增加了第 4 卷“担保”，尽管《法国民法典》在形式上已不再是三编制，但是三编制依然是对《法国民法典》体系的表述，维系二百多年的三编制体系已是《法国民法典》的标志。《法国民法典》的三编制反映了其民族习惯，即习惯于传统的理性思维，而不同于习惯于抽象思维的德国。《法国民法典》体系与《德国民法典》体系都是基于该国学说理论的长期发展而形成的，不能采用简单的“优劣”标准进行评判。

从逻辑性与体系化角度而言，《德国民法典》确实具有一定的优势。尽管没有设立总则，但是《法国民法典》尽可能地采用了相对抽象的规则，给法官留下了一定的自由裁量权，从而弥补了法典的不足。从 1808 年《民法学说汇纂》到现行民法典，在编、题层面的结构上，路易斯安那州 4 部民法典基本维持了《法国民法典》编、题结构。但是从 1808 年《民法学说汇纂》，到 1825 年《路易斯安那民法典》，再到 1870 年《路易斯安那修订民法典》，直到现行《路易斯安那民法典》，路易斯安那州立法机关尽管没有采用《德国民法典》的体系结构，但是较之于《法国民法典》，在具体的题、章层面更加注重概念、体系的抽象化与体系化。

以财产法为例，较之于 1804 年《法国民法典》，1808 年《民法学说汇纂》第 2 编第 2 题、第 4 题分别增加了“一般规则”一章，第 3 题第 1 章

---

① 马约特岛位于印度洋科摩罗群岛，全岛面积为 374 平方公里。2011 年，经公投马约特岛成为法国的一个海外省。按照 2002 年 12 月 9 日第 2002-1476 号法令的规定，在原《法国民法典》基础上增加了第 5 卷“适用于马约特岛的规定”，并规定该法令颁布之日后的第 18 个月第 1 日开始生效，即于 2004 年 6 月 1 日起生效。

增加了“一般概念”一节；1825年、1870年民法典继承了1808年《民法学说汇纂》的编、章、节结构，1870年民法典又将原第1题第4章“物与其占有人的关系”单独作为第2章命名为“物权”，与第1章“物的分类”并列，并在第1章中增加“一般原则”一题。至此，1870年民法典第2编总分结构正式形成，而且总则结构亦合理化，形成了“物（客体）——物权”的简易式结构。

以债法为例，无论是从渊源上，还是从体系安排上，1808年《民法学说汇纂》完全追随了1804年《法国民法典》。但《法国民法典》因缺乏总则性规定而备受诟病。[①]《民法学说汇纂》与《法国民法典》第3题为“契约或合意之债的一般规定”，第4题为“非因合意而发生的债”，包括准契约（包括了无因管理和不当得利）、侵权行为和准侵权行为，插入第5题“非源于协议之债”后，从第7题到第17题规定了各种有名合同。《法国民法典》在债法制度上遵循了罗马法传统，将其建立于契约、准契约、侵权行为与准侵权行之上。但这一结构并非严格意义上的债法总则。第3题规定了契约成立要件、债的效果与种类、债的消灭等绝大部分债法总则的内容，但无论从体系上，还是具体规则层面，第3题并不适用于第4题“非因合意而发生的债”。第3题并非总则性的规定，债法的体系性价值无法体现。债法领域，《法国民法典》式的诟病，1825年、1870年民法典在体系上对其已有改观，1825年、1870年民法典将1808年《民法学说汇纂》第3题“契约与合意之债的一般规定”拆分为第3题“债”与第4题“合意之债”。现行民法典继承了1825年、1870年民法典中债法的体系，并将《法国民法典》中混乱的“债”与“合同”的概念从体系上、内容上做了区分，其简洁匀称的结构与《法国民法典》的含混形成强烈的对比。[②]在

---

① 参见薛军:《论未来中国民法典债法编的结构设计》，载《法商研究》2001年第2期。

② See Saul Litvinoff, *The Law Of Obligations* (*2d ed., Louisiana Civil Law Treatise Series, Vol.5*) , Brand: Thomson West, 2013, §1.13.

具体规则层面，第3题适用于第4题“约定之债或合同”与第5题“非源于协议之债”，如第3题“债法总则”第1757条规定：“债源自合同及其他的意思表示。它们也直接源自法律，而不考虑意思表示，例如侵权行为、无因管理、不当得利及其他行为或事实。”现行民法典构成了债法总则与合同法总则并存模式：第3题正如其题名，为债法总则，统领第4题——合同法总则与第5题——无因管理、不当得利、侵权行为与准侵权行为；第4题作为合同法总则，统领第7题到第17题的各种有名合同。

二、民法典法律渊源：普通法与创制法

就路易斯安那州4部民法典来看，体系上依然坚持着大陆法系民法典的传统，外部表象上，现行《路易斯安那民法典》是大陆法系民法典。路易斯安那州作为普通法海洋中的大陆法孤岛而著称，从文本来看，现行民法典因受“第二次继受”影响而融入了大量普通法术语、制度，并制定了大量体现普通法与大陆法制度融合的“创制法”（Autonomous Law）。①

路易斯安那民法典受普通法的影响首先体现在术语上，而且愈是近期

---

① 关于“Autonomous Law”的翻译问题，常见翻译有两种：一是自治法，指适用于民族自治地区的法律法规，如《中华人民共和国民族区域自治法》；二是自治型法，美国学者诺内特（P. Nonet）与塞尔兹尼克（P. Selznick）根据韦伯社会学理论中关于“理想类型”（Idealtypus）的确定方法，在其合作撰写的《转变中的法律与社会——迈向回应型法》一书中，将法律区分为压制型法、自治型法与回应型法3种类型，其中自治型法意指作为能够控制压制并维护自己的完整性的一种特别制度的法律。参见［美］P.诺内特、P.塞尔兹尼克：《转变中的法律与社会——迈向回应型法》，季卫东、张志铭译，中国政法大学出版社2004年版，第16页。关于自治型法的详细论述，看参见此书第59～80页。

但是此处“Autonomous Law”系帕尔梅教授创制的概念，指混合法域创制的独一无二的法律规范，其糅合了大陆法系与英美法系的传统，本书译为“创制法”。“创制法”是混合法域的法律经由法学家与法官们长期选择的结果。See Vernon Valentine Palmer, *Mixed Jurisdictions Worldwide: the Third Legal Family* (2nd ed.), Cambridge: Cambridge University Press, 2012, pp.71-74; see also Kenneth G.C. Reid, The Idea of Mixed Legal Systems, 78 *Tulane Law Review* 11-14 (2003).

的修订，其对英美法术语的使用愈加频繁。普通法术语及其相关制度的纳入说明了民法典对普通法的继受：一是创制法，如将大陆法系的“原因理论”与富勒的“信赖利益”理论进行糅合形成了独特的主观原因理论，第1967条即是典型，这说明体现于民法典中的路易斯安那州民法学说已较好地解决了大陆法系与普通法系相类似制度的衔接和整合问题；二是对大陆法系的分析框架理论有所突破，直接引入普通法制度，如第481条引入反向占有制度，第1480条引入了不当影响（Undue Influence）作为导致赠与无效的原因，等等。[①] 第3编第11题“合伙”第7章“康孟达合伙”及第2题“赠与”中关于信托的规定，基本上都是普通法制度。[②]

另外，路易斯安那民法典对普通法术语与制度的采纳程度以及相关领域创制法的数量都存在一定规律，从财产法，到债法，再到侵权法，民法典采纳的普通法术语与制度越来越多，创制法的数量也越来越多。“从功利的角度看，《路易斯安那民法典》采纳的上述普通法术语大多涉及商事，而在美国使用普通法术语作为习惯用语应该属于常例，如果《路易斯安那民法典》不主动采纳这些术语，会造成纠纷的当事人不愿意适用该民法典，从而使之成为空中楼阁的不利情形。”[③] 引入普通法术语、制度及创制法是这部民法典“解法典化”时代力图保证自己中心地位的又一现实举措。

三、民法典法律渊源：法国法

毫无疑问，1804年《法国民法典》依然是现行《路易斯安那民法典》的主要渊源。从本节第一部分可知，现行《路易斯安那民法典》仍追随着

---

① 参见《路易斯安那民法典》(2010年1月版)，娄爱华译，厦门大学出版社2010年版，译者序言，第6～7页。

② 参见王利明:《民法典体系研究》，中国人民大学出版社2008年版，第137页。

③《路易斯安那民法典》(2010年1月版)，娄爱华译，厦门大学出版社2010年版，译者序言，第7页。

《法国民法典》；从本书第三章可知，从 1808 年《民法学说汇纂》到 1825 年、1870 年民法典，其大部分条文在《法国民法典》中都有直接对应条款，尽管自现行民法典经历了大规模修订，但是其很多条款，实质层面上依然源于《法国民法典》。

在财产法领域，践行物权行为理论，并依此构筑法典总则的法律行为制度是《德国民法典》最核心的特点。从现行《路易斯安那民法典》的行文来看，法典修订者对这两个理论并不陌生：法典第 722 条出现了物权行为理论的核心概念“交付”（tradition），并多次使用“法律行为”概念。[①] 但对物权行为理论和法律行为理论没有系统化规定，有关“意思表示”的规定集中在合同部分。在所有权变动问题上，现行《路易斯安那民法典》仍然采用《法国民法典》之中的债权意思主义，即所有权因当事人之间的意思一致即可发生转让，转让因不动产“登记”（第 517 条）或动产“转移”（第 518 条）对第三人发生效力。

侵权法领域，侵权法体系从“侵权行为一般条款与准侵权行为一般条款 + 类型化”模式转换到“侵权行为一般条款 + 类型化与准侵权行为一般条款 + 类型化”模式，但是《法国民法典》的一般条款依然被采用，第 2315 条依然是侵权法的核心。

第二节　坚守大陆法传统的财产法领域

就财产法领域而言，路易斯安那民法典在体系和渊源上一直追随《法

---

① 《路易斯安那民法典》出现“juridical act（s）”的条文，共计 25 个，分别为第 7、28、49、368、371、392、394、395、492、495、544、551、654、776、797、807、1609、2298、2369.1、2985、2986、2987、3471、3483、3541 条。具体条款的内容可参见《路易斯安那民法典》（2010 年 1 月版），娄爱华译，厦门大学出版社 2010 年版。

国民法典》。尽管现行《路易斯安那民法典》中有许多条文不再以《法国民法典》为渊源，但是这些条文大多或是源于大陆法系的民法典与法国学说，或是立法机关基于本土法或法官判决的创制。

一、体系与法律渊源：扎根于法国法

现行《路易斯安那民法典》第2编于1979年修订完毕，并于1990年增加了第7题"共有"。新财产法是路易斯安那州法律专家委员会十多年工作的结果。"现行《路易斯安那民法典》在实质内容和体系上依然保留了大陆法传统，修订过程中吸收了诸如法国、德国与希腊等发达的大陆法系国家的法律学说、法学理论与立法，同时对本州法律进行了重大创新以适应当地的、当代的情形。"① 法典制定者没有根本改变1870年《路易斯安那修订民法典》第2编的范围。总的来说，新的路易斯安那州财产法是法律发展的结果。

对条款重新拟定后，现行《路易斯安那民法典》在法条表述上与《法国民法典》的联系依然明显；结构层面上，现行《路易斯安那民法典》更加注重抽象化、体系化外，但依然追随《法国民法典》。法典制定者没有根本改变民法典第2编的范围，这在以财产法为题的教科书或学者著述中，体现的较为明显，如洛约拉大学新奥尔良分校法学院（Law School of Loyola University New Orleans）戴恩·乔利诺（Dane S. Ciolino）教授授课概要分为10部分：财产的分类、添附、所有权转移、共有、分解的所有权②——役权之一般、人役权、地役权、取得实效与占有之一般、不动产之取得实效、动产之取得实效。由意亚那不勒斯教授著述，并由托马斯·韦斯特出

① A. N. Yiannopoulos, *Property*（*4th ed., Louisiana Civil Law Treatise Series, Vol. 2*）, Brand: Thomson West, 2001, §8.

② 分界的所有权是英文"dismemberments of ownership"的对译，其源于法国"démembrements de propriété"，尹田教授译为"所有权的派生权利"，［参见尹田：《法国物权法》（第2版），法律出版社2009年版，第347页。］罗结珍教授译为"分解的所有权"。［参见弗朗索瓦·泰雷、菲利普·森勒尔：《法国财产法》（下），罗结珍译，中国法制出版社2008年版，第915页。］

版社（Thomson West）出版路易斯安那州民法系列，其中财产法分为第二册《物、物权与物权诉讼之法》、第三册《用益权、居住与使用权》、第四册《地役权》[①]：这与法国财产法的范围基本是相同的，如弗朗索瓦·泰雷、菲利普·森勒尔的《法国财产法》主要包括引言（物、财产与权力）、所有权、分解的所有权（用益权、居住权与使用权与役权）。

财产法（物权法）的基本范畴和要解决的基本问题，可以归纳为“静态秩序，动态安全”。[②]静态秩序，是指在静态经济关系中，财产法（物权法）的基本任务在于确定物上的权利及这些权利间的支配秩序，即物权的种类与各物权之间的效力问题；动态安全，指在动态经济关系中，即发生物权交易的情形中，财产法（物权法）的基本功能和范畴在于保障交易安全。财产法（物权法）对静态财产关系调整所采用的手段，需与该国的政治制度、经济制度相契合，确定适应自己国情的物权范围，并建立本国的物权体系。对此，各国均采用物权法定原则。[③]财产法（物权法）意欲建

---

① See A. N. Yiannopoulos, *Property* (4th ed., *Louisiana Civil Law Treatise Series, Vol.* 2), Brand: Thomson West, 2001; A. N. Yiannopoulos, *Personal Servitudes* (5th ed., *Louisiana Civil Law Treatise Series, Vol.* 3), Brand: Thomson West, 2011; A. N. Yiannopoulos, *Predial Servitudes* (4th ed., *Louisiana Civil Law Treatise Series, vol.* 4), Brand: Thomson West, 2013.

② 参见孙宪忠:《中国物权法总论》，法律出版社 2004 年版，第 97 页。孙宪忠教授认为物权法的基本范畴包括 3 个方面：物权对静态财产关系的调整：基本任务是确定物上支配秩序；物权对动态财产关系的调整：建立物权变动制度保障物权人真正享有权利；交易保障安全，第三人保护制度的建立。

③ 物权法定原则源于罗马法，其后为继受罗马法的大陆法系多数国家或地区所采用。[参见谢在全:《民法物权论》(上册)，中国政法大学出版社 1999 年版，第 40 页；梁慧星:《中国物权法研究》(上册)，法律出版社 1998 年版，第 65 页。] 对于欧陆各国物权类型的范围介绍，可参见刘保玉:《物权法学》，法律出版社 2007 年版，第 50 ~ 51 页。在英美法系的制定法中，并无物权法定原则的明确规定。对于英美法系中，是否存在物权法定原则的问题，国内学者存在争议：既有学者主张英美法中存在物权法定原则，(参见张鹏:《美国法上的物权法定原则》，载《法学》2003 年第 10 期。) 也有学者表示反对。(马俊驹、梅夏英:《财产权制度的历史评析和现实思考》，载《中国社会科学》1999 年第 1 期。) 但根据学者吴一鸣的研究，英美法系的确存在物权法定原则这一客观事实，但是与大陆法系中物权法定原则不同，英美法系中的物权法原则并非纯为体系构建之结果，而是有着实践上的合理性。(参见吴一鸣:《英美物权法：一个体系的发现》，上海人民出版社 2011 年版，第 134 ~ 180 页。)

立的物上支配秩序，是社会整体经济秩序的基础。财产法（物权法）对动态财产关系调整所采用的手段，是财产法（物权法）上的物权变动制度。财产法（物权法）建立关于物权变动的法律制度，意在保证物权人真正取得和享有制定的物权。在“静态秩序，动态安全”上，路易斯安那州依然坚持了法国法传统。

（一）静态秩序之物权法定原则

物权法定原则源于罗马法，系物权法构造的重要基柱之一，其后为大陆法系大多数国家或地区所采用。物权法定原则具有“确保物权之特性，建立物权体系”① 的功能。在德国，物权法定理论甚至被认为是“法律秩序中公理性质的基础理论。该理论根深蒂固地存在于法律人的意识中，以至于成为一个不言自明的理论”②。源于法国法的路易斯安那州私法，财产法领域亦明文规定了物权法定原则，并坚持至今。

1825 年《路易斯安那民法典》第 479 条、1870 年《路易斯安那修订民法典》第 487 条规定：“对物权的不同类型包括：1. 全面且完整的所有权；2. 用益权；3. 不动产之特定役权。”现行《路易斯安那民法典》第 476 条规定：“某人可拥有各种物权：1. 所有权；2. 人役权与地役权；以及 3. 法律许可的其他物权。”在民法典修订之前，同法国民法传统理论一致，路易斯安那州将物权的范围予以明确规定，在法律无明文规定的情况下，物权是不可能产生的。但再完备的法律也难以穷尽社会生活中的所有问题，况且，“社会需要和社会的意见常常是或多或少走在‘法律’的前面的”③。社会发展与法律更新存在相辅相成关系，而物权法定主义过于僵化的特点限制了

---

① 谢在全：《民法物权论》（上册），中国政法大学出版社 1999 年版，第 41 页。

② [德] 沃尔夫冈·维甘德：《物权类型法定原则——关于一个重要民法原理的产生及其意义》，迟颖译，载张双根等主编：《中德私法研究》（第 2 卷），北京大学出版社 2007 年版，第 87 页。

③ [英] 梅因：《古代法》，沈景一译，商务印书馆 2010 年版，第 17 页。

社会发展。

为解决新生“物权”的问题，法学理论需要对物权法定原则予以解释，以将其纳入物权法予以保护，对此学界存在4种学说：物权法定无视说、习惯法包含说、习惯法物权有限承认说与物权法定缓和说。学界对物权法定缓和说较为认同，主张新生的社会习惯上的“物权”，如不违反物权法定主义的立法旨趣，且又有一定的公示方法，可以从宽解释物权法定主义的内容，将其解释为非新种类的物权。[①]“民法所以采物权法定主义，其目的非在于僵化物权，使其局限于1900年之状态，阻止法律之发展。物权法定原则，旨在以类型之强制限制当事人之私法自治，避免当事人任意创设具有对世效力之新的法律关系，借以维持物权关系之明确及安定，但此并不排除于必要时，得依补充立法或法官造法之方式，创设新的物权，盖法律必须与时俱进，始能适应社会之需要，承认期待权系属物权，系一种法律发展，并不藐视法律，与物权法定主义之精神实无抵触。”[②]

1804年《法国民法典》颁布以来，物权法定主义一直占据支配地位，但当代路易斯安那州不少学者持反对意见，“当代主流学说认为，当没有可以直接适用的法律规定时，只要不超越公共政策的限制，意思自治原则应当被尊重”[③]，而民法典颁布以后施行的一些法律也明确规定了某些合同可以产生物权。事实层面上，物权法定原则也得到了一定程度的缓和。[④]路易斯安那州也遭遇了物权法定主义是否应当缓和的问题。受法国学说的影响，路易斯安那州最高法院曾将1870年《路易斯安那修订民法典》第

---

① 参见梁慧星、陈华彬:《物权法》(第5版)，法律出版社2010年版，第42～43页。

② 王泽鉴:《民法学说与判解研究》(第1册)，中国政法大学出版社2003年版，第197页。

③ Art. 476 of Louisiana Civil Code, Revision Comments (1978)(b).

④ 关于法国理论界对物权法定原则的争论及规定合同可以产生物权的法律，可参见尹田:《法国物权法》(第2版)，法律出版社2009年版，第37～41页。

487条视为所有权可分解权利的不完全列举。[①]但是最高法院并非主张物权法定无视说，而是坚持物权法定原则，合同当事人可以创设民法典规定之外的物权类型，但必须是为了公共利益，并应当接受严格的司法审查。现行《路易斯安那民法典》在1870年《路易斯安那修订民法典》第487条基础上，增加了“法律许可的其他物权”的表述，这意味着法律规定的物权不限于所有权、人役权与地役权。“法律许可的其他物权”的表述是否意味着路易斯安那州私法放弃了物权法定原则呢？事实并非如此。“实践中，路易斯安那州最高法院的创设不具有可操作性。在路易斯安那州，基于合同自由原则创设的最主要物权类型是由《路易斯安那州矿产法》所规范的矿权，以及建筑物限制。”[②]建筑物限制规定于1870年《路易斯安那民法典》第2编第5题。所以现行《路易斯安那民法典》第476条并没有“打开任意创设物权的闸门”[③],“法律许可的其他物权”的表述实质上是路易斯安那州物权法定原则缓和的表现，而非意味着放弃了该原则。

另外，物权法定原则“确保物权之特性，建立物权体系”的功能在现行《路易斯安那民法典》中表现得淋漓尽致：其第2编“物及所有权的不同类型”第1题“物”第2章“物权”仅有第476条组成，该条统摄了本编第2题“所有权”、第3题“人役权”、第4题“地役权”，按照路易斯安那民法典修订述评的解释，本编第5题“建筑物限制”亦被纳入其中。

（二）动态保护之物权变动模式

物权变动制度是确定物权享有以及行使的基准。物权变动的原因，指引起物权变动的法律事实，分为根据法律行为发生的物权变动与根据法律

---

① See Queensborough Land Co. v. Cazeaux, 136 La. 724, 67 So. 641 (1915).

② Art. 476 of Louisiana Civil Code, Revision Comments (1978)(b).

③ A. N. Yiannopoulos, *Property* (*4th ed., Louisiana Civil Law Treatise Series, Vol. 2*), Brand: Thomson West, 2001, §217.

行为之外的因素发生的物权变动（如事实行为与事件、行政行为或司法裁判等）两类。前者是引起物权变动最重要的法律事实，也是物权法予以规范的主要内容。

路易斯安那州在物权变动问题上，依然坚持了体现在《法国民法典》之中的“债权意思主义”，即所有权因当事人之间的意思一致而发生转让，不再需要物权行为或物权合意，也不以登记或交付为生效要件，但此等转让的效力仅因不动产“登记”或动产“转移”才对第三人发生效力，现行《路易斯安那民法典》第517、518条如是规定。

就整体而言，路易斯安那州财产法依然坚持了法国民法传统：在财产法基本范畴之“静态秩序”方面，依然坚持了物权法定原则；在财产法基本范畴之“动态保护”方面，坚持了法国法的债权意思主义之物权变动模式。另外，整个财产法体系上，路易斯安那州财产法与法国财产法亦基本相同。

二、法律渊源：借鉴与移植大陆法

路易斯安那州财产法在坚持法国法传统的同时，紧紧追随当代法国学说，并引入了大量的其他大陆法系国家（如希腊、德国、意大利、瑞士等）的制度。根据托马斯·韦斯特出版社出版的路易斯安那法律注释（West's Louisiana Statutes Annotated, LSA）[①]，诸如希腊、德国、意大利、瑞士等国家的民法典及当代法国学说、法学理论等对路易斯安那州财产法的影响是显而易见的。[②]根据路易斯安那民法典具体条文的法律注释，第2编“物及所有权的不同种类”中，共计44个条文实质上源于，或者在条文的修订述评中提及了希腊、德国、意大利、瑞士等国家的民法典，尤其是《希

① LSA是路易斯安那州法律的官方出版物，具有法律效力。

② 本部分只研究诸如希腊、德国、意大利、瑞士等国家民法典对路易斯安那州财产法的影响。

腊民法典》与《德国民法典》。44 个条文涉及路易斯安那州财产法的多个方面，如所有权方面：所有权的定义（第 477 条）、孳息分配（第 489 条）、建筑物区分所有权（第 492 条）、通过协议转让所有权（第 518、519、521、523 条）、所有权保护（第 526、530 条）；役权方面：用益权（第 538 ~ 539、544、553、575 条）、使用权（第 639 ~ 645 条）；其他方面：共有（第 797 ~ 798、800 ~ 807、809、812、816 ~ 817 条）；等等。现行《路易斯安那民法典》对大陆法系民法典具体制度的参照或移植具有一定规律性，即集中于财产法的某些具体领域，如使用权领域，第 3 题“人役权”第 4 章“使用权”共 7 个条文，全部参照或者直接源于《希腊民法典》《德国民法典》；共有领域，第 7 题“共有”共 22 个条文，其中 14 个条文参照或者直接源于《希腊民法典》《德国民法典》《意大利民法典》。但是参照或者移植上述国家民法典中的具体规定，并不意味着完全纳入，而是予以改进，甚至是做出了完全相反的规定，如使用权中的某些具体制度。

与法国法相似但与大部分现代民法典不同的是，1870 年《路易斯安那修订民法典》仅仅认识到了共有制度的存在，而没有做出一般性规定，且更关注于规范共有的终止。[①]1978 年民法典修订后，仅第 480 条规定：“两个或两个以上的人可不分地对同一物有所有权，每个人均享有不可分割的份额。”对共有人的权利没有做任何规定。与立法上缺乏关于共有的一般性规定相对应的是，民法典第 3 编“取的物的所有权的不同方式”第 1 题“继承”第 12 章“财产分割”包括了 105 个条文，另外，民法典针对共有的一些特殊形式及事实上的共存关系制定了详细规范，如第 3 编“取的物的所有权的不同方式”第 6 题“夫妻财产制”、第 11 题“合伙”等。特

① 1870 年民法典对共有的“漠视”显然受到了法国的影响，《法国民法典》的制定者对“共有”并没有表现出比罗马法学家对此问题更多的兴趣。他们认为共有是一种事实状态，而不需要予以立法规范，并且希望这种事实状态延续的时间尽可能短暂。《法国民法典》第 815 条“任何人均不受强制维持遗产共有，遗产分割得随时提出请求”的表述对此展露无遗。

别法中也存在共有的特殊形式，如共同管辖与分时享有[①]等。此背景下，1990年路易斯安那立法机关在比较与借鉴《希腊民法典》《德国民法典》《意大利民法典》等共有规则基础上颁布了第990号法案，该法案作为共有的一般规则，被纳入民法典第2编，单独作为一题，即第7题“共有”。第2编第7题“共有”的制定标志着路易斯安那州在共有问题上观念的转变，从“漠视”转变为积极面对，从关注共有的终止到关注共有持续中的关系[②]；而将“共有”一题放置于第2编，则是体系化的考虑，该题为上述特殊形式共有的总则[③]。

当然，路易斯安那州立法者对希腊、德国的共有制度予以了改进，以适应路易斯安那州的法律，尤其是整体上与民法典相适应。共有适用于有体物与无体物、不动产与动产、物权与对人权以及占有、租赁与知识产权等方面。[④]相对于上述国家，路易斯安那州对共有制度的适用范围进行了扩张，但共有是路易斯安那州法律唯一认可的共有形式，共同占有（joint tenures）及普通法的地产原则（doctrine of estates）并不被认可。[⑤]

对大陆法系国家先进制度的比较、借鉴或移植，还体现于民法典使用权领域。从现行民法典修订述评可知，使用权领域的7个条款都参照，或直接源于《希腊民法典》《德国民法典》。[⑥]使用权为人役权，是为了某人

---

① 关于共同管辖的规则规定于《路易斯安那州共同管辖法》（Louisiana Condominium Act），该法被纳入《经修订的路易斯安那州制定法》第9题“民法典修正案”（Louisiana Revised Statutes §§9:1121.101-1124.117.）；关于分时享有的规则规定于《路易斯安那州分时享有法》（Louisiana Time-shaping Act），该法同样被纳入《经修订的路易斯安那州制定法》第9题“民法典修正案”。（Louisiana Revised Statutes §§9:1131.1-1131.30）

② 法国同样经历了类似的转变。随着社会发展，法国民法对共有不加规范所导致的弊端逐渐明显，最终法国于1976年12月31日颁布了第76-1286号法律，对共有制度做出了全面规定。

③ 夫妻共有财产是共有的一种特殊形式。See Art. 797 of Louisiana Civil Code, Revision Comments（1990）（b）.

④ Symeon C. Symeonides, Nicole Duarte Martin, The New Law of Co-ownership: a Kommentar, 68 *Tulane Law Review* 75（1993）.

⑤ See Art. 797 of Louisiana Civil Code, Revision Comments（1990）（c）.

⑥ See Art. 639-645 of Louisiana Civil Code, Revision Comments（1976）.

利益而授予的特别而非全面用益财产的权利，“限制的”与“人身的”是使用权不同于人役权的两大特征。[①] 在德国，限制的人役权“制度的出发点，是要为某些特殊的人终生使用不动产的需要提供法律依据……因此，限制的人役权具有只为权利人设定而不能转让和继承的性质”[②]。但是在路易斯安那州，使用权既可以转让（第 643 条），又可以被继承（第 644 条），这是对该州以前案例尊重的结果。[③]

为了与当代民法典的规定相一致（In accordance with corresponding provisions in modern civil codes）[④]，现行《路易斯安那民法典》借鉴或移植了大量的大陆法系国家的先进立法，并予以本土化创新。

三、法律渊源：本土化创新

现行《路易斯安那民法典》对大陆法系国家先进法律制度的借鉴与移植是在结合路易斯安那州司法实践、法律等基础上予以创新而进行的，其本身也是本土化创新的一部分。另外，现行《路易斯安那民法典》在总结本州司法实践基础上，对原有法律制度进行了创新。现行民法典规定了诸多本土化创新制度，散见于民法典的各编、各题，其中较为系统的本土化创新是不动产动产化与动产不动产化制度，本部分将以此为例。

从近代到现代，财产法（物权法）从力主财产所有逐渐到以财产的利用为主，近代确立的物权法三大基本原则在适用过程中有所变化，并在一定程度上修正了传统的物理分类标准。如德国关于房屋成为独立的不动产的改革，是放弃固弃绝对一物一权原则的结果。俄罗斯规定的新型不动产，则仰仗于公示公信原则。1979 年修订后的《路易斯安那民法典》第

---

① See Art. 639 of Louisiana Civil Code, Revision Comments (1976)(c).

② 孙宪忠:《德国当代物权法》，法律出版社 1997 年版，第 250 ~ 251 页。

③ See Simoneaux v. Lebermuth & Israel Planting Co., 155 La. 689, 99 So. 531 (1924).

④ 现行《路易斯安那民法典》对《希腊民法典》《德国民法典》等国家民法典借鉴或移植的具体条文的修订述评中，出现了大量的类似表述。

2编在法国法基础之上，基于本土化创新，规定了诸多不动产动产化与动产不动产化制度。不动产与动产划分上，此《路易斯安那民法典》坚持了法国法的传统，依然将物理标准作为划分不动产与动产的最基本标准，但物理标准并没有妨碍个人意志、法律规定在不动产与动产定性问题上可能产生的影响。在特定情况下，个人意志、法律规定可以使特定动产不动产化，或者将不动产动产化。在不动产动产化方面，第474条规定了预置动产制度；在动产不动产化方面，第466条规定了建筑物或其他建设物的组成部分及第467条规定的因宣告的不动产制度。[1]

（一）不动产动产化——预置动产（movables by anticipation）[2]制度

“预置动产指一定的财产依其物理性质应为不动产，但在某些情况下，财产于不久的将来将变为动产，故法律‘预先’将之纳入动产的法律

① 费安玲教授曾呼吁我们在区分不动产与动产的标准时，除依物的自身属性即物理标准为基本判断标准外，我们还应当做出如下考虑：其一，不可移动物上的固定附着物不动产一体性标准；其二，不可移动物上的权益之不动产一体性标准；其三，经营财产及其权益不动产一体性标准；其四，著作权中财产权和专利权的无体动产性标准。（费安玲：不动产与动产划分之罗马法与近现代法分析，载《比较法研究》2007年第4期。）对于这些标准的考虑，《路易斯安那民法典》为我们提供了答案：在不可移动物上的固定附着物不动产一体性标准方面，该法典第465、466、467条分别就并入不动产的物、建筑物或构筑物的组成部分、因宣告的不动产采用了这种源于罗马法的“不动产的整体性”规则，并在第469条规定了对不动产的转让或设定负担包括其组成部分的规则；在不可移动物上的权益之不动产一体性标准方面，该法典第470条规定了无体不动产；在经营财产及其权益不动产一体性标准方面，路易斯安那法学理论对此已有考虑；在著作权中财产权和专利权的无体动产性标准方面，根据该法典第461、475条的规定，知识产权被纳入无体动产的体系。

② 关于movables by anticipation的称谓，娄爱华将之译为“因预期的动产”；（见娄爱华：《路易斯安那民法典》，厦门大学出版社2009年版，第54页。）徐婧将之译为“预期动产”。（见徐婧：《最新路易斯安那民法典》，法律出版社2007年版，第68页。）movables by anticipation在法文中的表述为meubles par anticipation，尹田称为“预置动产”；[见尹田：《法国物权法》（第2版），法律出版社2009年版，第79页。]罗结珍将之译为“先期作动产处理的财产”。（见[法]弗朗索瓦·泰雷、菲利普·森勒尔：《法国财产法》，罗结珍译，中国法制出版社2008年版，第74～76页。）上述表述实质上是一样的，本书采用“预置动产”之术语。

体系。"[①] 例如，未收获的农作物、未采摘的果实依物理性标准应为不动产，但考虑到其未来将成为动产的事实，法律将其规定为动产。

"预置动产理论实质上已为1870年《路易斯安那修订民法典》所默示，并已为路易斯安那州法院所明确接受。"[②] 现行民法典规定预置动产制度的第474条是在路易斯安那州法学理论、1870年《路易斯安那修订民法典》和特别法原则的基础上制定的。[③] 现行《路易斯安那民法典》中规定了两类预置动产：一类是基于法律规定，第474条第1款规定："未收获的农作物及树上未采集的果实不属于土地所有人时，因预期而成为动产。当它们负有第三方的担保权时，仅在涉及债权人时，它们可因预期成为动产。"第3217条第2款规定："本条授予的就生长中的农作物的优先权，上述提及的利益相关人应当同时受偿；但劳工的优先权除外，它是该农作物上的第一顺位优先权。"即在优先权范围内，法律将生长中的农作物规定为动产。另一类是基于法律行为，即当事人的意思自治。第474条第2款规定："土地所有人可以为转让所有权的行为或质押，通过预期将属于他的未收获的农作物及树上未采集的果实动产化。"民法典法律修正案第9:4341规定，种植园主与农民在规定条件下，"可以质押任何农作物。"

路易斯安那州预置动产理论仅适用于未收获的农作物、未采摘的果实，这不同于法国法院判例同时将其扩张至将要开采出来的矿石、即将拆毁的房屋的材料等。这体现了现行《路易斯安那民法典》的制定者谨慎态

① 尹田:《法国物权法》(第2版)，法律出版社2009年版，第79页。

② 在公民金融银行诉维尔茨[Citizens' Bank v. Wiltz, 31 La. Ann. 244, 1879 WL 7079 (La. 1879)]案中，法官认为:"生长中的庄稼，其不可移动性只是暂时的，因为庄稼终究会生长到被收割，从不动产变为动产，此种财产为预置动产(a mobilization by anticipation)。"See also Fallin v. J.J. Stovall & Sons, Limited, et al. [141 La. 220, 74 So. 911 (La. 1916)]; Rosata v. Cali (4 So.2d 54 La. App. 1st Cir.1941); A. N. Yiannopoulos, *Property*, (*4th ed., Louisiana Civil Law Treatise Series, Vol.* 2), Brand: Thomson West, 2001, § 128.

③ Art. 474 of Louisiana Civil Code, Revision Comments (1978)(b).

度，因为预置动产的法律适用会遇到该制度导致的不动产动产化这一事实对第三人的对抗力问题。

所有权变动上，现行《路易斯安那民法典》采取债权意思主义，即所有权因当事人之间的意思一致即可发生转让，转让因不动产"登记"（第517条）或动产"转移"（第518条）对第三人发生效力。出售预置动产的买卖合同属于动产买卖，这会涉及上述提及的不动产动产化对第三人的对抗力问题，在预置动产买受人与对预置动产所在地的土地享有权利的第三人（如土地受让人或抵押权人）间可能就该农作物或果实的归属问题发生争议。发生争执的原因在于，预置动产兼具有物理形态上的不动产属性与法律上的动产属性。预置动产买卖属于动产买卖，理论上买卖双方意思表示一致即可达到物权变动的法律效果，但是作为物理形态上的不动产，预置动产因没有完成不动产转让登记而不能对抗第三人。缺乏占有转移的外部表征，预置动产受让人则无法对抗第三人。在法国，"理论上一般认为，在预置动产的情形，不动产的'动产化'于第三人不具有实质意义，因此对第三人而言，不动产之'预先'的动产化缺乏对抗力。"[①]但是现行《路易斯安那民法典》法典第491条在预置动产对抗第三人效力问题上采取了登记对抗主义，规定："推定未收获的农作物、未采集的果实属于土地的所有权人，但在不动产所在区的交易登记簿中登记了证明单独所有权的凭证的除外。"这就要求欲使预置动产具有对抗第三人的效力，则必须登记，路易斯安那州司法实践也是这样要求的。[②]但是第3217条第2款情形下的

---

① 尹田：《法国物权法》（第2版），法律出版社2009年版，第81页；[法]弗朗索瓦·泰雷、菲利普·森勒尔：《法国财产法》，罗结珍译，中国法制出版社2008年版，第76～77页。

② See Minter v. Union Central Life Ins. Co. [180 La. 38, 156 So. 167 (La. 1934)]; Alliance Trust Co. v. Gueydan Bank [162 La. 1062, 111 So. 421 (La. 1926)]; Andrus v. His Creditors [46 La. Ann. 1351, 16 So. 215 (La. 1894)]; Sandel v. Douglass [27 La. Ann. 628, 1875 WL 7193 (La. 1875)].

优先权不需要登记就能对抗第三人。[①] 另外，并非只有通过登记才能对抗第三人，如果预置动产的占有转移具备了外部表征，如预置动产买受人将农作物收获或者将果实采集，那么该预置动产就不需要登记，亦可以对抗第三人。在土地出租人与土地承租人之间，即使租约中没有登记，土地承租人的农作物作为“预置动产”也应归承租人所有。[②]

路易斯安那州预置动产制度意在提高物的利用价值，反映了其以物的所有为中心向以物的利用为中心的转变。预置动产制度的设计是精妙的：一是在充分尊重了当事人的意思自治的同时，将预置动产的范围限定于未收获的农作物和未采集的果实并且是“待收获”的农作物和果实，这体现了与建筑物等交易的不同——标的物原有状态存留的短暂性，因此产生“一物二卖或者多卖”的可能性较小，同时预置动产的买受人在购买后可以实施收获或采集等行为以实现占有转移，也能达到对抗第三人的效力；二是现行《路易斯安那民法典》针对预置动产采用的是登记对抗主义。预置动产最大的作用在于增加了物的利用价值，因为预置动产所有人可以在其上设定负担。[③]

（二）动产不动产化——不动产组成部分（component parts）

现行《路易斯安那民法典》第463、465、466、467条分别规定了土地的组成部分、并入不动产的物及建筑物或其他构筑物[④]的组成部分及因

---

① See Purity Feed Mills Co. v. Moore, 152 La. 393, 93 So. 196（1922）; City Bank & Trust Co. v. Marksville Elevator Co., 221 So.2d 853（La. App. 3d Cir.1969）, writ refused 254 La. 468, 223 So.2d 872（1969）; Dantoni v. Montebello, 19 La. App. 290, 140 So. 67（1932）.

② See Caballero Planting Co., Inc. v. Andrew C. Hymel, Sr., and Armide Falcon.［713 So.2d 1277, 97-1646（La. App. 1 Cir. 6/29/98）］, writ denied 728 So.2d 391, 98-2035（La. 11/6/98）.

③ See Meyhoeffer v. Wallace,［792 So.2d 851, 35,025（La. App. 2 Cir. 7/11/01）］.

④ 现行民法典将归属于土地所有权人之外的构筑物视为动产。从民法典体系设计上看，第465条规定的构筑物仅限于归属于土地所有权人的构筑物，即土地的组成部分。

宣告的不动产。"组成部分"的概念是对源于 1804 年《法国民法典》的 1870 年《路易斯安那修订民法典》中土地的组成部分与"依用途为不动产"的财产再度概括，是路易斯安那州立法机关抽象思维的体现。组成部分之概念的使用使得不动产相关领域更加一体化、体系化。按照现行民法典规定，组成部分可以分为法律规定为不动产的组成部分、永久附着于不动产的组成部分及因宣告的不动产 3 类。组成部分的相关规定是路易斯安那民法保护财产整体性的手段，是对罗马法不动产整体性思维的继承。

1. 不动产组成部分

第 467 条规定的因宣告的不动产是基于当事人的宣告及登记行为而不动产化，其规则有其特殊性。本部分仅讨论法律规定为不动产的组成部分、永久附着于不动产的组成部分两类。第 466 条规定的建筑物或其他构筑物的组成部分是组成部分的核心和路易斯安那立法委员会创新所在，本部分主要涉及第 466 条规定的组成部分。

1978 年，路易斯安那立法委员会根据第 728 号法令制定了第 466 条，规定："永久附着于建筑物或其他构筑物的物，如管道、取暖、制冷、供电及其他装置，是其组成部分。若非经对该物或所附不动产的造成实质性损害而不能将之移除，该物被视为永久附于不动产。"修订后的第 466 条没有遇到概念性上的难题，达到了修订的预期目的。立法者意图是依据以前的法学理论来理解第 466 条，而第 1、2 款分别在 1870 年民法典第 467、469 条基础上制定的，所以二者是独立适用的。[①] 相对于源于《法国民法典》第 523 条的 1870 年民法典第 467 条，第 1 款规定的组成部分不需要满足"依性质为不动产"的财产所要求具备的一般条件：不动产与动产不再要求属于同一所有人；"利用或提供便益"的指定用途关系要求也被取消。动

① See A. N. Yiannopoulos, "Of Immovables, Component Parts, Societal Expectations and the Forehead of Zeus", 60 *Louisiana Law Review* 1398 (2000).

产只要属于条款列举的种类物且永久性附着于建筑物或其他构筑物，就不动产化。而第2款，与不动产的“附着”程度是一种客观事实，所有人的意图不重要。立法者确立的第1、2款分别适用的规则为司法实践所采纳，但第1款对“管道、取暖、制冷、供电及其他装置”的外延及“其他”缺乏解释与细化规定，银行诉美国联邦政府（Equibank v. United States）案为此确立了“社会期望（societal expectations）”规则，[①] 尽管该规则背离了立法意图，[②] 但这一解释第466条的开创性判决为路易斯安那州法院、美国联邦法院所接受，[③] 并将其逐渐扩展至第2款的适用，以确立是否达到不动产组成部分所要求的“附着”程度。

但在普里坦尼亚公园酒店公司诉赔偿公司（Prytania Park Hotel Ltd. v. General Star Indemnity Compan）案中，维纳（Wiener）法官认为第1、2款必须结合在一起理解，第1款必须满足第2款的客观性测试才能不动产化。法院还对“社会期望”适用于第466条的合理性提出质疑。[④] 尽管美国联邦法院、路易斯安那州法院没有采纳普里坦尼亚案的观点，但是该案引发

① Equibank v. United States, 749 F.2d 1176 (5th Cir.1985).

② See United States Environmental Protection Agency v. New Orleans Public Service, 826 F.2d 361 (5th Cir.1987).

③ See Hyman v. Ross, 643 So.2d 256 (La. App. 2d Cir.1994); Lakeside Nat'l Bank of Lake Charles v. Moreaux, 576 So.2d 1094 (La. App. 3d Cir.1991); American Bank & Trust Co. v. Shel-Boze, Inc., 527 So.2d 1052 (La. App. 1st Cir. 1988); Coulter v. Texaco, Inc., 117 F.3d 909 (5th Cir.1997); United States EPA v. New Orleans Public Service, Inc., 826 F.2d 361, (5th Cir.1987); Miller v. Slam Offshore, 49 F. Supp. 2d 507 (E.D.La.1999); Moll v. Brown & Root, Inc., 1999 WL 155948 (E.D.La.1999), aff'd 218 F.3d 472 (5th Cir.2000). See also Vintage Petroleum, Inc. v. Riverside Pipeline Company, 1994 WL 449385 (E.D.La.1994). See also Coulter v. Texaco, 117 F.3d 909, 917 (5th Cir.1997).

④ See Prytania Park Hotel Ltd. v. General Star Indemnity Company, 179 F.3d 169 (5th Cir.1999).

了学者间[①]以及州最高法院与立法机关间的巨大争议。经过 3 次修订后，现行《路易斯安那民法典》第 466 条规定：“按照通行惯例，附于某建筑物的物是完工的同类建筑物的必备部分时，在不涉及其特殊用途时，是其所附建筑材料组成部分。此类组成部分包括门、百叶窗、下水道、家具，以及其他管道、取暖、制冷、供电及类似系统。附于构筑物而非建筑物的物，用于满足建设物的主要用途的，为其组成部分。其他附于建筑物或构筑物的物，若非经对于此等物或所附建筑的实质性损害，不能将之移除，则这些物也构成其所附之物的一部分。”现行民法典第 466 条是对司法实践的回应，以前的相关理论在一定程度上继续适用，[②]并将“社会期望”被纳入第 1 款中，称为“通行惯例（prevailing usages）”，通行惯例并非刚性化规定，其随着时间变化而变化。[③]但是条款间的关系发生变化：只要满足第 3 款规定的“非经对于此等物或所附建筑的实质性损害，不能将之移除”之条件，不考虑第 1、2 款的规定，组成部分就不动产化。[④]

上述不动产组成部分不动产化后，主要涉及卖主优先权与解除权、抵押、不动产转让与设定负担等问题。

现行民法典第 3217 条对动产，第 3249、3271 条对不动产分别设定了卖主的特别优先权。路易斯安那法学理论认为当出售的动产不再具有可识别性时，原则上，卖主的优先权与解除权将丧失。可识别性丧失作为一个

---

① See John A. Lovett, “Another Great Debate?: The Ambiguous Relationship Between the Revised Civil Code and Pre-Revision Jurisprudence as Seen Through the Prytania Park Controversy”, 48 *Loyola Law Journal* 615 (2002); A. N. Yiannopoulos, “Of Immovables, Component Parts, Societal Expectations and the Forehead of Zeus”, 60 *Louisiana Law Review* 1379 (2000); A. N. Yiannopoulos, Property (*4th ed., Louisiana Civil Law Treatise Series, Vol.* 2), Brand: Thomson West, 2001, § 142.5; Elizabeth Carter, “Ghosts of the Past and Hopes for the Future: Article 466 and Societal Expectations”, 81 *Tulane Law Review* 1665 (2007).

② Art. 466 of Louisiana Civil Code, Revision Comments (2008)(a).

③ Art. 466 of Louisiana Civil Code, Revision Comments (2008)(d).

④ Art. 466 of Louisiana Civil Code, Revision Comments (2008)(b)(f).

事实问题，由该州法学理论规定了两种丧失的情形：其一，出现同样的动产；其二，依第466条规定，该动产不动产化成为不动产的组成部分。但是卖主的优先权与解除权是有区分的，未被付款的卖主的解除权因其物成为不动产的组成部分（依据第466条规定）而丧失；但是该卖主的优先权会因在法院拍卖或者转让不动产之前已做了单独评价（appraisement）而继续存在。在抵押方面亦如此，“已经抵押的动产，在抵押范围内依然是动产，无论对其按照习惯还是依照法律规定进行交易，该动产都不会因为不动产权利的转移而发生转移，尽管它已经实际上或者虚拟性的与不动产连接。”①

在不动产转让与设定负担方面，根据现行民法典第469条的规定，包括不动产的组成部分。但是不动产转让与设定负担时不包括独立的动产，除非该动产为不动产的从物。

2. 因宣告的不动产

现行《路易斯安那民法典》第467条规定：“不动产的所有人可以宣告，置于其私人居所之外的不动产上，起维护和改良不动产的作用并归不动产所有人所有的机器、家用电器及设备，为不动产的组成部分。此宣告应当在不动产所在区的交易登记簿中登记。”该类组成部分称为“因宣告的不动产”。该条规定是在路易斯安那法律修正案第9:1004条及1870年民法典第468条第1款基础上制定的，即《法国民法典》第524条规定的“依用途为不动产”的财产。尽管在适用领域上，路易斯安那依然会参照该第468条的规定，即工业上的、商业上的、农业上的不动产的所有人以及房屋所有人（私人居所之外）可以就所有人置于不动产之上且起维护和改良作用的所有的机器、家用电器及设备进行宣告，使其成为不动产的组成部分，但是现行民法典第467条的性质发生了变化，依1870年《路易斯安那修订民法典》第468条第1款而发生不动产化是基于法律的规定，而依

① Art. 466 of Louisiana Civil Code, Revision Comments (1978)(f).

第467条，是基于当事人的意思自治——宣告行为。

依第467条规定，动产不动产化必须满足：其一，动产仅限于机器、家用电器及设备，不动产指私人居所之外的；其二，动产必须置于或附于不动产之上，且起维护和改良不动产的作用；其三，动产与不动产同属一人所有。较之于1870年民法典的规定和现行《法国民法典》规定的依用途为不动产的物中的服务于不动产或者为不动产带来便宜的物而言，现行《路易斯安那民法典》在要求满足"不动产与动产同属一个所有权人"与"指定用途关系"条件的同时，对动产、不动产的范围也予以限定。

在卖主优先权等方面，如果机器、家用电器及设备等依然为购买者占有，那么卖主要求返还原物的权利与其优先权不会丧失。但是如果机器、家用电器及设备等动产已被抵押，则在抵押权人的权利范围内，该动产不会不动产化。

20世纪90年代《俄罗斯民法典》关于不动产的规定备受推崇，第130条规定了登记性不动产，即将物理性质为动产的物，如航空器和海洋船舶内河航运船舶、航天器，因权利登记而被法律确认为不动产，并因登记产生对抗第三人的效力。相对于此，现行《路易斯安那民法典》第467条的规定亦可视为登记性不动产，但相对于当前国家对航空器和海洋船舶、内河航运船舶、航天器等处理措施而言，《路易斯安那民法典》第467条的规定更具借鉴意义。

在法国，财产以用途为不动产规则饱受诟病，"要想让不动产与其动产附属物之间能够确立起人们所希望的紧密联系，立法者完全不需要运用这种'虚拟的作不动产处理'的方法（将视动产为不动产），而只需要对'从物随主物'的规则做出恰如其分的解释，同样可以达到避免将不动产与附属于它的动产分离开来的目的。"① 但路易斯安那州组成部分的概念没

① [法]弗朗索瓦·泰雷、菲利普·森勒尔:《法国财产法》，罗结珍译，中国法制出版社2008年版，第59页。

有遭此诟病。体系上，现行《路易斯安那民法典》对组成部分规则与从物随主物规则做了区分，组成部分规定于物的分类题中不动产一节，而将从物随主物规定于所有权题中的有关动产添附的一节。组成部分规则是罗马法不动产整体性在《路易斯安那民法典》的体现，而从民法典第 508、510 条可以看出，从物随主物规则主要适用于有体动产。尽管主物、从物规则的适用于不限于有体动产，但组成部分规则可以看作对主物、从物规则在不动产领域适用的“恰如其分的解释”。

就财产法领域而言，1804 年《法国民法典》对路易斯安那民法典财产法的影响一直持续至今，并依然占主导地位。修订后的民法典是路易斯安那州对大陆法系国家借鉴、移植与基于自身法律进行本土化创新的结果。

第三节　融合大陆法与普通法的债法领域

经由路易斯安那州法学会 12 年的努力，1984 年现行路易斯安那民法典债法修订完毕，1870 年《路易斯安那修订民法典》第 3 编第 3 题“债”与第 4 题“合意之债”被修订为第 3 题“债法总则”与第 4 题“约定之债或合同”。

一、体系：债法体系化

路易斯安那州债法的修订主要基于两方面的考虑：一是债法体系化；二是区分“债”与“合同”。1984 年修订后的债法对《法国民法典》中混乱的“债”与“合同”的概念从体系上、内容上做了区分，修订后概念上的区分与体系化的债法的结构与《法国民法典》的含混形成了强烈对比。①

① See Saul Litvinoff, *The Law of Obligations* (*2d ed., Louisiana Civil Law Treatise Series Vol.5*), Brand: Thomson West, 2013, § 1.13.

《法国民法典》在债法的体系安排上沿用了罗马法，其第3编第3题为“契约或合意之债的一般规定”，第4题为“非因合意而发生的债”，包括准契约、侵权行为和准侵权行为。但第3题并非严格意义上的债法总则。至少从体系上、具体规定上看，“契约或合意之债的一般规定”并不当然适用于准契约、侵权行为和准侵权行为。债法总则的缺失致使债法的体系性价值无法体现。1808年《民法学说汇纂》完全采纳了《法国民法典》中债法体系设置。而1825年、1870年民法典将1808年《民法学说汇纂》第3题“契约与合意之债的一般规定”拆分为第3题“债”与第4题“合意之债”。第3题“债”只包括“债的性质与分类”一章，共6个条文，主要介绍了债的定义，道德之债（imperfect obligations）、自然之债（natural obligations）与民事之债（civil obligations）的类型。

1984年债法修订在继承1825年、1870年民法典中债法体系基础上，体系更科学化、内容更翔实，分为“一般原则”“自然之债”“债的类型”“债的转让”“债的证明”“债的消灭”6章，共计146个条文。修订后的第4题“约定之债或合同”分为13章，共计152个条文。1984年修订后，《路易斯安那民法典》债法形成了典型的“债法总则——合同法总则——合同法分则”结构。第3题适用于第4题“约定之债或合同”与第5题“非源于协议之债”，如第3题“债法总则”第1757条规定：“债源自合同及其他的意思表示。它们也直接源自法律，而不考虑意思表示，例如侵权行为、无因管理、不当得利及其他行为或事实。”第4题作为合同法总则，则统领第7～17题的各种有名合同。

二、法律渊源：融合大陆法与普通法

“修订后的路易斯安那州债法没有发生根本性改变，民法基本原则得以保留，如原因、自然之债与损害等这些基本概念都得以保留。”[①] 但是除区分债与合同、重新构造债法体系及法律语言现代化外，债法在诚信原则、损害、履行不能等领域做出了修订。[②] 相对于具体的有名合同领域对普通法的大量移植而言，[③] 债法总则与合同法总则基本上传承了法国法的传统，但是依然引入了值得注目的普通法与衡平原则，如允诺禁反言原则（第 1967 条）、对价理论（1933 条）、违约解除（第 2015 ～ 2016 条）等。允诺禁反言原则是最典型的例子。[④] 本部分将以现行民法典第 1967 条为对象，研究债法领域具体制度对普通法的继受。

《路易斯安那民法典》第 1967 条规定：

第 1967 条　原因的定义；致害信赖

原因是一方使其受债约束的理由。

一方可受其允诺约束，若他知道或者应当知道允诺会导致另一方因对允诺的信赖而受损，且另一方如此信赖是合理的。损害赔偿限于受诺人因对允诺的信赖导致的损害或发生的费用。对缺少规定形式的无偿允诺的信赖并非合理。

第 1967 条第 1、2 款分别是关于原因与致害信赖的规定。按照路易斯安那民法典修订述评，该条渊源如下：关于原因的定义源于诸如法国学者图利耶的法国学说；关于致害信赖的规定与富勒（L. L. Fuller）、帕杜

---

① Saul Litvinoff, “The 1984 Revision of the Louisiana Civil Code’s Articles on Obligations – a Student Symposium”, 45 *Louisiana Law Review* 749 (1985).

② See Saul Litvinoff, “The 1984 Revision of the Louisiana Civil Code’s Articles on Obligations – a Student Symposium”, 45 *Louisiana Law Review* 747-750 (1985).

③ See Vernon Valentine Palmer, “The French Connection and the Spanish Perception: Historical Debates and Contemporary Evaluation of French Influence on Louisiana Civil Law”, 63 *Louisiana Law Review* 1115 (2003).

④ See Vernon Valentine Palmer, *Mixed Jurisdictions Worldwide: the Third Legal Family* (*2nd ed.*), Cambridge: Cambridge University Press, 2012, p.327.

(William R. Perdue)的《合同损害赔偿中的信赖利益》一文的精神相一致。[①]第 1967 条亦深受德国法上缔约过失规则的影响。[②]

(一)第 1967 条产生的历史缘由

路易斯安那民法典关于原因理论的规定源于其对法国法的继受；而致害信赖的引入则是路易斯安那州立法机关鉴于普通法与衡平法中的允诺禁反言原则对路易斯安那州司法实践的影响而做出的。

1. 路易斯安那民法典对法国原因理论的继受与改造

古罗马法中，契约的本质特征是形式主义与类型强制主义。在罗马法上，实物契约与合意契约属于非要式契约，口头契约与文字契约属于要式契约。罗马法契约概念的发展还涉及无名契约、简约。无论是要式契约，还是非要式契约，契约效力根源于形式本身。罗马人关于原因的论述，仅适用于无名契约。[③]形式主义在契约效力之根源的解释力上逐渐式微，为了给予契约效力之正当性，中世纪注释法学家和评注法学家结合亚里士多德与阿奎那关于美德的理论及罗马法有关文本基础上发展出了原因理论，并通过该理论重构了契约概念。带有强烈伦理色彩的中世纪原因理论，最终为 17、18 世纪注重理性的古典自然法批判性继受，具有了法律技术性的含义。法国传统原因理论即是在此背景下产生的，其由法学家多马、波蒂埃等人创立，并体现在 1804 年的《法国民法典》中。法国传统的原因理论强调以客观的、外在的互惠义务作为债的成立条件。[④]1804 年《法国

---

① See Art. 1967 of Louisiana Civil Code, Revision Comments (1984)(b)(e).

② See Jon C. Adcock, "Detrimental Reliance", 45 *Louisiana Law Review* 756 (1985). 对于德国法上缔约过失规则对第 1967 条的影响，本书不做探讨，可参见 Jon C. Adcock 文。

③ 参见徐涤宇:《原因理论研究——关于合同(法律行为)效力正当性的一种说明模式》，中国政法大学出版社 2005 年版，第 61 ~ 65 页。

④ 参见徐涤宇:《法国法系原因理论的形成、发展及其意义》，载《环球法律评论》2004 年冬季号。

民法典》第1108、1131、1133条的规定“忠实地”复制了多马和波蒂埃关于原因理论的表述。

路易斯安那州原因理论直接源于法国学说，直接复制多马、波蒂埃表述的《法国民法典》第1108、1131、1133条被直接纳入1808年《民法学说汇纂》、1825年《路易斯安那民法典》、1870年《路易斯安那修订民法典》。[①] 路易斯安那州采用了法国传统原因理论，索尔·李维诺夫（Saul Litvinoff）称之为古典理论（客观原因理论）。但是1984年修订后的第1967条改变了1870年民法典第1896条关于原因的定义，体现为第1967条用“reason”代替了“motive”来定义原因。1870年民法典第1896条源于法国学者图利耶的学说，在其著作《法国民法》（Le droit civil français）中，图利耶使用“motif”一词定义原因，却表达了“理由”（pourquoi）的含义，在其著作中“motive”与“reason”可以相互替代。[②] 路易斯安那州立法机关在民法典修订述评中阐释了用“reason”替代“motive”的必要性：首先，使用“reason”而不是“motive”定义原因，意在强调法官在判断债是否可被强制时的自由裁量权；[③] 其次，“reason”更接近当代法国学说使用“but（end or goal）”一词定义原因的方式；[④] 最后，“reason”的使用有利于将致害信赖作为一种强制理由相协调，因为致害信赖可以作为一种“reason”，而不可能是“motive”[⑤]。对于“reason”与“motive”的差别，1984年债法修订主要负责人索尔·李维诺夫认为，“并非缔约人的所有动机（motive）都能构成原因（cause），只有因缔约人的沟通可被理解或通

① 参见附表3-2——1870年《路易斯安那修订民法典》、1825年《路易斯安那民法典》、1808年《民法学说汇纂》与1804年《法国民法典》之债法条文对比。

② See Art. 1967 of Louisiana Civil Code, Revision Comments (1984)(b).

③ See Art. 1967 of Louisiana Civil Code, Revision Comments (1984)(a).

④ See Art. 1967 of Louisiana Civil Code, Revision Comments (1984)(b).

⑤ See Saul Litvinoff, “Still another Look at Cause”, 48 *Louisiana Law Review* 28 (1987).

过环境可被推断出的动机才构成原因，因此，定义原因时用理由（reason）一词比动机（motive）更为合适”[①]。以“reason”代替“motive”来定义原因，标志着路易斯安那州对主观原因理论的采用。

路易斯安那州债法领域的立法改革与原因理论的转变，与其法制背景相适应。法国传统原因理论，即路易斯安那州所称的客观原因理论，建立于消极司法之上，即坚持法官不得审查当事人主观状态的原则。但是在路易斯安那州，法官的自由裁量权不仅被视为当然，而且为立法机关所积极追求。[②] 在传统原因理论下，对不得审查当事人主观状态原则的坚持迫使客观事实具有法律意义。然而在积极司法下，法官在解释客观事实时享有较大的自由裁量权，因为真正决定债之效力的是当事人的主观意图，而客观事实仅起解释作用。[③] 在主观原因理论下，法官如何判断当事人的主观动机呢？路易斯安那州要求原因具有主体际性，即要求当事人内心意思要求双方相互知晓，所以路易斯安那州的主观原因理论又称为相互主观理论。[④] 该理论源于法国著名法学家昂立·卡皮唐（Henri Capitant）的共同动机理论。卡皮唐认为，不是所有的动机，而只有那些具有决定性的并且为当事人双方所共有的动机，才属于原因的范畴。[⑤] 对卡皮唐共同动机理论（又称为一元论）的采用，意味着路易斯安那州与法国在原因理论上的分道扬镳，因为当代法国原因理论的主流观点是二元论，即从债的存在的角度看，原因是一个客观的、抽象的概念；从其合法性角度看，原因是一

---

① Saul Litvinoff, “Still another Look at Cause”, 48 *Louisiana Law Review* 18 (1987).

② See Art. 1967 of Louisiana Civil Code, Revision Comments (1984) (a).

③ 参见娄爱华:《路易斯安那民法典第 1967 条研究——大陆法与英美法结合的典范》，载梁慧星主编:《民商法论丛》(第 38 卷)，法律出版社 2007 年版，第 351 ~ 352 页。

④ See Saul Litvinoff, “Still another Look at Cause”, 48 *Louisiana Law Review* 17 (1987).

⑤ V. Henri Capitant, De la cause des obligations, Paris: Librairie Dalloz, 1924, p.24. 转引自徐涤宇:《原因理论研究——关于合同(法律行为)效力正当性的一种说明模式》，中国政法大学出版社 2005 年版，第 124 页。

个主观的、具体的概念。[①]

2. 路易斯安那州司法实践对允诺禁反言原则的借鉴与立法改造

英美法系上的允诺禁反言制度始于契约法。同大陆法系一样，契约的效力问题在英美法系亦是核心制度。诚如罗马法学家所说的，“形式是自由的天堂”[②]。同大陆法系早期契约奉行形式主义一样，英美法系国家同样注重形式主义。英美法系奉行严格形式主义，即将蜡封形式作为契约强制执行的依据。然而，奉行绝对形式主义意味着不自由。当契约自由原则成为合同法基本原则时，绝对的形式主义就遭到了质疑与批判。“蜡封形式对合同强制力所具有的唯一决定性作用逐渐被兴起于 16 世纪，成长于 17、18 世纪，于 19 世纪集大成的对价理论所动摇和替代。”[③] 自此，对价成为契约具有强制执行力的主要依据，对价理论成为英美契约法的轴心与基石。建立在对价理论上的契约法奉行的是绝对的合同责任原则，即有对价就有合同，亦就有合同责任；无对价就无合同，亦无合同责任。然而，进入 20 世纪，随着资本主义经济的快速发展，人们意识到完全依靠对价来决定合同是否具有强制力，将使得公平被降低到最低，坚持一切合同只有对价才必须遵守必然会导致大量损害的发生。在此背景下，法官面对司法实践中欠缺对价但不执行又违反公平的案件，通过扩张解释对价的方式赋予合同以强制执行力。扩张解释对价的方式不足以解决日益兴起的该类案件，为该类案件寻找替代制度成为必然，普通法上的允诺禁反言应运而生。允诺禁反言与对价成为普通法契约效力的两大基石。在美国，随着 1932 年《合同法重述》（第 2 版）第 90 条对允诺禁反言原则的界定，在结束美国学界长达几十年之久的关于允诺禁反言原则能否作为合同强制执行力论战的同

---

① 参见徐涤宇：《原因理论研究——关于合同（法律行为）效力正当性的一种说明模式》，中国政法大学出版社 2005 年版，第 125 ~ 128 页。

② 李永军：《合同法》，法律出版社 2005 年版，第 266 页。

③ 马新彦：《现代私法上的信赖法则》，社会科学文献出版社 2010 年版，第 72 页。

时，意味着允诺禁反言原则成为独立于对价之外的使合同具有强制执行效力的重要根据。[①]

生长于普通法环抱之中的路易斯安那州法律，深受普通法的影响，允诺禁反言原则的每一步发展对路易斯安那州的司法实践及民事立法都产生了重要影响。在1984年债法修订之前，普通法上的允诺禁反言原则已在路易斯安那州司法实践中运用近百年之久，路易斯安那州的法官和律师在涉及信赖保护的案件中倾向于适用普通法上的允诺禁反言原则作为依据和理由。[②]1896年，路易斯安那州法院审理的肖邦诉拉布朗齐（Choppin v. LaBranche）案[③]以及1995年的莫里斯诉弗里德曼（Morris v. Friedman）案[④]均可证明这一点。鉴于路易斯安那州司法实践对普通法上允诺禁反言原则的适用，路易斯安那州立法机关在民法典修订过程中要求将允诺禁反言原则纳入到民法典之中。作为修订债法部分的主要报告人与起草者，索尔·李维诺夫以美国《合同法重述》（第2版）第90条为主要渊源之一，撰写了第1967条，几经修改后，成为现行《路易斯安那民法典》第1967条。[⑤]路易斯安那州司法实践对普通法中允诺禁反言原则的援引，以及美国《合同法重述》对各州的重要价值，为现行《路易斯安那民法典》第1967条的最终确立奠定了实践基础与理论依据。

作为对路易斯安那州近百年司法实践的总结，民法典第1967条关于

① 参见马新彦:《两大法系信赖法则的融合——以美国〈路易斯安那民法典〉为对象》，载《法学评论》2012年第6期。

② See Jon C. Adcock, “Detrimental Reliance”, 45 *Louisiana Law Review* 756（1985）.

③ Choppin v. LaBranche, 48 La. Ann. 1217. 20 So 681（1896）.

④ See Amos J. Oelking III, “Morris v. Friedman: Detrimental Reliance and Statutory Writing Requirements”, 57 *Louisiana Law Review* 1375-1392（1997）.

⑤ 关于现行《路易斯安那民法典》第1976条的制定过程及变化，可参见马新彦:《两大法系信赖法则的融合——以美国〈路易斯安那民法典〉为对象》，载《法学评论》2012年第6期；娄爱华:《路易斯安那民法典第1967条研究——大陆法与英美法结合的典范》，载梁慧星主编:《民商法论丛》（第38卷），法律出版社2007年版，第358～362页。

"致害信赖"的规定并非普通法允诺禁反言原则的直接"舶来品"，并非对允诺禁反言原则的全盘移植。民法典第 1967 条对允诺禁反言原则的改造集中体现于赠与合同被排除适用。这是因为依大陆法系原因理论，赠与场合也是有原因的，因而不需要允诺禁反言。[①]

（二）原因理论与致害信赖在现行《路易斯安那民法典》中的规定及价值

1. 原因理论在现行民法典中的规定及价值

原因理论在现行《路易斯安那民法典》中的功用体现于 3 个方面：保护当事人意志；维护公共秩序；为合同的分类提供标准。[②]

第一，在保护当事人意志方面，现行《路易斯安那民法典》从无原因（Absence of Cause）、虚假原因（False Cause）、丧失原因（Failure of Cause）与推定原因（Presumption of Cause）4 个方面对当事人予以保护。按照第 1966、1967 条的规定，债都是有原因的，且债是对合同当事人自由的限制。"法律需要确定一个人对他自己自由的限制是有理由的。如果不存在这样的理由，也就是没有原因，就不应当限制其自由，也就是不应当存在债。"[③] 路易斯安那州无原因理论在以下领域得以运用：买卖时特定标的物灭失（第 2455 条），胁迫场合（第 1959 条）等。虚假原因是指因合同当事人欺诈而造成的无原因。虚假原因与无原因都是由错误引起的，但是二者又不同，无原因指客体自始不存在而引起的，而虚假原因是由当事人的主观错误引起的。虚假原因主要体现于错误破毁同意（第 1949 条）、

---

① 但是路易斯安那州理论界对第 1967 条第 2 款不适用于赠与合同存在争议，关于该争议的相关论述，可参见娄爱华：《路易斯安那民法典第 1967 条研究——大陆法与英美法结合的典范》，载梁慧星主编：《民商法论丛》（第 38 卷），法律出版社 2007 年版，第 375 ~ 376 页。

② See Saul Litvinoff, "Still another Look at Cause", 48 *Louisiana Law Review* 5-13 (1987).

③ Saul Litvinoff, "Still another Look at Cause", 48 *Louisiana Law Review* 6 (1987).

虚假陈述（第 2025 条）、绝对虚假陈述的效力（第 2026 条）与相对虚假陈述的效力（第 2027 条）。丧失原因之债的原因开始存在，但后来丧失，主要体现于因意外事件导致履行不可能（第 1876 条）或部分履行不可能（第 1877 条）。如当租赁物因意外事件而全部灭失，承租人交付租金之债因对租赁物的用益丧失不可能继续履行而可以被解除。推定原因指为更好地保护当事人，在某些情况下推定债有原因，但当事人可以反驳。"利用无原因和丧失原因两个制度，原因理论解决了在胁迫、重大误解场合的合同效力问题，结合前面说到的按照无原因处理的错误原因概念，实际上还解决了消极欺诈、积极欺诈、虚假表示场合的合同效力问题。"①

需要注意的是，上述问题同时为意思表示的问题。依当事人达成合意即为法律这一信条，对欺诈、胁迫、重大误解之情形，则表明当事人之间没有达成合意或者达成的合意有瑕疵。无原因、虚假原因及丧失原因可以认为是债之客体根本不存在、错误及丧失的问题。不同制度在功能上发生了重合，这是因为意志理论的兴起为合同效力提供了另一套说辞。②那么在意志理论兴起后，原因理论还有用武之地吗？ 19 世纪，法国反原因理论者认为原因理论毫无用武之地，但实质上原因理论在双务合同标的物嗣后灭失以及单方允诺的场合起到了意志理论无法替代的作用。③

---

① 娄爱华：《路易斯安那民法典第 1967 条研究——大陆法与英美法结合的典范》，载梁慧星主编：《民商法论丛》（第 38 卷），法律出版社 2007 年版，第 355 ~ 356 页。

② 同上书，第 356 页。

③ 实质上意志理论也存在若干不足，单纯凭借意志理论，在积极方面不能解释意志本身何以能够是合同或法律行为的效力正当化，在消极方面则不能说明实证法缘何不承认某些同样基于意思自由而成立的合同或法律行为的效力，以及为何授权法官对某些合同或法律行为的效力进行调整（例如显失公平的合同）。关于意志理论的不足，徐涤宇教授称为唯意志论的贫困，详细分析，请参见徐涤宇：《原因理论研究——关于合同（法律行为）效力正当性的一种说明模式》，中国政法大学出版社 2005 年版，第 298 ~ 301 页。

第二，对公共秩序的维护，是通过原因不合法理论实现的。现行《路易斯安那民法典》第1966条规定："不存在没有合法原因的债。"即债以合法原因的存在为前提，当原因本身违法时，债本身也不存在。第1966条强调的是原因本身不合法，而并不是该原因下的债被强制执行而导致的不法结果。路易斯安那州相互主观理论在原因不合法理论的适用过程中扮演着重要角色，对合同缔约方而言，只有缔约双方相互知晓的原因才构成原因，起到保护诚信缔约人的作用；对法官而言，其可以通过该理论来探究缔约人的主观意图，以决定是否存在原因，从而决定债的存在与否，以达到维护公共秩序和保护公共利益的目的。

第三，原因是路易斯安那州对合同进行分类的基础。现行《路易斯安那民法典》第1907～1912条规定的单务合同、两务合同、有偿合同、无偿合同、双务合同与射幸合同，都是基于原因理论被定义的。接受另一方债而不承担相对应的债时，合同是单务的；双方互负债务，以至一方的债与另一方的债相对应时，合同为两务的；任意一方获得了为换取其债的利益时，合同是有偿的；一方为另一方利益向该方负债且不获取任何利益作为回报时，合同是无偿的；一方对债的履行与另一方的履行相对应时，合同是双务的；因合同的性质或根据各方的意图，每一方的债的履行或履行的范围，有赖于不确定事件时，合同为射幸的。①

2. 致害信赖在现行民法典中的规定及价值

现行《路易斯安那民法典》第1967条的问世标志着英美法上的允诺禁反言原则在路易斯安那州的正式确立。尽管"对缺少规定形式的无偿允诺的信赖并非合理"的规定将不具有形式要件的无对价允诺排除适用而引

① 《路易斯安那民法典》（2010年1月版），娄爱华译，厦门大学出版社2010年版，译者序言，第220～221页。

发了学者对此的广泛批评,[①]第1967条还是为路易斯安那州法官提供了一个合同具有强制执行力的新依据。致害信赖在路易斯安那州的主要运用于要约承诺阶段及无偿服务合同、因违反法律强制性规定而无效的合同与欠缺形式要件的商事合同等。

第一，致害信赖适用于要约承诺阶段。原则上，受要约人作出承诺之前，要约人随时可以撤销或改变要约。但是要约人明示或暗示受要约人在一定时间内作出承诺，受要约人对此积极准备，并因此而遭受损害的，那么要约人应当赔偿该损害。现行《路易斯安那民法典》第1928条第1款关于“承诺期间的要约在该期间内不可撤销”的规定就是为了保护受要约人的信赖利益。这正是致害信赖原则的体现。致害信赖在要约承诺阶段的适用还体现于分包合同之中。[②]

---

① 乔恩·爱德考克（Jon C. Adcock）认为：第一，现实生活中案件的复杂程度是立法者难以预料的，判断信赖是否合理的最佳位置是法官，而不是立法者，最后一句话为法官提供了闪亮的新刀用来雕刻公正的结果，但这把刀却并不锋利。第二，《路易斯安那州民法典》与美国其他州普遍适用的普通法的一个标志性区别是，《路易斯安那州民法典》将原因作为判断合同具有强制执行效力的重要因素，而普通法将对价作为合同强制执行效力的重要根据。原因是当事人承诺的动机和目的，它的内涵宽于对价的内涵。一些具有原因且完全可以强制执行的承诺，因为原因的无偿性，反而不具有强制执行效力，使法律陷入了逻辑怪圈。第三，致害信赖的精髓是保护受诺人的信赖。它要考察的不是承诺人有否履行其承诺的意图，而是承诺人是否知道或应当知道其承诺将导致受诺人的信赖。当承诺人知道或应当知道其承诺将导致受诺人的信赖，受诺人确实信赖，并遭受损失，原因理论无法解决因承诺人不履行义务而给受诺人造成的不公平结果时，法官需要借助第1967条的规定对承诺赋予强制执行的效力，以保护受诺人的合理信赖。但是，受原因理论的束缚而不能公平解决的一些案件，诸如，承诺为以前的服务支付报酬、承诺为他人偿还债务、承诺清偿自然债务等，利用第1967条也无法予以公平解决。最后一句话为法官合理保护信赖制造了法律上的障碍。只有废除第1967条最后一句话，才能使强制执行上述承诺在符合逻辑的界限内变为可能。See Jon C. Adcock, “Detrimental Reliance”, 45 *Louisiana Law Review* 765-766（1985）；参见马新彦：《两大法系信赖法则的融合——以美国〈路易斯安那民法典〉为对象》，载《法学评论》2012年第6期。

② 参见娄爱华：《路易斯安那民法典第1967条研究——大陆法与英美法结合的典范》，载梁慧星主编：《民商法论丛》（第38卷），法律出版社2007年版，第381页。

第二，致害信赖适用于无偿服务合同。对于无偿服务合同而言，承诺人因付出劳动给相对人带来利益的同时，其自身利益并没有损害，因而实践中可直接适用第 1967 条的规定。①

第三，致害信赖适用于违反法律强制性规定的合同。合同违反法律强制性规定，当然无效。但因合同无效，且在合同缔结过程中不存在过错而信赖合同有效而为一定行为，并因此遭受损害的当事人一方，可以请求相对人予以赔偿。②

第四，致害信赖适用于欠缺形式要件的商事合同。现行《路易斯安那民法典》规定不动产转让合同（第 1839 条）、不动产买卖（第 2440 条）、偿还第三人债务的允诺或偿还因时效而消灭债务的允诺（第 1847 条）、婚约（第 2331 条）、保证合同（第 3038 条）等均须采用书面形式。未按照法律规定采用书面形式的合同不具有强制执行力，但是当事人一方基于对方口头承诺的信赖而为一定行为的，路易斯安那州法官会适用第 1967 条

---

① 参见马新彦:《两大法系信赖法则的融合——以美国〈路易斯安那民法典〉为对象》，载《法学评论》2012 年第 6 期。

② Coleman v. Bossier City 305 So 2d 444（La. 1974）. 原告不动产开发商科尔曼公司与被告波西尔城签订了净水、污水设施工程建设合同，合同约定原告负责工程建设，被告负责工程的运作经营，工程施工完成后，被告需支付原告一定的费用。但原告工程竣工后，被告没有按照约定及时支付费用，原告起诉请求法院强制执行合同。尽管该合同违反了当地政府规定的公共建设施工项目必须经过方案设计和公开招标程序的规定而应当认定合同无效。但是按照现行《路易斯安那民法典》第 1967 条规定，原告信赖合理，并有信赖损害发生，尽管合同因违反强制性规定而无效，但合同规定的义务具有强制执行的效力。

第 2 款作出判决。[①]

（三）原因与致害信赖在现行《路易斯安那民法典》中的相互渗透

路易斯安那州主观原因理论要求当事人内心意思为双方相互知晓，并通过“共同动机”的方法追求主观意图的客观化，该理论与客观原因理论不同，但都为法官判断当事人的动机提供了“客观化”的标准。致害信赖所强调的是只要当事人所做出的允诺为相对人所信赖，允诺人便不得否认自己的允诺。致害信赖与主观原因理论是不同的，但是二者在对法律行为矫正功能上是一致的，在价值取向上也存在共性。在路易斯安那州某些私法领域中，二者相互渗透。

行为能力是合同有效的要件之一。大陆法系与普通法系为了保护无行为能力人，都规定无行为能力人对其与有行为能力人签订的合同享有撤销权。现行《路易斯安那民法典》第 1921 条亦作如此规定：“合同因无能

---

① 在莫里斯诉弗里德曼（Morris v. Friedman）案件中，被告弗里德曼弗里德曼是路易斯安那州人民银行的最大股东，1984 年，他恢复了原告莫里斯在银行和信托公司的主席兼高级行政总裁的职位，二者签订了任期 3 年的合同。合同约定：于原告任职期间结束时，原告须将其在任职期间获得银行的股份卖给银行，同时银行负有将原告任职期间获得的股份买回的义务。在合同协商过程中弗里德曼口头承诺他将以他自己的实力买回原告任职期间获得的银行股份。原告任职期间购买约 $400,000 的银行股份，于原告离职时，要求银行买回其股份未果，于 1989 年起诉要求银行履行合同，并赔偿损失。在法院审理案件前，银行宣告破产，并被联邦储备银行接管，法院没有支持原告的请求，于是原告以弗里德曼为被告再行起诉，主张弗里德曼的口头承诺导致其信赖而购买银行股票，信赖合理并确有信赖损失，所以被告的口头承诺具有强制执行的效力。一审法院和上诉审法院均援引《路易斯安那民法典》第 1967 条作出判决支持原告的主张。但是，最高法院认为“当不能满足法定形式要件的要求时，公平不能作为获得赔偿的基础”，以被告的许诺不具有法定形式要件为由认定被告的口头许诺不具有强制力，尽管原告有信赖损害，原告的请求不予支持。学者对判决提出质疑，并主张，无论从条文的文义、条文的立法目的，还是从条文的实践需要，都应当认定，当事人对欠缺形式要件的负有义务合同的信赖是合理的信赖，于此情形发生时，法院应当依据第 1967 条确定的致害信赖对原告人的信赖损害予以救济。See Amos J. Oelking Ⅲ, “Morris v. Friedman: Detrimental Reliance and Statutory Writing Requirements”, 57 *Louisiana Law Review* 1375-1392（1997）；亦可参见马新彦：《两大法系信赖法则的融合——以美国〈路易斯安那民法典〉为对象》，载《法学评论》2012 年第 6 期。

力撤销的，一方或其法定代表人应返还另一方他因合同而收受的东西。当返还不可能或不可实现时，法院可判令补偿。”只有将第 1921 条中的“无能力”人解释为获得准治产的无行为能力人，才能理解第 1924 条的规定。第 1924 条规定：“未获准治产的未成年人自发代表成年人并不排除对合同的撤销之诉。当另一方有理由信赖未成年人对成年人的代表时，合同不可撤销。”第 1924 条关于“禁止未成年人撤销合同”的规定是第 1967 条第 2 款致害信赖的具体落实，因为可作未成年人作出的允诺不可反悔解释；又可以看作原因理论的具体落实，因为合同是双方的共知的动机促成的。因此，现行《路易斯安那民法典》第 1924 条实际上融合了大陆法系原因理论与普通法系的允诺禁反言原则。“融合两大法系元素的第 1924 条在实践中还得以扩张适用。禁治产人或暂时丧失理智的人签订合同，相对方有理由相信其有行为能力，嗣后因其撤销合同恢复原状不能或不可行而给相对方造成损失，依据民法典第 1921 条应当向相对方赔偿损失。当相对方的支出没有使禁治产人或暂时丧失理智之人的财产增加，其损失不是因为恢复原状不能或不可行而发生的，法院通常类推适用第 1967 条和第 1924 条赋予合同强制执行效力，以保护相对人的合理信赖。”①

债法领域，现行《路易斯安那民法典》较之于以前 3 部民法典，更加体系化，更符合了大陆法系民法典的要求。但是在具体制度层面，继受了大量普通法的术语、制度，甚至是创制了融合大陆法规则与普通法规则的新制度。具体到有名合同而言，对普通法的继受更为明显。

---

① Jon C. Adcock, “Detrimental Reliance”, 45 *Louisiana Law Review* 767-768 (1985)；马新彦：《两大法系信赖法则的融合——以美国〈路易斯安那民法典〉为对象》，载《法学评论》2012 年第 6 期。

第四节 走向普通法的侵权法领域

毫无疑问，侵权法是受普通法影响最广泛的领域。[①]就侵权法领域而言，1808年《民法学说汇纂》、1825年《路易斯安那民法典》与1870年《路易斯安那修订民法典》在立法模式与具体规则上都完全追随了1804年《法国民法典》的一般条款模式与具体规则。

侵权法一般条款的适用强烈地依赖于法律的配套措施与法学教育，但这些在当时的路易斯安那州是匮乏的。对此，路易斯安那州的法官们在侵权法一般条款使用过程中，向普通法的既有规则逃逸。在此背景下，自1850年左右至20世纪下半叶，路易斯安那州法官操纵了侵权法的发展，将大量的普通法概念、规则纳入该州。尽管自20世纪末开始，在路易斯安那州大陆法复兴背景下，立法机关意图操控侵权法的发展，并将侵权法的发展重新纳入大陆法的轨道之上，但是立法改革“治标不治本”，立法机关还陷入了法官们的逻辑：一般条款不能提供足够的解决方案。大陆法的“复兴没有足够的持久性和深度以至于逆转跨文化背景下的侵权法历史潮流。”[②]路易斯安那州侵权法一般条款成为两种法律文化的“混血儿”，即法国法式的一般条款与英美法式的具体列举并存。普通法对路易斯安那州侵权法的影响首先体现于侵权法体系层面。

---

① See Vernon Valentine Palmer, *Mixed Jurisdictions Worldwide: the Third Legal Family* (*2nd ed.*), Cambridge: Cambridge University Press, 2012, pp.324–325.

② Vernon Valentine Palmer, "The Fate of the General Clause in a Cross-Cultural Setting: the Tort Experience of Louisiana", 46 *Loyola Law Review* 568 (2000).

一、体系：从一般条款到“一般条款”

侵权法领域，罗马法没有抽象和概括出包含一切侵权行为（私犯）或准侵权行为（准私犯）基本要件的一般条款，而是列举了诸多赔偿请求的诉权。一般条款的立法模式与近代自然法、大陆法系法典化运动密切相关。侵权法一般条款的构思直接源于伟大的自然法学家格劳秀斯（Hugo Grotius）与多马（Jean Domat），“他们勇于超越传统列举式的侵权，寻找并制定不法行为责任的一般原则”[①]。《法国民法典》第 1382 条直接源于多马著作《自然秩序中的民法》[Les loix civiles dans leur ordre naturel（1689）]中“由某人行为造成的所有损失、损害，都应该由该有过错之人予以赔偿”的表述。

迄今为止，《法国民法典》中侵权法的一般条款依然是经典的。《法国民法典》以一般条款的方式对侵权和准侵权行为作出了规定：第 1382 条是关于故意侵权责任的一般规定；第 1383 条是关于过失侵权责任的一般规定，是对 1382 条的补充；第 1384 条第 1 款是准侵权责任的一般规定。尽管一般条款没有被纳入一个法律条文之中，但是《法国民法典》第 1382 条至第 1384 条第 1 款符合一般条款的基本要求，“它们作为一个整体，反映了所有侵权行为和准侵权行为的最重要的要件，而且构成了一切侵权请求的基础：在此之外不存在任何其他诉因。在这样的模式下，无论是律师还是法官判断一个行为或者‘准行为’是否构成侵权，或者说受害人是否应当得到救济，适用这个唯一的标准即可。”[②]

1808 年《民法学说汇纂》关于侵权法的规定，尽管主要源于《法国民法典第八草案》，但第 3 编第 4 题中的第 16、19、20 条分别对应了《法国

① Konrad Zweigert, Hein Kötz, *An Introduction to Comparative Law*（3d ed.）, New York: Oxford University Press, 1998, p.616.

② 张新宝:《侵权行为法的一般条款》，载《法学研究》2001 年第 4 期。

民法典》的第1382、1383、1384条。[①]1825年《路易斯安那民法典》的制定者爱德华·利文斯顿、皮埃尔、路易斯·莫罗－李斯雷将《法国民法典》第1382条、第1383条与第1384条第1款逐字纳入。1825年《路易斯安那民法典》关于侵权法的其他规定绝大部分亦源于《法国民法典》。1870年《路易斯安那修订民法典》进行了重新编码，除第2315条在1825年《路易斯安那民法典》第2294条基础上稍作修订和删除原民法典第2300条之外，没做任何改变。《法国民法典》侵权法的立法体系——“侵权行为一般条款与准侵权行为一般条款＋具体列举”也为1825年、1870年民法典继受。

自1978年开始，路易斯安那州法学会开始以单个题和章的形式修订民法典，至今仍在继续。在已经修订的条文中，侵权法领域改动较大，融合了大量的英美法术语与制度。侵权法体系上依然采用了《法国民法典》一般条款，但从“侵权行为一般条款与准侵权行为一般条款＋具体列举”模式转换到“侵权行为一般条款＋具体列举与准侵权行为一般条款＋具体列举”模式（见附录表4-1 1825年、1870年、现行路易斯安那民法典之侵权法与原、现行法国民法典之侵权法间的对应关系）。现行《路易斯安那民法典》改动最大的部分是在1870年《路易斯安那修订民法典》第2315条之后，增加了第2315.1条至第2315.8条，共8个条款，分别是：生存者诉权；不正当致死之诉；附加的损害赔偿之儿童色情；附加的损害赔偿之醉酒的被告；不正当致死与生存者诉权的例外；伤害另一人所致的损害赔偿责任；对童年发生的因性犯罪导致的损害赔偿责任；因家庭暴力所致的损害赔偿。

尽管民法典中关于侵权法的规定是路易斯安那州侵权法的最主要渊

① See Rodolfo Batiza, “The Louisiana Civil Code of 1808: its Actual Sources and Present Relevance”, 46 *Tulane Law Review* 102-103 (1971).

源，但除民法典之外还包括，但不限于：1988 年颁布的《路易斯安那产品责任法》、1997 年颁布的《路易斯安那贩毒者责任法》《经修订的路易斯安那制定法》中关于侵权法多达 70 条的规定。这些制定法与民法典中新增条款严重削弱了第 2315 条一般条款的地位。

二、法律渊源：全面继受普通法

现行《路易斯安那民法典》侵权法的一般条款因适用过程中受制于英美法思想，其一般条款的地位已被严重削弱，已难以起到类似于《法国民法典》一般条款所起到的体系作用，路易斯安那州侵权法一般条款成为两种法律文化的"混血儿"。在具体列举上，现行路易斯安那州侵权法更多的是继受了普通法概念与制度，可以说修订后的现行民法典侵权法领域所增加的条款基本上是源于普通法。

路易斯安那州侵权法对普通法的继受，首先在于对普通法侵权法术语的大量继受，如在故意侵权行为领域引入了大量普通法术语，如侵入他人土地（trespass to land）[①]、侵占（conversion）[②]、诽谤（defamation）、非法拘禁（false imprisonment）、故意精神伤害（intentional infliction of emotional distress）、报复性解雇（retaliatory discharge）等。[③] 基于路易斯安那州侵权法的一般条款——第 2315 条，原则上不需要故意侵权行为的类型化，"但

---

① 在路易斯安那州，同普通法规定相同，侵入他人土地之故意侵权不以造成实际损害为要件。See generally, Ortego v. Sevarg Co., 550 So. 2d 340, 106 O. & G.R. 67 (La. App. 3d Cir. 1989).

② 路易斯安那州对普通法之侵占（Conversion）的引入，源于路易斯安那州最高法院在对《美国侵权法第二次重述》第 222（A）条的直接援引。

③ 关于侵入他人土地（trespass to land）、侵占（conversion）、诽谤（defamation）、非法拘禁（false imprisonment）、故意精神伤害（intentional infliction of emotional distress）、报复性解雇（retaliatory discharge）的详细论述及与普通法的关系，可参见 Frank L. Maraist, Thomas C. Galligan, *Jr.*, *Louisiana Tort Law* (*2nd ed.*), New York: Matthew Bender & Company, Inc., 2014, § 2.06.

是由于历史性原因，普通法发展出了一系列类型化的故意侵权行为，每一个都有自己的构成要件。路易斯安那州在很大程度上继受了普通法的这种方式”[①]。尽管有不少学者曾主张，对普通法术语的采用并不意味着对相关制度的继受，[②]但司法实践表明，路易斯安那州法院并非单纯地使用普通法术语，而是适用该术语所包含的具体规则进行裁决[③]。在过失侵权行为方面，路易斯安那州侵权法同样引入了大量的普通法术语，并继受相关规则，如注意义务中的某些特定义务（particular duty）及义务——危险公式（“duty-risk” formula）。[④]

普通法对路易斯安那州侵权法的影响一直在持续，如路易斯安那州最高法院在“9–5”时尚公司诉司博妮（9 to 5 Fashions, Inc. v. Spurney）案中所适用的故意干涉契约关系（intentional interference with contractual relations）的诉因，完全依赖于普通法。[⑤]1979 年，路易斯安那州立法机关制定了比较过失的标准，就是对美国比较过失运动的反应。[⑥]关于侵权法恢复原状中的“纯粹经济损失（pure economic loss）”，路易斯安那州完全

---

① Frank L. Maraist, Thomas C. Galligan, Jr., *Louisiana Tort Law*（2nd ed.）, New York: Matthew Bender & Company, Inc., 2014, § 2.06.

② See A.N. Yiannopolous, “Work of Appellate Courts”, 1975–1976, 37 *Louisiana Law Review* 330–331（1977）; Ferdinand Stone, “Tort Doctrine in Louisiana: from What Sources does it Come?”, 16 *Tulane Law Review* 489（1942）.

③ 例如在 Maboules v. Broussard Rice Mills 案［379 So. 2d 1196（La. App. 3 Cir. 1980）.］中对侵占（conversion）规则的适用。

④ See Vernon Valentine Palmer, *Mixed Jurisdictions Worldwide: the Third Legal Family*（2nd ed.）, Cambridge: Cambridge University Press, 2012, p.326.

⑤ See Vernon Valentine Palmer, “A Comparative Study（from a Common Law Perspective）of the French Action for Wrongful Interference with Contract”, 40 *American Journal of Comparative Law* 297（1992）.

⑥ See Stephen D. Juge, Van R. Boyette, “Comparative Negligence in the United States – the Advent of its Adoption in Louisiana”, 51 *Tulane Law Review* 1217（1977）.

采用了普通法的态度。[①] 就产品责任法领域而言，在路易斯安那州制定该法之前，路易斯安那州一直关注其姊妹州侵权法的规定。

在侵权法领域，路易斯安那州民法典受普通法影响较大，一般条款已不再是《法国民法典》的一般条款，受制于司法实践而是更倾向于普通法，在具体规则上也一步步倒向普通法。

本章小结

就现行《路易斯安那民法典》的具体规定而言，路易斯安那州财产法在扎根于法国法传统、吸收大陆法系具体制度的同时，进行了本土化创新；债法领域在注重体系化的同时，融入了大量的普通法制度，并出现了融合大陆法与普通法的创制法；侵权法则受普通法影响最大，侵权法中的诸多制度就是在普通法基础上发展起来的，法国侵权法式的一般条款也逐渐被解构而变得形式化。

第三章研究表明，侵权法对法国法的背离程度最大；债法相对小一些但背离程度亦相当大；相反，财产法是最无懈可击的领域。第四章的结论表明了路易斯安那民法典对法国法的背离即是对普通法的继受。

---

① See Frank L. Maraist, Thomas C. Galligan, Jr., *Louisiana Tort Law* (*2nd ed.*), New York: Matthew Bender & Company, Inc., 2014, §5.09.

第五章　路易斯安那民法典对普通法继受原因之分析——法律适用的视角

瑞典学者卡尔洛·图奥里（Kaarlo Tuori）主张法律包括表层结构（the surface structure）、中层结构（the middle structure）以及深层结构（the deep structure）三个层面。[①] 法律的表层结构主要指用语言型构的法律规定（legal provision），包括立法机关和行政机关制定的法律法规文本、司法机关的裁判文书，甚至还包括法律教义学的论述。法律的表层结构其实涵盖了通常说的"正式法律渊源"和"非正式法律渊源"。中层结构指"legal culture（法律文化）"，既有法官、检察官、律师和法律学者这些专业人士对法律的认识（关于法律概念、法律原则和法律方法等的见解和学说），又有普通大众对于法律的认识。法律的深层结构是比法律文化更深层次的东西，其是跨越不同的法律条文和不同的法律文化而为所有法律所共通的因素，既有法律权利、法律义务、法律制裁等共同的法律概念，又有某一时期内为不同国家和地区人民都共同承认的法律原则和其他共通的法律观念。[②] "不同法系的法律或者国别法通常表现在具有不同的法律

① See Kaarlo Tuori, *Critical Legal Positivism*, Aldershot: Ashgate Publishing Limited, 2002, p.147.

② Ibid., pp.154-166, 183-191.

的表层结构（法律条文）和中层结构（法律文化）上，但是它们都具有共同的深层结构，也就是这种共同的深层结构的存在使得不同法系的法律或者国别法之间的相互理解和交流成为可能，使不同国家或者地区之间的法律移植成为可能，并使适用于不同国家和地区的国际统一法成为可能。”① 的确，“西方法律传统基本上是一元的，几乎完全相同的法律历史因素浸透入每个民族国家的法律产物中：罗马法、日耳曼习惯法、教会法和采邑法等。”②

本章所要分析的是在第三、四章结论基础上，分析大陆法与普通法在路易斯安那州融合的原因，图奥里的法律三层次构成理论对于分析两大法系法律文化之间的差异与共性，及融合的根本性原因无疑有着重要意义。虽然这不是本章所关注的重点，但需要强调的是，图奥里的法律三层次构成理论是本书研究的潜在基础。从宏观的视野来看，路易斯安那州混合法律体系的形成与发展并不是孤立的现象，而是与路易斯安那州特定的历史文化唇齿相依的，或者说它本身就是这种历史文化必然的组成部分。就路易斯安那州大陆法传统而言，“历史发展具有一定的惯性，在人没有创造出强于历史惯性的力量之前，历史将沿着既有的轨道发展”③；就其英美法因素而言，作为普通法海洋的中的路易斯安那州，法院与法官、法学教育、联邦制与统一州法运动等诸多因素共同促使了其对普通法的继受，促使了大陆法与普通法的融合。但相对于作为联邦制的政治体制、美国统一

---

① See Kaarlo Tuori, *Critical Legal Positivism*, Aldershot: Ashgate Publishing Limited, 2002, pp.192-193.

② [美]艾伦·沃森:《民法法系的演变及形成》，李静冰、姚新华译，中国法制出版社2005年版，第1页。

③ 阎学通:《历史的惯性：未来十年的中国与世界》，中信出版社2013年版，扉页。

州法运动以及社会、经济等外部因素而言[①]，本书认为路易斯安那州对普通法的“第二次继受”，法官的作用至关重要。

“西方法律传统基本上是一元的，几乎完全相同的法律历史因素浸透入每个民族国家的法律产物中：罗马法、日耳曼习惯法、教会法和采邑法

① 联邦制是路易斯安那州引进美国法的重要途径之一。在联邦制国家，宪法规定中央与地方都享有立法权，但在公法方面，地方无立法权。因此，在路易斯安那州，公法方面的问题由联邦法规定。美国联邦议会和政府制定公法规范适用于路易斯安那州，这些都是普通法风格的制定法。本书第二章已介绍，路易斯安那购置后，路易斯安那州宪法、公法迅速普通法化，而且这种状态因政治体制原因而一直持续。公法的引进在一定程度上促使了路易斯安那州法律方法的转变，因为引进法律就意味着引进方法，而习惯了大陆法系逻辑方法的路易斯安那州法律职业者对美国的判例法方法是陌生的，而因普通法的引入而去学习，并逐渐调整自己的法律方法。在私法方面，州享有立法权，但联邦议会有两个途径染指或侵蚀州议会在这方面的立法权。第一，美国《宪法》第 1 条第 8 款第 3 项规定国会可以管理州际贸易，因此，凡是涉及跨州的商事法律问题，联邦议会都可以立法，如知识产权中的财产权部分可以理解为州际贸易问题，因此它就成了联邦的立法权的对象。第二，美国《宪法》第 1 条第 8 款第 18 项规定国会可以就它认为必要的事项立法，这是一个任意性很强的条款，国会可以借此任意扩大自己的立法权，一旦联邦就过去属于州的立法权的事项作出规定，即使《路易斯安那民法典》中已有这方面的规定，它们也会因此成为具文，因为联邦法优先于民法典。

统一州法运动亦是路易斯安那州引进美国法的重要途径之一。美国作为一个联邦制国家，商事活动的立法权因为州所有而造成了法律的不统一。为此，在美国律师协会倡导下，1872 年美国成立了美国统一州法全国委员会，以推动全美的统一立法。迄今，其向各州提供了两百多项法律草案，建议各州采用或按此制定法律，其中被普遍接受的包括:《统一流通票据法》(1896 年)、《统一销售法》(1906 年)、《统一提单法》(1909 年)、《统一股票交易法》(1909 年)、《统一合伙法》(1914 年)等。《美国统一商法典》是迄今为止最成功和最重要的成果，它基本上实现了美国州级商法在销售、票据、担保、信贷等领域的统一。路易斯安那州自 1974 年开始，陆续采纳《美国统一商法典》中的多个条文，至今除第 2 条“买卖”、第 2A 条“租赁”与第 6 条“大宗买卖”没有被采纳外，第 1 条“总则”、第 3 条“流通票据”、第 4 条“银行存款与收款”、第 4A 条“资金划拨”、第 5 条“信用证”、第 7 条“权利凭证”、第 8 条“投资证券”与第 9 条“动产提保交易”被采纳，并规定于《经修订的路易斯安那制定法》第 10 题“商法”之中。尽管第 2 条、第 6 条没有被直接为路易斯安那州采纳，但是其中的一些相关规定被纳入到法律框架之中。如《路易斯安那民法典》第 3 编第 7 题“买卖”新增的第 13 章“动产买卖”纳入了《美国统一商法典》的一些规则，如第 2604 条的买受人的检查权(the buyer's rights of inspection)、第 2605 条的买受人对不相符物的拒收(the buyer's rights of rejection of nonconforming goods)等。See David Gruning, Bayou State Bifuralism: Common Law and Civil Law in Louisiana, 81 *University of Cincinnati Law Review* 437, 458 (2004).

等。然而，蔚然壮观的现代西方法律制度却呈现出普通法系与民法法系并立之势。”[①] 德国学者 K. 茨威格特教授与 H. 克茨教授认为不同法系可以从以下 5 个要素加以区分：（1）一个法律秩序在历史上的来源与发展；（2）在法律方面占统治地位的特别的法学思想方法；（3）特别具有特征性的法律制度；（4）法源的种类及其解释；（5）思想意识因素。[②] 对此，本章拟从路易斯安那州私法领域法律渊源的多元性、互补性的司法方法与扮演多重角色的法官 3 个视角，即作为混合法律体系的路易斯安那州所呈现出的特殊性，来分析路易斯安那州大陆法与普通法走向融合的原因，以及路易斯安那民法典不同领域，如财产法、债法、侵权法等，融合程度不同的原因。

第一节　理论基础：美国法律现实主义的影响

“‘法律的制定者们’并不是在真空中操作。他们属于一个特定的社会，并且受到当时学术潮流和各种争论的影响。”[③] 远离大陆法之大陆而坐落于普通法之海洋的路易斯安那州，在法律思想史方面不可避免地受到美国法律思潮的影响，并最终融入美国法律思潮之中。作为 20 世纪美国本土最重要的法理学运动，美国的现实主义法学对路易斯安那州法律的发展产生了广泛影响。就路易斯安那州法律本身发展而言，早在 19 世纪中叶就发生了类似于欧洲大陆的“自由法运动”，而欧洲大陆的“自由法运动”为

① [美]艾伦·沃森：《民法法系的演变及形成》，李静冰、姚新华译，中国法制出版社2005年版，第1页。

② 参见[德] K. 茨威格特、H. 克茨：《比较法总论》，潘汉典、米健、高鸿钧、贺卫方译，法律出版社2003年版，第108页。

③ [英]R. C. 范·卡内冈：《欧洲法：过去与未来——两千年来的统一性与多样性》，史大晓译，清华大学出版社2005年版，第109页。

美国法律现实主义发展和完善提供了理论准备。在这种意义上而言，路易斯安那州法律思想的发展与美国是"一脉相承"的。

一、美国法律现实主义运动

法律思想的发展也具有历史性，其发展不可能免受社会发展的影响，法律思想承担着对不断变化的社会、历史情形作出及时回应的任务。强调法之理性的十七八世纪自然法学说因过于片面，而为历史法学派，最终为实证主义法学派所抛弃。"19世纪的法律实证主义肩负着一项历史使命：它必须重新思考法的实际存在，即法的实证性，但是极端的法律实证主义使审判者沦为概念主义和逻辑推理的工具，法律因此失去内在的生命力。"① 因此，在19世纪法律实证主义基础上发展起来的20世纪上半叶的法学理论就普遍具有"反形式主义"的特征。② 美国现实主义法学即是"反形式主义"的一种表现形式。③ 美国法律现实主义的产生有着深厚的法哲学基础，实用主义哲学为法律现实主义提供了哲学理论依据，实用主义法学为法律现实主义的发展奠定了理论基础，自由法运动为法律现实主义的

① [德]阿图尔·考夫曼、温弗里德·哈斯默尔:《当代法哲学和法律理论导论》，郑永流译，法律出版社2013年版，第8～9页。

② 参见[爱尔兰]约翰·莫里斯·凯利:《西方法律思想简史》，王笑红译，法律出版社2010年版，第302页。

③ 除美国外，欧洲大陆、北欧斯堪的纳维亚半岛都存在"反形式主义"运动。在欧洲大陆，现实主义法学表现为反法律形式主义的运动。这场运动，从1900年开始，持续到1950年左右。其"反法律形式主义"的自由法运动，对整个欧洲和世界产生重大的影响。在这一过程中涌现出来的自由法学派、利益法学派、社会职能法学派、社会心理法学派等，都是反对"书本上的法"，强调"现实中的活法"，关注法官的司法行为和司法实践。它们的共同特征呈现出现实主义法学的特点，它们的法律主张明显具有现实主义法学的倾向。在北欧斯堪的纳维亚半岛，现实主义法学也相当盛行，成为影响世界法学思想较大的一支流派。它主要是以瑞典的乌普萨拉大学为中心，在哈盖尔斯特洛姆教授的领导下，以他的弟子为主发展起来的，成为影响比较大的另一支力量。参见付池斌:《现实主义法学》，法律出版社2005年版，第2页;[爱尔兰]约翰·莫里斯·凯利:《西方法律思想简史》，王笑红译，法律出版社2010年版，第301～312页。

发展、完善提供了理论准备。[①]

美国现实主义法学以奥利弗·温德尔·霍姆斯（Oliver Wendell Holmes）的实用主义法学为奠基，自1930年卡尔·尼可森·卢埃林（Karl Nickson Llewellyn）发表《现实主义法理学——下一步》，[②]第一次提出法律现实主义的理论观点后，形成了规模宏大的法律现实主义运动，将法律现实主义推向高潮，并成为罗斯福新政时期的官方法学。这场运动持续了三四十年，对美国的法律思想、法律实务和法学教育都产生了影响，这种影响甚至持续至今。“美国的现实主义法学是20世纪美国本土最重要的法理学运动，它不仅对美国的法学教育和法学学术产生了深远的历史影响，而且还推动了美国的法律改革和律师业的发展。”[③]“二战”后，经过法与社会运动——行为法学——批判主义法学——经济分析法学的承继和发展，到90年代，美国出现的“新公法运动”，仍然可以看到现实主义法学的影响。2003年，哈佛大学法学院仍然讲授现实主义法学。“现实主义法律思想在战后深入到每一个法学流派之中”。正如波斯纳所说，“现实主义法学的其他因素则被主流法学吸收，特别是被1958年因哈特和萨克斯的《法律过程》一书而达到巅峰的法律过程学派吸收”。[④]“批判法学是现实主义法学的激进后代……新公法就是在寻找中心，它吸收了激进的批判法学派的主要观点”。[⑤]

---

① 参见付池斌：《美国现实主义法学理论研究：以司法裁判为视角》，中国人民大学2006年博士学位论文，第110页。

② 中文译稿可参见［美］卡尔·卢埃林：《现实主义法学——下一步》，孙新强译，载陈金钊主编：《法律方法》（第10卷），山东人民出版社2010年版，第1～23页。

③ Brian Leiter, "American Legal Realism", in Martin P. Golding, William A. Edmundson (eds.), *The Blackwell Guide to the Philosophy of Law and Legal Theory*, Malden: Blackwell Publishing, 2005, p.50.

④［美］理查德·A.波斯纳：《超越法律》，苏力译，中国政法大学出版社2001年版，第445页。

⑤ William N. Eskridge, Jr., Gary Peller, "The New Public Law Movement: Moderation as a Postmodern Cultural Form", 89 *Michigan Law Review* 789 (1991).

二、美国法律现实主义对路易斯安那州法律发展的影响

美国法律现实主义对路易斯安那州法律发展产生了重要影响，这通过以下两方面实现的：一是法律现实主义对路易斯安那州法官产生的影响，法律现实主义的规则怀疑论、法律实践论与法官造法论在该州法官身上都有较好的体现；二是美国法律现实主义在20世纪六七十年代路易斯安那州大陆法复兴过程中扮演了重要角色①。对于法律现实主义对路易斯安那州的影响，将在本章后续第二、三、四节中详细论述。

需要注意的是，美国法律现实主义对路易斯安那州法律的影响是潜移默化的，所以后文中没有单独论述、重点论述法律现实主义的影响，而是在论述法官及立法机关的思维、法律适用方式与大陆法系法官、立法机关的不同时，突出其影响。

第二节　内在因素：三权分立视角下的路易斯安那州司法机关

路易斯安那州民法典中关于法律渊源的特殊规定，以及联邦制下美国式的司法系统及融合大陆法与普通法思维、方法的法官是“第二次继受”的关键。实质上，自美国式的司法机关在路易斯安那建立之后，法官在路易斯安那州法律进程中扮演了重要角色。

本书第二章已论述，自1812年《路易斯安那州宪法》颁布之后，美国式的司法机关在路易斯安那州最终确立，路易斯安那州程序法也逐渐普

---

① See Kenneth M. Murchison, "The Judicial Revival of Louisiana's Civilian Tradition: a Surprising Triumph for the American Influence", 49 *Louisiana Law Review* 32-34 (1989).

通法化。在美国式的司法机关内部，适用普通法式的程序法的路易斯安那州法官与大陆法系国家的法官有不同吗？路易斯安那州法官在多大程度上扮演了大陆法法官的角色，又在多大程度上扮演了普通法法官的角色呢？

一、路易斯安那州司法机关

自路易斯安那购置之后，该地区的宪法、公法迅速普通法化，司法机关也基本以美国模式建立，并一直延续至今。根据联邦宪法与路易斯安那州宪法，“三权分立”模式下的路易斯安那州司法机关是独立的权力机构。

三权分立下的司法独立观念使得当前路易斯安那州司法机关完全不同于大陆法系国家或地区的司法机关。在司法权力层面，路易斯安那州与大陆法系最明显的区别是其司法权是独立的。尽管采用了大陆法系法典法的形式，但是三权分立下路易斯安那州司法机关与立法机关是相对独立的，此情形下的路易斯安那州法院在一定程度上享有更广泛的权力来塑造、适用及解释法律。司法独立还体现于路易斯安那州最高法院享有对所有法院的司法监督权，并负责法律职业者的准入及培训；良好的经济保障也增强了路易斯安那州法院的自治，路易斯安那州司法机关的预算由最高法院制定，最高法院以司法机关的名义通过独立的拨款程序向立法机关提出资金申请，保证了法官任期内的报酬不能降低，包括退休福利。另外，路易斯安那州法院内部设置采用了大陆法系国家的单一制模式，即没有设立衡平法院，但亦没有采用大陆法系国家的分庭制模式，“分庭制的缺失意味着民法（civil law）不可能享有其在大陆法法域的地位，也就缺乏抵挡公法案件泛滥，使司法审判实践逐渐背离大陆法的机制。”[①]

总的来说，路易斯安那州法官制度是美国联邦司法环境运作的产物。

---

① See John E.C. Brierley, Roderick A. Macdonald, *Quebec Civil Law: an Introduction to Quebec Private Law*, Toronto: Emond Montgomery Publications, 1993, pp.53-54.

在路易斯安那州法律形成期，司法机关在形塑法律方面面临着比大陆法系国家法官们所面临的压力更大，并且被期待在州政府中扮演更积极的角色。在此背景下，正如法官塔特所解释的，"从历史上看，路易斯安那州法官是基于普通法而非大陆法传统演化而来"①。

二、作为"立法者"的路易斯安那州法官

普通法系的法官与大陆法系的法官是不同的，普通法系的法官具有更多的、更高的权力，其往往还是法律的制定者。

（一）普通法系法官与大陆法系法官的不同

普通法系的法官与大陆法系的法官是不同的，以美国法官与法国法官为例，美国法官本质上是政策的制定者（政治家），积极并公开参与法律的制定，因此在一定程度上是"造法者"。与此相反，尽管每个大陆法国家或地区在不同领域、不同时代的法律不尽相同，但大陆法法官并不积极参与法律制定过程，他们也不是政策制定者（政治家）。

两个半世纪之前，启蒙思想家孟德斯鸠明确界定了法官的角色。"一个民族的法官，只不过是宣布法律之词语的喉舌，是无生命的人，他们既不能变动法律的效力也不能修正严格性。"②孟德斯鸠的三权分立学说成为大多数大陆法系国家制度制定的前提，国家的政治意愿只能为被选举的立法者所表达，而非未经选举的法官。在法官所扮演角色上，《法国民法典》采纳了孟德斯鸠的观点，虽然其表述没有那么绝对，如第5条规定"禁止法官采用确立规则的一般处分对其审理的案件作出宣告"，但是"本条款却意在用旧制度限制声名狼藉的最高法院滥用权力并确保未经选举的法官

---

① Vernon Valentine Palmer, *Mixed Jurisdictions Worldwide: the Third Legal Family* (2nd ed.), Cambridge: Cambridge University Press, 2012, p.290.

②［美］本杰明·卡多佐:《司法过程的性质》，苏力译，商务印书馆1998年版，第106页。

不会直接地或间接地干预立法”①。

毫无疑问，从孟德斯鸠时代到现在，已经发生了很多变化。一直以来，法国法官们在形塑法国法中扮演着较之以前更重要的角色。破毁裁判所（Cour de Cassation）的规则在当今时代比《法国民法典》制定时所预期的更加重要。多数法国法官已不再将自己定位为法律的喉舌②，但他们必须假装按照法律的规定说话和行为。尽管《法国民法典》实施后发生了很大改变，但最基本的前提并没有发生变化，法国法官直到今天依然不被看作立法者，更明确的是他们不会成为政治家。法国法官的选举及晋升制度旨在塑造人民公仆的角色，而不是政治家角色，这也使得法国法官不太可能将自己定位为政治家。

（二）路易斯安那州法官：法官与立法者

自路易斯安那地区成为美国联邦一部分之后，路易斯安那州法官就积极扮演着形塑法律的角色，在国家管理方面也扮演着比法国法官更显著的角色。这在路易斯安那州法律体系形成期尤为明显，直到今天，法官也一直扮演着多重角色。本部分以历史视角研究路易斯安那州法官的角色扮演及与法国法官的不同。路易斯安那州法官在形塑法律过程中扮演了积极角

① Symeon C. Symeonides, “The Louisiana Judge: Judge, Statesman, Politician”, in Vernon Valentine Palmer (ed.), *Louisiana: Microcosm of a Mixed Jurisdiction*, Durham: Carolina Academic Press, 1999, p.90.

② 当今，法国民事法院系统扮演了两种角色：一是官方角色，即基于法律规定的角色，法官仅仅扮演法律适用的角色，仅仅根据立法目的适用制定法；二是非官方角色，即基于裁判规则的角色，法官基于政策诠释学从社会意义层面解决当前的案件。See Mitchel de S.-O.-I'E. Lasser, “Judicial (Self-) Portraits: Judicial Discourse in the French Legal System”, 104 *Yale Law Journal* 1409 (1995).

色[①]，体现于司法判决的结构与内容、司法态度、政治信仰及积极参与立法等方面。

1. 美国式的司法判决结构和风格

自脱离法国殖民统治之后，路易斯安那州法官所扮演的角色在新的体制之下，走向了不同于法国的发展之路。路易斯安那地区并入美国之后，便效仿美国其他地区“高等法院”和初级法院的模式，建立了路易斯安那地区法院，而私法领域的大陆法传统则最终得以保留。大陆法式的实体法与美国式的司法机关对法律适用与解释间的差异，一直持续至今。

路易斯安那州的第一个立法机关——奥尔良立法机构基于当时有效的法律制定了 1808 年《民法学说汇纂》，相较于制定民法典或颁布新的立法而言，《民法学说汇纂》致力于使旧法更有操作性。[②] 因为较之于一部民法典，《民法学说汇纂》更加尊重美国式的司法制度，对立法者和法官之间的关系规定得更详细。这集中体现于《民法学说汇纂》序编第 21 条的规定。更重要的是，虽然坚持法律至上原则，但《民法学说汇纂》并没有引入《法国民法典》第 5 条的规定，因为路易斯安那州法官不用背负像法国最高法院（the French Parlements）因滥用权力而应承担的罪责。

随着 1812 年路易斯安那州第一部宪法的颁布，路易斯安那州最高法院得以建立，其完全效仿了美国模式，三权分立下作为一个独立的权力机

① 美国学者邓肯·肯尼迪认为法学教授、法律社会学家与立法者及行政官员、法官在法律思想的三次全球化过程中扮演了主要角色。[参见［美］邓肯·肯尼迪:《法律与法律思想的三次全球化：1850-2000》，高鸿钧译，载高鸿钧、於兴中主编:《清华法治论衡》(第 12 辑　社会理论之法前沿)，清华大学出版社 2009 年版，第 47 ~ 117 页。] 但是在路易斯安那州，自路易斯安那购置至今，法官一直扮演着主要角色，即便是自 20 世纪七八十年代开始的由立法机关主导的路易斯安那州大陆法复兴，法官的影响也是显而易见的。

② See Symeon C. Symeonides, “The Louisiana Judge: Judge, Statesman, Politician”, in Vernon Valentine Palmer (ed.), *Louisiana: Microcosm of a Mixed Jurisdiction*, Durham: Carolina Academic Press, 1999, p.90.

构出现。1812 年《路易斯安那州宪法》唯一一条关于法官在立法中角色的条款表述如下，“法官……应该，通常有可能这么做……根据具体法律作出判决，并在所有情况下说明其所作出判决的理由”①。但该条款受到了路易斯安那州法官的蔑视。②

1821 年，路易斯安那州颁布一项法律，要求最高法院提交其裁决的所有案件的所有法官们的意见，包括从地方法院法官开始对案件裁决的不同意见。③尽管该规定为法官不耻，并在短时间内被撤销，但是这表明了路易斯安那州立法机关对法官的尊重，因为法官们是独立思考者而不是屈从于法律的共同体。这与 1790 年法国司法组织法形成了鲜明对比，1790 年法国司法组织法旨在规范司法裁决的内容和形式，仅要求法院宣布判决结果，而无须公布不同与并存意见，甚至不承认反对的意见。1790 年法国司法组织法为后续的法国立法所继受。

1898 年 5 月 12 日，《路易斯安那州宪法》禁止法院出版包含有相左与并存法官意见的判决书。④然而，可以肯定的是，该举措并没有试图削弱或重新定义法官在立法中的地位。《路易斯安那州宪法》的禁止性规定与当时路易斯安那州混乱的政治格局有关，当时路易斯安那州经历了双重政府时期（美国内战时期），并存的两个最高法院忙于争夺司法权。因此，有理由认为禁止出版存在相左意见的判决意在反对政治威胁或审查，而不是反对司法方法。“如果这的确是起草者的本意，那么该条款表明了那个时期最高法院在路易斯安那州法律体系与政治制度中扮演了重要的政治角

① Louisiana Constitution of 1812, Art. IV (12).

② See Judge Martin's scornful reference to it in Johnson v. Duncan, 3 Martin (O.S.) 530 at 531 (1815).

③ See Louisiana Law of February 17, 1821, p.98.

④ See Louisiana Constitution of 1898, Art. 92: "Concurring and dissenting opinions shall not be published."

色，无论好与坏。”[①] 几个月后该宪法禁令生效，但是最高法院的法官们选择了无视。例如，在1898年宪法仅生效不到8个月之时，法官沃特金斯（Watkins）便公布了一项反对意见，此反对意见在判决书中所占篇幅是多数意见所占篇幅的6倍之多。[②]1898年年底，沃特金斯法官又重复了其之前的行为[③]；一个月后，最高法院首席法官尼克尔斯（Nicholls）也效仿了该行为。[④]至1900年，不同意见或并存意见的公布已比较普遍[⑤]，但禁止公布不同意见或并存意见的规定在1913年《路易斯安那州宪法》中重现[⑥]，但是短时间内该规定就被违反[⑦]。1921年、1974年《路易斯安那州宪法》中已无类似规定。

2. 以立法者自居的司法态度

路易斯安那州法律体系形成初期，法官扮演了相当于立法者的角色，

---

① Symeon C. Symeonides, The Louisiana Judge: Judge, Statesman, Politician, in Vernon Valentine Palmer（ed.）, *Louisiana: Microcosm of a Mixed Jurisdiction*, Durham: Carolina Academic Press, 1999, p.90.

② See Brown v. Washington, 24 So. 976（1899）.

③ See Succession of Hart, 27 So. 69 at 74（1899）.

④ See West v. Negrotto, 27 So. 75 at 81（1899）; Wells v. Johnston, 27 So. 185 at 186（1899）; State v. Judge of Division A, 27 So. 581 at 583（1900）.

⑤ See State v. Judge of Division B, 27 So. 697 at 702（Blanchard, J. dissenting）（1900）; State Citizens' Bank 27 So. 709 at 718（Breaux J., dissenting）, 719（Blanchard J., dissenting）; St. Landry State Bank v. Meyers, 28 So. 136 at 146（Nicholls C.J., concurring）, 154（Breaux, J., concurring）, 155（Watkins J., dissenting）; Hart v. McDonald, 28 So. 169 at 177（Watkins J., dissenting）; State v. Mayfield, 28 So. 997 at 1000（Nicholls C.J., dissenting）; Hughes v. Mattes, 28 So. 1006 at 1008（Blanchard, J., Watkins J., dissenting）.

⑥ Louisiana Constitution of 1913, Art. 92: "Concurring and dissenting opinions shall not be published."

⑦ See, e.g., Cajan v. Patout & Bouguieres, 65 So. 17 at 25（Provosty, J., dissenting）（1914）; Succession of Housknecht, 66 So. 233 at 236（Provosty, J., dissenting）（1914）; City of New Orleans v. Salmen Brick &c Lumber Co., 66 So. 233 at 236（Land, J., dissenting）（1914）; Wells v. Files, 66 So. 749 at 755（Provosty, J., dissenting）（1914）.

不仅仅是因为他们弥补了 1808 年《民法学说汇纂》与 1825 年《路易斯安那民法典》中存在的法律漏洞，更重要的是，他们对法律仅仅是立法者意图之理念进行了公开挑战。如，尽管路易斯安那州立法机关不断地废除法国和西班牙法律，但路易斯安那州最高法院在 1839 年公然宣布："立法机关只能废除其自己制定的条款，也就是说，实在法、成文的或制定法，但它无意废除那些由法院法官基于旧法建立和确定的法律规则。"①

路易斯安那州最高法院的该项声明表明了路易斯安那州法院对立法意图采用最狭义的解释，并在最大程度上蔑视法律权威。这表明路易斯安那州法官认为其并非"宣布法律之词语的喉舌"，而是认为自己与立法机关在立法层面上享有同等的地位。

3. 作为"立法者"的法官

自奥尔良地区首席法官弗朗索瓦－泽维尔·马丁（François-Xavier Martin）起，路易斯安那州法官一直有着积极参与政治的传统。

弗朗索瓦－泽维尔·马丁就任于奥尔良地区最高法院之前就具有一定的政治声望。自 1810 年就任于奥尔良地区最高法院起，马丁在路易斯安那州最高法院任职 31 年，多数时候担任首席法官。1815 年 3 月，马丁法官对时任新奥尔良军队指挥官的安德鲁·杰克逊（Andrew Jackson）将军宣布实施军事法的行为进行攻击，"在这个法院（路易斯安那州最高法院）行使法律所赋予的权威不应该被任何人废除……"② 马丁认为杰克逊将军的宣言是对法院权力的篡夺，因此，是无效的。同时，马丁法官认为先前司法判决是重要的，他甚至有将自己的判决装订成册的习惯，并以"马丁报告（Martin Reports）"为题，这是路易斯安那州的第一本法律报告。在报告中，马丁认为法院的判决"应该被重视，应该被公布，以使今天的判决

① Reynolds v. Swain, 13 La. 193, 198 (1839).

② Johnson v. Duncan, 3 Mart (O.S.) 531.

与昨天的相同”，因为“一个国家的福祉在很大程度上取决于对既有判决的尊重”①。

实质上，1804年至1813年间，就任于奥尔良地区最高法院的6位法官（包括弗朗索瓦–泽维尔·马丁）都没有受过最基本的大陆法训练。他们是奥尔良地区的“异乡他客”，在就职于奥尔良最高法院之前，他们都曾任职于美国其他州的司法机关或立法机关。自1813年至1846年，路易斯安那州最高法院第一任法官，共13人，同样都不是路易斯安那州本地人，仅有3位法官受过大陆法训练。但就任于最高法院之前，他们都同样有过出色的政治生涯，过半数的曾任职于路易斯安那州立法机关或美国国会；许多人还因为另外的政治工作，包括担任州长，而最终放弃了法官一职。自1846年到1853年，路易斯安那州最高法院的第二任法官们没有第一任出色，但同样有着良好政治生涯。他们同样没有受过大陆法训练。19世纪后半叶，路易斯安那州最高法院法官组成没有太大变化。虽然出生于外地的法官逐渐被路易斯安那州本地的法官所代替，但是新任法官的政治生涯依旧光彩。法院积极地参与到美国南北战争之中，重建时期，“法院成为共和党政府在路易斯安那州的重要工具”。

在整个19世纪，路易斯安那州最高法院人员组成都没有太大变化，绝大部分法官都没有受过大陆法训练，却有着光彩的政治生涯。

20世纪初，修订后的《路易斯安那州宪法》，规定法官由任命制改为选举制。可以更明确的是，被选举的法官更不会接受孟德斯鸠对法国法官所定义的机械角色。当法官跟立法者一样经由公民普选产生，其就更倾向

---

① Symeon C. Symeonides, “The Louisiana Judge: Judge, Statesman, Politician”, in Vernon Valentine Palmer (ed.), *Louisiana: Microcosm of a Mixed Jurisdiction*, Durham: Carolina Academic Press, 1999, p.98.

于将自己定位为人民的“代表”[①]，致力于权力之间的制约与平衡，虽然与立法机关不同，但地位不次于立法机关。

在路易斯安那州法院最初创立的50年或者100年，法院的角色和身份得以塑造。该时期任职于法院的法官曾是政治家。他们中的很大一部分曾是立法者，不是立法者的也曾因为是政治家而赢得了就任于法院的优势。在此背景下，法官更倾向于将自己定位为立法程序中的平等参与者，与立法者地位相同，而非法律的喉舌。路易斯安那州最高法院的发展史告诉我们，从其创建开始，法院就高度活跃于形塑及改变法律之中。

三、法官在“第二次继受”中的作用：以侵权法一般条款发展为例

本书第三、四章已经论述，无论从体系、法律渊源上，还是具体规则上，路易斯安那州侵权法都是受英美法影响最大的领域，对此本部分以侵权法一般条款为例，研究路易斯安那州法官及立法机关在其发展中的作用，以及普通法入侵大陆法的基本路径。

“任何法律体系的历史都是法官和教授以及其他有影响的法学家的历史，他们形塑了法律。其原因在于，法律孕育于一个社会的文化、社会与经济力量之中，这些力量曾一直并将持续受到法律创建者的指引。广而言之，在任何既定体系下，此类精英可能主要是教授（如德国）或法官（如英国）或二者兼有（如南非与苏格兰），他们和那些法学家一起影响着某些或所有法律是否与怎样在立法文件中表达出来。”[②] 同南非与苏格兰一样，路易斯安那州法律体系的形成亦是法官与教授、法学家共同作用的结果。

---

① 1991年，在奇森诉罗默案（Chisom v. Roemer）[501 U.S. 380, 111 S.Ct. 2354, 115 L.E.d.2d 348 (1991)] 中，法官的“代表”角色为美国最高法院认可。

② Daniel Visser, "Cultural Forces in the Making of Mixed Legal Systems", 78 *Tulane Law Review* 42 (2003).

路易斯安那州侵权法的发展是三权分立建制下的司法机关与立法机关共同作用的结果，尤其是法官在其发展中起到了至关重要的作用。如果说立法机关试图维系路易斯安那州的大陆法传统，那么司法机关则扮演着继受普通法的角色：大陆法侵权法一般条款与普通法侵权规则的冲突反映了大陆法法律文化与普通法法律文化的冲突，而法官在冲突的消解与最终融合过程中扮演了主要角色。

（一）19 世纪中叶至“大辩论”时期：法官支配侵权法发展

在 19 世纪，路易斯安那州司法机关毫无疑问是侵权法一般条款的主人，在一般条款的适用过程中，他们采用了大量的普通法概念、术语与诉因，并在民法典之外对其予以整合。除路易斯安那州法官自身特点之外，大陆法法学教育的匮乏及法律配套措施的不足与一般条款过于抽象的特点形成了鲜明对比。

法律的适用与发展强烈地依赖于法律的配套措施与法学教育。但自 1803 年路易斯安那地区成为联邦的一部分之时，这一切都是相当匮乏的。直到 1847 年，该州才有自己的第一所法学院（现在的杜兰大学法学院）；直到一个世纪之后，第一部侵权法著述才得以问世。法学院的缺乏无疑有利于法官和律师职业者接受普通法训练。“迫不得已，19 世纪路易斯安那州的法官们常常通过翻译、概念重建和重排成为他们所熟知的类似概念的方式来理解大陆法。有时，他们通过爱德华·库克（Edward Coke）与威廉姆·布莱克斯通（William Blackstone）来看待盖尤斯与波蒂埃；有时，他们任意地将普通法和大陆法渊源混合到一起，并宣称它们是‘同样的’。”[①] 在这个过程中，路易斯安那州法官们会禁不住地去参照英美法的判例和著

---

① Vernon Valentine Palmer, “The Fate of the General Clause in a Cross-Cultural Setting: the Tort Experience of Louisiana”, 46 *Loyola Law Review* 543（2000）.

述。随着时间推移，他们赋予路易斯安那州私法以不同于欧洲大陆法系私法的“面孔”。[①] 路易斯安那州的法官们在侵权法一般条款使用过程中，向普通法的既有规则逃逸，这就决定了他们没有经历法国法官们的困难，当然他们也就没有将一般条款带到法国法院将《法国民法典》第 1382 条所带到的高度。

对普通法而言，一般条款极具神秘性。一般条款与法官的自由裁量权在一定程度上存在着正向关系，一般条款过于抽象性，这意味着赋予法官广泛的自由裁量权。在此情形下，具有普通法背景的法官很容易借用普通法规则。如自 1804 年至 1813 年就任于路易斯安那地区最高法院的 6 位法官是真正的“异乡他客”。[②] 任职于路易斯安那地区之前，他们曾就任于其他州的司法机关或立法机关，而没有受过任何的大陆法训练。后继的很多法官也大都如此。毫无疑问，在一般条款的适用过程中，普通法的中具体的责任类型会为其所用。

自 1825 年《路易斯安那民法典》实施仅一代人之后，一般条款的适用便遭遇到危机。19 世纪中叶成为路易斯安那州侵权法的分水岭。直到 19 世纪中叶，路易斯安那州法院在判决中，依然采用三段论的推理方式适用一般条款。但 1841 年，路易斯安那州最高法院在莱赛普诉蓬查特兰铁路公司(Lesseps v. Pontchar Train Railroad Co.)案中，采用了过失相抵原则，因此排除了一般条款的适用，因为基于一般条款，只要因原告过错造成的损害，被告就有损害赔偿请求权。尽管 1825 年民法典第 2303 条规定了比

---

① See Peter G. Stein, Roman Law, “Common Law and Civil Law”, 66 *Tulane Law Review* 1603 (1992) .

② See Robert Fischer, “The Louisiana Supreme Court”, 1812-1846, 1 *Tulane Civil Law Forum* vi-42 (1973) .

较过错，但是法院却视而不见。[①] 证明 19 世纪中叶是分水岭的另一点在于主仆责任。1850 年之前，主仆责任适用过错责任原则，与 1825 年民法典第 2294 条一般条款的规定相符合，但是到 19 世纪下半叶，民法典第 2299 条第 3 款的规定的过错原则被忽视，主仆之间改为适用替代责任。令人震惊的是，当今路易斯安那州替代责任（现行《路易斯安那民法典》第 2320 条）纯粹建立于法官违背当时民法典规定之上。

某个制度或某项规则向普通法的转向并不“可怕”，“可怕”的是法官思维的转向。1851 年休诉新奥尔良 – 卡罗敦铁路公司（Hubgh v. New Orleans & Carrollton Railroad Co.）案，是法官思维的转向的标志性案件。在该案中，路易斯安那州最高法院主张基于 1825 年民法典第 2294 条，因侵权行为而死亡的被害人的亲属对其死亡不享有诉权，即被害人的损害赔偿请求权不能为其继承人继承。[②] 在案件复审中，首席法官乔治・尤斯提斯（George Eustis）认为应将一般条款置于历史背景下来理解，1808 年《民法学说汇纂》、1825 年《路易斯安那民法典》、1870 年《路易斯安那修订民法典》侵权法一般条款的规定并非新制定的，历史上，该类诉讼都是被拒绝受理的，或者是拒绝赔偿的。这种在今天被称为“纯粹经济损失”的部分在当时普通法系是不予赔偿的。一个多世纪之后，巴勒姆（Barham）法官说，休案的判决是错误的，“法院错误地适用了英美法以支持其判决，

---

① 大多学着认为法院的这种无视并非偶然，而是法院倾向于自己对民法典的理解一种表现。See Albert Tate, Jr., “The Role of the Judge in Mixed Jurisdictions”, in Joseph Dainow（ed.）, *The Role of Judicial Decisions and Doctrine in Civil Law and in Mixed Jurisdictions*, Baton Rouge: Louisiana State University Press, 1974,pp.27-28; Jean-Louis Baudouin, “The Impact of the Common Law on the Civilian System of Louisiana and Quebec”, in Joseph Dainow（ed.）, *The Role of Judicial Decisions and Doctrine in Civil Law and in Mixed Jurisdictions*, Baton Rouge: Louisiana State University Press, 1974, p.9.

② 6 La. Ann. 495（La.1851）.

且错误地拒绝法国破毁裁判所对相同规定的解释……”[①] 尽管诸多法官加入了巴勒姆的行列,[②] 但是都没有颠覆已经根深蒂固的错误。当尤斯提斯法官主张将一般条款置于历史背景下理解，已经显示出其对大陆法三段论推理的弃用，同时也是对民法典的一种解构。抱有此种思维的法官在侵权法一般条款的适用过程中，不可避免地大量移植普通法的规则。自 19 世纪中叶之后，在法官主导下，普通法一直在侵蚀侵权法的根基——一般条款。

（二）一般条款的立法改革：一般条款的形式化

1937 年，戈登·爱尔兰（Gordon Ireland）断言路易斯安那州已不再是大陆法法域。[③] 爱尔兰的文章被视为对路易斯安那州大陆法学者的宣战，自其文章发表以后，学者、法官、教授等就路易斯安那州的法律体系性质进行了一场“大辩论”(the Great Debates)。[④] “大辩论”促使了路易斯安那州大陆法的复兴，复兴运动主要集中于侵权法领域，因为该领域受普通法影响最深。

20 世纪末，立法机关开始挥舞“侵权改革”大旗，开始主导侵权法的发展。首先是民法典的修订，作为大陆法复兴最重要的成果，其自 1978 年由路易斯安那州法学会以单个题或章的方式开始修订。侵权法的条款被修订了多次。修订之后，变化主要集中于新增了第 2315.1 条至第 2315.8 条共 8 个条款。立法机关对法院的干预还体现于《路易斯安那产品责任法》上。1988 年，法院在哈尔芬诉迈威·塞尔斯公司（Halphen v. Johns-

① King v. Cancienne, 316 So. 2d 366, 368–69 (La. 1975) .

② Callais v. Allstate Ins. Co., 334 So. 2d 692, 694 (La. 1976) .

③ See Gordon Ireland, “Louisiana’s Legal System Reappraised”, 11 *Tulane Law Review* 591–596 (1937) .

④ See A.N. Yiannopoulos, “Louisiana Civil Law: a Lost Cause?”, 54 *Tulane Law Review* 830–848 (1980).

Manville Sales Corp.）案中创造了关于严格产品责任的特别形式，[①]立法机关根据法律条文规定否定了该判决，并乘机通过了《路易斯安那产品责任法》。该法重新恢复过错原则，但没有规定于第2315条之下。

但是立法机关接受了法院的逻辑：一般条款不能提供足够的解决方案。这种错误逻辑一旦为立法机关所接受，那就没有回头路了。毫无疑问，司法机关不再是侵权法一般条款的唯一掌控者。立法机关通过增加新条款和制定特别法的方式，对其逐渐解构，一般条款的适用范围越来越小。这些新条款、新法律中的相关规则大多在以前的判决中已为法官所适用。立法机关在相应地收回1870年民法典第2315条授予法官的广泛自由裁量权的同时，现行民法典第2315条的适用范围也逐渐狭小，其文本也逐渐充满冗长的短语和解释性的定义，而这些大多源于普通法。

立法机关的改革也许会持续，但这“治标不治本”，很明显大陆法的复兴并没有渗透到法官的思维层面，其双重的思维方式没有被改变。一般条款不再是路易斯安那侵权法的组织原则，因为路易斯安那州的法律思维在文化上已经受制于英美法思想。“复兴没有足够的持久性和深度以至于逆转跨文化背景下的侵权法历史潮流。”[②]路易斯安那州侵权法一般条款成为两种法律文化的“混血儿”。

四、路易斯安那州互补式的司法方法

“一种特有的法律思想方法可能是法系样式标志。”[③]法律思想方法与关

---

① 484 So. 2d 110（La. 1986）.

② Vernon Valentine Palmer, “The Fate of the General Clause in a Cross-Cultural Setting: the Tort Experience of Louisiana”, 46 *Loyola Law Review* 568（2000）.

③［德］K. 茨威格特、H. 克茨：《比较法总论》，潘汉典、米健、高鸿钧、贺卫方译，法律出版社2003年版，第109页。

键法律技术的不同是得以区分大陆法系与英美法系的主要特征。[①] 德国学者弗朗茨·维亚克尔（Franz Wieacker）认为，普通法的独立发展主要源于具有学术素养的法律家阶层在更早的时间里将其学术思想、方法适用于开始时受过罗马法训练的神职人员，后来是有自觉意识的法律家，“在这个意义上，我们可以意味深长而大胆地认为，因其早期罗马法化所得的‘血清’，英格兰法秩序有对抗罗马法的‘免疫力’”。[②] 这意味着法律思想方法与关键法律技术不仅仅是两大法系不同的特征，还是二者不同的原因之一。

作为混合法律体系的路易斯安那州，法官所适用的司法方法既不同于大陆法系，又不同于英美法系，这一特征也是路易斯安那州司法机关长期探索的结果。

（一）大陆法系司法方法与普通法系司法方法之不同

德国学者 K. 茨威格特教授与 H. 克茨教授就大陆法系与英美法系在法律思想方法与关键法律技术方面的不同做出了比较：

英国普通法一直是按照从判例到判例逐步成长的传统发展的。从历史来源说，它不是制定法，而是判例法。与此相反，大陆的道路是：自从继受罗马法以来，从查士丁尼的罗马法大全的解释中，在各国法典上向着抽象的规范化迈进。因此普通法的学问，在其起源上是属于法庭的，而大陆的学问则是属于学究的。在英国伟大的法律家是法官们，而在大陆则是教

① 德国学者 K. 茨威格特教授与 H. 克茨教授认为不同法系可以从以下 5 个要素加以区分：（1）一个法律秩序在历史上的来源与发展；（2）在法律方面占统治地位的特别的法学思想方法；（3）特别具有特征性的法律制度；（4）法源的种类及其解释；（5）思想意识因素。参见［德］K. 茨威格特、H. 克茨：《比较法总论》，潘汉典、米健、高鸿钧、贺卫方译，法律出版社 2003 年版，第 108 页。

② Franz Wieacker, *Privatrechtsgeschichte der Neuzeit: unter Besonderer Berücksichtigung der Deutschen Entwicklung*, Göttingen: Vandenhoeck & Ruprecht, 1967, p.152.

授们。大陆上的法律解释要探究的是，规范——还有对于没有预见的现代问题——大概是怎样规定的；而在英国和美国，法学上发表的见解是一种预言：法官在这种案件中根据先例大概会怎样处理。这种样式上的差异影响及于全部法律生活，这是很清楚的。在大陆上，就制度进行抽象思维；而在英美则进行具体的个案思维，即就“权利与义务”关系的一种思维。前者，长期以来存在着体系完整无缺性的观念；而后者，则是从判决到判决进行摸索。前者有一种对科学体系的偏爱；而后者则对于一切简单的概括抱有深刻的怀疑。前者用概念进行推理活动，常常带着危险蠕蠕独行；而后者则进行形象化的直观，如此等等。①

自罗马法复兴开始，大陆法系的法学与法律逐渐形成了重视体系、概念和逻辑的特点。《德国民法典》与概念法学将这些特点发挥到了极致，“不仅德意志法系，还有罗马法系的特征都是倾向于法律规范的抽象化，即倾向于将全部法律领域作为充分组织条理化的体系看待，并且最后完全按照这种法律结构的思想方法行事”②。大陆法系的法典逻辑严谨，法律关系的类型区分较为条理，条文之间的逻辑关系较为明确。由于制定法强调体系化、逻辑化，大陆法系法官在法律适用过程中，适用演绎推理的方式，从法律规定出发，发展出对法律条文解释以寻求适当解决办法的司法技术。

而英美法系在法典编纂与成文法制定方面的技术比较粗糙，制定法的系统化程度较低，常表现为对判例法的体系化整理。因缺乏大陆法系严整的概念体系以及在概念体系基础上构建起来的成文法，尤其是法典，英美法系采用了判例法方法论的遵循先例原则。遵循先例是一种经验的而不是先验的，具体的而不是抽象的思维方式与司法方法。遵循先例原则的适用，意味着与大陆法系演绎式的“三段论”思维方法不同，英美法系法官

① [德] K. 茨威格特、H. 克茨：《比较法总论》，潘汉典、米健、高鸿钧、贺卫方译，法律出版社 2003 年版，第 109 ~ 110 页。

② 同上书，第 109 页。

在法律适用过程中采用归纳法。作为英美法司法技术的核心，遵循先例原则并非绝对的、僵硬的，区分技术（distinguishing technique）的适用将遵循先例原则合理化，并在一定程度上限制了对先例的严格遵守。但是在遵循先例原则与区分技术下，“法律的实践和教授是纯经验式的，法律思想总是从个别到个别，而绝不会试图从个别案件中归纳出一般原则，再从这些原则中推导出个别案件的判决”[①]。所以，为了遵循先例原则与区分技术的顺利适用，英美法系法官被赋予了很高的权力，既是司法者，又在某种意义上起到了立法者的作用。

（二）路易斯安那州互补式的司法方法：大陆法系司法方法与普通法系司法方法的共同适用

在许多情形下，路易斯安那州法官会使用大陆法系的演绎推理与类比推理技术将民法典的具体条文适应于具体案件，与此同时，又会大量引证先前的判决来补充具体案例所适用的法典条文。其对法典条文与先前判决的同时使用技术显然不同于英美法系的遵循先例原则与大陆法系的“三段论”推理。因此，就整体而言，路易斯安那州的司法方法是法官对两大法系司法技术的同时使用，这有利于判决结果的公正性。

在司法方法上，路易斯安那州同时继受了大陆法系的演绎推理与英美法系的遵循先例原则：一方面，法院引用或引证具体的法典条款，使用“三段论”推理来得出案件判决结果；另一方面，适用演绎推理的同时，法官会引用与案件事实相同的先前的判决。法官在引用与案件事实相同的先前的判决时，不会进行类似于大陆法式的推理，而是比较两组案件的事实异同：从相一致的事实倒推比较判决结果，然后根据先前判决中适用的

① [德] K. 茨威格特、H. 克茨：《比较法总论》，潘汉典、米健、高鸿钧、贺卫方译，法律出版社 2003 年版，第 289 页。

法律规则（不需要与法典规则完全一致）判决案件。

当然，并非在所有案件中，两种方法都得以同时运用，但是大陆法系的演绎推理方法应该是必需的，因为，至少在一个案件中，最高法院谴责下级法院仅仅利用了先前的司法判决意见而忽略了立法及其他“渊源”①；而在另外案件中，法院认为案件论证如果完全基于法律条文，不涉及判例法解释也是完全可以接受的②。

对于案件审理过程中判例的作用，意亚纳布里斯教授认为，“承认判例是有说服力的法律渊源，可以增强而非危害法律的权威性”。这种承认被证明能够维护“法律的连续性和稳定性”，确保司法效率并减少财政支出，“巩固路易斯安那州司法机关的影响力”（法官对所在法院的忠诚有利于增强判决的稳定性），以及满足遵循上级法院判决的要求。③

第三节　外在因素：多元化④的法律渊源

路易斯安那州从大陆法法域走上混合法域，是诸多因素共同作用的结果：法院与法官、法学教育、联邦制与统一州法运动等共同促使了大陆法

① Ardoin v. Hartford Accident & Indemnity Company, 360 So. 2d 1131, 1134 (La. 1978).

② Walker v. Thap, 637 So. 2d 1150, 1154 (La. App. 4 Cir. 1994).

③ See A.N. Yiannopoulos, *Civil Law System: Louisiana and Comparative Law* (*2nd ed.*), Baton Rouge: Claitor's Publishing Division, 1999, pp.147-149.

④ 根据艾伦·沃森的观点，大陆法系显著的特征在于直接或间接的以罗马法为核心历史渊源。但是大陆法系的法律渊源是多元的，除罗马法外，还包括教会法、中世纪的商事习惯法、地方习惯法和资产阶级革命时期的立法。但是此处所适用的“多元化的法律渊源”与上述所指非同，是指路易斯安那州私法领域法律的形式多元性，既有大陆法系的传统，又受到了英美法系的影响。

与普通法的融合。[①] 本书认为，路易斯安那州民法典中关于法律渊源的特殊规定，以及联邦制下美国式的司法系统与融合大陆法与普通法思维、方法的法官是“第二次继受”的关键。无论是法律渊源，还是司法系统的设置，都体现了路易斯安那州法官，相对于传统大陆法系法官而言，权力的广泛性。

本节以现行《路易斯安那民法典》第 4 条为展开，研究在法律渊源方面，路易斯安那州与大陆法系国家（尤其是法国）的不同，及该条背景下路易斯安那州的“自由法运动”与法官的自由裁量权。

一、现行《路易斯安那民法典》第 4 条与《法国民法典》第 4 ~ 5 条之比较

1804 年《法国民法典》的颁布，对法国法律的发展，产生了不可估量的影响。《法国民法典》的面世，及学者对它的研究导致了法国注释法学派的产生。法国注释法学派崇尚严格的形式主义：法律渊源只有立法；法律的解释唯法条及立法者意愿是问；三段论式的逻辑方法。

在法律渊源方面，注释法学派主张法律只存在于成文法中。“所谓法律，是技术性的意义上的概念，是指通过由国民的代表组成的议会的意志而决定的法律规范，故这意味着寻找发现国民的一般意志。”[②] 因此，他们

---

① See A. N. Yiannopoulos, “Louisiana Civil Law: a Lost Cause?”, 54 *Tulane Law Review* 836-840（1980）. 徐国栋教授认为波多黎各的大陆法传统承受着联邦制条件对它的解构以及强大的普通法环境的冲刷，《波多黎各民法典》已逐渐背离了曾经在该地区适用的《西班牙民法典》，背离的因素（即受美国法影响的因素）主要有 4 种路径：法院与诉讼、法学教育、联邦制与统一州法法运动。徐国栋：《孤星下的民法典——〈波多黎各民法典〉的过去、现在和未来》，载徐国栋译著：《比较法视野中的民法典编纂（一）》，北京大学出版社 2007 年版，第 135 ~ 140 页。

② 何勤华：《十九世纪法国注释法学派评述》，载《南京大学法律评论》1995 年秋季号。

排斥成文法之外的任何法律渊源，如习惯、判例法等。[①] 在法律解释方面，注释法学派认为《法国民法典》是完美的，因此，“用明晰的、正确的语言编纂的民法典，赋予法律以坚固的、不可动摇的基础。然而，解释者却叹息万事总是不确实的（万物总有缺陷）。我认为，这种叹息并不恰当，因为，如果将法律化为疑问之海（对法律充满疑问），那么，其责任在于解释者自身。如果他们对民法典的条文再尊重一点的话，那么，任何事也都变得不确实了。”“忽视法律条文，就必然会导致不确实和谬误。”[②] 受上述两点制约，注释法学派认为法律适用于具体案件时，将法律条文当作大前提，具体案件事实作为小前提，把两者结合起来，通过演绎推理的方式就可以得出判决。“法是成文的法律。因此，（法学院的）工作在于教给学生解释法律的能力。其结果，其方法是演绎性的。法典、条文就是一条条定律，大家面临的问题就是证明其相互的关联和引出结论。纯粹的法学家，就是几何学家。”[③] 在案件审判过程中，法官扮演的是自动售货机角色。

法国注释法学派，从形成到衰亡，统治了法国法学近一个世纪之久。尽管《法国民法典》第 4 条规定“法官借口法律没有规定或者规定不明确、不完备而拒绝审判者，得以拒绝审判罪追诉之”，第 5 条规定“禁止法官采用确立规则的一般处分对其审理的案件作出宣告”，但是注释法学派对形式主义的过于强调甚至违背了法典起草委员会某些成员的意愿，如该委

---

① 法国注释法学派在法律渊源方面，与中世纪注释法学派有所不同，中世纪注释法学派虽然以注释《国法大全》为己任，但并不拒绝解释习惯法，并不否认习惯法和判例的法源性。相反，正是在注释学派的影响之下，在法国开始了对习惯法的大规模发掘和注释活动，形成了习惯法注释学，创造了罗马法和习惯法相混合的普通法，适用于各个法院，并涌现了像迪穆林（C. Cumoulin）和波蒂埃（R. J. Pothier）等习惯注释法学大师。参见何勤华:《十九世纪法国注释法学派评述》，载《南京大学法律评论》1995 年秋季号。

②［日］野田良之:《注释学派与自由法》，载尾高朝雄等编:《法哲学讲座》（第 3 卷），有斐阁 1956 年版，第 214 ~ 215 页。

③ 同上书，第 216 页。

员会负责人波塔利斯（J. E. M. Portalis）曾主张："立法者并不试图预见所有应发生的社会现象，即使想预见也是不可能的。立法者不能对抗时势的推移和'不知不觉之间带来变化的习俗的趋向'。无论多么完美的法典，也免不了多多少少的欠缺，并且这种欠缺随着岁月的流逝将不断加深。而不停地克服这种缺陷，就是历史赋予法律解释者的任务。"①

基于历史传统，无论是法国殖民时期，还是西班牙殖民时期，路易斯安那一直有适用习惯法的传统，1808年《民法学说汇纂》在法律渊源问题上没有采用1804年《法国民法典》的立场，将习惯作为法律渊源之一。现行《路易斯安那民法典》第1条规定："法律的渊源是立法和习惯。"另外，从1808年《民法学说汇纂》、1825年《路易斯安那民法典》、1870年《路易斯安那修订民法典》到现行《路易斯安那民法典》都规定，如不能从立法或习惯中推导出适用某一特殊情形的规则，则法院有义务根据衡平（equity）处理。

1808年《民法学说汇纂》序题第21条、1825年《路易斯安那民法典》第21条与1870年《路易斯安那修订民法典》第21条，在语言表述上相同。第21条源于1800年《法国民法典第八草案》，该草案表述为："在民事案件中，当法律没有准确规定时，法官可根据衡平处理。当制定法沉默时，衡平诉诸自然法或者通行惯例。"该表述并未被纳入《法国民法典》，而是被另一表述取代，即《法国民法典》第4条，表述为"法官借口法律没有规定或者规定不明确、不完备而拒绝审判者，得以拒绝审判罪追诉之"。法典起草委员会负责人波塔利斯认为第4条与《法国民法典第八草案》实质上是一样的。②

但是与法国不同的是，路易斯安那州没有兴起如同法国注释法学派的

---

① [日]福井勇二郎:《佛兰西法学的诸相》，日本评论社1943年版，第14页。

② See Mitchell Franklin, "Equity in Louisiana: the Role of Article 21", 9 *Tulane Law Review* 495-497 (1935).

法学思潮，相反，却兴起了早于欧洲大陆近半个世纪的“自由法运动”。[①]第21条被纳入到现行《路易斯安那民法典》第4条，表述为：“如不能从立法或习惯中推导出适用某一特殊情形的规则，则法院有义务根据衡平处理。为了衡平地裁判，可诉诸正义、理性以及通行惯例。”在法律渊源上，路易斯安那州与19世纪的法国存在很大不同，除立法外，路易斯安那州法律渊源还包括：习惯及正义、理性以及通行惯例。在此背景下，相对于法国而言，路易斯安那州法官有着更大的自由裁量权。

二、1825年、1870年民法典第21条与路易斯安那州“自由法运动”

19世纪末20世纪初，欧洲大陆在批判概念法学基础上产生了声势浩大的自由法运动。这场运动起源于尤金·埃利希（Eugen Ehrlich）于1903年所开的一次讲座以及赫尔曼·康特洛维奇（Hermann Kantorowice）于1906年发表的论文《为法律科学而斗争》。这场运动不仅包括德国的“活法”论，还包括奥地利“自由法”学说，菲利普·赫克（Philipp Heck）的利益法学，卡尔·施米特（Carl Schmitt）的决断主义，法国雷蒙德·萨雷尤（Raymond Saleilles）与弗朗索瓦·杰尼（Francois Geny）的科学法学。自由法运动是美国法律现实主义的思想渊源。[②]而在19世纪中叶，路易斯安那州就已经兴起类似于自由法运动的思潮。

① 此处是对“自由法运动”的借用，实际上路易斯安那州兴起的类似于欧洲自由法运动的学术思潮并没有称谓。See Mitchell Franklin, “Equity in Louisiana: the Role of Article 21”, 9 *Tulane Law Review* 510（1935）.

② See James E. Herget, Stephen Wallace, “The German Free Law Movement as the Source of American Legal Realism”, 73 *Virginia Law Review* 399-419（1987）.

（一）自由法运动

与概念法学主张自己已经建构了无缝的规则网络，可以科学地回答所有问题，并排斥所有外在价值不同，自由法学主张制定法无论如何详尽，都不可能涵盖所有可能发生的案件，并认为“当实在法不清楚或不明确的时候，或者在当代立法者也不可能按制定法的要求审判某案件的时候，那么法官就应当根据占支配地位的正义观念来审判该案件；如果何者为支配性正义观念也无法确定，那么法官就应当根据其个人主观的法律意识来判决”[①]。在自由法运动冲击下，欧洲大陆民法典都规定了较为宽泛的衡平标准或者重新解释了原规定。《德国民法典》在一些领域特别规定了要适用宽泛的衡平标准，如根据第 42 条，合同的解释应依据诚信原则。自由法学主张，这是不够的，法官应该拥有《瑞士民法典》第 1 条所给予的自由：要求“凡依本法文字或释义有相应规定的任何法律问题，一律适用本法”；但是，“无法从本法得出相应规定时，法官应依据习惯法裁判；如无习惯法时，依据自己如作为立法者应提出的规则裁判”，法官自己作为立法者所提出的规则应当“依据公认的学理和惯例”。

（二）1825 年、1870 年民法典第 21 条背景下的路易斯安那州“自由法运动”

上述已分析，源于 1825 年、1870 年民法典第 21 条的现行《路易斯安那民法典》第 4 条与《法国民法典》第 4 条含义是相同的，都意在解决制定法面对司法实践的不足，通过赋予法官自由裁量权的方式以弥补制定法之不足。但是在 19 世纪中叶，《法国民法典》第 4 条受制于当时注释法学

---

① ［美］E. 博登海默：《法理学——法律哲学与法律方法》，邓正来译，中国政法大学出版社 2004 年版，第 153 页。

派的影响，法官只能是“自动售货机”，而在路易斯安那州，其法官并没有受制于此。

19 世纪中叶，1825 年《路易斯安那民法典》在仅仅实施一代人之后便遭遇危机，严格适用民法典的规定已难以满足当时的需要，法典文本与社会事实之间的紧张关系一直存在。当时，根据联邦宪法与路易斯安那州宪法，路易斯安那州法院采用美国法院模式，司法机关是独立的权力机构，法官具有较之于大陆法系法官更大的权利。1825 年《路易斯安那民法典》及 1870 年《路易斯安那修订民法典》第 21 条为路易斯安那州法官解决当时的法典危机提供了一种法学方法（juridical method），这对法律危机的解决有着重大意义。

这种法学方法体现于 1825 年、1870 年民法典第 21 条的规定：“在所有民事案件中，当法律没有明确规定时，法官应根据衡平处理和裁决。当法律沉默时，为了衡平地裁决，可诉诸自然法、理性或者通行惯例。”即当面对司法实践，法律没有相关规定或者规定不明确时，法官可以诉诸自然法、理性或者通行惯例以衡平的方式解决案件。从本条的行文来看，该条并非普通法上的衡平法，在普通法系，衡平法是作为制定法的对立物存在的，而该条中的“衡平”显然是制定法的补充物而不是对立物。但是相对于法国、德国、奥地利等欧洲大陆国家，路易斯安那州在法律概念上走得更远，直接使用了“equity”。路易斯安那州基于其有着比大陆法系国家更多权力的司法机关，在司法实践中更易适用该方法。第 21 条的“衡平”与“自然法”，在一定程度上不仅扮演了衡平法院的角色，还扮演了罗马法执政官的角色。[①]所以，早在 19 世纪中叶，路易斯安那州就已发生了“自由法运动”。

---

① See Mitchell Franklin, “Equity in Louisiana: the Role of Article 21”, 9 *Tulane Law Review* 516 (1935).

三、现行《路易斯安那民法典》第 4 条与法官造法

现行《路易斯安那民法典》第 4 条“立法与习惯的缺失”规定:“如不能从立法或习惯中推导出适用某一特殊情形的规则，则法院有义务根据衡平处理。为了衡平地裁判，可诉诸正义、理性以及通行惯例。”

从条款行文来看，“衡平”是法律（立法与习惯）的补充物，而非英美法上的那种作为制定法对立物的衡平法。尽管“衡平”的本质在于补充、软化制定法，但“路易斯安那州的衡平并非主要是基于法律漏洞，相反，是基于法律的不公正或不便”[①]。这意味着法官在法律适用以及采用何种法律方法上，享有广泛的自由裁量权：可以采用类推的方式适用其他条款的规定；可以适用民法典与大陆法中没有的法律概念；还可以适用“确定性案例”（jurisprudence constante）[②]。对“确定性判例”的适用意味着判例在一定程度上“获得了法律效力”。[③] 这意味着“衡平”是一种有说服力的法律渊源（Persuasive Sources of Law）。[④] 路易斯安那州法官基于现行《路易斯安那民法典》第 4 条的规定，在一定程度上起到了立法者的作用。

四、路易斯安那州私法法律渊源

现行《路易斯安那民法典》第 1 条规定:“法律的渊源是立法与习惯。”第 1 条的修订述评指出，除立法与习惯这些主要的（权威性）法律渊源（authoritative or primary sources of law）外，还包括经判决建立起来的规

---

① Vernon Valentine Palmer, “The Many Guises of Equity in a Mixed Jurisdiction: a Functional View of Equity in Louisiana”, 69 *Tulane Law Review* 19 (1994) .

② 关于 jurisprudence constante 的解读，请参看第 138 页注释①。

③ Vernon Valentine Palmer, The Many Guises of Equity in a Mixed Jurisdiction: a Functional View of Equity in Louisiana, 69 *Tulane Law Review* 19 (1994) .

④ See A. N. Yiannopolous, "The Civil Code of Louisiana", in A. N. Yiannopolous (ed.) , *Louisiana Civil Code* (2013 *Edition*) , Brand: Thomson West, 2013, Preface, p.LXXX.

则[①]（jurisprudence）、学说（doctrine）、通行惯例与衡平等次要的（说理性）法律渊源（persuasive or secondary sources of law），但"在路易斯安那州，同其他大陆法法域相同，立法是效力最高的法律渊源。"[②]权威性法律渊源，即正式渊源，是指那些可以从体现为权威性法律文件中的明确文本形式中得到的渊源。说理性法律渊源，即非正式渊源，指那些具有法律意义的材料和值得考虑的材料，而这些材料尚未在正式法律文件中得到权威性的阐述或体现。

（一）权威性法律渊源

现行《路易斯安那民法典》第 2 条"法律的渊源"规定："法律的渊源是立法和习惯"，即路易斯安那州私法领域的权威性法律渊源包括立法和习惯。相对于习惯而言，立法属于制定法渊源。在路易斯安那州，立法是至高无上的渊源，所以民法典第 3 条规定："习惯不可废除立法。"

现行《路易斯安那民法典》第 5 条规定："习惯源于长期的反复实践，且通常被公认为已取得了法律的强制力。"即只有源于长期的反复实践，且法律赋予其强制力的，才能称之为习惯。这与通行惯例（prevailing usages）有着本质区别，通行惯例源于实践，但没有被法律赋予强制力。

现行《路易斯安那民法典》第 4 条"立法和习惯的缺失"规定："如不能从立法或习惯中推导出适用某一特殊情形的规则，则法院有义务根据衡

---

① 此处的"经判决建立起来的规则"是"jurisprudence"一词的引申含义，与"jurisprudence constante"一词密切相关，实际上在路易斯安那州系指在判例基础上发展起来的理论。"jurisprudence"在英语中，除"法律哲学""法的一般理论"等含义外，还有"法律"之意，用于使用 law 而显得不适当的场合。在美语中，该词的含义由"法律"扩张至"判例法"与"法庭判决"。参见薛波主编：《元照英美法词典》，法律出版社 2003 年版，第 755 ~ 756 页。

② Art. 1 of Louisiana Civil Code, Revision Comments (1987)(b)(c).

平处理。为了衡平地裁判，可诉诸正义、理性以及通行惯例。”该条实质上确立了权威性法律渊源与说理性法律渊源在司法实践中的适用关系，正如博登海默所阐述的：

当一种正式的权威性的法律渊源就某个法律问题提供了一个明确的答案时，那么在绝大多数情形下，就不需要亦不应当再诉诸法律的非正式渊源。在某些罕见和极端的情形中，亦即在适用某种正式法律渊源会与正义及公平的基本要求、强制性要求和占支配地位的要求发生冲突的情形下，当然也有必要的允许例外。当一项正式法律文献表现出可能会产生两种解释的模棱两可性和不确定性——事实往往如此——的时候，就应当诉诸非正式法源，以求获得一种最利于实现理性与正义的解决方法。另外，当正式法源完全不能为案件解决提供审判规则时，依靠非正式渊源也就理所当然地成为一种强制性的途径。①

（二）说理性法律渊源

本书在第三章中分析 1808 年《民法学说汇纂》、1825 年《路易斯安那民法典》、1870 年《路易斯安那修订民法典》与 1804 年《法国民法典》的不同时，指出在法律渊源方面，路易斯安那州没有采用法国严格的法律实证主义。“法律实证主义的基本错误之一，乃是它将其有关法律渊源的理论完全或几乎是完全局限于那些被我们所称之为的法律正式渊源的范围之中。这一错误须归因于这样一个事实，即法律实证主义把法律视为是国家命令，所以它主要从那些正式的律令和命令中寻求其渊源，而这些律令和命令则是由立法机关、制宪大会、法院或行政机关颁布或发布的。”② 实证主义法学家和分析法学家确信，实在法是一种全面的、详尽的、在逻辑上

① [美] E. 博登海默：《法理学——法律哲学与法律方法》，邓正来译，中国政法大学出版 2004 年版，第 430 页。

② 同上书，第 462 页。

自洽的规范体系，这种规范体系能为法官提供其在司法实践中所面临的一切问题的答案。但现实是法律的正式渊源并不能满足法官的需要，随着社会不断发展，新社会问题的不断出现，实证主义者对法律制度自足能力的信念最终在 19 世纪末 20 世纪初破灭。限于种种因素，国家确立的实在法必然不是完整的、逻辑上自洽的，而且不同规则之间还存在着含义不清甚至矛盾的现象，所以，“法院和法学家的出发点总是以某种比暂时的正式法律规定更多的东西为基础的”[①]。

路易斯安那州除了将习惯作为权威性法律渊源外，还通过 1808 年、1825 年、1870 年民法典第 21 条以及现行民法典第 4 条确立了说理性渊源，即非正式渊源。除现行民法典第 4 条中涉及的正义、理性以及通行惯例外，路易斯安那州说理性法律渊源还包括经判决建立起来的规则（jurisprudence）、法律学说（doctrine）。[②]

需要强调的是，根据传统大陆法系理论，司法判例当然不是法律渊源，因为立法功能只能由立法机关行使，而法院只能解释法律与将法律适用于具体案件。但制定法的抽象性、语言的模糊性等迫使法官不得不参照以前的案例，先前的案例在事实上是一种说理性渊源。还需要说明的是，实际上大陆法系国家一直存在与普通法系相类似的判例制度，大陆法系称之为确定性案例（jurisprudence constante）原则，系指适用于特定法律规则的一系列以前的裁决是非常重要的，且可能对后来的案例起决定性作用。但与普通法系遵循先例原则不同的是，在大陆法系国家，单个的案例没有必然的约束力，但当先前的一系列案例已经形成一贯的、确定的规则时，法官就将其作为判决的依据。这种一系列案例作为一种具有说服力的法律依据为法官在判决中所适用。在大陆法系国家，确定性案例是次于成

---

① Roscoe Pound, “The Theory of Judicial Decision”, 36 *Harvard Law Review* 655 (1923) .

② See A. N. Yiannopolous, “The Civil Code of Louisiana”, in A. N. Yiannopolous (ed.) , *Louisiana Civil Code* (2013 *Edition, Volume I*) , Brand: Thomson West, 2013, Preface, p.LXVII.

文法的下位法律依据。“法律的发展孕育了确定性案例原则。当先前的一系列判决间存在充分一致时，法官必须予以考虑。单个的判决对法院没有约束力，也不会对已形成的确定性案例（case law）产生任何影响。一旦确定性案例形成，法官就应当将判例（precedents）作为说理性法律渊源，并在案件裁决时予以考虑。先前判例的一致性程度越高，确定性案例的说服效力就越强。因此，（确定性案例的）权威效力源于就某一法律问题的一系列判决的统一性程度。在现代法律体系中，确定性案例原则被法国①、德国②、路易斯安那州③，以及其他混合法域所采用。”④在路易斯安那州，确定性案例属于说理性法律渊源，不具有遵循先例原则的地位。⑤

在法律渊源上，路易斯安那州撷取了大陆法系与普通法系的精华：采用确定性案例规则以弥补成文法的抽象性与规则之间可能存在矛盾之不足；采用成文法以弥补判例法的不系统性、保守型及缺乏足够的预见性之不足。两大法系在法律形式上相互借鉴已是当今潮流。对两大法系之法律渊源的共同适用，与路易斯安那州法官在案件裁决中所适用的司法方法是相契合的。

---

① See Michel Troper, Christophe Grzegorczy, "Precedent in France", in D. Neil MacCormick, Robert S. Summers (eds.), *Interpreting Precedents: a Comparative Study*, Dartmouth: Dartmouth Publishing Co., 1997, pp.103–140.

② See Karl Larenz, "The Open Legal Development: Germany", in Joseph Dainow (ed.), *The Role of Judicial Decisions and Doctrine in Civil Law and Mixed Jurisdictions*, Baton Rouge: Louisiana State University Press, 1974, pp.133–162.

③ See Jean Carbonnier, "Authorities in Civil Law", in Joseph Dainow (ed.), *The Role of Judicial Decisions and Doctrine in Civil Law and Mixed Jurisdictions*, Baton Rouge: Louisiana State University Press, 1974, pp.91–118; James L. Dennis, "Interpretation and Application of the Civil Code and the Evaluation of Judicial Precedent", 54 *Louisiana Law Review* 1–18 (1993).

④ Vincy Fon, Francesco Parisi, "Judicial precedents in civil law systems: a dynamic analysis", 26 *International Review of Law and Economics* 522–523 (2006).

⑤ See Royal v. Cook, 984 So.2d 156 (La. Ct. App. 2008).

第四节 法学教育匮乏背景下法官自由裁量权的扩张：继受差异的原因

目前大陆法系与普通法系日益趋同，在不同的法律部门趋同程度并不是相同的，私法领域内部融合规律也是不同的，路易斯安那州的经验表明财产法、债法与侵权法领域对普通法继受的程度不同。上文也已经阐释，就路易斯安那州而言，其对普通法的继受是多种因素促成的。

同样，促使大陆法系与普通法系趋同的因素也较多。“人们在现实中通过各种途径有意识促成较多的，是与贸易有关的法律领域，如货物买卖契约、票据、运输等，可以说是法律所保护的动态权利方面的法律。静态权利保护方面，较多的是无形财产法方面的，比如知识产权保护方面的。这些权利虽然是静态的，且很容易脱离权利人的支配，而被动态行为侵犯，甚至跨国侵权。对知识产权的保护，需要国际社会共同采取行动。而在财产所有权、婚姻家庭、继承方面的趋同表现较弱。主要是因为这些领域，目前国际社会的交往尚未形成迫切需求，相互之间的接触也不非常广泛。像婚姻家庭和继承方面的法律，又因为与本国传统有着强烈的关联，并与各国的道德、政治有着较密切的联系，要改变它们，尚需较多时间。来自其他秩序的设计常显得水土不服。”①

路易斯安那州的经验表明，不同领域呈现出对普通法的继受程度不同。“民法典中债法、财产方、继承法、婚姻家庭法相对于侵权法而言，规定的更加具体。”② 实质上，就法律适用而言，法官在不同领域所享有的

---

① 参见米健:《当今与未来世界法律体系》，法律出版社2010年版，第252页。

② Kenneth M. Murchison, "The Judicial Revival of Louisiana's Civilian Tradition: a Surprising Triumph for the American Influence", 49 *Louisiana Law Review* 21 (1988).

自由裁量权的不同在一定程度上决定了对普通法继受程度的不同。“民法典中的一般性条款与法官的自由裁量权之间存在某种‘共生’关系，一般条款的本质特征是‘宽泛’‘抽象’和‘一般性’，这些是民法典的开放性的重要保证；其所具有补充功能、矫正功能、造法功能等只有通过法官的裁量权才能得以实现。”①

较之于财产法、债法，路易斯安那民法典侵权法领域继受普通法的程度更深，这是由多种原因促成的，但是本章第二节已经论述，法官基于一般条款所享有的广泛自由裁量权在一定程度上决定了侵权法的发展之路。路易斯安那州侵权法一般条款的发展历程表明，在法学教育匮乏背景下享有过多的自由裁量权的法官在适用或者解释法律时，可能向域外法律“逃逸”，长期如此，可能会导致一般条款的结构，以及相关领域逐渐倾向于域外法。

路易斯安那州侵权法的发展情形在当今我国法律发展过程中不可能发生，因为现今中国法学教育相对于当时路易斯安那州的法学教育，已是相当完善的。但需要强调的是，法学教育在一定程度上应该为我国法学的发展，尤其是法学理论的发展服务。“中国法律继受的方法为法条继受与片面混合理论继受，之所以说是片面的，是因为在整个体系上不是纯粹的德国的，或法国的，或美国的，在个别制度上存在混淆性。但我们认为，借用外国的理论，进行制度构建，还是以一国理论为标准为宜。”②所以，我国的法学教育应当更侧重于对域外教育方法的借鉴与适用，对于教学的实质性内容，侧重于一国理论可能更好。

---

① 石佳友:《民法典与法官裁量权》，载《法学家》2007 年第 6 期。

② 杨振山、王洪亮:《继受法律的理性科学化——当代法学家的使命与继受法律的理论化》，载《比较法研究》2004 年第 1 期。

本章小结

路易斯安那州从大陆法法域走上混合法域，是诸多因素共同作用的结果：法院与法官、法学教育、联邦制与统一州法运动等共同促使了大陆法与普通法的融合。但就法律适用而言，路易斯安那州民法典中关于法律渊源的特殊规定，以及联邦制下美国式的司法机关与融合大陆法与普通法思维、方法的法官是“第二次继受”的关键。而无论是法律渊源，还是司法系统的设置，都体现了路易斯安那州法官权力的广泛性。

第六章 全球化背景下我国民法典的制定

2014 年 10 月 23 日，《中共中央关于全面推进依法治国若干重大问题的决定》中关于“编纂民法典”的决定加速了民法典制定进程。2016 年 6 月 27 日，全国人大常委会法制工作委员会主任李适时表示，编纂民法典拟按照“两步走”的工作思路进行：第一步，编纂民法典总则编（即民法总则），争取提请 2017 年 3 月召开的十二届全国人民代表大会第五次会议审议通过；第二步，编纂民法典各分编，争取于 2020 年 3 月将民法典各分编一并提请全国人民代表大会会议审议通过。2017 年 3 月 15 日，第十二届全国人民代表大会第五次会议通过了《中华人民共和国民法总则》。

新中国成立之后，我国对外国法的继受，从“单一继受”转向“多元继受”，我国民法典的制定，也必将带有“多元复合”的色彩。[①]2010 年 7 月 29 日、2010 年 11 月 26 日，最高人民检察院与最高人民法院分别颁布了《关于案例指导工作的规定》，我国案例指导制度正式启动。案例指导制度的逐步完善将改变我国的法治格局。可以说，未来我国法律制度将兼具大陆法系与普通法系的精华。[②]时处全球化背景下，大陆法系与英美法

---

① 参见梁慧星：《中国对外国民法的继受》，载齐延平主编：《山东大学法律评论》（第 1 辑），山东大学出版社 2003 年版，第 12 ~ 13 页。

② 参见米健：《当今与未来世界法律体系》，法律出版社 2010 年版，第 403 页。

系加速融合。此背景下，经过二百多年发展，从“大陆”走向“混合”的路易斯安那民法典对我国民法典的制定将有启示意义。

第一节 法律全球化与世界法律体系的再划分

全球化的影响是全方位的，就法律而言，最主要的体现为法律局部一体化与全球化。全球化进一步推动并加速了世界法律体系之间的融合。在此背景下，世界法律体系的格局已发生变化。20 世纪 90 年代以来，世界学者对法律体系的划分已体现出全球化对世界法律体系划分的影响。

一、近代以来大陆法系与普通法系的发展变化

对世界法律体系的分类是法律比较研究不可回避的主题，中外法学家对此进行了很多尝试，尽管所依据的标准不同、认识的视角不同，得出的划分结果不同，但是从相对宏观的视角来说，将西方法律体系划分为大陆法系与普通法系在学界达成了共识。

“西方法律传统基本上是一元的，几乎完全相同的法律历史因素浸透人每个民族国家的法律产物中：罗马法、日耳曼习惯法、教会法和采邑法等。然而，蔚然壮观的现代西方法律制度却呈现出普通法系与民法法系并立之势。”① 大陆法系与普通法系的并立之势随着 1804 年《法国民法典》、1900 年《德国民法典》的实施及随之兴起的法国注释法学派、概念法学等而达到巅峰。但是自此之后，随着世界范围内“反形式主义”运动的兴起，两大法系呈现融合之势。自近代以来，大陆法系与普通法系之间的趋同是

---

①［美］艾伦·沃森:《民法法系的演变及形成》，李静冰、姚新华译，中国法制出版社 2005 年版，第 1 页。

有目共睹的[①]，最引人注目的表象是法律形式上的相互趋同，还包括法律程序的趋同、实体法之间的相互借鉴等。

（一）大陆法系判例的创制

在传统上，大陆法系以制定法为主要法律形式，尤其注重体系化的、逻辑性的法典编纂。制定法，尤其是注重体系化的民法典，在法律适用过程中具有很多优势：抽象性利于其适应社会；明确性便于具体条文与个案建立联系；确定性与稳定性利于维持社会秩序的稳定。上述优势是判例法所不具有的，判例往往过于具体而不能为人们确定方向。但是制定法的抽象性与稳定性是一把“双刃剑”：制定法颁布之后，抽象性的法律与社会现实（具体的个案）往往并不是一一对应的；稳定的法律因社会发展而与现实社会脱节。这些缺陷限制了制定法，尤其是法典的适用。

上述缺陷，恰恰是判例能够克服的。首先，判例能使抽象的制定法规则具体化。制定法（尤其是法典）的抽象性使得制定法本身与社会现实存在一定距离，法律的稳定性与社会发展之间的矛盾进一步拉大了这一距离。其次，判例能克服制定法语言的模糊性。法律需要语言表达，然而语言的精确程度是有限的，这限制了制定法的表达；语言的多义性致使制定法的明确性存在障碍；语言词义的变迁也造成了制定法的困境。[②]这些是单纯依靠立法难以克服的，需要立法以外的程序予以弥补，所以，司法在此扮演了重要角色。《法国民法典》第 9 条规定：“任何人均享有私生活受

---

① 关于第二次世界大战之前至 21 世纪大陆法系的发展与变化，可以比较约翰·亨利·梅利曼的《大陆法系》[[美]约翰·亨利·梅利曼：《大陆法系》(第 2 版)，顾培东、禄正平译，法律出版社 2004 年版。] 与马丁·海塞林克的《新的欧洲法律文化》([荷兰]马丁·M. 海塞林克：《新的欧洲法律文化》，魏磊杰译注，中国法制出版社 2010 年版。) 及约翰·亨利·梅利曼与于 2007 年出版的第三版《大陆法系》[John Henry Merryman, Rogelio Pérez-Perdomo, *The Civil Law Tradition: an Introduction to the Legal Systems of Europe and Latin America (3rd ed.)*, Stanford: Stanford University Press, 2007.]。

② 参见米健：《当今与未来世界法律体系》，法律出版社 2010 年版，第 218 ~ 219 页。

到尊重的权利。”法国法官在社会发展过程中通过判例对“私生活”予以扩张性解释，逐步扩大了原有概念的外延。[①]《德国民法典》并没有关于一般人格权的直接规定，而是在德国司法实践中产生的。[②]关于一般人格权的解释及适用范围，也是通过一系列判例完成的。[③]最后，判例可以弥补法律预见性的不足。为维护社会秩序的稳定，大陆法系制定法必须具备稳定性，这种稳定性除依赖于制定法的抽象性外，还需依赖于立法者在制定法律时的相当预见性。现实情况是，立法者的认识能力是有限的。在制定法颁布之后，为维护社会秩序的稳定性而不可能“朝令夕改”，这意味着立足于当时社会现实的制定法可能与将来的社会现实之间存在紧张关系。所以，存在“法律自颁布之时就已过时”之说。制定法与社会发展之间的紧张关系，需要立法以外的途径加以克服，司法判例恰恰能迅速扮演这一角色。在司法实践中，法官通过解释法律或使用类推等法律技术，缓解法律与社会发展之间的紧张关系，甚至填补法律空白，以弥补制定法，尤其是法典的不足。

从历史角度来说，大陆法系形成之前与形成之后，大陆法系国家或地区都不缺乏司法创制的经验。[④]在古罗马，裁判官法就是司法创制的典型。1804年《法国民法典》颁布之后，鉴于当时对民法典的迷信、革命意识以及当时法国的政治体制，司法创制曾一度陷入低谷。但是鉴于上述制定法，尤其是法典的不足，以及社会发展的需要，司法创制再度兴起。在全球化背景下，社会发展速度进一步加快，制定法与社会之间的差异更易在短时间内显现，这加剧了法官进行司法创制的必要。尽管判例的创制在大陆法系遭遇了各种抵制，但是有越来越多的判例被创制，并在现实中被赋

① 参见《法国民法典》(上册)，罗结珍译，法律出版社2005年版，第41～55页。

② 参见[德]卡尔·拉伦茨:《德国民法通论》(上册)，王晓晔等译，法律出版社2003年版，第171页。

③ 参见[德]迪特尔·梅迪库斯:《德国民法总论》，邵建东译，法律出版社2000年版，第805～807页。

④ 参见米健:《当今与未来世界法律体系》，法律出版社2010年版，第226页。

予一定的拘束力。判例的创制是法官出于审判方便及维护司法统一性与正确性的使命。所以，在法国，"《法国民法典》虽外貌未变，但经过长期司法的适用，法官建立了一部同样精彩的民法典"[①]。在德国，"自德国民法典于1900年1月1日实施以来，德国曾为剧烈的危机所震撼，这些危机使法对情况的适应较之其他地方更为必要。为此，判例不得不代替经常无所作为的立法者"[②]。

尽管当今判例在大陆法系的作用越来越重要，大陆法系的判例与普通法系的判例法还是不可"等量齐观"。在大陆法系，制定法，尤其是法典依然是主导性法律渊源，而判例则是制定法基础上的补充性渊源。

（二）普通法系的成文法倾向

普通法系判例法远未达到大陆法系制定法的系统化与抽象化程度。与欧洲大陆不同，自1066年诺曼底征服之后，英国就形成了集权制的中央政权，这成为法律统一的基础。在司法权统一下，英国法院经过了长期的具有普遍意义的司法活动。法官用专业的理性使当时不明确、不确定的古老习惯法在内容上更为清晰、确定，这为法官在处理后来的类似案件提供了较为明确的依据。这些记录于判例之中的法律规则即为普通法。普通法的称谓是相对于当时地方习惯而言的，因为其在全国范围内有效。普通法形成初期，形成了严格的遵循先例原则，因为其改变了原有习惯法的不统一与适用不便的状况而表现出了强大的生命力。但是在普通法基本规范确定之后，严格遵循先例原则使得普通法固定、守旧，这严重影响了其在现实社会中的作用。社会的发展需要新的救济方式，在此背景下，衡平法应运而生。

---

① 米健：《当今与未来世界法律体系》，法律出版社2010年版，第226页。

② [法] 勒内·达维德：《当代主要法律体系》，漆竹生译，上海译文出版社1984年版，第113页。

这种依赖司法活动而形成的社会规范，本身就有难以克服的缺陷：首先，判例法缺乏系统性。判例是法官在个案中所体现出的法律关系基础上产生的。判例本身不是为某类社会关系提供抽象性规范，而是考虑具体个案判决的合理性。通过个案基础上形成的判例法，分散而不成体系，法律规范之间的关系远不及成文法，尤其是清晰且富有逻辑的法典。分散而不成体系的判例导致适用时很不明确，且随着判例的逐渐增多，其适用越来越困难。其次，判例法较为保守。判例法的保守是遵循先例原则的当然后果。衡平法的产生就是其保守性的真实写照。最后，判例法缺乏足够的预见性。遵循先例原则意味着判例法是向后看的，是针对已发生的事实而作出的判断。

在英国传统理论中，严格意义上的法律，即制定法，是指“成文法（statute）、议会法案（Act of Parliament）与由当局制定的为执行法律的各种条例性规定，英国的法学著作家统称这些规定为授权立法或辅助性立法……经典理论把广义的法律看成法的次要渊源。按照这个理论，法律只是给判例法构成的英国法主体提出一系列勘误表（errata）与补遗（addenda）”[①]。尽管制定法是作为最高主权代表的议会制定的规范性文件，但是制定法仅仅是英国法次要的渊源，是判例法的附加成分，制定法需要法院解释和实施后才能被接受。但与英国不同，美国建国之初就曾出现过选择普通法还是制定法的争议。虽然美国民众最终选择了普通法，但是其对制定法的态度比英国要宽容得多。

但是19世纪之后，英国与美国制定法数量逐渐增多。[②]“一百年以来，

① [法] 勒内·达维德:《当代主要法律体系》，漆竹生译，上海译文出版社1984年版，第359页。

② 关于普通法系国家的制定法与法典编纂情况及趋势，可参见潘华仿、高鸿钧、贺卫方:《当代西方两大法系主要法律渊源比较研究》，载《比较法研究》1987年第3期；封丽霞:《法典编纂论——一个比较法的视角》，清华大学出版社2002年版，第107～137页；许中缘:《论普通法系国家法典的编纂》，载《比较法研究》2006年第5期等。

特别是自从1939年战争以来，英国展开了大量的立法运动。"[①] 在美国，"将美国称为普通法国家其实是种误导，因为让人以为美国普及的法律形态大多为普通法。虽然这种说法在早期的美国也许正确，但今日的美国已非如此。自从二十世纪开始，尤其是从被称为'法规年代'的1930年代起，大量的法规在相继制定。州法的重心也由普通法转变为法规。的确，美国各州平均制定的法规与欧洲大陆法国家平均制定的法规数量相等。如果将这些法规的数量乘以五十，则可见成文法在美国的普及性。"[②] 相对于英国而言，美国由50个州及若干个准州组成，全球化之前，美国经济、政治一体化已对法律统一性作出了明确要求，所以在制定法上，美国早在1872年就成立了美国统一州法全国委员会，以推动全美的统一立法。《美国统一商法典》是迄今为止最成功和最重要的成果，它基本上实现了美国州级商法在销售、票据、担保、信贷等领域的统一。在全球化背景下，在普通法系制定法逐渐增多的同时，普通法系国家参照制定法对判例法进行了改革，如对判例法进行立法编纂，又如对新型社会关系的调整更多地依赖于制定法。在英国，"受统制经济论影响的法律增加了，深刻地改变着旧法，创立起英国法的整整一个新领域。所有这些以建设新社会为目的的法律——尤其是创立社会保险机构的、制定城市规划原则的、领导各种经济力量的、协调运输的、改革国民教育或卫生制度的法律——同传统体制是如此格格不入，以致就这些法律而言不可能存在维持英国的传统解释原则的问题。没有时间按照习惯的判例过程让人们来理解与掌握它们。……在今天的英国，法律（即制定法）所起的作用不低于判例"[③]。在美国，"有些法规已取代普通法，但是更多的法规形成崭新的法律领域。在联邦法阶层，大量的联邦税法、社会福利法、环保法、金融证券法和银行法汇编加

---

①［法］勒内·达维德:《当代主要法律体系》，漆竹生译，上海译文出版社1984年版，第360页。

②［美］威廉·伯纳姆:《英美法导论》，林利芝译，中国政法大学出版社2003年版，第41页。

③［法］勒内·达维德:《当代主要法律体系》，漆竹生译，上海译文出版社1984年版，第360页。

入美国联邦法典。在州法阶层，规范贸易、消费者权益、商业交易和家庭关系的大量法规被制定。……在大多数的法律领域里，法规为主要的法律形态”。[①]

当今，制定法在普通法系的地位愈来愈高已是一个不争的事实，但是普通法系的制定法远未达到制定法在大陆法系的高度。美国学者威廉·伯纳姆（William Burnham）就认为，“美国成文法的普及性，并不代表法规在美国与法规在欧洲大陆之适用方法或形式相同。快速浏览美国联邦法典或州法典，即可发现美国法规比一般大陆法法规或甚至不列入大陆法法典里之特别法规的内容较长且较复杂。造成这种法规形式差异的原因，是在于美国与大陆法国家对待法规的方式不同”[②]。普通法系法官对待制定法的态度是只能按字面意思适用，而不能类推适用，另外，普通法系制定法的编纂水平远没有达到大陆法系的高度。

大陆法系与普通法系，除法律形式上的趋同外，在法律程序方面也呈现趋同之势，实体法层面也相互借鉴。[③]法律形式上的趋同、法律程序方面的趋同与实体法层面间相互借鉴是相互促进的。

二、全球化背景下法律的发展与世界法律体系的再划分

进入全球化时代，大陆法系与普通法系的融合趋势更加明显。在此背景下，国内外学者对世界法律体系重新划分，尤其关注到了法律体系混合而形成的新法系。

---

① [美] 威廉·伯纳姆:《英美法导论》，林利芝译，中国政法大学出版社 2003 年版，第 41 ~ 42 页。

② 同上书，第 42 页。

③ 关于大陆法系与英美法系法律程序的趋同与实体法的相互借鉴，可参见米健:《当今与未来世界法律体系》，法律出版社 2010 年版，第 244 ~ 247 页。

（一）20 世纪 90 年代以来世界法律体系划分的新探索

“法律体系的划分理论在比较法学中处于核心地位。”[①] 随着世界的变迁，特别是苏联解体、东欧剧变，世界贸易组织裁决纠纷能力的强化，欧洲一体化进程的加速及其他地区经济一体化，尤其是经济全球化进程的加速，以及世界范围内民主化浪潮对欠发达的非民主国家的冲击，[②] 世界法律秩序的地图正发生变化，在此背景下，20 世纪 90 年代以来比较法学界在勒内·达维德[③]、茨威格特与克茨[④]、大木雅夫[⑤]的世界法律体系划分理论基础上进行了新的探索。新的法律体系划分理论对法律体系之间的混合、融

---

① 米健：《当今与未来世界法律体系》，法律出版社 2010 年版，第 39 页。

② 参见高鸿钧：《法律全球化的迷思》，载高鸿钧主编：《清华法治论衡》（第 14 辑　法律全球化与全球法律化），清华大学出版社 2011 年版，卷首语，第 7 ~ 11 页。

③ 法国学者勒内·达维德最先指出法律体系的划分不能局限于一个标准，他提出了分类的两个标准，且认为只有这两条标准能够经得住一切批评，即意识形态标准（这是宗教、哲学、政治、经济和社会结构的产物）和另一个法律技术标准。但是在这里，法律技术的不同特征是第二位重要的，关键性的标准是“哲学基础、正义观”。因此，他区分为 5 个法系，即西方法、苏联法、伊斯兰法、印度法和中国法。后来达维改正他的观点，现在他区分为 3 个法系：罗马——日耳曼法系、普通法法系和社会主义法系；此外有伊斯兰法、犹太法、印度法和远东法——同样地还有非洲和马达加斯加法这个新形成的集团——在“其他体系”这个大概念之下松散地归拢在一起。参见［法］勒内·达维德：《当代主要法律体系》，漆竹生译，上海译文出版社 1984 年版。

④ 德国学者 K. 茨威格特教授与 H. 克茨教授提出了“法律样式”理论，并认为由 5 个构成要素：（1）一个法律秩序在历史上的来源与发展；（2）在法律方面占统治地位的特别的法学思想方法；（3）特别具有特征性的法律制度；（4）法源的种类及其解释；（5）思想意识因素。根据这一样式理论，茨威格特教授与克茨教授将世界法律体系划分为 8 个：罗马法系、德意志法系、普通法系、北欧法系、社会主义法系、远东法系、伊斯兰法系与印度教法系。参见［德］K. 茨威格特、H. 克茨：《比较法总论》，潘汉典、米健、高鸿钧、贺卫方译，法律出版社 2003 年版。

⑤ 日本学者大木雅夫教授在继受和批判茨威格特教授与克茨教授的“法律样式”理论基础上使用了“法圈”这一概念，将世界法律体系划分为：（1）西方法圈：罗马法系、德意志法系、北欧法系，以及继受西方法的日本法等；（2）普通法圈：英国法系、美国法；（3）脱离社会主义的发展中国家法圈：苏维埃法、东欧各国法（亚洲共产主义法系）；（4）宗教性或哲学性的混合法：伊斯兰法、印度法、远东各国法。参见［日］大木雅夫：《比较法》（修订译本），范愉译，法律出版社 2006 年版。

合给予了更多的关注。

前面已述，2001年，美国杜兰大学教授弗农·帕尔梅以问卷方式对南非、苏格兰、路易斯安那、魁北克、波多黎各、菲律宾、以色列等15个国家或地区的法律体系做了十分详尽的介绍，并认为其法律体系是以大陆法与普通法为主要架构，帕尔梅教授将该15个国家或地区的法律体系统称为大陆法系与普通法系之外的世界第三法系——混合法律体系。[①]

2001年，英国曼彻斯特大学安东尼·奥格斯（Anthony Ogus）教授以法与经济学视角对世界混合法域（其法律体系吸收了两个或者更多的法律文化）的法律制度进行了考察，提出了另一种分类方法。奥格斯教授将混合法域的法律制度分为3类：第一类，强加了一种法律文化，但是这种法律文化需要和当地法律文化“竞争”，比如非洲一些国家；第二类，一些法域中的法律体系体现了持续占领的不同法律文化，比如，魁北克（法国和英国）和南非（罗马—德意志和英国）；第三类，诸如日本和土耳其这样的法域，他们经历的工业化相对较晚，也需要进口法律文化来提供一个本土法所不能提供的更加复杂的法律框架，实际上，在提供这种框架的问题上，例如法国法和德国法之间，就存在一定程度的竞争。[②]奥格斯同时认为混合法域的法律制度将比只有一个主导文化的法律制度更具有效率，更易适应外部变化。

2004年，英国学者埃辛·奥赫绪（Esin Örücü）主张，“法律并非静止不变，它运动并变化着，如今的法律体系正处于一个十字路口，但有一件

① See Vernon Valentine Palmer, *Mixed Jurisdictions Worldwide: the Third Legal Family*, Cambridge: Cambridge University Press, 2001.

② 参见［英］安东尼·奥格斯:《经济学进路：法律体系间的竞争》，吴云译，载［英］埃辛·奥赫绪、［意］戴维·奈尔肯编:《比较法新论》，马剑银等译，清华大学出版社2012年版，第187～188页。

事则是明确的：越来越多的体系是混合的和混合中的”[①]。在此基础上，奥赫绪提出了“系谱（family trees）”的法律体系分类理论。“这是一个提出法律体系分类新方法的计划，即‘系谱’方法，其依据法律体系的‘出身（parentage）’、构成元素（constituent elements）、最终混合（the resulting blend），然后依照优势原则（the principle of predominance），对法律体系进行划分归类。”[②]奥赫绪的新理论将所有的法律体系都视为混合的与部分重叠的，即任何法律体系都不是一元的。

国内学者米健教授在当代既有法律体系基础上，预测未来世界法律体系划分为大陆法系、普通法系与融合法系。“严格来讲，当今世界所有的法系其实都已经不是纯粹意义上的独立法系了，大陆法系和普通法系的日益趋同，可以纳入混合法系的民族国家法律越来越多。”[③]

（二）未来世界法律体系的融合趋势

从20世纪90年代以来学界关于世界法律体系的划分理论可以看出，法律体系逐渐走向融合。就根本原因来说，法律体系间的深层结构是相同的。大陆法系与普通法系法律渊源的共同性、法律价值的共同性与法律技术的互补性决定了两大法系趋同的可能性与可行性，而全球化加速了法系之间的交流与融合。

为应对经济全球化过程中产生的利益纠纷，法律的发展呈现出法律本

---

① [英]埃辛·奥赫绪:《“法族”与“混合法系”概观》，赖俊楠译，载[英]埃辛·奥赫绪、[意]戴维·奈尔肯编:《比较法新论》，马剑银等译，清华大学出版社2012年版，第208～209页。

② Esin Örücü, “Family Trees for Legal Systems: toward a Contemporary Approach”, in Mark van Hoecke (ed.), *Epistemology and Methodology of Comparative Law*, Oxford: Hart Publishing, 2004, p.359.

③ 米健:《当今与未来世界法律体系》，法律出版社2010年版，第45页。米健教授的预测在一定程度上是准确的，在帕尔梅教授“Mixed Jurisdictions Worldwide: the Third Legal Family”一书第二版中，将属于混合法域的国家或地区由原来的15个增加到17个。

地化、政府间一致同意发展、超国家法和非国家化4种取向，由此创制的法律规范和法律实践，极大地丰富了人类社会的法律经验，并影响着世界法律体系格局的未来发展与变化。在全球化背景下，内国法之间的协调与合作、国际统一实体法以及国际公法的新发展促使了不同于原法律体系法律的共同法的产生。[①]在全球化背景下，大陆法系与普通法系的趋同已是当今世界法律发展的一个整体表征。

第二节 作为混合法的中华法系与近现代我国对大陆法的移植

世界法律体系的划分因“西方中心主义”忽视中华法系而备受国内学者诟病，但清末民初法制改革之后，我国走上了大陆法系之路。

一、混合法法律样式与中华法系

比较法学家建构世界法律体系划分理论时，因“西方中心主义”或者“欧洲中心主义”而备受国内学者诟病，除此之外，学者武树臣教授认为“法系”这一概念本身就存在问题。在此基础上，武树臣教授创造性地提出了“法律样式”概念。“所谓法律样式是指某一国家或地区法律实践活动的基本方式，即立法和司法的基本工作程序或方法。”[②]

在“法律样式”概念基础上，武树臣教授指出，世界主要“法律样式”包括：成文法型的法律样式、判例法型的法律样式与混合法型的法律样式。在某种意义上，成文法型的法律样式的国家或地区主要是大陆法系国

---

① 参见米健:《当今与未来世界法律体系》，法律出版社2010年版，第292～294页。

② 武树臣:《走出“法系”——论世界主要法律样式》，载《中外法学》1995年第2期。

家或地区；而判例法型的法律样式的国家或地区主要是普通法系国家或地区。“混合法法律样式，即将成文法和判例法两种法律样式在某种格局中有机融为一体的一种法律实践运行方式。……从某种意义而言，采用混合法法律样式的国家是中国。”[①] 对于“混合法”，武树臣教授认为：

“混合法”有两种类型。一种是并列式的“混合法”。即在同一国家或地区，在某些法律领域实行“成文法”，而在另外的法律领域实行“判例法”，两者并行，互不干扰。这一特征在先后受“大陆法系”和“英美法系”影响的国家和地区最为明显；另一种是循环式的“混合法”，即：成文法——判例——成文法。判例弥补成文法典之不足，在特定历史时期发挥独立作用。然后，通过立法机关的加工，判例被上升为法条，最后被成文法典吸收。中国历史上常常是这样操作的。从准确的角度而言，中国的“混合法”既包含并列式的“混合法”，又包含循环式的“混合法”。除此之外，在中国的社会生活中，实际发挥规范作用的行为准则，除了国家制定的法律规范之外，还有准法律规范和半法律规范。这也是一种“混合法”。[②]

就中华法系的混合法法律样式实际所起作用而言，成文法与判例法之间的关系难以用主与辅形容，二者的作用都是他方无法替代的。这当然不同于当代大陆法系中判例所起的作用，也不同于当代普通法系中制定法所起的作用。在中华法系，上述成文法是指“法律形式上稳定性较强的律”，判例则指“灵活性较大的例”等,“法律形式上稳定性较强的律”与“灵活性较大的例”等的结合，是中华法系不同于其他法系的一大特点。

---

① 武树臣:《中国法律文化大写意》，北京大学出版社 2011 年版，第 78 ~ 79 页。

② 武树臣:《走出“法系”——论世界主要法律样式》，载《中外法学》1995 年第 2 期。

二、近现代我国对大陆法的移植

无论我国历史上是否存在“民法”[①]，当今,“无论中国民法或者中国民法学，均非中国本土所产，而是20世纪初从西方继受而来”[②]。自1911年《大清民律草案》编纂完成至今，我国民法已走过一百多年历史。我国民法学的百年历程，大体上可以分为3个阶段：第一阶段，我国民法学的诞生与前期发展(1900～1949年)；第二阶段，我国民法学的“转向”“停滞”与“死亡”(1950～1977年)；第三阶段，我国民法学的“重生”与发展(1978年至今)。[③]

(一)清末至民国时期：中华法系到大陆法系

近代，尽管英国是第一个敲开中国大门并第一个在中国取得“领事裁

① 关于中国历史上是否有“民法”，学者间意见分歧。肯定中国历史上有“民法”的学者，以梅仲协(参见梅仲协:《民法要义》，中国政法大学出版社1998年版，第14～16页)、胡长清(参见胡长清:《中国民法总论》，中国政法大学出版社1997版，第16页)、张晋藩(参见张晋藩:《中国法制通史》，法律出版社1999版，第214页)等先生为代表；否定中国历史上有“民法”的学者，以梁启超(梁启超:《论中国成文法编制之沿革得失》，载梁启超:《饮冰室合集·文集之十六》，中华书局1989年版，第52～53页)、王伯琦(王伯琦:《民法总则》，国立编译馆1963年版，第15页)、谢怀栻(参见谢怀栻:《谢怀栻法学文选》，中国法制出版社2002年版，第369页)等先生为代表。关于中国历史上是否有“民法”的详细探讨，可参见俞江:《关于〈古代中国有无民法〉问题的再思考》，载《现代法学》2001年第6期。

② 梁慧星:《中国民法学的历史回顾与展望》，载http://www.iolaw.org.cn/showArticle.aspx?id=2131，2017年2月15日最后访问。

③ 参见梁慧星:《中国民法学的历史回顾与展望》，载http://www.iolaw.org.cn/showArticle.aspx?id=2131，2017年2月15日最后访问。对于中国民法百年历史的划分，大部分学者持梁慧星先生的三阶段说，如张新宝教授与张红教授(张新宝、张红:《中国民法百年变迁》，载《中国社会科学》2011年第6期。)、柳经纬教授(柳经纬:《回归传统——百年中国民法学之考察之一》，载《中国政法大学学报》2010年第2期。)等。而俞江教授主张划分为4个时期：输入传播期(19世纪80年代到1911年)、发展期(1912年到1949年)、衰弱期(20世纪50年代到70年代末)和复兴期(20世纪80年代以来)。参见俞江:《清末民法学的输入与传播》，载《法学研究》2000年第6期。

判权”的国家，但是以收回治外法权为首要目的的清末法制改革却没有选择普通法系，而选择了大陆法系，其后的南京临时政府、北洋政府、民国政府也都循而未改，依旧行事。尽管新中国成立前后转而继受苏联法律，但是这没有改变我国对法典法继受的方向。“中国近代选择与继受大陆法系法典化模式不是一种偶然或巧合，而是中国深厚的传统观念、文化背景、当时的民族境遇，一衣带水的日本的影响，以及法典法和判例法的特点等诸多因素共同决定的历史必然。”①

清末，基于与大陆法系相似的国家主义观念、相似的法典编纂理念及相类似的推理方式与诉讼方式等，加之普通法对外输送的技术性困难，我国选择了大陆法系。继受大陆法系的结果是，虽然学者间对于中华法系是否丧失存在争议，但是至少在法律的表层结构上，我国走上了与中华法系之律例传统完全不同的民法规则体系之路，初步建立了与我国传统律学完全不同的民法学知识体系。

自清末开始，我国民法学的发展始于对国外民商法学著述、法典及理论的翻译与介绍。② 这种发展模式随着清末迅速兴起的法学教育而逐渐传

---

① 封丽霞：《偶然还是必然：中国近现代选择与继受大陆法系法典化模式原因分析》，载《金陵法律评论》2003 年秋季卷。何勤华教授与李秀清教授采同样观点，认为中国继受大陆法系的原因，主要是中华法系固有的成文法传统以及日本采大陆法系而富国强兵的榜样作用。（参见何勤华、李秀清：《外国法与中国法——20 世纪中国移植外国法的反思》，中国政法大学出版社 2003 年版，第 232 ~ 233 页）而郝铁川先生则认为日本采大陆法系而富国强兵的榜样作用之解释过于一般，未从深层考察中华法系和大陆法系的相近因素，因而不能很好地诠释中华法系向大陆法系的转化。（参见郝铁川：《中华法系研究》，复旦大学出版社 1997 年版，第 195 页）

② 根据俞江教授整理的《清末法学书目备考（1901-1911）》，民商法的书目共计 59 种（序号 287-345）。其中译自日本的 30 余种，民法学以丸尾昌雄、梅谦次郎、富井正章的著述为主，商法学以志田钾太郎、松本蒸治、松波仁一郎的著述为主。此外，还有译自德国、法国和俄罗斯的民商法典或著述 7 种。参见俞江：《近代中国的法律与学术》，北京大学出版社 2008 年版，第 333 ~ 336 页。

播开来，为民法与民法学的发展奠定了基础。[①] 至清朝灭亡，在法律形式上，代表大陆法系典型特征的“六法体系”——宪法、民法、商法、刑法、诉讼法、组织法在我国已初现端倪：1908 年 8 月 27 日公布《钦定宪法大纲》，1911 年 1 月 25 日公布《大清新刑律》，1911 年 8 月完成《大清民律草案》（未公布），1909 年完成《大清商律草案》（未公布），1906 年 4 月，沈家本等完成《民事刑事诉讼律草案》，1910 年编成《法院编制法》。对于我国民法学而言，20 世纪第一个 10 年是其“孕育期”，结晶就是《大清民律草案》，《大清民律草案》为近代我国民法学打造了一个学科基础平台。[②]

进入民国之后，清朝的灭亡及意识形态的转换，并没有对民法学的传播形成障碍。中华民国建立以后，不仅暂行适用《大清民律草案》中与民国国体不相抵触的规定，而且法学教科书忠实地按照《大清民律草案》的体系，并依次解释草案中的条文，司法机关的判决书一直复述和阐释着清末时期翻译过来的民法著述，立法机关中的立法者绝大部分是清末时期的立法人员。随着时间的推移，我国民法学逐渐摆脱了清末时期单纯翻译和介绍国外民法著述、法典及理论的状态，逐渐发展出较为成熟的科学理论体系，相较于《大清民律草案》，《民国民律草案》在固有法与移植法的整合方面取得了较大进步。[③]1930 年 12 月 26 日，南京国民政府在两部民国民律草案基础上，参照德国、瑞士、日本、法国民法以及苏俄、泰国民法最新经验制定了《中华民国民法》。这进一步促进了我国民法学的繁荣和

① 1904 年直隶法政学堂的设立，标志着中国法学教育的兴起。此后不到 5 年时间，各种公立或私立的法政学堂遍布全国，学法人员激增，1909 年法科学生总数高达 2034 人，竟占全国高等专门学堂学生总数的 4/5，法学教育呈蓬勃发展之势。清末的法学教育以介绍西方法律和法学理论为主，西方法学理论包括民商法学理论迅速在我国传播开来。

② 参见俞江：《近代中国民法学中的私权理论》，北京大学出版社 2003 年版，第 14 页。

③ 参见张新宝、张红：《中国民法百年变迁》，载《中国社会科学》2011 年第 6 期。

发展。[①]“我们试就新《民法》第一条到第一二二五条仔细研究一遍，再和德意志民法及瑞士民法和‘债编’逐条对校一下，倒有百分之九十五是有来历的，不是照账誊录，便是改头换面。”[②]

清末至民国时期，是我国继受大陆法系，尤其是德国民法传统之时期。自此，我国由中华法系国家成为大陆法系国家。这一时期，我国对大陆法的继受呈现“翻译文化、移植文化”的特点[③]。

（二）新中国成立至改革开放之初：社会主义民法学与民法学的“死亡”

1949 年 2 月，中共中央发布了《关于废除国民党的六法全书与确定解放区的司法原则的指示》，明令废除了“国民党六法全书”（即“民国六法”）。在全面倒向苏联的历史背景下，新中国全盘接受了苏联的社会主义民法学理论。1956 年 12 月，新中国的第一部民法典草案主要受 1922 年《苏俄民法典》影响，分为总则、所有权、债与继承。[④]其后由于政治运动，民法典起草工作被迫中断。1922 年《苏俄民法典》主要参考《德国民法典》进行制定，这间接决定了新中国的民事立法依然遵循清末以来的大陆法系，尤其是德国民法的传统。

1962 年，我国在经历了 3 年自然灾害和“大跃进”“共产风”造成的严重经济困难后，开始了第二次民法典起草工作，于 1964 年 7 月，完成

---

① 参见何勤华、李秀清：《民国法学论文精萃·民商法律编》，法律出版社 2003 年版；俞江：《近代中国的法律与学术》，北京大学出版社 2008 年版，第 344 ~ 404 页。

② 吴经熊：《法律哲学研究》，清华大学出版社 2005 年版，第 171 页。

③ 蔡枢衡先生 1938 年著文指出：“中国近代法学已有数十年历史。就其内容与实质而言，纵谓尚无法学文化，似亦无过当之论。该中国法学文化大半为翻译文化、移植文化。”“中国法学之现实在另一方面为讲义文化、教科书文化及解释法学文化。”之后，他还用“中国法学之贫困”来定论这一时期的中国法学。参见李贵连：《二十世纪的中国法学》，北京大学出版社 1998 年版，第 53 ~ 54 页。

④ 1950 年颁布《婚姻法》，使婚姻家庭关系脱离民法调整范围。

了《民法草案（试拟稿）》。[①] 基于当时国际、国内政治（中苏两党论战）的影响，民法典起草者在试图摆脱苏联民法影响的同时，又与资本主义国家的民法彻底划清了界限，因此《民法草案（试拟稿）》采用了一个全新的三编制体系：总则、财产的所有、财产的流转。《民法草案（试拟稿）》是对传统民法全盘否定的作品。而后，因“社会主义教育运动”，第二次民法典起草被迫中断。1966 年开始，进入了为期 10 年的“文化大革命”时期，该时期主张的法律虚无主义导致了我国民事立法的停滞，我国民法学“死亡”。

（三）改革开放至今：从“单一继受”到“多元继受”

改革开放之后，经济体制逐渐向市场经济转轨，民法的地位和作用逐渐受到重视。1979 年 11 月，我国立法机关在采纳了我国社会科学院法学研究所关于制定中国民法典的建议后，成立了民法典起草小组，新中国踏上第三次民法典起草之路。至 1982 年 5 月，起草委员会共起草了 4 稿。无论是体系，还是具体内容，草案主要参考 1962 年《苏联民事立法纲要》、1964 年《苏俄民法典》和 1978 年修订的《匈牙利民法典》。[②] 但是立法机关主张改革开放之初，社会生活的迅速变化，不适宜制定民法典，于是民法典起草工组被搁置，改为制定单行法。

---

① 对于 1964 年民法草案，亲自参与起草全程的魏振瀛先生客观、全面地概括了该草案的基本特点：（1）当时我们正处在美国和前苏联的双重压力下，在指导思想上强调独立自主，反对霸权主义，因此不仅不借鉴西方民法典，连苏联的民法典实际上也被否定了。强调总结自己的经验，一是国家政策，二是实际部门的规章和经验。（2）在内容上突出保护公有制，强调按国家计划办事。（3）在民法条文上强调自己创造，不讲法人、企业、自然人，没有传统的民法概念物权、债权。这次民法草案稿是民法立法史上的标志，反映了我们对前几年状况的否定，也反映了当时中央领导人的法制观念。参见江平、金平、魏振瀛、余能斌、王卫国：《新中国民法起草五十年回顾》，载王卫国主编：《中国民法典论坛（2002-2005）》，中国政法大学出版社 2006 年版，第 103 ~ 122 页。

② 参见梁慧星：《中国民法学的历史回顾与展望》，载 http://www.iolaw.org.cn/showArticle.aspx?id=2131，2017 年 2 月 15 日最后访问。

1981 年，我国颁布了深受苏联经济法学理论影响的《经济合同法》。1985 年，为适应发展国际商事贸易的需要，我国颁布了《涉外经济合同法》。《涉外经济合同法》主要参考了英美契约法和《联合国国际货物销售合同公约》（CISG）的内容与结构，这标志着我国民事立法继受英美法和国际公约的滥觞。1986 年，我国通过了基于 1982 年民法典草案第四稿总则编而制定的《民法通则》，这意味着《民法通则》依然受苏俄民法影响。所以，自改革开放至 20 世纪 80 年代，我国民事立法仍然受苏联民事立法和民法理论的影响。

随着改革开放进一步地深入，苏联民事立法与民事理论已难以满足我国市场经济的要求，伴随着政治禁区逐渐被打破，我国民事立法及民法学逐渐由对苏联的“一元继受”转向对大陆法系、普通法系的“多元继受”。1999 年 3 月 15 日通过的《合同法》采用了典型的德国民法概念体系，许多原则、规则，甚至具体条款，直接源于德国、日本与我国台湾地区等大陆法系的民法，但同时一些重要制度则源于《国际商事合同通则》（PICC）、《联合国国际货物销售合同公约》（CISG）、《欧洲合同法原则》（PECL）和英美契约法。《合同法》的颁布意味着我国民法及民法学向大陆法系的再度转向，但是不再是清末民初单纯地对大陆法系的移植，而是同时吸收了普通法系的先进制度。[①]2007 年 3 月 16 日通过的《物权法》同样采用了典型的德国民法典体系，并在物权变动模式上采用了德国“登记生效主义”

① 合同法起草过程中，首先制定了《合同法立法方案》，在该方案中，首先拟定了制定合同法的指导思想，其中第一项是：“从中国改革开放和发展社会主义市场经济，建立全国统一的大市场及与国际市场接轨的实际出发，总结中国合同立法、司法实践经验和理论研究成果，广泛参考借鉴市场经济发达国家和地区立法的成功经验和判例学说，尽量采用反映现代市场经济客观规律的共同规则，并与国际公约和国际惯例协调一致。”此项立法指导思想，将继受目标定位于“市场经济发达国家和地区”，而将苏联东欧前社会主义国家排除在外，足以表明中国民法学决心挣脱苏联民法理论和苏联经济法理论的羁绊，回归于以大陆法系德国民法学的概念体系为基础的中国民法学。参见梁慧星：《统一合同法：成功与不足》，载《法学研究》1999 年第 3 期。

与法国“债权合意主义”相结合的折中主义模式，规则、原则与具体条文上参考、借鉴了德国、法国、日本和中国台湾地区及中国澳门地区的民法，同时继受了英美财产法的制度。2009年12月26日通过的《侵权责任法》，“在借鉴国外侵权法立法经验上，特别体现了‘大陆法系为体，英美法系为用’的立法指导思想，成功借鉴了大陆法系和英美法系侵权法的立法经验，适当融合了两大法系侵权法的立法优势，形成了很多比较合理的侵权责任规则”[①]。

第三节　现代我国对普通法的移植与案例指导制度的提出

改革开放之后，我国对外国法的继受由一元转向多元，至今，大量继受了普通法系的一些成果。当然，对我国法治建设影响最大的是2010年案例指导制度的提出与逐步完善。

一、现代我国对普通法的移植

“就中国的法制建设现状而言，20世纪上半叶主要以吸收大陆法系的成果为主，五六十年代以吸收苏联法为主，而至70年代改革开放以后，则在保留大陆法系框架的基础上，大量地吸收了普通法系的成果。可以说，就当代中国法制建设所借鉴的外国法和法学而言，英美法系的影响是压倒性的。”[②]

① 杨立新:《我国侵权责任法草案对国外立法经验的借鉴》，载《中国法学》2009年第5期。

② 何勤华:《英美法系及其对中国的影响》，法律出版社2009年版，序，第1页。

早在清末，我国便于英美法有过接触：英美传教士在华活动[①]，翻译的西方著述中少数涉及英美法著作[②]，清末立法对英美法制度的移植[③]。尽管英美法的一些概念、规则与制度对我国产生了一定影响，尤其是宪法与公法层面，[④]但是清末对英美法的移植是失败的。1949年，新中国成立之后，先是全盘苏联化，后是全面否定苏联与西方资本主义，直到改革开放之初，英美法在我国完全"销声匿迹"，未对我国法律产生任何影响。改革开放之后，伴随着改革开放的进一步深入与政治禁区的逐渐被打破，英美法重新受到关注。1985年制定的《涉外经济合同法》，标志着我国民法立法继受英美法的滥觞。此后，英美法的影响迅速增强，无论是立法领域还是司法领域，无论是法学理论之维还是法律实务之维，无论是法学教育还是法律文化。[⑤]我国对英美法的重视，可能源于以下因素：第一，改革开放伴随着思想解放，优秀的法律资源应为我用，而在宪法、商法、知识产权、司法体制和诉讼程序等方面，英美法的确具有优势；第二，法律全球化进程深受美国法影响，我国的法律改革同世界大多数国家一样，受全球化潮流的影响；第三，作为英美法系的香港地区的回归。

但是最近的三十多年来，我国对英美法的借鉴与移植，经验与教训并

---

① 参见王立新:《美国传教士与晚清中国现代化——近代基督新教传教士在华社会文化和教育活动研究》，天津人民出版社1997年版。

② 参见王健:《沟通两个世界的法律意义——晚晴西方法的输入与法律新词初探》，中国政法大学出版社2001年版，第31～186页。

③ 1903年《钦定大清商律》中的公司法移植了英美的制度（参见［德］K.W. 诺尔:《法律移植与1930年前中国对德国法的接受》，李立强、李启欣译，载《比较法研究》1988年第2期），1904年的《商标注册试办章程》确认了英美的商标法［参见［美］博良（Robert T. Bryan）:《美国商标、商标名称、版权和专利在中国》，王笑红译，载王健编:《西法东渐——外国人与中国法的近代变革》，中国政法大学出版社2001年版，第259～267页。］，1906年的《刑事民事诉讼法草案》曾经"酌取英、美陪审制度"（参见《清史稿·刑法志》）。

④ 参见高鸿钧:《英美法原论》（上），北京大学出版社2013年版，第21～22页。

⑤ 参见高鸿钧:《比较法律文化视域的英美法》，载《中外法学》2012年第3期。

存。在立法领域，由于缺少对英美法的整体性、深入性研究以及英美法历史传统与制度环境的缺乏，借鉴与移植的一些英美法制定并未达到预期效果。① 如公司法领域引进的独立董事制度②；知识产权领域受美国法影响甚大，却与当前我国源于大陆法系的法律制度相冲突③。在私法领域，我国引进的英美法对抗制因素与证据制度，因与现存体制相冲突而在运作中阻力重重。“凡此种种都表明，我国对英美法的研究虽然场面很大，表面繁荣，但大多研究都停留在简单介绍和复述格言隽语的层面。因此，我国法学界亟待深入、系统地研究英美法，从历史之维理解它的生命，从理念之维解读它的精神，从制度之维发掘它的机制，从理论之维分析它的义理，从实践之维判断它的效力，从西方和世界法律文明之维总结它的经验和教训，从中国需要之维汲取它的营养。”④

二、案例指导制度将改变我国法治格局⑤

2010 年是我国法治史上具有重要意义的年份。2011 年 3 月 10 日，全国人民代表大会常务委员会委员长吴邦国在十一届全国人大四次会议第二次全体会议上宣布：“党的十五大（1997 年）提出到 2010 年形成中国特色社会主义法律体系的立法工作目标，如期完成。中国特色社会主义法律体系已经形成。”2010 年 7 月 29 日、2010 年 11 月 26 日，最高人民检察院与最高人民法院分别颁布了《关于案例指导工作的规定》，我国案例指导制度正式启动。法律体系的建成与案例指导制度的启动，标志着我国法律

① 参见高鸿钧：《比较法律文化视域的英美法》，载《中外法学》2012 年第 3 期。

② 参见储育明、朱庆：《公司法“一体化”视野下的独立董事制度：定性、困惑与思路》，载王保树主编：《商事法论集》（第 23 卷），法律出版社 2003 年版，第 198 ~ 204 页。

③ 参见徐红菊：《中国知识产权法的美国化？——美国模式的影响与走向》，载高鸿钧主编：《清华法治论衡》（第 14 辑 法律全球化与全球法律化），清华大学出版社 2011 年版，第 287 ~ 311 页。

④ 高鸿钧：《英美法原论》（上），北京大学出版社 2013 年版，第 23 页。

⑤ 参见陈兴良：《中国案例指导制度研究》，北京大学出版社 2014 年版。

规则体系的发展与完善。

本章第二节已分析，中华法系属于混合法法律样式，“法律形式上稳定性较强的律”与“灵活性较大的例”等的结合，是中华法系不同于其他法系的一大特点。我国自古就有判例的传统。[①] 改革开放以来，尤其是最近的三十多年来，普通法系对我国法制建设的影响是压倒性的，但是这种影响集中于概念、规则与具体制度的移植。而作为中国特色判例制度的案例指导制度将从以下 4 个方面改变我国法治格局：增加法律规则提供的方式，取代个案性司法解释的功能，改变法律的思维方式与重塑法学知识形态。[②]

最高人民法院《关于案例指导工作的规定》第 2 条规定：“本规定所称指导性案例，是指裁判已经发生法律效力，并符合以下条件的案例：（一）社会广泛关注的；（二）法律规定比较原则的；（三）具有典型性的；（四）疑难复杂或者新类型的；（五）其他具有指导作用的案例。”2015 年，修订后的最高人民检察院《关于案例指导工作的规定》第 2 条规定：“检察机关指导性案例由最高人民检察院统一发布。指导性案例应当符合以下条件：（一）案件处理结果已经发生法律效力；（二）案件办理具有良好法律效果与社会效果；（三）在事实认定、证据采信、法律适用、政策掌握等方面对办理类似案件具有指导意义。”根据最高人民检察院与最高人民法院的《关于案例指导工作的规定》，“案例指导制度，是指由最高人民法院、最高人民检察院确定并统一发布对全国审判、检察工作具有指导作用的指导性案例的制度。案例指导制度是以指导性案例为载体的，是案情与裁判规则的有机统一。指导性案例对于司法活动的指导，不仅体现在裁判规则的类比适用，而且会采用区分技术，说明指导性案例和现在审理案件中的事实或

① 参见武树臣：《中国的“混合法”——兼及中国法系在世界的地位》，载《政治与法律》1993 年第 2 期。
② 参见陈兴良：《中国案例指导制度研究》，北京大学出版社 2014 年版，代序，第 9 ~ 13 页。

法律问题上的区别，以此作为适用指导性案例的前提。在这一点上，比较接近大陆法系国家判例制度。但就指导性案例必须经一定程序由最高司法机关确认并正式颁布而言，体现了对指导性案例集中统一管理的特征，因而与大陆法系国家的判例制度也是不同的。大陆法系国家的判例作为成文法的补充，是自发地生成的，并未对判例进行集中统一管理。”[①] 从这个意义上来说，我国目前的案例指导制度是极具中国特色的一种法律制度：

我国案例指导制度以最高司法机关集中统一管理指导性案例为特征，表明这一制度具有较为明显的行政控制特征。从指导性案例的遴选过程来看，仍然类似于立法。如果每年颁布的指导性案例数量较少，那么，案例指导制度对司法活动的指导性也会极为有限。事实上，判例制度的特点就是法律规则的自然生成，形成自发的法律规则。如果判例经过人工的选择公布才能发生指导效力，这仍然是一种采用立法方式提供法律规则的路径，并未获得判例制度之真谛。由此可见，我国距离真正实现判例制度，仍然有很长一段路要走。[②]

尽管如此，案例指导制度的建立仍将会为我国法制建设带来积极作用。就路易斯安那州经验而言，多元化的法律渊源、互补式的司法方法等因素在路易斯安那州对普通法的“第二次继受”中扮演了重要角色。就法律渊源方面，案例指导制度将增加法律规则的提供方式，并成为一种具有事实拘束力的法律渊源。立法是提供法律规则的主要方式，我国亦不例外。如本章第一节所述，立法（制定法，尤其是法典）在规则提供方式上具有系统性和集约型等优势，但是如上所述，立法本身有滞后性，难以满足司法对规则需求的及时性；立法提供规则的抽象性与个案的具体性存在对立。因此，对司法活动中的经验加以总结与提炼，使之上升为司法规

---

① 陈兴良:《中国案例指导制度研究》，北京大学出版社 2014 年版，代序，第 8 ~ 9 页。

② 同上书，代序，第 9 页。

则，在司法活动中得以适用，是通过司法提供规则的一种路径。案例指导制度建立以后，我国的法律规则体系由法律、行政法规、司法解释、案例指导规则构成。这在法律渊源上，同路易斯安那州一样，呈现多元性。

如本章第一节所述，大陆法系法官适用法律时采用演绎推理的方式：从大前提法律到小前提案件事实，最后推导出判决结论。案例指导制度建立以后，对指导性案例的参考，更大程度上需要借鉴区分与识别的司法技术。因此，法官将更加重视运用区分与识别技术，以便确定案件之间是否存在同一性。“成文法条的宽大网格经过众多判例的编织之后，法律的不确定性和不可预见性大大降低，变成基本上是确定的和可预见的。当法官、律师和当事人基本知晓案件的必然结果时，案件审理工作会变得更为简洁，司法环境也会大大改善。”[①] 法律与指导性案例的同时适用，将更能保证案件审判结果的公正性、一致性。这也正是路易斯安那州司法实践的经验。

三、我国法制的法律体系归属

清末民初我国法制改革使现代我国法制进入世界法律体系，即进入大陆法系的起点，为现代我国法律发展奠定了基础且明确了方向。现代我国历史虽然曲折多变、政治制度更迭，但清末民初的法律改制所选择的法律发展模式却始终未变。[②]

（一）我国法制的法系归属

近代以来，大陆法系与普通法系之间相互借鉴、相互融合是一个不争事实，尤其是在全球化背景下，两大法系之间的融合趋势进一步加强。但

---

① 武树臣：《让历史预言未来》，载《法治资讯》2011 年第 5 期。

② 参见米健：《当今与未来世界法律体系》，法律出版社 2010 年版，第 361 ～ 362 页。

是在很长时间之内，大陆法系与普通法系依然并存。

清末民初的我国法律改制使现代我国法制进入世界法律体系，即进入大陆法系的起点。清末之前，我国法律完全建立于自身历史、文化传统之上，是自成体系并独具风格的中华法系，与建立于西方历史、文化传统之上的大陆法系与普通法系相去甚远。法律改制之后，法律制度基本上脱离了中华法系的轨道，并在各项制度、创制方式、结构体系及实施过程等方面基本具备了大陆法系的特征，即法律的表层结构已基本是大陆法系的。就法律的中层结构而言，清末民初的我国法律改制实际上是我国法律文化对西方法律文化的吸纳与融合。现代我国的法律发展始终没有脱离清末民初的法律改制所选择的法律发展模式。所以，现代我国法制的特点就是我国法律文化与西方法律文化的全面融合，是以我国法律文化为文化背景，西方法律文化为制度基础的。①

上述仅仅针对中国大陆而言，从整体上看，我国近现代史决定了现代中国法律制度四分的局面，即大陆、台湾、香港与澳门。法律制度层面，体现为“两系四地”。

（二）未来我国法制的法系归属

必须认识到，自清末之后，中华法系已经解体，至少就法律的表层结构而言是这样的。但是一直以来，不少学者坚持认为当今我国法律制度应该是历史上中华法系的延续，并强调中华法系的现实存在。“当代中国的法律和中国历史上的法律是有历史联系的，这种历史联系是不能切断的。……在论述当代中国法律时，我们无疑可以而且应该追溯中国法律自古迄今的历史发展。就这些意义来说，‘中华法系’这一名称，连同这一名称所代表的法律文化遗产，在中国法制史以及世界法律史中，应该受到

① 参见米健:《当今与未来世界法律体系》，法律出版社 2010 年版，第 362 页。

尊重。”[①] 所以，当代我国法律就现实来讲，已不再是原来的中华法系，而是全新的法律秩序。但是这并不意味着现代我国法律制度完全与原有中华法系相脱离，相反，原有中华法系的一些特征及重要内容仍然在很大程度上影响着当代我国法律制度，尤其体现于婚姻家庭、继承法及一般法律意识和诉讼观念等方面。[②]

清末民初的法制改革，我国选择了大陆法系模式。自此，一百多年来，无论是在制度设置层面上，还是实际操作层面上；无论是法律者培养与法学教育层面上，还是司法条件与环境建造层面上，我们都沿着大陆法系的模式走了很远。但是最近的三十多年来，“中国法制建设所借鉴的外国法与法学，英美法系的影响是压倒性的”。尤其是，案例指导制度的建立将改变中国的法治格局。大陆法系与普通法系之间相互借鉴、相互融合也是不争的事实，这符合了事物发展的规律。在全球化背景下，当今世界经济、政治越来越趋于一体化，大陆法系与普通法系相互吸收与融合的趋势将更加明显，且不可逆转。在此背景下，可以预见未来的世界法律体系中兼具有大陆法系与普通法系，甚至其他法系特征的混合法系[③] 势必会越来越多，并越来越成熟。未来中国法律制度也必定会是这种混合法系的典型。当然，不同法律文化传统之间的冲突也将依然存在。文化有一定的历史惯性，就法律的中层结构而言，中华法系之法律文化将依然影响我国的法制发展，所以，“未来中国法律制度一定是有自己法律文化基础，兼采西方法律传统即大陆法系与英美法系两大法系精华，具有世界法律文化最

---

① 沈宗灵:《比较法研究》，北京大学出版社 1998 年版，第 69 页。

② 参见米健:《当今与未来世界法律体系》，法律出版社 2010 年版，第 386 页。

③ 此处需要说明的是，法系之间相互融合是不争的事实，但是法系融合不仅仅限于大陆法系与普通法系的融合，如渥太华大学“世界法律体系”研究团体所指称的“混合法系”。此处所适用的“混合法系”，是指广义上的。

一般、最普遍内容的法律制度”[①]。这在一定程度上也是向中国古代混合法的回归。[②]

第四节 路易斯安那民法典对我国民法典制定的启示

2014 年 10 月 23 日，中国共产党第十八届中央委员会第四次全体会议通过的《中共中央关于全面推进依法治国若干重大问题的决定》指出，“编纂民法典”。编纂民法典是一国之百年大计，只有经过充分的理论准备，民法典才能经得起上百年时间的考验。

全球化是当今时代最主要的特征。在全球化背景下，大陆法系与普通法系加速融合，我国的法制建设亦避不开全球化的影响。改革开放之后，我国对外国法的继受，从“单一继受”转向“多元继受”，加之案例指导制度的逐渐完善与成熟，我国民法典的制定，必将带有“多元复合”的色彩，应当同时汲取大陆法系与普通法系之精华。

经由二百多年的发展，从“大陆”走向“混合”的路易斯安那州法律，尤其是路易斯安那民法典对我国民法典的制定将极具参考价值。路易斯安那民法典的发展表明：民法典体系层面，大陆法系之成文法体系化，尤其是法典化依然是其优势，普通法系的法典化运动也表明了其价值；民法典法律渊源或者具体规定层面，不同领域对普通法的继受程度不同：财产法是最无懈可击的领域，侵权法则是受普通法影响最大的，债法相对小一些但仍受相当大的影响。造成路易斯安那州对普通法继受的原因有很多，但

① 米健:《当今与未来世界法律体系》，法律出版社 2010 年版，第 403 页。

② 参见武树臣:《中国法律文化大写意》，北京大学出版社 2011 年版，第 449 ~ 457 页。

是路易斯安那州法官在此过程中扮演了重要角色。

一、民法典编纂思路与体系问题

2001 年，我国在民法典制定过程中，曾就民法典的体系问题产生过争论，梁慧星先生将学者间的争论概括为“民法典编纂的三条思路”。第一种思路是“松散式”“联邦式”思路，即将我国已经制定的《民法通则》《合同法》《担保法》《继承法》《婚姻法》及当时正在起草的物权法编在一起，就成了中国民法典。无须按照严格的逻辑关系，也无须要求完整的体系。这是江平教授、费宗祎法官、魏耀荣主任主张的一种模式。第二种思路是以梁慧星先生为代表的“现实主义思路”，该思路主张在考虑我国实际基础上以德国式五编制和民法通则为编纂基础，即德国法的思路。第三条思路是徐国栋教授主张的“理想主义思路”。①

《法国民法典》所采用的法学阶梯式与《德国民法典》所采用的学说汇纂式，都各具优势。②但民法典编纂的具体体系问题不是本书所探讨的，本部分意在探讨我国未来民法典是否应当体系化的问题，即采用大陆法系的法典模式，还是普通法系的“松散式”模式。

路易斯安那民法典的发展经验表明，大陆法系成文法的体系化有其优势，二百多年的发展，法典的体系未有太大变化，维持了超稳定的结构。现行《路易斯安那民法典》财产法领域不动产组成部分的创制；债法领域中债法总则的从无到有，再到完善化；侵权法领域一般条款的体系化作用都表明了成文法体系化、抽象化的优势。所以，就路易斯安那民法典二百多年的经验而言，我国的民法典应该是大陆法式的，且应更加注重法典的体系化、抽象化。

---

① 参见梁慧星:《当前关于民法典编纂的三条思路》，载《律师世界》2003 年第 4 期。

② 参见王利明:《民法典体系研究》，中国人民大学出版社 2008 年版，第 128 ~ 130 页。

二、民法典法律渊源：多元化的法律渊源

《民法通则》追随世界潮流，吸收了《瑞士民法典》等晚近大陆法系法典的先进经验，设计了多元化的法律渊源体制，《民法通则》第6条规定：“民事活动必须遵守法律，法律没有规定的，应当遵守国家政策。”这种立法思想是先进的，但是受制于时代背景，“国家政策”的渊源地位就现在而言值得商榷。①“由于人类认识的局限和制定法的封闭、僵硬，习惯法、判例法等法律渊源的现代存在便有了特殊意义。当代社会的发展特点要求法律更具有包容性、开放性，法律渊源的多元色彩更加突出。”②路易斯安那民法典编纂经验以及发展历程表明，民法典的法律渊源应当是多元化的。

（一）作为民事典渊源的习惯

《民法总则》第10条规定：“处理民事纠纷，应当依照法律；法律没有规定的，可以适用习惯，但是不得违背公序良俗。”这标志着确立了习惯的民法渊源地位。

在民法典总则中确认习惯的民法渊源地位具有重要意义：一是丰富民法规则的渊源，保持民法典的开放性。法律发展史表明，立法者的预见能力是有限的，法律因社会发展而滞后；一部仅规定制定法为法律渊源的法典难以穷尽所有的社会生活现象，也难以应对社会经济发展的需要。二是有利于丰富法律规则内容，降低立法成本。将习惯纳入民法渊源体系，有利于实现立法的简约。三是限制法官自由裁量权，并防止法官拒绝裁判。

---

① 梁慧星先生主张现行民法典中，“国家政策”绝不能成为法律渊源。参见梁慧星：《民法总则绝对不能规定“政策”为“法源”》，载 http://www.iolaw.org.cn/showArticle.aspx?id=5069，2017年2月15日最后访问。

② 高其才：《作为当代中国正式法律渊源的习惯法》，载《华东政法大学学报》2013年第2期。

相对于法律原则而言，习惯更为具体，适用习惯可以保障法律的准确使用。另外，将习惯规定为法律渊源，可以防止法官因法律没有明文规定而拒绝裁判，《法国民法典》第4条规定，法官不得依本法没有明文规定为由而拒绝审判，规定习惯为法律渊源将在一定程度上解决因法律没有规定而导致的法官违法裁判的问题。①

《民法总则》将习惯规定为民法典法律渊源具有重要的法律适用价值，是我国民法法律适用规则的重大进步。

（二）指导性案例的法律渊源地位问题

《民法总则》关于法律渊源的规定并未解决全部问题，首先是未对指导性案例的地位未予回应。作为司法改革的举措之一，案例指导制度已拥有不容置疑的正当性，但是目前对其法律渊源的地位缺乏明确界定和统一理解。2010年11月26日，最高人民法院发布的《关于案例指导工作的规定》第7条规定："最高人民法院发布的指导性案例，各级人民法院审判类似案例时应当参照。""应当参照"引发了对指导性案例之法律渊源地位的定位的争议。②笔者赞同以下观点，因最高法院拥有法律解释的制度性功

① 参见王利明：《论习惯作为民法渊源》，载《法学杂志》2016年第11期。

② "应当参照"的用语不仅没有制止争议，反而引发了更多的质疑。关于"应当参照"的效力，大体存在以下几个观点："规范拘束力"（参见李仕春：《案例指导制度的另一条思路——司法能动主义在中国的有限适用》，载《法学》2009年第6期）、"事实拘束力"（参见胡云腾、于同志：《案例指导制度若干重大疑难争议问题研究》，载《法学研究》，2008年第6期；康为民：《中国特色社会主义司法制度的自我完善——案例指导制度的定位、价值与功能》，载《法律适用》2011年第5期）、"强制约束力"（参见郎贵梅：《中国案例指导制度的若干基本理论问题研究》，载《上海交通大学学报》（哲学社会科学版）2009年第2期）、"柔性拘束力"（参见部永昌、刘克毅：《论案例指导制度的法律定位》，载《法律科学》2008年第4期）、"事实上的效力"（参见冯文生：《审判案例指导中的"参照"问题研究》，载《清华法学》2011年第3期）、"具有一定制度支撑的说服力"（参见张骥：《再论指导性案例效力的性质与保证》，载《法制与社会发展》2013年第1期）、"拘束力"（参见董皞、贺晓翊：《指导性案例在统一法律适用中的技术探讨》，载《法学》2008年第11期）等。

能、法律规范的复合型确证授权以及试行的制度性实践，指导性案例已成为司法裁判中基于附属的制度性权威并具有弱规范拘束力的裁判依据，具备"准法源"的地位。①

上面已述，在法律渊源层面，路易斯安那州撷取了大陆法系与普通法系的精华：采用确定性案例规则以弥补成文法的抽象性与规则之间可能存在矛盾之不足；采用成文法以弥补判例法的不系统性、保守性及缺乏足够的预见性之不足。路易斯安那州除将立法与习惯作为权威性法律渊源外，还通过1808年《民法学说汇纂》，1825年、1870年民法典第21条以及现行民法典第4条确立了说理性渊源，即非正式渊源。除现行民法典第4条中涉及的正义、理性以及通行惯例外，路易斯安那州说理性法律渊源还包括经判决建立起来的规则、法律学说。② 因为制定法的抽象性、语言的模糊性等迫使法官不得不参照以前的案例，先前的案例在事实上是一种说理性渊源。路易斯安那州确定性案例（jurisprudence constante）原则对界定指导性案例制度的效力具有指导性意义。

另外，路易斯安那民法典关于"正义、理性以及通行惯例"的规定值得我国民法典借鉴，实质上《民法总则》关于法律渊源的规定未解决全部问题，为各国民法都认可的法理未被纳入法律渊源之中。

三、民法典分则体系：债法总则与侵权法体系问题

体系化是大陆法系法律形式理性的必然要求，这尤以民法为典型。法典化是民法领域体系化最有效、最彻底的方法。民法法典化是大陆法系国家立法的内在需要。

当今，大陆法系与普通法系加速融合，其中普通法系对大陆法系最重

---

① 参见雷磊:《指导性案例法源地位再反思》，载《中国法学》2015年第1期。

② See A.N. Yiannopolous, "The Civil Code of Louisiana", in A.N. Yiannopolous (ed.), *Louisiana Civil Code* (2013 *Edition*, *Volume I*), Brand: Thomson West, 2013, Preface, p.LXVII.

要借鉴在于对其体系化、法典化思维及法律形式的借鉴。大陆法系也一直坚持法律体系化、法典化至今。毫无疑问，我国未来的民法典是属于大陆法系范畴的民法典。

就民法典体系化而言，我国学者间就债法总则是否设立以及债法总则的涵盖内容上存在争议。路易斯安那民法典二百多年的经验表明，债法总则不仅应当独立出来统辖合同、不当得利、无因管理与侵权行为等具体之债，而且是可能的。1808 年《民法学说汇纂》完全采纳了《法国民法典》中债法体系设置。1825 年、1870 年民法典将 1808 年《民法学说汇纂》第 3 题“契约与合意之债的一般规定”拆分为第 3 题“债”与第 4 题“合意之债”。第 3 题“债”只包括“债的性质与分类”一章，6 个条文，主要介绍了债的定义与债的类型。1984 年债法修订在继承 1825 年、1870 年民法典中债法体系基础上，体系更科学化、内容更翔实，分为“一般原则”“自然之债”“债的类型”“债的转让”“债的证明”“债的消灭”6 章，共计 146 个条文。修订后的第 4 题“约定之债或合同”分为 13 章，共 152 个条文。1984 年修订后,《路易斯安那民法典》债法形成了典型的“债法总则——合同法总则 + 合同法分则——准合同与侵权行为”结构。第 3 题适用于第 4 题“约定之债或合同”与第 5 题“非源于协议之债”，如第 3 题“债法总则”第 1757 条规定:“债源自合同及其他的意思表示。它们也直接源自法律，而不考虑意思表示，例如侵权行为、无因管理、不当得利及其他行为或事实。”第 4 题作为合同法总则，则统领第 7 题到第 17 题的各种有名合同。

就侵权法体系而言，路易斯安那民法典发展至今，体系上从“侵权行为一般条款与准侵权行为一般条款 + 具体列举”模式发展为“侵权行为一般条款 + 具体列举与准侵权行为一般条款 + 具体列举”模式。现行《路易斯安那民法典》侵权法体系采用的“一般条款与类型化”相结合的模式是路易斯安那州侵权法对普通法大量接受、大陆法与普通法不断融合的结果。我国《侵权责任法》也是根据“一般条款 + 类型化”模式来构建的，未来我国民法典中侵权责任编应当予以坚持。

四、民法典与法官自由裁量权问题

在我国民法法典化的过程中，还须注意解决民法典与法官自由裁量权之间的关系问题。传统大陆法系国家尽可能限制法官裁判自由的理念和英美法国家允许法官造法的理念为我们提供了两种不同的思路。“在我国进行民法编纂的进路，和英美法法官造法的模式有着较大的不相容性，但这并非意味着法官不应具有适度的自由裁量权。罗马法形成过程中，裁判官充分发挥自由裁量权，对案件处理方法进行不断创新，一直是最为活跃的因素。两大法系的相互融合也证明了在大陆法系背景下扩大法官自由裁量权的必然性和可能性。”①路易斯安那州的经验表明了法官自由裁量权在对普通法继受过程中所扮演的角色是举足轻重的，法官自由裁量权的大小在一定程度上影响到了对普通法的继受程度。

随着我国案例指导制度的逐渐完善，相信指导性案例也将会在某种程度上被认为是法律解释的源泉之一。将法典的条文制定得过分详尽、严格钳制法官的自由裁量余地的做法，必然会损害法典的适应性，从而加速其衰老。只有承认判例作为法律的渊源，作为成文法的重要补充，才能保障法典具有长久的生命力。企图将法律条文制定得足够的明确和详尽，从而尽可能缩减法官的自由裁量余地，这其实是一个乌托邦式的幻想。②所以，在民法典制定过程中，“我们应留有一些空隙让经验去陆续填补……与其绞尽脑汁在法条的细化及类型的周延上下工夫，不如创建一套与法典并驾齐驱的‘活的法律’”③。

---

① 郝磊:《论罗马法形成过程的开放性及其灵活性——兼谈其对我国编纂民法典的启示》，载《甘肃政法学院学报》2004 年第 6 期。

② 参见石佳友:《民法典与法官裁量权》，载《法学家》2007 年第 6 期。

③ 姚辉:《法典化的趋同与鸿沟》，载《法学杂志》2004 年第 2 期。

五、民法典与法律移植、法律本土化问题

一部民法典的编纂特点，根本上是要由它所赖以产生的特定历史条件来决定的。“必须记住法律是特定民族的历史、文化、社会的价值与一般意识形态与观念的集中体现。任何两个国家的法律制度都不可能完全一样。法律是一种文化的表现形式，如果不经过某种本土化的过程，它便不可能轻易地从一种文化移植到另一种文化。”[①]

我国民法典的起草既应大胆学习借鉴甚至移植人类共同的精神财富，又要兼顾我国的历史与现实，从而有机地将二者结合起来。可以说，自清末民初我国法制改革之后，我国绝大部分法律是对西方法律的移植，经由一百多年借鉴与移植，民法典还必须依据时代精神和我国国情进行创新，即本土化，否则民法典将不会成功。当然，不同的领域需要不同对待。尽管研究表明，大陆法系与普通法系的财产法[②]、侵权法[③]在具体制度层面没有实质性差别，但是路易斯安那州的经验表明：财产法被证明是大陆法中最无懈可击的领域；侵权法一般是受普通法影响最大的；债法相对小一些但仍受相当大的影响。所以，就民法典的制定而言，需要处理好不同领域之法律移植与法律本土化问题。

本章小结

全球化是当今时代最主要的特征。在全球化背景下，大陆法系与普通

---

① ［美］格林顿、戈登、奥萨魁：《比较法律传统》，米健、贺卫方、高鸿钧译，中国政法大学出版社1993年版，第6～7页。

② See Yun-chien Chang, Henry E. Smith, “An Economic Analysis of Civil Versus Common Law Property”, 88 *Notre Dame Law Review* 1-55 (2012).

③ 参见［德］格哈特·瓦格纳：《当代侵权法比较研究》，高圣平、熊丙万译，载《法学家》2010年第2期。

法系加速融合，我国的法制建设亦避不开全球化的影响，我国对外国法的继受，从“单一继受”转向“多元继受”，加之案例指导制度的逐渐完善与成熟，未来我国法律制度将兼具大陆法系与普通法系的精华。因此，我国民法典的制定应顺应法系之融合趋势。

经由两百多年的发展，从“大陆”走向“混合”的路易斯安那民法典给予了我们一定启示。民法典体系层面，大陆法系之成文法体系化，尤其是法典化，依然是其优势，就债法与侵权法领域而言，债法总则不仅应当独立出来统辖合同、不当得利、无因管理与侵权行为等具体之债，而且是可能的；“一般条款＋类型化”模式应为我国民法典中侵权责任编坚持。民法典具体制度层面，需处理好法律移植与法律本土化问题。另外，还需考虑民法典关于法律渊源规定及法官自由裁量权的问题。

结　　语

2014年10月23日，中国共产党第十八届中央委员会第四次全体会议通过的《中共中央关于全面推进依法治国若干重大问题的决定》指出，“编纂民法典”。针对这项艰巨复杂的系统工程，我国确立了编纂民法典“两步走”的工作思路。当前民法典总则编进展顺利，已发布3次审议稿；民法典分则编纂工作也提上议程。“编纂民法典，就是要通过立法体系化、科学化的整合，来消除现有立法中的内在矛盾，进一步将人们的权利落到实处。”如何将已经颁布的《继承法》《收养法》《婚姻法》《担保法》《合同法》《物权法》《侵权责任法》《涉外民事关系法律适用法》等予以整合纳入民法典各编，以适应社会发展的需要，以体现时代精神，以尊重民法典的发展规律，是民法典分则编纂工作的重中之重。

我国民法的百年史，是一部民法继受史。新中国成立之后，我国对外国法的继受，由“单一继受”转向“多元继受”，加之案例指导制度的逐渐完善与成熟，未来我国法律制度将撷取大陆法系与普通法系之精华。在此背景下，我国民法典的编纂应当体现两大法系之融合趋势。如何融合，怎样融合，经由两百多年从“大陆”走向“混合”的路易斯安那民法典提供了一个可资借鉴的图景。路易斯安那民法典的发展给予我国民法典制定的启示是:（1）民法典体系层面，大陆法系之法典化依然是其优势;（2）就法典法律渊源而言，应当采用多元化的法律渊源;（3）就债法与侵权法领域而言，债法总则不仅应当独立出来统辖合同、不当得利、无因管理与侵权行为等具体之债，而且是可能的；“一般条款+类型化”模式应为我国民法典中侵权责任编坚持；（4）民法典具体制度层面，私法之不同领域对英美法的继受程度，即大陆法系与普通法系的融合程度，是不同的，需处理好不同领域之法律移植与法律本土化问题；（5）民法典需处理好法官自由裁量权的问题，以应对法典自身的缺陷。

路易斯安那民法典是一座进行比较法研究的丰富矿山，本书研究主要集中于路易斯安那民法典的宏观介绍，这座矿山还有待于我们继续挖掘。

附录 表格一览

表 1-1 路易斯安那民法典与法国民法典之体系比较

1804 年《法国民法典》	1808 年《民法学说汇纂》	1825 年《路易斯安那民法典》	1870 年《路易斯安那修订民法典》	现行《路易斯安那民法典》	现行《法国民法典》
序题 法律的颁布、效力与适用之一般规则	**序题** 权利之一般规定与法律之颁布	**序题** 权利的一般规定与法律之颁行	**序题** 权利的一般规定与法律之颁行	**序题**	**序题** 法律的颁布、效力与适用之一般规则
第 1 编 人	**第 1 编 人**	**第 1 编 人**	**第 1 编 人**	**第 1 编 人**	**第 1 编 人**
第 1 题 民事权利的享有与丧失	第 1 题 人的分类与特定情形下特定民事权利的丧失	第 1 题 人的分类	第 1 题 人的分类	第 1 题 自然人和法人	第 1 题 民事权利
					第 1 题（二）法国国籍
第 2 题 法典生效前的行为	第 2 题 住所及改变住所的方式	第 2 题 住所及改变住所的方式	第 2 题 住所及改变住所的方式	第 2 题 住所及其变更方式	第 2 题 身份证书
第 3 题 住所	第 3 题 失踪人	第 3 题 失踪人	第 3 题 失踪人	第 3 题 失踪人	第 3 题 住所
第 4 题 失踪人	第 4 题 夫与妻	第 4 题 夫与妻	第 4 题 夫与妻	第 4 题 夫与妻	第 4 题 失踪
第 5 题 结婚	第 5 题 别居	第 5 题 别居	第 5 题 别居与离婚	第 5 题 离婚	第 5 题 结婚

续表

1804年《法国民法典》	1808年《民法学说汇纂》	1825年《路易斯安那民法典》	1870年《路易斯安那修订民法典》	现行《路易斯安那民法典》	现行《法国民法典》
第6题　离婚	第6题　主与仆	第6题　主与仆	第6题　主与仆	第6题　主与仆	第6题　离婚
第7题　亲权与亲子关系	第7题　父母与子女	第7题　父母与子女	第7题　父母与子女	第7题　父母与子女	第7题　亲子关系
第8题　收养与非正式监护	第8题　未成年人及其监护、保佐与解放	第8题　未成年人及其监护、保佐与解放	第8题　未成年人及其监护与解放	第8题　未成年人的监护与解放	第8题　收养子女
第9题　亲权	第9题　疯子、白痴及其他无能力管理其财产的人	第9题　疯子、白痴及其他无能力管理其财产的人	第9题　无能力管理其财产的人，无论是精神病还是其他疾病，及其禁止产与保佐	第9题　不能照看自己人身或财产的人	第9题　亲权
第10题　未成年	第10题　共同体或法人	第10题　法人	第10题　法人	第10题　法人[废止]	第10题　未成年与解除亲权
第11题　成年、禁治产与裁判上的辅助人					第11题　成年及受法律保护的成年人
					第12题　受监护的未成年人与成年人的概括财产的管理
					第13题　紧密关系民事协议与姘居
第2编　财产及对所有权的各种限制	**第2编　物及对所有权的不同限制**	**第2编　物及对所有权的不同限制**	**第2编　物及对所有权的不同限制**	**第2编　物及对所有权的不同限制**	**第2编　财产及所有权的各种限制**
第1题　财产的分类	第1题　物或财产	第1题　物	第1题　物	第1题　物	第1题　财产的分类
第2题　所有权	第2题　绝对所有权	第2题　所有权	第2题　所有权	第2题　所有权	第2题　所有权

续表

1804年《法国民法典》	1808年《民法学说汇纂》	1825年《路易斯安那民法典》	1870年《路易斯安那修订民法典》	现行《路易斯安那民法典》	现行《法国民法典》
第3题 用益、共有权与居住	第3题 用益、使用、居住	第3题 用益、使用、居住	第3题 用益、使用、居住	第3题 人役权	第3题 用益权、使用权与居住权
第4题 役权或地役权	第4题 地役权或者土地地役	第4题 地役权与土地地役	第4题 地役权与土地地役	第4题 地役权	第4题 役权或地役权
		第5题 确定界限及勘测土地	第5题 确定界限及勘测土地	第5题 建筑物限制	
		第6题 其树立可被停止或阻止的新工作物	第6题 其树立可被停止或阻止的新工作物	第6题 边界	
				第7题 共有	
第3编 取得财产的各种方法	**第3编 取得物之所有权的不同方式**	**第3编 取得物之所有权的不同方式**	**第3编 取得物之所有权的不同方式**	**第3编 取得物之所有权的不同方式**	**第3编 取得财产的各种方法**
序题	序题 一般规定	序题 一般规定	序题 一般规定	序题 一般规定	总则
第1题 继承	第1题 继承	第1题 继承	第1题 继承	第1题 继承	第1题 继承
第2题 生前赠与与遗嘱	第2题 生前赠与与死因赠与	第2题 生前赠与与死因赠与	第2题 生前赠与与死因赠与	第2题 赠与	第2题 无偿处分财产
第3题 契约与合意之债的一般规定	第3题 契约与合意之债的一般规定	第3题 债	第3题 债	第3题 债法总则	第3题 契约与合意之债的一般规定
第4题 非因合意而发生的债	第4题 非因合意而发生的债、准合同与准侵权	第4题 合意之债	第4题 合意之债	第4题 约定之债或合同	第4题 非因合意而发生的债
					第4题（二） 有缺陷的产品引起的责任

续表

1804年《法国民法典》	1808年《民法学说汇纂》	1825年《路易斯安那民法典》	1870年《路易斯安那修订民法典》	现行《路易斯安那民法典》	现行《法国民法典》
第5题　夫妻财产契约与夫妻间的相互权利	第5题　夫妻财产契约	第5题　准合同、侵权与准侵权	第5题　准合同、侵权与准侵权	第5题　非源于协议之债	第5题　夫妻财产契约与夫妻财产制
第6题　买卖	第6题　买卖	第6题　婚姻契约等	第6题　婚姻契约与婚姻双方对财产的各自权利	第6题　夫妻财产制	第6题　买卖
第7题　互易	第7题　互易	第7题　买卖	第7题　买卖	第7题　买卖	第7题　互易
第8题　租赁	第8题　租赁与雇佣	第8题　互易	第8题　互易	第8题　互易	第8题　租赁契约
					第8题（二）房地产开发合同
第9题　合伙	第9题　合伙	第9题　租赁及雇佣	第9题　租赁	第9题　租赁	第9题　公司
					第9题（二）有关行使共有权的协议
第10题　借贷	第10题　借贷	第10题　永佃与年金	第10题　永佃与年金	第10题　永佃与年金	第10题　借贷
第11题　寄托和讼争物的寄托	第11题　寄托和讼争物的寄托	第11题　合伙	第11题　合伙	第11题　合伙	第11题　寄托和讼争物的寄托
第12题　射幸契约	第12题　射幸契约	第12题　借贷	第12题　借贷	第12题　借贷	第12题　射幸契约
第13题　委托	第13题　委托	第13题　寄托和讼争物的提存	第13题　寄托和讼争物的提存	第13题　寄托和讼争物的寄托	第13题　委托
第14题　保证	第14题　保证	第14题　射幸契约	第14题　射幸契约	第14题　射幸契约	第14题　财产托管
第15题　和解	第15题　和解	第15题　委托或代理人的权力	第15题　委托	第15题　代理与委托	第15题　和解

续表

1804年《法国民法典》	1808年《民法学说汇纂》	1825年《路易斯安那民法典》	1870年《路易斯安那修订民法典》	现行《路易斯安那民法典》	现行《法国民法典》
第16题 民事拘留	第16题 延期	第16题 保证	第16题 保证	第16题 保证	第16题 仲裁
第17题 质押	第17题 妥协或仲裁	第17题 和解或妥协	第17题 和解或妥协	第17题 和解	第17题 质押
第18题 优先权与抵押	第18题 质押	第18题 延期	第18题 延期	第18题 延期	第18题 优先权与抵押
第19题 对债务人不动产的强制执行与债权人间的受偿顺位	第19题 优先权与抵押	第19题 仲裁	第19题 仲裁	第19题 仲裁	第19题 不动产扣押及买卖价金的分配
第20题 时效	第20题 先占、占有与时效	第20题 质押	第20题 质押	第20题 质押	第20题 消灭时效
	第21题 因判决或扣押的名义	第21题 优先权	第21题 优先权	第21题 优先权	第21题 占有与取得实效
		第22题 抵押	第22题 抵押	第22题 抵押	
				第22附1题 登记	
		第23题 先占、占有与时效	第23题 先占、占有与时效	第23题 先占、占有与时效	
		第24题 本法典中诸术语的意思	第24题 本法典中诸术语的意思	第24题 时效	
				第25题 本法典中使用的各种法律词汇的意义	
				第4编 冲突法	**第4编 担保**
				……	……
					第5编 适用于马约特岛的规定
					……

表 1–2　路易斯安那民法典与法国民法典财产法、债法与侵权法之体系比较

1804 年《法国民法典》	1808 年《民法学说汇纂》	1825 年《路易斯安那民法典》	1870 年《路易斯安那修订民法典》	现行《路易斯安那民法典》
第 2 编　财产及对所有权的各种限制	**第 2 编　物及对所有权的不同限制**	**第 2 编　物及对所有权的不同限制**	**第 2 编　物及对所有权的不同限制**	**第 2 编　物及对所有权的不同限制**
第 1 题　财产的分类 第 1 章　不动产 第 2 章　动产 第 3 章　财产与其占有人的关系	**第 1 题　物** 第 1 章　物的分类 第 2 章　不动产 第 3 章　动产 第 4 章　物与其占有人的关系	**第 1 题　物** 第 1 章　物的分类 第 2 章　不动产 第 3 章　动产 第 4 章　物与其占有人的关系	**第 1 题　物** 第 1 章　物的分类 第 1 节　一般原则 第 2 节　不动产 第 3 节　动产 第 2 章　物与其占有人的关系	**第 1 题　物** 第 1 章　物的分类 第 1 节　一般原则 第 2 节　不动产 第 3 节　动产 第 2 章　物权
第 2 题　所有权 第 1 章　对物之所生物的添附权 第 2 章　对与一物结合并结成一体之物的添附权 第 1 节　相对于不动产物的添附权 第 2 节　相对于动产的添附权	**第 2 题　绝对所有权** 第 1 章　一般规则 第 2 章　对物之所生物的添附权 第 3 章　对与一物结合或结成一体之物的添附权 第 1 节　相对于不动产物的添附权 第 2 节　相对于动产的添附权	**第 2 题　所有权** 第 1 章　一般规则 第 2 章　对物之所生物的添附权 第 3 章　对与一物结合或结成一体之物的添附权 第 1 节　相对于不动产物的添附权 第 2 节　相对于动产的添附权	**第 2 题　所有权** 第 1 章　一般规则 第 2 章　对物之所生物的添附权 第 3 章　对与一物结合或结成一体之物的添附权 第 1 节　相对于不动产物的添附权 第 2 节　相对于动产的添附权	**第 2 题　所有权** 第 1 章　一般原则 第 2 章　对添附的权利 第 1 节　对孳息的所有权 第 2 节　有关不动产的添附 第 3 节　有关动产的添附 第 3 章　通过协议转让所有权 第 4 章　所有权的保护
第 3 题　用益权、使用权与居住权 第 1 章　用益权 第 1 节　用益权人的权利 第 2 节　用益权人的义务 第 3 节　用益权如何终止 第 2 章　使用权和居住权	**第 3 题　用益、使用、居住** 第 1 章　用益权 第 1 节　一般概念 第 2 节　用益权人的权利 第 3 节　用益权人的义务 第 4 节　所有权人的义务 第 5 节　用益权如何终止 第 2 章　使用与居住	**第 3 题　用益、使用、居住** 第 1 章　用益权 第 1 节　一般规则 第 2 节　用益权人的权利 第 3 节　用益权人的义务 第 4 节　所有权人的义务 第 5 节　用益权如何终止 第 2 章　使用与居住	**第 3 题　用益、使用、居住** 第 1 章　用益权 第 1 节　一般规则 第 2 节　用益权人的权利 第 3 节　用益权人的义务 第 4 节　所有权人的义务 第 5 节　用益权如何终止 第 2 章　使用与居住	**第 3 题　人役权** 第 1 章　役权的种类 第 2 章　用益权 第 1 节　一般规定 第 2 节　用益权人的权利 第 3 节　用益权人的义务 第 4 节　空虚所有权人的权利与义务 第 5 节　用益权的终止 第 3 章　居住权 第 4 章　使用权

续表

1804 年《法国民法典》	1808 年《民法学说汇纂》	1825 年《路易斯安那民法典》	1870 年《路易斯安那修订民法典》	现行《路易斯安那民法典》
第 4 题 役权或地役权 第 1 章 因场所的自然位置产生的役权 第 2 章 由法律规定设立的役权 第 1 节 共有分界墙与分界沟 第 2 节 对特定建筑物要求留出的距离和中间设施 第 3 节 对相邻人的财产眺望 第 4 节 檐滴 第 5 节 通行权 第 3 章 由人的行为设定的役权 第 1 节 可以对财产设定的各种役权 第 2 节 役权如何设立 第 3 节 享有役权的土地所有人的权利	**第 4 题 地役权或者土地地役** 第 1 章 一般规则 第 2 章 因场所的自然位置产生的役权 第 3 章 由法律规定设立的役权 第 1 节 共有分界墙、分界篱笆与分界沟 第 2 节 对特定建筑物要求留出的距离和中间设施 第 3 节 对相邻人财产的眺望 第 4 节 檐滴 第 5 节 通行权 第 3 章 由人的行为设定的役权 第 1 节 由人的行为设定的役权的种类 第 2 节 役权如何设立 第 3 节 享有役权的土地所有人的权利 第 4 节 役权如何消灭	**第 4 题 地役权与土地地役** 第 1 章 一般规则 第 2 章 因场所的自然位置产生的役权 第 3 章 由法律规定设立的役权 第 1 节 共有分界墙、分界篱笆与分界沟 第 2 节 对特定建筑物要求留出的距离和中间设施 第 3 节 对相邻人财产的眺望 第 4 节 檐滴 第 5 节 通行权 第 4 章 传统的或自愿设立的役权 第 1 节 传统的或自愿设立的役权的种类 第 2 节 役权如何设立 第 3 节 役权如何取得 第 4 节 享有役权的土地所有人的权利 第 5 节 役权如何消灭	**第 4 题 地役权与土地地役** 第 1 章 一般规则 第 2 章 因场所的自然位置产生的役权 第 3 章 由法律规定设立的役权 第 1 节 共有分界墙、分界篱笆与分界沟 第 2 节 需要双层墙之情形 第 3 节 对相邻人财产的眺望 第 4 节 檐滴 第 5 节 通行权 第 4 章 传统的或自愿设立的役权 第 1 节 传统的或自愿设立的役权的种类 第 2 节 役权如何设立 第 3 节 役权如何取得 第 4 节 享有役权的土地所有人的权利 第 5 节 役权如何消灭	**第 4 题 地役权** 第 1 章 一般原则 第 2 章 自然役权 第 3 章 法定役权 第 1 节 对所有权的限制 第 2 节 分界圈围物 第 3 节 通行权 第 4 章 意定的或自愿的役权 第 1 节 意定役权的种类 第 2 节 通过名义设立地役权 第 3 节 为需役财产的意定役权的取得 第 4 节 需役财产所有权人的权利 第 5 节 地役权的消灭
		第 5 题 确定界限及勘测土地	**第 5 题 确定界限及勘测土地**	**第 5 题 建筑物限制**
		第 6 题 其树立可被停止或阻止的新工作物	**第 6 题 其树立可被停止或阻止的新工作物**	**第 6 题 边界** 第 1 章 一般规定 第 2 章 名义、时效或占有的效力
				第 7 题 共有

续表

1804 年 《法国民法典》	1808 年 《民法学说汇纂》	1825 年 《路易斯安那民法典》	1870 年 《路易斯安那修订民法典》	现行 《路易斯安那民法典》
第 3 编 取得财产的各种方法	第 3 编 取得物之所有权的不同方式	第 3 编 取得物之所有权的不同方式	第 3 编 取得物之所有权的不同方式	第 3 编 取得物之所有权的不同方式
第 3 题　契约与合意之债的一般规定[1] 第 1 章　编首规定 第 2 章　契约有效成立的要件 第 1 节　同意 第 2 节　缔结契约之当事人的能力 第 3 节　契约的标的与客体 第 4 节　原因 第 3 章　债的效果 第 1 节　一般规定 第 2 节　给付之债 第 3 节　作为之债或不作为之债 第 4 节　因不履行债务而引起的损害赔偿 第 5 节　契约的解释 第 6 节　契约对于第三人的效果 第 4 章　债的种类 第 1 节　附条件之债 第 2 节　附期限的债 第 3 节　选择之债	**第 3 题　契约与合意之债的一般规定** 第 1 章　编首规定 第 2 章　契约有效成立的要件 第 1 节　同意 第 2 节　缔结契约之当事人的能力 第 3 节　契约的标的与客体 第 4 节　原因 第 3 章　债的效果 第 1 节　一般规定 第 2 节　给付之债 第 3 节　作为之债或不作为之债 第 4 节　因不履行债务而引起的损害赔偿 第 5 节　契约的解释 第 6 节　契约对于第三人的效果 第 4 章　债的种类 第 1 节　附条件之债 第 2 节　附期限的债 第 3 节　选择之债	**第 3 题　债** 第 1 章　债的性质与分类	**第 3 题　债** 第 1 章　债的性质与分类	**第 3 题　债法总则** 第 1 章　一般原则 第 2 章　自然之债 第 3 章　债的类型 第 1 节　物之债 第 2 节　严格的个人之债与可继承之债 第 3 节　附条件之债 第 4 节　附期限之债 第 5 节　多数人之债 第 6 节　联合之债与选择之债 第 7 节　可分与不可分之债 第 4 章　债的转让 第 1 节　债的承担 第 2 节　代位 第 5 章　债的证明 第 6 章　债的消灭 第 1 节　履行 第 2 节　履行不能 第 3 节　更新 第 4 节　债务免除 第 5 节　抵销 第 6 节　混同

① 现行《法国民法典》第 3 编第 3 题在体系上，基本维持了 1804 年《法国民法典》的原貌，仅在第 6 章第 1 节中增加了第 1 目“一般规定”与第 7 章“采用电子形式订立的合同”。

续表

1804 年《法国民法典》	1808 年《民法学说汇纂》	1825 年《路易斯安那民法典》	1870 年《路易斯安那修订民法典》	现行《路易斯安那民法典》
第 4 节　连带之债 第 5 节　可分之债与不可分之债 第 6 节　附违约金条款的债 第 5 章　债的消灭 第 1 节　清偿 第 2 节　债的更新 第 3 节　债务的免除 第 4 节　债的抵销 第 5 节　债的混同 第 6 节　标的物灭失 第 7 节　请求宣告契约无效或取消契约之诉 第 6 章　债的证据与清偿证据 第 1 节　书证 第 2 节　人证 第 3 节　推定 第 4 节　当事人自认 第 5 节　宣誓	第 4 节　连带之债 第 5 节　可分之债与不可分之债 第 6 节　附违约金条款的债 第 5 章　债的消灭 第 1 节　清偿 第 2 节　债的更新 第 3 节　债务的免除 第 4 节　债的抵销 第 5 节　债的混同 第 6 节　标的物灭失 第 7 节　请求宣告契约无效或取消契约之诉 第 6 章　债的证据与清偿证据 第 1 节　书证 第 2 节　人证 第 3 节　推定 第 4 节　当事人自认 第 5 节　宣誓	**第 4 题　合意之债** 第 1 章　一般规则 第 2 章　契约有效成立的要件 第 1 节　契约当事人及其缔约能力 第 2 节　同意——契约有效成立要件 第 3 节　契约的标的与客体 第 4 节　原因或者对价 第 3 章　债的效果 第 1 节　一般规定 第 2 节　给付之债 第 3 节　作为之债或不作为之债 第 4 节　因不履行债务而引起的损害赔偿 第 5 节　契约的解释 第 6 节　应按照衡平、习惯或者法律履行契约 第 7 节　合同当事人之外的人确认无效 第 4 章　债的不同种类 第 1 节　一般规则 第 2 节　严格的个人之债、可继承之债与物之债 第 3 节　附条件之债 第 4 节　附期限之债与无附期限之债 第 5 节　选择之债 第 6 节　连带之债	**第 4 题　合意之债** 第 1 章　一般规则 第 2 章　契约有效成立的要件 第 1 节　契约当事人及其缔约能力 第 2 节　同意——契约有效成立要件 第 3 节　契约的标的与客体 第 4 节　原因或者契约对价 第 3 章　债的效果 第 1 节　一般规定 第 2 节　给付之债 第 3 节　作为之债或不作为之债 第 4 节　因不履行债务而引起的损害赔偿 第 5 节　契约的解释 第 6 节　应按照衡平、习惯或者法律履行契约 第 7 节　合同当事人之外的人确认无效 第 4 章　债的不同种类 第 1 节　一般规则 第 2 节　严格的个人之债、可继承之债与物之债 第 3 节　附条件之债 第 4 节　附期限之债与无附期限之债 第 5 节　选择之债 第 6 节　连带之债	**第 4 题　约定之债或合同** 第 1 章　一般原则 第 2 章　合同能力与例外 第 3 章　同意 第 4 章　同意的瑕疵 第 1 节　错误 第 2 节　欺诈 第 3 节　胁迫 第 4 节　损害 第 5 章　原因 第 6 章　合同的标的与内容 第 7 章　受益第三方 第 8 章　约定之债的效力 第 1 节　合同的一般效力 第 2 节　强制实际履行 第 3 节　置于违约 第 4 节　损害赔偿 第 5 节　约定的损害赔偿 第 9 章　解除 第 10 章　虚假陈述 第 11 章　无效 第 12 章　撤销之诉与代位之诉 第 1 节　撤销之诉 第 2 节　代位之诉 第 13 章　合同的解释

续表

1804年 《法国民法典》	1808年 《民法学说汇纂》	1825年 《路易斯安那民法典》	1870年 《路易斯安那修订民法典》	现行 《路易斯安那民法典》
		第7节　可分之债与不可分之债 第8节　附违约金条款的债 第5章　债的消灭方式 第1节　清偿 第2节　债的更新 第3节　债务的免除 第4节　债的抵销 第5节　债的混同 第6节　标的物灭失 第7节　请求宣告契约无效或取消契约之诉 第6章　债的证据与清偿证据 第1节　书证 第2节　人证 第3节　推定 第4节　当事人自认	第7节　可分之债与不可分之债 第8节　附违约金条款的债 第5章　债的消灭方式 第1节　清偿 第2节　债的更新 第3节　债务的免除 第4节　债的抵销 第5节　债的混同 第6节　标的物灭失 第7节　请求宣告契约无效或取消契约之诉 第6章　债的证据与清偿证据 第1节　书证 第2节　人证 第3节　推定 第4节　当事人自认	
第4题　非因合意而发生的债	**第4题　非因合意而发生的债、准合同与准侵权**			
		第5题　准合同、侵权与准侵权 第1章　准合同 第2章　侵权与准侵权		**第5题　非源于协议之债** 第1章　无因管理 第2章　不当得利 第1节　一般原则 第2节　非债清偿 第3章　侵权与准侵权

表 2-1　1808 年《民法学说汇纂》与 1804 年《法国民法典》之财产法条文对比①

1808 年《民法学说汇纂》	1804 年《法国民法典》	其他渊源②
第 2 编 物及对所有权的不同限制	**第 2 编 财产及对所有权的各种限制**	
第 1 题　物或财产	**第 1 题　财产的分类**	

① 表 2-1、表 2-2、表 2-3，分别将财产法、债法、侵权法领域的相关条文与 1804 年《法国民法典》相关条文所对应。3 个表格所做对应是基于鲁道夫・巴提扎教授的研究（Rodolfo Batiza, "The Louisiana Civil Code of 1808: its Actual Sources and Present Relevance", 6 *Tulane Law Review* 4-165.）与意亚那不勒斯教授的研究［A.N. Yiannopolous, *Louisiana Civil Code*（2013 *Edition, Volume II*）, Brand: Thomson West, 2013.］，对照 1808 年《民法学说汇纂》英文版（*A Digest of the Civil Laws Now in Force in the Territory of Orleans, with Alterations and Amendments Adapted to its Present System of Government*, New Orleans: Bradford and Anderson, 1808.）与 1804 年《法国民法典》英文版［*The Code Napoleon; or, the French Civil Code*（*Translated from the Original and Official Edition, Published at Paris*, 1804）, London: Thomas Davison, Whitefriars, 1824.］的具体条文所列出的。就具体条文之间的对应关系而言，巴提扎教授的研究结论与意亚那不勒斯教授的研究结论有所不同。本书在对照具体条文时，没有采用巴提扎教授的研究方法，而是侧重于条文的实质规定，对条文形式上的表述则放于次要位置。

② 表 2-1、表 2-2、表 2-3 中的其他渊源中所涉全部简称的指代法典、法律及著述如下：

Custom of Paris: Coutume de Paris, found in 1 C. Ferriere, Commentaire sur la Coutume de la Prévoté et Vicomté de Paris（1788）.

Digest: Digest（Roman law）.

Domat: J. Domat, Les Loix Civiles dans leur Ordre Naturel（1777）.

French Projet（Year VIII）: Projet de Code Civil, présenté par la Commission nommée par le gouvernement le 24 Thermidor, an VIII（1800）.

Institutes: Institutes of Justinian.

Institutes（Gaius）.

Las Siete Partidas: The Laws of Las Siete Partidas Which are Still in Force in the State of Louisiana（L. Moreau Lislet & H. Carleton trans. 1820）.

Louisiana Acts 1805, ch. XXVI: An Act Regulating the practice of the Superior Court, in civil causes, April 10, 1805.

Ordinance of 1667: Ordonnance civile pour la réformation de la justice, promulgated on April 20, 1667.

Pothier（Choses）: 2 R. Pothier, Traité des Personnes et des Choses, Oeuvres Posthumes（J. Guyot ed. 1778）.

Pothier（Communauté）: 3 R. Pothier, Taité de la Communauté, Traités de Droit Civil（2d ed. 1781）.

Pothier（Obligations）: 1 R. Pothier, Traité des Obligations, Traités de Droit Civil（2d ed. 1781）.

Pothier（Procédure Civile）: 3 R. Pothier, Traité de la Procédure Civile, Oeuvres Posthumes（1809）.

Third Cambacérès Project: Troisième Projet de Code Civil, an IV（1796）.

续表

1808 年《民法学说汇纂》	1804 年《法国民法典》	其他渊源
第 1 条		Institutes（Gaius）; Institutes
第 2 条		Institutes; Digest
第 3 条	第 538 条	
第 4 ～ 5 条		Institutes
第 6 条	第 538 条	
第 7 条	第 542 条	
第 8 条		Institutes; Digest
第 9 条	第 542 条	
第 10 条		Domat; Institutes
第 11 条		Domat; Pothier（Choses）; Institutes
第 12 条	第 516 条	
第 13 条		Pothier（Choses）
第 14 ～ 17 条	第 517 ～ 520 条	
第 18 条	第 523 条	
第 19 条		Pothier（Communauté）
第 20 ～ 28 条	第 524 ～ 532 条	
第 29 条	第 534 条	
第 30 条	第 535（1）条	
第 31 条	第 535（2）条	
第 32 条	第 537 条	
第 33 条		French Projet（Year VIII）
第 34 条	第 543 条	
第 2 题　绝对所有权	**第 2 题　所有权**	
第 1 ～ 7 条	第 544 ～ 550 条	
第 8 条		French Projet（Year VIII）
第 9 ～ 14 条	第 552 ～ 557 条	
第 15 条	第 559 条	
第 16 ～ 31 条	第 562 ～ 577 条	
第 3 题　用益、使用、居住	**第 3 题　用益、共有权与居住**	
第 1 条	第 578 条	

续表

1808年《民法学说汇纂》	1804年《法国民法典》	其他渊源
第2条		Domat
第3条	第587条	
第4条	第579条	
第5条	第581条	
第6条	第580条	
第7条		French Projet（Year VIII）
第8～11条	第582～585条	
第12条		Domat; Digest
第13条	第586条	
第14条		Digest
第15条	第587条	
第16条	第589条	
第17条	第588条	
第18条	第592～594条	
第19条	第596条	
第20条	第597条	
第21条	第595（1）条	
第22～26条	第600～604条	
第27～28条		Domat
第29条		Digest
第30～41条	第605～616条	
第42条		
第43条	第599（2～3）条	
第44条		Domat
第45条	第599（1）条	
第46～49条		Domat
第50条	第621条	
第51条	第617（1～2）条	
第52～53条		Domat
第54条	第620条	

续表

1808 年《民法学说汇纂》	1804 年《法国民法典》	其他渊源
第 55 条		French Projet（Year VIII）
第 56 条	第 624 条	
第 57 条	第 623 条	
第 58 条	第 621 条	
第 59 条	第 617（5）条	
第 60 条	第 617（4）条	
第 61 条	第 618（1）条	
第 62 条		Institutes
第 63 ～ 64 条		Domat; Institutes
第 65 ～ 66 条	第 625 ～ 626 条	
第 67 ～ 69 条	第 628 ～ 630 条	
第 70 ～ 71 条		Domat
第 72 条		Institutes
第 73 条		Domat
第 74 条	第 587、589 条	
第 75 条	第 631 条	
第 76 条		Domat
第 77 条	第 633 条	
第 78 条		Domat
第 79 ～ 80 条	第 634 ～ 635 条	
第 4 题　地役权或土地地役	**第 4 题　役权或地役权**	
第 1 ～ 9 条	第 637 ～ 645 条	
第 10 条	第 647 条	
第 11 条	第 646 条	
第 12 ～ 14 条	第 649 ～ 651 条	
第 15 ～ 17 条		Domat
第 18 条	第 1386 条	
第 19 条		Domat
第 20 条		Las Siete Partidas
第 21 条		Third Cambacérès Project

续表

1808 年《民法学说汇纂》	1804 年《法国民法典》	其他渊源
第 22 条	第 652 条	
第 23 ~ 24 条		
第 25 条	第 653 条	
第 26 ~ 34 条	第 655 ~ 663 条	
第 35 条		
第 36 条	第 666 条	
第 37 条	第 669 条	
第 38 条	第 674 条	
第 39 ~ 41 条		Custom of Paris
第 42 ~ 44 条	第 675 ~ 677 条	
第 45 ~ 46 条	第 681 ~ 682 条	
第 47 条	第 683、684 条	
第 48 ~ 67 条	第 685 ~ 704 条	
第 68 ~ 72 条	第 706 ~ 710 条	

表 2-2 1808 年《民法学说汇纂》与 1804 年《法国民法典》之债法条文对比

1808 年《民法学说汇纂》	1804 年《法国民法典》	其他渊源
第 3 编 取得物之所有权的不同方式	**第 3 编 取得财产的各种方法**	
第 3 题 契约与合意之债的一般规定	**第 3 题 契约与合意之债的一般规定**	
第 1 ~ 158 条	第 1101 ~ 1258 条	
第 159 ~ 160 条		Domat; Pothier (Obligations)
第 161 ~ 167 条	第 1260 ~ 1266 条	
第 168 ~ 169 条		
第 170 ~ 173 条	第 1268 ~ 1271 条	
第 174 条	第 1272 ~ 1273 条	
第 176 ~ 182 条	第 1274 ~ 1281 条	
第 183 条		French Projet (Year VIII)
第 184 条	第 1282 ~ 1283 条	

续表

1808 年《民法学说汇纂》	1804 年《法国民法典》	其他渊源
第 185 ~ 221 条	第 1285 ~ 1321 条	
第 222 条		
第 223 条	第 1326 条	
第 224 ~ 227 条	第 1322 ~ 1325 条	
第 228 ~ 229 条		
第 230 ~ 233 条	第 1329 ~ 1332 条	
第 234 ~ 241 条	第 1334 ~ 1341 条	
第 242 条		Domat
第 243 条		
第 244 条	第 1347 条	
第 245 条		
第 246 条	第 1348（1 ~ 3）条	
第 247 条	第 1348（4）条	
第 248 条		Domat
第 249 条		
第 250 ~ 257 条	第 1349 ~ 1356 条	
第 258 条		Ordinance of 1667
第 259 条		Pothier（Procédure Civile）; Ordinance of 1667
第 260 ~ 262 条		Ordinance of 1667
第 263 条		Pothier（Procédure Civile）; La. Acts 1805
第 264 条		Pothier（Procédure Civile）

表 2-3 1808 年《民法学说汇纂》与 1804 年《法国民法典》之侵权法法条文对比

1808 年《民法学说汇纂》	1804 年《法国民法典》	其他渊源
第 3 编 取得物之所有权的不同方式	**第 3 编 取得财产的各种方法**	
第 4 题 非因合意而发生的债、准合同与准侵权	**第 4 题 非因合意而发生的债**	
第 1 条	第 1370 条	
第 4 条		French Projet (Year VIII)
第 16 条	第 1382 条	
第 17 ～ 18 条		French Projet (Year VIII)
第 19 ～ 20 条	第 1383 ～ 1384 条	
第 21 条		Digest
第 22 条	第 1386 条	

表 3-1 1870 年《路易斯安那修订民法典》、1825 年《路易斯安那民法典》、1808 年《民法学说汇纂》与 1804 年《法国民法典》之财产法条文对比 ①

1870 年《路易斯安那修订民法典》	1825 年《路易斯安那民法典》	1808 年《民法学说汇纂》	1804 年《法国民法典》	其他渊源②
第 2 编 物及对所有权的不同限制	**第 2 编 物及对所有权的不同限制**	**第 2 编 物及对所有权的不同限制**	**第 2 编 财产及对所有权的各种限制**	

① 表 3-1、表 3-2、表 3-3，分别将财产法、债法、侵权法领域的相关条文与 1804 年《法国民法典》相关条文所对应。3 个表格所做对应是基于鲁道夫·巴提扎教授的研究（Rodolfo Batiza, “The Louisiana Civil Code of 1808: its Actual Sources and Present Relevance”, 6 *Tulane Law Review* 4-165.）与意亚那不勒斯教授的研究［A.N. Yiannopolous, Louisiana Civil Code（2013 Edition, Volume II）, Brand: Thomson West, 2013.］，对照 1808 年《民法学说汇纂》英文版（A Digest of the Civil Laws Now in Force in the Territory of Orleans, with Alterations and Amendments Adapted to its Present System of Government, New Orleans: Bradford and Anderson, 1808.）、1825 年《路易斯安那民法典》英文版（Civil Code of the State of Louisiana, New Orleans: E. Duverger, 1825.）、1870 年《路易斯安那修订民法典》英文版（The Revised Civil Code of the State of Louisiana, New Orleans: Office of the Republican, 1870.）与 1804 年《法国民法典》英文版［The Code Napoleon; or, the French Civil Code（Translated from the Original and Official Edition, Published at Paris, 1804）, London: Thomas Davison, Whitefriars, 1824.］的具体条文所列出的。就具体条文之间的对应关系而言，巴提扎教授的研究结论与意亚那不勒斯教授的研究结论有所不同。本书在对照具体条文时，没有采用巴提扎教授的研究方法，而是侧重于条文的实质规定，对条文形式上的表述则放于次要位置。

② 表 3-1、表 3-2、表 3-3 中的其他渊源中所涉全部简称的指代法典、法律及著述如下：

Domat: J. Domat, Les Loix Civiles dans leur Ordre Naturel（1777）.

Feb. Adic.: 1, 3 Febrero, Febrero Adicionado ó Librería de Escribanos（5th ed. 1806, 1808）.

Gomez: 3 Variae Resolutiones Juris Civilis, Communis, et Regii（1780）.

Las Siete Partidas: The Laws of Las Siete Partidas Which are Still in Force in the State of Louisiana（L. Moreau Lislet & H. Carleton trans. 1820）.

Lepage: 1 P. Lepage, Lois des Batimens ou Le Nouveau Desgodets（1817）.

Maleville: 2 J. de Maleville, Analyse Raisonée de la Discussion du Code Civil au Counseil d'État（1822）.

Merlin: Répertoire Universel et Raisonné de Jurisprudence（5th ed. 1827）.

Pardessus: J. M. Pardessus, Traité des Servitudes ou Services Fonciers（1829）.

Pothier（Obligations）: 1, 2 R. Pothier, Trait des Obligations（1821）.

Pothier（Prescription）: R. Pothier, Traité de la Prescription（1807）.

Pothier（Propriété）: R. Pothier, Traité du Droit du Domaine de Propriété（1807）.

Pothier（Servitudes）: 16 R. Pothier, Coutumes des Duché, Bailliage et prévoté d'Orléans（1822）.

Pothier（Vente）: 3 R. Pothier, Traité du Contrat de Vente（1821）.

Toullier: C.B.M. Toullier, Le Droit Civil Français, Suivant l'Ordre du Code（1821）.

③ 此处括号内的数字是指页码，这是因为 1808 年《民法学说汇纂》没有对法条进行统一编号，所以此处加上页码以做区分，表 3-1、表 3-2、表 3-3、表 3-4、表 3-5、表 3-6 对 1808 年《民法学说汇纂》条款的引用均如此。

续表

1870年《路易斯安那修订民法典》	1825年《路易斯安那民法典》	1808年《民法学说汇纂》	1804年《法国民法典》	其他渊源
第448条	第439条	第1条（94）③		
第449条	第440条	第2条（94）		
第450条	第441条	第3条（94）	第538条	
第451条	第442条	第4条（94）		
第452条	第443条	第5条（94）		
第453条	第444条	第6条（94）	第538条	
第454条	第445条	第7条（94）	第542条	
第455条	第446条	第9条（96）	第542条	
第456条	第447条			Las Siete Partidas
第457条	第448条			Digest
第458条	第449条	第9条（96）	第542条	
第459条	第450条	第10条（96）		
第460条	第451条	第11条（96）		
第461条	第452条	第12条（96）	第516条	
第462条	第453条	第13条（96）		
第463条	第454条	第14条（96）	第517条	
第464条	第455条	第15条（96）	第518条	
第465条	第456条	第17条（96）	第520条	
第466条	第457条	第17条（96）	第520条	
第467条	第458条	第18条（98）	第523条	
第468条	第459条	第20条（98）	第524条	
第469条	第460条	第21条（98）	第525条	
	第461条	第19条（98）		
第470条	第462条			Toullier
第471条	第463条	第22条（98）	第526条	
第472条	第464条	第23条（98）	第527条	
第473条	第465条	第24条（98）	第528条	
第474条	第466条	第25条（98）	第529条	

续表

1870年《路易斯安那修订民法典》	1825年《路易斯安那民法典》	1808年《民法学说汇纂》	1804年《法国民法典》	其他渊源
第475条	第467条	第27条（100）	第531条	
第476条	第468条	第28条（100）	第532条	
第477条	第469条	第29条（100）	第534条	
第478条	第470条	第30条（100）	第535（1）条	
第479条	第471条	第30条（100）	第535（2）条	
第480条	第472条		第536条	
第481条	第473条			Institutes; Domat
第482条	第474条			Toullier
第483条	第475条			Toullier
第484条	第476条	第32条（100）	第537条	
第485条	第477条		第539条	
第486条	第478条	第33条（100）		
第487条	第479条	第34条（100）	第543条	
第488条	第480条			Pothier（Propriété）
第489条	第481条			Digest; Pothier（Propriété）
第490条	第482条			Pothier（Propriété）
第491条	第483条	第1条（102）	第544条	
第492条	第484条			Pothier（Propriété）
第493条	第485条			Pothier（Propriété）
第494条	第486条			Pothier（Propriété）
第495条	第487条			Pothier（Propriété）
第496条	第488条			Digest; Toullier
第497条	第489条	第2条（102）	第545条	
第498条	第490条	第3条（102）	第546条	
第499条	第491条	第4条（102）	第547条	
第500条	第492条			Las Siete Partidas
第501条	第493条	第5条（102）	第548条	
第502条	第494条	第6条（102）	第549条	

续表

1870年《路易斯安那修订民法典》	1825年《路易斯安那民法典》	1808年《民法学说汇纂》	1804年《法国民法典》	其他渊源
第503条	第495条	第7条（102）	第550条	
第504条	第496条	第8条（104）		
第505条	第497条	第9条（104）	第552条	
第506条	第498条	第10条（104）	第553条	
第507条	第499条	第11条（104）	第554条	
第508条	第500条	第12条（104）	第555条	
第509条	第501条	第13条（106）	第556条	
第510条	第502条	第14条（106）	第557条	
第511条	第503条	第15条（106）	第559条	
第512条	第504条		第560条	
第513条	第505条		第581条	
第514条	第506条			Las Siete Partidas
第515条	第507条			Las Siete Partidas
第516条	第508条			Las Siete Partidas
第517条	第509条	第16条（106）	第562条	
第518条	第510条	第17条（106）	第563条	
第519条	第511条	第18条（106）	第564条	
第520条	第512条	第19条（106）	第565条	
第521条	第513条	第20条（106）	第566条	
第522条	第514条	第21条（106）	第567条	
第523条	第515条	第22条（108）	第568条	
第524条	第516条	第23条（108）	第569条	
第525条	第517条	第24条（108）	第570条	
第526条	第518条	第25条（108）	第571条	
第527条	第519条	第26条（108）	第572条	
第528条	第520条	第27条（108）	第573条	
第529条	第521条	第28条（108）	第574条	
第530条	第522条	第29条（108）	第575条	

续表

1870 年《路易斯安那修订民法典》	1825 年《路易斯安那民法典》	1808 年《民法学说汇纂》	1804 年《法国民法典》	其他渊源
第 531 条	第 523 条	第 30 条（108）	第 576 条	
第 532 条	第 524 条	第 31 条（108）	第 577 条	
第 533 条	第 525 条	第 1 条（110）	第 578 条	
第 534 条	第 526 条	第 2 ～ 3 条（110）	第 587 条	
第 535 条	第 527 条	第 2 条（110）		
第 536 条	第 528 条	第 3 条（110）	第 587 条	
第 537 条	第 529 条			Digest
第 538 条	第 530 条			Digest
第 539 条	第 531 条			Digest
第 540 条	第 532 条	第 4 条（110）	第 579 条	
第 541 条	第 533 条	第 5 条（110）	第 581 条	
第 542 条	第 534 条	第 6 条（112）	第 580 条	
第 543 条	第 535 条	第 7 条（112）		
第 544 条	第 536 条	第 8 条（112）	第 582 条	
第 545 条	第 537 条	第 9 ～ 10 条（112）	第 583 ～ 584 条	
第 546 条	第 538 条	第 11 条（112）	第 585 条	
	第 539 条	第 12 条（112）		
第 547 条	第 540 条	第 13 条（112）、第 17 条（114）	第 586、588 条	
第 548 条	第 541 条	第 14 条（112）		
第 549 条	第 542 条	第 15 条（112）	第 587 条	
第 550 条	第 543 条	第 16 条（112）	第 589 条	
第 551 条	第 544 条	第 18 条（114）	第 592 ～ 594 条	
第 552 条	第 545 条		第 598 条	
第 553 条	第 546 条	第 19 条（114）	第 596 条	
第 554 条	第 547 条	第 20 条（114）	第 597 条	
第 555 条	第 548 条	第 21 条（114）	第 595 条	

续表

1870年《路易斯安那修订民法典》	1825年《路易斯安那民法典》	1808年《民法学说汇纂》	1804年《法国民法典》	其他渊源
第556条	第549条			Domat
第557条	第550条	第22条（114）	第600条	
第558条	第551条	第23（1）条（114）	第601条	
第559条	第552条	第23（1～2）条（114）	第601条	
第560条	第553条	第23（3）条（114）	第601条	
第561条	第554条		第595条	
第562条	第555条		第595条	
第563条	第556条	第24条（114）	第602条	
第564条	第557条	第25条（116）	第603条	
第565条	第558条			Digest
第566条	第559条	第26条（116）	第604条	
第567条	第560条	第27条（116）		
第568条	第561条	第28条（116）		
	第562条			Digest
第569条	第563条			Digest; Toullier
第570条	第564条	第29条（116）		
第571条	第565条	第30条（116）	第605条	
第572条	第566条	第31条（116）	第606条	
第573条	第567条			Digest
第574条	第568条			Digest
第575条	第569条			Digest
第576条	第570条			Toullier
第577条	第571条	第32条（116）	第607条	
第578条	第572条	第33条（116）	第608条	
第579条	第573条	第34条（116）	第609条	
第580条	第574条	第35条（116）	第610条	
第581条	第575条	第36条（118）	第611条	
第582条	第576条	第37（1）条（118）	第612（1）条	

续表

1870 年《路易斯安那修订民法典》	1825 年《路易斯安那民法典》	1808 年《民法学说汇纂》	1804 年《法国民法典》	其他渊源
第 583 条	第 577 条			Gomez; Feb. Adic.; Maleville
第 584 条	第 578 条			Gomez; Feb. Adic.; Maleville
第 585 条	第 579 条		第 612（3）条	
第 586 条	第 580 条		第 612（4）条	
第 587 条	第 581 条	第 37（2～3）条（118）	第 612（2～4）条	
第 588 条	第 582 条	第 38 条（118）	第 613 条	
第 589 条	第 583 条	第 38 条（118）	第 613 条	
第 590 条	第 584 条			Digest
第 591 条	第 585 条	第 39 条（118）	第 614 条	
第 592 条	第 586 条	第 40 条（118）	第 615 条	
第 593 条	第 587 条	第 41 条（118）	第 616 条	
	第 588 条			
第 594 条	第 589 条	第 43 条（118）	第 599（2～3）条	
第 595 条	第 590 条			Toullier
第 596 条	第 591 条			Toullier
第 597 条	第 592 条			Toullier
第 598 条	第 593 条			Toullier
第 599 条	第 594 条	第 44 条（120）		
第 600 条	第 595 条	第 45 条（120）	第 599（1）条	
第 601 条	第 596 条	第 46 条（120）		
第 602 条	第 597 条	第 47 条（120）		
第 603 条	第 598 条	第 48 条（120）		
第 604 条	第 599 条	第 49 条（120）		
第 605 条	第 600 条	第 50 条（120）	第 621 条	
第 606 条	第 601 条	第 51 条（120）	第 617（1～2）条	
第 607 条	第 602 条			Digest

续表

1870 年《路易斯安那修订民法典》	1825 年《路易斯安那民法典》	1808 年《民法学说汇纂》	1804 年《法国民法典》	其他渊源
第 608 条	第 603 条	第 52 条（120）		
第 609 条	第 604 条	第 53 条（120）		
第 610 条	第 605 条	第 54 条（120）	第 620 条	
第 611 条	第 606 条			Digest
第 612 条	第 607 条（par.2 added）	第 55 条（120）		
第 613 条	第 608 条	第 56 条（122）	第 624 条	
第 614 条	第 609 条	第 57 条（122）	第 623 条	
第 615 条	第 610 条			Digest
第 616 条	第 611 条			Maleville
第 617 条	第 612 条	第 58 条（122）	第 621 条	
第 618 条	第 613 条	第 59 条（122）	第 617（5）条	
第 619 条	第 614 条	第 60 条（122）	第 617（4）条	
第 620 条	第 615 条			Digest
第 621 条	第 616 条	第 61 条（122）	第 618（1）条	
第 622 条	第 617 条	第 61 条（122）	第 618（1）条	
第 623 条	第 618 条		第 618（2）条	
第 624 条	第 619 条		第 622 条	
第 625 条	第 620 条	第 62 条（122）		
第 626 条	第 621 条	第 63 条（124）		
第 627 条	第 622 条	第 64 条（124）		
第 628 条	第 623 条	第 65 条（124）	第 625 条	
第 629 条	第 624 条	第 66 条（124）	第 626 条	
第 630 条	第 625 条	第 66 条（124）	第 626 条	
第 631 条	第 626 条	第 67 条（124）	第 628 条	
第 632 条	第 627 条	第 68 条（124）	第 629 条	
第 633 条	第 628 条	第 69 条（124）	第 630 条	
第 634 条	第 629 条	第 71 条（124）		
第 635 条	第 630 条	第 71 条（124）		

续表

1870 年《路易斯安那修订民法典》	1825 年《路易斯安那民法典》	1808 年《民法学说汇纂》	1804 年《法国民法典》	其他渊源
	第 631 条	第 72 条（124）		
第 636 条	第 632 条	第 73 条（124）		
第 637 条	第 633 条	第 74 条（124）	第 587、589 条	
第 638 条	第 634 条	第 75 条（126）	第 631 条	
第 639 条	第 635 条	第 76 条（126）		
第 640 条	第 636 条	第 76 条（126）		
第 641 条	第 637 条	第 77 条（126）	第 633 条	
第 642 条	第 638 条	第 78 条（126）		
第 643 条	第 639 条	第 79 条（126）	第 634 条	
第 644 条	第 640 条		第 627 条	
第 645 条	第 641 条	第 80 条（126）	第 635 条	
第 646 条	第 642 条			Digest; Pothier（Servitudes）
第 647 条	第 643 条	第 1 条（126）	第 637 条	
第 648 条	第 644 条			Toullier
第 649 条	第 645 条			Digest; Pardessus
第 650 条	第 646 条			Digest; Pardessus; Toullier
第 651 条	第 647 条			Digest; Toullier
第 652 条	第 648 条			Digest
第 653 条	第 649 条			Domat; Pardessus
第 654 条	第 650 条			Domat; Pardessus
第 655 条	第 651 条			Digest
第 656 条	第 652 条			Pothier（Servitudes）; Pardessus; Maleville; Digest
第 657 条	第 653 条			Maleville; Pardessus
第 658 条	第 654 条			Digest
第 659 条	第 655 条	第 3 条（126）	第 639 条	
第 660 条	第 656 条	第 4 条（128）	第 640 条	
第 661 条	第 657 条	第 8 条（128）	第 644 条	
第 662 条	第 658 条	第 10 条（128）	第 647 条	

续表

1870年《路易斯安那修订民法典》	1825年《路易斯安那民法典》	1808年《民法学说汇纂》	1804年《法国民法典》	其他渊源
第663条	第659条	第11条（128）	第646条	
第664条	第660条	第12条（128）	第649条	
第665条	第661条	第13条（128）	第650条	
第666条	第662条	第14条（130）	第651条	
第667条	第663条	第15条（130）		
第668条	第664条	第16条（130）		
第669条	第665条	第17条（130）		
第670条	第666条	第18条（130）	第1386条	
第671条	第667条	第19条（130）		
第672条	第668条	第20条（130）		
第673条	第669条	第21条（130）		
第674条	第670条	第22条（132）	第652条	
第675条	第671条	第23条（132）		
第676条	第672条	第24条（132）		
第677条	第673条	第25条（132）	第653条	
第678条	第674条	第26条（132）	第655条	
第679条	第675条	第27条（132）	第656条	
第680条	第676条	第28条（132）	第657条	
第681条	第677条	第29条（132）	第658条	
第682条	第678条	第30条（132）	第659条	
第683条	第679条	第31条（134）	第660条	
第684条	第680条	第32条（134）	第661条	
第685条	第681条	第33条（134）	第662条	
第686条	第682条	第34条（134）	第663条	
第687条	第683条	第35条（134）		
第688条	第684条		第670条	
第689条	第685条	第36条（134）	第666条	
第690条	第686条	第37条（134）	第669条	

续表

1870年《路易斯安那修订民法典》	1825年《路易斯安那民法典》	1808年《民法学说汇纂》	1804年《法国民法典》	其他渊源
第691条	第687条		第671～672条	
第692条	第688条	第38条（134）	第674条	
第693条	第689条	第39条（134）		
第694条	第690条	第40条（134）		
第695条	第691条	第41条（136）		
第696条	第692条	第42条（136）	第675条	
第697条	第693条		第678条	
第698条	第694条	第45条（136）	第681条	
第699条	第695条	第46条（136）	第682条	
第700条	第696条	第47条（136）	第683条	
第701条	第697条			Digest; Maleville
第702条	第698条			Digest
第703条	第699条			Digest; Maleville
第704条	第700条			Pardessus
第705条	第701条			Pardessus
第706条	第702条			Pardessus
第707条	第703条			Maleville
第708条	第704条	第48条（136）	第685条	
第709条	第705条	第49条（138）	第686条	
第710条	第706条	第50条（138）	第687条	
第711条	第707条			Las Siete Partidas
第712条	第708条			Las Siete Partidas
第713条	第709条			Las Siete Partidas
第714条	第710条			Digest; Las Siete Partidas
第715条	第711条			Digest; Domat
第716条	第712条			Domat; Digest; Las Siete Partidas
第717条	第713条			Domat; Digest; Las Siete Partidas
第718条	第714条			Las Siete Partidas; Digest

续表

1870年《路易斯安那修订民法典》	1825年《路易斯安那民法典》	1808年《民法学说汇纂》	1804年《法国民法典》	其他渊源
第719条	第715条			Las Siete Partidas; Digest
第720条	第716条			Digest; Las Siete Partidas
第721条	第717条			Las Siete Partidas; Digest
第722条	第718条			Digest; Las Siete Partidas
第723条	第719条			Digest; Las Siete Partidas
第724条	第720条			Digest
第725条	第721条			Digest; Las Siete Partidas
第726条	第722条			Las Siete Partidas; Digest
第727条	第723条	第51条（138）	第688条	
第728条	第724条	第52条（138）	第689条	
第729条	第725条			Las Siete Partidas; Feb. Adic.; Pothier（Servitudes）
第730条	第726条			Toullier; Pardessus
第731条	第727条			Toullier; Pardessus
第732条	第728条			Toullier
第733条	第729条			Pardessus
第734条	第730条			Pardessus
第735条	第731条			Pardessus; Toullier
第736条	第732条			Toullier
第737条	第733条			Toullier
第738条	第734条			Digest; Las Siete Partidas; Pardessus; Toullier; Pothier（Servitudes）
第739条	第735条			Digest; Toullier; Pothier（Servitudes）
第740条	第736条			Pothier（Servitudes）; Toullier; Pardessus
第741条	第737条			Toullier
第742条	第738条			Toullier
第743条	第739条			Pothier（Servitudes）; Toullier

续表

1870年《路易斯安那修订民法典》	1825年《路易斯安那民法典》	1808年《民法学说汇纂》	1804年《法国民法典》	其他渊源
第744条	第740条			Pardessus
第745条	第741条			Digest; Lepage
第746条	第742条			Lepage
第747条	第743条			Digest
第748条	第744条			Digest
第749条	第745条			Digest; Toullier
第750条	第746条			Toullier
第751条	第747条			Digest
第752条	第748条			Toullier
第753条	第749条			Toullier
第754条	第750条			Toullier
第755条	第751条			Toullier
第756条	第752条			Toullier
第757条	第753条			Toullier
第758条	第754条			Toullier
第759条	第755条			Pardessus; Toullier; Pothier (Servitudes)
第760条	第756条			Pardessus; Toullier
第761条	第757条			Pardessus; Toullier
第762条	第758条			Pardessus; Toullier; Las Siete Partidas
第763条	第759条			Pardessus; Toullier
第764条	第760条			Pardessus; Toullier
第765条	第761条	第53条（138）	第690条	
第766条	第762条	第54条（138）	第691条	
第767条	第763条	第55条（138）	第692条	
第768条	第764条	第56条（138）	第693条	
第769条	第765条	第57条（140）	第694条	
第770条	第766条	第58条（140）	第695条	

续表

1870年《路易斯安那修订民法典》	1825年《路易斯安那民法典》	1808年《民法学说汇纂》	1804年《法国民法典》	其他渊源
第771条	第767条	第59条（140）	第696条	
第772条	第768条	第60条（140）	第697条	
第773条	第769条	第61条（140）	第698条	
第774条	第770条			Digest
第775条	第771条	第62条（140）	第699条	
第776条	第772条	第63条（140）	第700条	
第777条	第773条	第64条（140）	第701条	
第778条	第774条	第65条（140）	第702条	
第779条	第775条			Toullier
第780条	第776条			Las Siete Partidas; Digest; Toullier
第781条	第777条			Toullier
第782条	第778条			Toullier
第783条	第779条			Toullier
第784条	第780条	第66条（142）	第703条	
第785条	第781条	第67条（142）	第704条	
第786条	第782条		第665条	
第787条	第783条			Maleville; Toullier
第788条	第784条			Maleville; Toullier
第789条	第785条	第68条（142）	第706条	
第790条	第786条	第69条（142）	第707条	
第791条	第787条			Toullier
第792条	第788条			Toullier
第793条	第789条			Digest; Toullier; Pardessus
第794条	第790条			Digest; Pardessus
第795条	第791条			Pardessus
第796条	第792条	第70条（142）	第708条	
第797条	第793条			Digest; Toullier
第798条	第794条			Domat; Toullier

续表

1870 年《路易斯安那修订民法典》	1825 年《路易斯安那民法典》	1808 年《民法学说汇纂》	1804 年《法国民法典》	其他渊源
第 799 条	第 795 条			Digest; Pothier (Servitudes)
第 800 条	第 796 条			Digest; Toullier
第 801 条	第 797 条	第 71 条（142）	第 709 条	
第 802 条	第 798 条	第 72 条（142）	第 710 条	
第 803 条	第 799 条			Pandectes Franaiçses
第 804 条	第 800 条			Powers v. Foucher, 12 Mart. (o.s.) 70-77 (La. 1823)
第 805 条	第 801 条		第 705 条	
第 806 条	第 802 条			Toullier
第 807 条	第 803 条			Toullier; Pardessus
第 808 条	第 804 条			Merlin; Toullier; Pardessus
第 809 条	第 805 条			Pardessus
第 810 条	第 806 条			Pardessus; Toullier
第 811 条	第 807 条			Toullier; Pardessus
第 812 条	第 808 条			Toullier
第 813 条	第 809 条			Toullier
第 814 条	第 810 条			Toullier
第 815 条	第 811 条			Toullier
第 816 条	第 812 条			Toullier
第 817 条	第 813 条			Digest; Pothier (Servitudes)
第 818 条	第 814 条			Toullier
第 819 条	第 815 条			Pardessus; Toullier
第 820 条	第 816 条			Toullier; Pardessus
第 821 条	第 817 条			Toullier
第 822 条	第 818 条			Digest; Pothier (Servitudes)
第 823 条	第 819 条			Toullier
第 824 条	第 820 条			Toullier
第 825 条	第 821 条			Toullier
第 826 条	第 822 条			Toullier

续表

1870年《路易斯安那修订民法典》	1825年《路易斯安那民法典》	1808年《民法学说汇纂》	1804年《法国民法典》	其他渊源
第827条	第823条			Digest
第828条	第824条			Digest; Domat
第829条	第825条			Digest; Toullier
第830条	第826条			Digest; Toullier
第831条	第827条			Toullier
第832条	第828条			Toullier
第833条	第829条			La. Acts of 1818, Act of March 18, 1818, §6
第834条	第830条			La. Acts of 1818, Act of March 18, 1818, §9
第835条	第831条			La. Acts of 1818, Act of March 18, 1818, §9
第836条	第832条			La. Acts of 1818, Act of March 18, 1818, §9
第837条	第833条			La. Acts of 1818, Act of March 18, 1818, §9
第838条	第834条			La. Acts of 1818, Act of March 18, 1818, §9
第839条	第835条			La. Acts of 1818, Act of March 18, 1818, §9
第840条	第836条			Toullier
第841条	第837条			Digest
第842条	第838条			Digest
第843条	第839条			Digest
第844条	第840条			Digest
第845条	第841条			Toullier
第846条	第842条			Toullier
第847条	第843条			Toullier
第848条	第844条			Toullier
第849条	第845条			Toullier
第850条	第846条			Toullier

续表

1870 年《路易斯安那修订民法典》	1825 年《路易斯安那民法典》	1808 年《民法学说汇纂》	1804 年《法国民法典》	其他渊源
第 851 条	第 847 条			Toullier
第 852 条	第 848 条			Digest
第 853 条	第 849 条			Toullier
第 854 条	第 850 条			Pothier(Vente)
第 855 条	第 851 条			Digest
第 856 条	第 852 条			Digest; Las Siete Partidas; Feb. Adic.
第 857 条	第 853 条			Digest; Las Siete Partidas; Feb. Adic.
第 858 条	第 854 条			Digest
第 859 条	第 855 条			Digest
第 860 条	第 856 条			Las Siete Partidas
第 861 条	第 857 条			Las Siete Partidas
第 862 条	第 858 条			Las Siete Partidas
第 863 条	第 859 条			Digest; Las Siete Partidas
第 864 条	第 860 条			Digest; Las Siete Partidas
第 865 条	第 861 条			Las Siete Partidas
第 866 条	第 862 条			Las Siete Partidas
第 867 条	第 863 条			Digest; Las Siete Partidas
第 868 条	第 864 条			Digest; Las Siete Partidas
第 869 条	第 865 条			Las Siete Partidas

表 3-2　1870 年《路易斯安那修订民法典》、1825 年《路易斯安那民法典》、1808 年《民法学说汇纂》与 1804 年《法国民法典》之债法条文对比

1870 年《路易斯安那修订民法典》	1825 年《路易斯安那民法典》	1808 年《民法学说汇纂》	1804 年《法国民法典》	其他渊源
第 3 编 取得物之所有权的不同方式	**第 3 编 取得物之所有权的不同方式**	**第 3 编 取得物之所有权的不同方式**	**第 3 编 取得财产的各种方法**	
第 3 题 债	**第 3 题 债**	**第 3 题 契约与合意之债的一般规定**	**第 3 题 契约与合意之债的一般规定**	
第 1756 条	第 1749 条			
第 1757 条	第 1750 条			
第 1758 条	第 1751 条			
第 1759 条	第 1752 条			
第 1760 条	第 1753 条			
第 4 题 合意之债	**第 4 题 合意之债**			
第 1761 条	第 1754 条	第 1 条（260）	第 1101 条	
第 1762 条	第 1755 条			Toullier
第 1763 条	第 1756 条			Toullier
第 1764 条	第 1757 条			Pothier（Obligation）; Toullier
第 1765 条	第 1758 条	第 2 ～ 3 条（260）	第 1102 条	
第 1766 条	第 1759 条			Pothier（Obligation）
第 1767 条	第 1760 条			Pothier（Obligation）
第 1768 条	第 1761 条	第 4（1）条（260）	第 1104（1）条	
第 1769 条	第 1762 条			Pothier（Obligation）
第 1770 条	第 1763 条			Pothier（Obligation）
第 1771 条	第 1764 条			Pothier（Obligation）
第 1772 条	第 1765 条			Pothier（Obligation）
第 1773 条	第 1766 条	第 5 条（260）	第 1105 条	

续表

1870 年《路易斯安那修订民法典》	1825 年《路易斯安那民法典》	1808 年《民法学说汇纂》	1804 年《法国民法典》	其他渊源
第 1774 条	第 1767 条	第 6 条（260）	第 1106 条	
第 1775 条	第 1768 条			Pothier（Obligation）
第 1776 条	第 1769 条	第 4（2）条（260）	第 1104（2）条	
第 1777 条	第 1770 条	第 7（1）条（260）	第 1107 条（1）	
第 1778 条	第 1771 条	第 7（2）条（260）	第 1107 条（2）	
第 1779 条	第 1772 条	第 8 条（260）	第 1108 条	
第 1780 条	第 1773 条			Pothier（Obligation）
第 1781 条	第 1774 条			Toullier
第 1782 条	第 1775 条	第 23 ～ 24 条（264）	第 1123 条	
第 1783 条	第 1776 条			
第 1784 条	第 1777 条			
第 1785 条	第 1778 条	第 25（1）条（264）	第 1125 条（1）	
第 1786 条	第 1779 条		第 215、220 条	
第 1787 条	第 1780 条		第 1990 条	
第 1788 条	第 1781 条			
	第 1、3、5 ～ 13 款			Pothier（Obligation）
	第 2 款		第 503 条	
	第 4 款		第 504 条	
第 1789 条	第 1782 条			Pothier（Obligation）
	第 1783 条			Digest; Institutes
第 1790 条	第 1784 条			Digest; Institutes
第 1791 条	第 1785 条	第 25（2）条（264）	第 1125（2）条	
第 1792 条	第 1786 条			
第 1793 条	第 1787 条			
第 1794 条	第 1788 条			
第 1795 条	第 1789 条			

续表

1870年《路易斯安那修订民法典》	1825年《路易斯安那民法典》	1808年《民法学说汇纂》	1804年《法国民法典》	其他渊源
第1796条	第1790条			Toullier
第1797条	第1791条			Toullier
第1798条	第1792条			Domat; Pothier (Obligation); Toullier
第1799条	第1793条			Toullier
第1800条	第1794条			Toullier
第1801条	第1795条			Toullier
第1802条	第1796条			Toullier
第1803条	第1797条			Toullier
第1804条	第1798条			Toullier
第1805条	第1799条			Toullier
第1806条	第1800条			Toullier
第1807条	第1801条			Toullier
第1808条	第1802条			Toullier
第1809条	第1803条			Toullier
第1810条	第1804条			Toullier
第1811条	第1805条			Toullier
第1812条	第1806条			Feb. Adic.
第1813条	第1807条			Pothier (Obligation)
第1814条	第1808条			Pothier (Obligation)
第1815条	第1809条			Toullier; Pothier (Obligation)
第1816条	第1810条			Toullier
第1817条	第1811条			Toullier
第1818条	第1812条			Toullier
第1819条	第1813条	第9条(262)	第1109条	
第1820条	第1814条			Domat; Toullier
第1821条	第1815条			Toullier
第1822条	第1816条			Toullier

续表

1870年《路易斯安那修订民法典》	1825年《路易斯安那民法典》	1808年《民法学说汇纂》	1804年《法国民法典》	其他渊源
第1823条	第1817条	第10(1)条(262)	第1110(1)条	
第1824条	第1818条			Toullier
第1825条	第1819条			Toullier
第1826条	第1820条			Toullier
第1827条	第1821条			Toullier
第1828条	第1822条			Toullier
第1829条	第1823条		第2056条	
第1830条	第1824条			Toullier
第1831条	第1825条			Toullier
第1832条	第1826条			Toullier
第1833条	第1827条			Toullier
第1834条	第1828条			Toullier
第1835条	第1829条			Toullier
第1836条	第1830条			Toullier
第1837条	第1831条			Toullier
第1838条	第1832条			Toullier
第1839条	第1833条			Toullier
第1840条	第1834条			Toullier
第1841条	第1835条			Toullier
第1842条	第1836条			Pothier(Obligation); Toullier
第1843条	第1837条			Pothier(Obligation); Toullier
第1844条	第1838条			Pothier(Obligation); Toullier
第1845条	第1839条			Pothier(Obligation); Toullier
第1846条	第1840条			Domat; Toullier
	第1～2、4～6款			Toullier
	第3款			Toullier; Pothier(Presciption)

续表

1870年《路易斯安那修订民法典》	1825年《路易斯安那民法典》	1808年《民法学说汇纂》	1804年《法国民法典》	其他渊源
第1847条	第1841条	第16(1)条(262)	第1116(1)条	
第1848条	第1842条	第16(2)条(262)	第1116(2)条	
第1849条	第1843条			
第1850条	第1844条			Domat; Pothier(Obligation); Toullier
第1851条	第1845条	第12条(262)	第1112条	
第1852条	第1846条	第11条(262)	第1111条	
第1853条	第1847条	第13条(262)	第1113条	
第1854条	第1848条	第14条(262)	第1114条	
第1855条	第1849条	第15条(262)	第1115条	
第1856条	第1850条			Pothier(Obligation); Toullier
第1857条	第1851条			Toullier
第1858条	第1852条			Pothier(Obligation)
第1859条	第1853条			Pothier(Obligation)
第1860条	第1854条			Pothier(Obligation)
第1861条	第1855条			Pothier(Obligation); Toullier
第1862条	第1856条			Toullier
第1863条	第1857条			Toullier
第1864条	第1858条			Pothier(Obligation)
第1865条	第1859条			Pothier(Obligation)
第1866条	第1860条			Toullier
第1867条	第1861条			Pothier(Obligation)
第1868条	第1862条	第214条(302)	第1314条	
第1869条	第1863条			Domat
第1870条	第1864条			Pothier(Successions); Toullier
第1871条	第1865条		第1675条	
第1872条	第1866条	第207条(302)	第1307条	

续表

1870 年《路易斯安那修订民法典》	1825 年《路易斯安那民法典》	1808 年《民法学说汇纂》	1804 年《法国民法典》	其他渊源
第 1873 条	第 1867 条	第 208 ～ 209 条（302）	第 1308 ～ 1309 条	
第 1874 条	第 1868 条	第 210 条（302）	第 1310 条	
第 1875 条	第 1869 条			Toullier
第 1876 条	第 1870 条	第 115 条（280）	第 1215 条	
第 1877 条	第 1871 条			Pothier（Successions）; Toullier
第 1878 条	第 1872 条			Toullier
第 1879 条	第 1873 条			Toullier
第 1880 条	第 1874 条			Toullier
第 1881 条	第 1875 条	第 17 条（262）	第 1117 条	
第 1882 条	第 1876 条	第 17 条（262）	第 1117 条	
第 1883 条	第 1877 条	第 26 条（264）	第 1126 条	
第 1884 条	第 1878 条	第 27 条（264）	第 1127 条	
第 1885 条	第 1879 条	第 28 条（264）	第 1128 条	
第 1886 条	第 1880 条	第 29 条（264）	第 1129 条	
第 1887 条	第 1881 条	第 30 条（264）	第 1130 条	
第 1888 条	第 1882 条			Pothier（Obligation）; Toullier
第 1889 条	第 1883 条	第 19 ～ 20 条（262）	第 1119 ～ 1120 条	
第 1890 条	第 1884 条	第 21 条（262）、第 22 条（264）	第 1121 ～ 1122 条	
第 1891 条	第 1885 条			Pothier（Obligation）; Toullier
第 1892 条	第 1886 条			Pothier（Obligation）; Toullier
第 1893 条	第 1887 条	第 31 条（264）	第 1131 条	
第 1894 条	第 1888 条	第 32 条（264）	第 1132 条	
第 1895 条	第 1889 条	第 33 条（264）	第 1133 条	
第 1896 条	第 1890 条			Pothier（Obligation）; Toullier
第 1897 条	第 1891 条			Toullier
第 1898 条	第 1892 条			Toullier

续表

1870 年《路易斯安那修订民法典》	1825 年《路易斯安那民法典》	1808 年《民法学说汇纂》	1804 年《法国民法典》	其他渊源
第 1899 条	第 1893 条			Toullier
第 1900 条	第 1894 条			
第 1901 条	第 1895 条	第 34 条（266）	第 1134 条	
第 1902 条	第 1896 条			Toullier
第 1903 条	第 1897 条	第 35 条（266）	第 1135 条	
第 1904 条	第 1898 条			Toullier
第 1905 条	第 1899 条			Domat
第 1906 条	第 1900 条			Domat
第 1907 条	第 1901 条			
第 1908 条	第 1902 条			
第 1909 条	第 1903 条	第 38 条（266）	第 1138 条	
第 1910 条	第 1904 条	第 38（2）条（266）	第 1138（2）条	
第 1911 条	第 1905 条	第 39 条（266）	第 1139 条	
第 1912 条	第 1906 条			Pothier（Obligation）
第 1913 条	第 1907 条			Domat
第 1914 条	第 1908 条			Domat
第 1915 条	第 1909 条			Pothier（Obligation）
第 1916 条	第 1910 条			Pothier（Obligation）
第 1917 条	第 1911 条			Pothier（Obligation）
第 1918 条	第 1912 条			Pothier（Obligation）
第 1919 条	第 1913 条			Domat
第 1920 条	第 1914 条			Domat
第 1921 条	第 1915 条			Domat
第 1922 条	第 1916 条			Domat
第 1923 条	第 1917 条			Domat
第 1924 条	第 1918 条			Domat
第 1925 条	第 1919 条			Toullier

续表

1870 年《路易斯安那修订民法典》	1825 年《路易斯安那民法典》	1808 年《民法学说汇纂》	1804 年《法国民法典》	其他渊源
第 1926 条	第 1920 条	第 42 条（268）	第 1142 条	
第 1927 条	第 1921 条			Code de Procédure Civile de l’Etat de la Louisiane, 1823
第 1928 条	第 1922 条	第 43 条（268）	第 1143 条	
第 1929 条	第 1923 条	第 45 条（268）	第 1145 条	
第 1930 条	第 1924 条			Domat; Pothier（Obligation）; Toullier
第 1931 条	第 1925 条			Domat; Pothier（Obligation）; Toullier
第 1932 条	第 1926 条			Toullier
第 1933 条	第 1927 条	第 46 ~ 48 条（268）	第 1146 ~ 1148 条	
第 1934 条	第 1928 条	第 49、51 ~ 52 条（268）	第 1149、1151 ~ 1152 条	
第 1935 条	第 1929 条	第 53 条（270）	第 1153 条	
第 1936 条	第 1930 条	第 32 条（408）（第 10 题　借贷）		
第 1937 条	第 1931 条			Domat; Pothier（Obligation）
第 1938 条	第 1932 条			Domat; Pothier（Obligation）
	第 1933 条			Domat; Toullier
第 1939 条	第 1934 条	第 54 条（270）	第 1154 条	
第 1940 条	第 1935 条			Domat; Toullier
第 1941 条	第 1936 条			Domat
第 1942 条	第 1937 条			Pothier（Prêt de Consomption）
第 1943 条	第 1938 条			
第 1944 条	第 1939 条	第 55 条（270）	第 1155 条	
第 1945 条	第 1940 条	第 34 条（266）	第 1134 条	
	1	第 7 条（4）（序编）		
	2	第 56 条（270）	第 1156 条	
	3	第 13 条（4）（序编）		

续表

1870 年《路易斯安那修订民法典》	1825 年《路易斯安那民法典》	1808 年《民法学说汇纂》	1804 年《法国民法典》	其他渊源
	4			Toullier
第 1946 条	第 1941 条	第 14 条（4）（序编）		
第 1947 条	第 1942 条	第 15 条（4）（序编）		
第 1948 条	第 1943 条	第 16 条（4）（序编）		
第 1949 条	第 1944 条	第 16 条（4）（序编）		
第 1950 条	第 1945 条	第 56 条（270）	第 1156 条	
第 1951 条	第 1946 条	第 57 条（270）	第 1157 条	
第 1952 条	第 1947 条	第 58 条（270）	第 1158 条	
第 1953 条	第 1948 条	第 59 条（270）	第 1159 条	
第 1954 条	第 1949 条	第 60 条（270）	第 1160 条	
第 1955 条	第 1950 条	第 61 条（270）	第 1161 条	
第 1956 条	第 1951 条			Toullier
第 1957 条	第 1952 条	第 62 条（270）	第 1162 条	
第 1958 条	第 1953 条			Toullier
第 1959 条	第 1954 条	第 63 条（270）	第 1163 条	
第 1960 条	第 1955 条			Pothier（Obligation）
第 1961 条	第 1956 条			Pothier（Obligation）
第 1962 条	第 1957 条	第 64 ～ 65 条（270）	第 1164 ～ 1165 条	
第 1963 条	第 1958 条			Toullier
第 1964 条	第 1959 条			Toullier
第 1965 条	第 1960 条			Toullier
第 1966 条	第 1961 条			Pothier（Obligation）; Toullier
第 1967 条	第 1962 条			Toullier
第 1968 条	第 1963 条		第 2092 条	
第 1969 条	第 1964 条	第 67 条	第 1167 条	
第 1970 条	第 1965 条			Toullier
第 1971 条	第 1966 条			Toullier

续表

1870年《路易斯安那修订民法典》	1825年《路易斯安那民法典》	1808年《民法学说汇纂》	1804年《法国民法典》	其他渊源
第1972条	第1967条			Toullier
第1973条	第1968条			Toullier
第1974条	第1969条			Toullier
第1975条	第1970条			Toullier
第1976条	第1971条			Toullier
第1977条	第1972条			Toullier
第1978条	第1973条			Toullier
第1979条	第1974条			Domat; Toullier
第1980条	第1975条			Toullier
第1981条	第1976条			Toullier
第1982条	第1977条			Domat
第1983条	第1978条			Domat
第1984条	第1979条			Domat
第1985条	第1980条			Domat
第1986条	第1981条			Domat
第1987条	第1982条			Domat
第1988条	第1983条			Toullier
第1989条	第1984条			Toullier
第1990条	第1985条		第788条	
第1991条	第1986条			Toullier
第1992条	第1987条			Toullier
第1993条	第1988条			Toullier
第1994条	第1989条			Toullier
第1995条	第1990条			Toullier
第1996条	第1991条			Toullier
第1997条	第1992条			Toullier
第1998条	第1993条			Toullier
第1999条	第1994条			Toullier

续表

1870 年《路易斯安那修订民法典》	1825 年《路易斯安那民法典》	1808 年《民法学说汇纂》	1804 年《法国民法典》	其他渊源
第 2000 条	第 1995 条			Toullier
第 2001 条	第 1996 条			Pothier（Obligation）
第 2002 条	第 1997 条			Pothier（Obligation）
第 2003 条	第 1998 条			Pothier（Obligation）
第 2004 条	第 1999 条			Toullier
第 2005 条	第 2000 条			Toullier
第 2006 条	第 2001 条			Toullier
第 2007 条	第 2002 条			Toullier
第 2008 条	第 2003 条			Toullier
第 2009 条	第 2004 条			Toullier
第 2010 条	第 2005 条			Toullier
第 2011 条	第 2006 条			Toullier
第 2012 条	第 2007 条			Toullier
第 2013 条	第 2008 条			Toullier
第 2014 条	第 2009 条			Toullier
第 2015 条	第 2010 条			Toullier
第 2016 条	第 2011 条			Toullier
第 2017 条	第 2012 条			Toullier
第 2018 条	第 2013 条			Toullier
第 2019 条	第 2014 条			Toullier
第 2020 条	第 2015 条			Pothier（Obligation）
第 2021 条	第 2016 条	第 68 条（272）	第 1168 条	
第 2022 条	第 2017 条	第 69 ～ 71 条	第 1169 ～ 1171 条	
第 2023 条	第 2018 条	第 69 条（272）	第 1169 条	
第 2024 条	第 2019 条	第 70 条（272）	第 1170 条	
第 2025 条	第 2020 条	第 71 条（272）	第 1171 条	
第 2026 条	第 2021 条			Toullier

续表

1870 年《路易斯安那修订民法典》	1825 年《路易斯安那民法典》	1808 年《民法学说汇纂》	1804 年《法国民法典》	其他渊源
第 2027 条	第 2022 条			Toullier
第 2028 条	第 2023 条			Toullier
第 2029 条	第 2024 条			Pothier（Obligation）; Toullier
第 2030 条	第 2025 条			Pothier（Obligation）; Toullier
第 2031 条	第 2026 条	第 72 条（272）	第 1172 条	
第 2032 条	第 2027 条	第 73 条（272）	第 1173 条	
第 2033 条	第 2028 条			Toullier
第 2034 条	第 2029 条	第 74 条（272）	第 1174 条	
第 2035 条	第 2030 条			Toullier
第 2036 条	第 2031 条			Toullier
第 2037 条	第 2032 条	第 75 条（272）	第 1175 条	
第 2038 条	第 2033 条	第 76 条（272）	第 1176 条	
第 2039 条	第 2034 条	第 77 条（272）	第 1177 条	
第 2040 条	第 2035 条	第 78 条（274）	第 1178 条	
第 2041 条	第 2036 条	第 79 条（274）	第 1179 条	
第 2042 条	第 2037 条	第 80 条（274）	第 1180 条	
第 2043 条	第 2038 条	第 81 条（274）	第 1181 条	
第 2044 条	第 2039 条	第 82 条（274）	第 1182 条	
第 2045 条	第 2040 条	第 83 条（274）	第 1183 条	
第 2046 条	第 2041 条	第 84 条（274）	第 1184 条	
第 2047 条	第 2042 条			Toullier
第 2048 条	第 2043 条			Pothier（Obligation）
第 2049 条	第 2044 条			Toullier
第 2050 条	第 2045 条			Toullier
第 2051 条	第 2046 条	第 85 条（276）	第 1185 条	
第 2052 条	第 2047 条	第 86 条（276）	第 1186 条	
第 2053 条	第 2048 条	第 87 条（276）	第 1187 条	
第 2054 条	第 2049 条	第 88 条（276）	第 1188 条	

续表

1870年《路易斯安那修订民法典》	1825年《路易斯安那民法典》	1808年《民法学说汇纂》	1804年《法国民法典》	其他渊源
第2055条	第2050条			Toullier
第2056条	第2051条			Toullier
第2057条	第2052条			Toullier
第2058条	第2053条			Toullier
第2059条	第2054条			Toullier
第2060条	第2055条			Toullier
第2061条	第2056条			Toullier
第2062条	第2057条			Pothier（Obligation）
第2063条	第2058条			Toullier
第2064条	第2059条			Toullier
第2065条	第2060条			Toullier
第2066条	第2061条			Toullier
第2067条	第2062条	第89条（276）	第1189条	
第2068条	第2063条	第90条（276）	第1190条	
第2069条	第2064条	第91条（276）	第1191条	
第2070条	第2065条	第92条（276）	第1192条	
第2071条	第2066条	第93条（276）	第1193条	
第2072条	第2067条	第94条（276）	第1194条	
第2073条	第2068条	第95条（278）	第1195条	
第2074条	第2069条	第96条（278）	第1196条	
第2075条	第2070条			Pothier（Obligation）; Toullier
第2076条	第2071条			Toullier
第2077条	第2072条			Toullier
第2078条	第2073条			Toullier
第2079条	第2074条			Toullier
第2080条	第2075条			Toullier
第2081条	第2076条			Domat; Pothier（Obligation）
第2082条	第2077条			Toullier

续表

1870年《路易斯安那修订民法典》	1825年《路易斯安那民法典》	1808年《民法学说汇纂》	1804年《法国民法典》	其他渊源
第2083条	第2078条			Pothier(Obligation)
第2084条	第2079条			Pothier(Obligation)
第2085条	第2080条			Pothier(Obligation)
第2086条	第2081条			Pothier(Obligation)
第2087条	第2082条			Pothier(Obligation)
第2088条	第2083条	第97条(278)	第1197条	
第2089条	第2084条	第98条(278)	第1198条	
第2090条	第2085条	第99条(278)	第1199条	
第2091条	第2086条	第100条(278)	第1200条	
第2092条	第2087条	第101条(278)	第1201条	
第2093条	第2088条	第102条(278)	第1202条	
第2094条	第2089条	第103条(278)	第1203条	
第2095条	第2090条	第104条(280)	第1204条	
第2096条	第2091条	第105条(280)	第1205条	
第2097条	第2092条	第106条(280)	第1206条	
	第2093条	第107条(280)	第1207条	
第2098条	第2094条	第108条(280)	第1208条	
第2099条	第2095条	第109条(280)	第1209条	
第2100条	第2096条	第110条(280)	第1210条	
第2101条	第2097条	第111条(280)	第1211条	
第2102条	第2098条	第112条(280)	第1212条	
第2103条	第2099条	第113条(280)	第1213条	
第2104条	第2100条	第114条(280)	第1214条	
第2105条	第2101条	第115条(280)	第1215条	
第2106条	第2102条	第116条(282)	第1216条	
第2107条	第2103条			Pothier(Obligation)
第2108条	第2104条	第117条(282)	第1217条	
第2109条	第2105条	第118条(282)	第1218条	

续表

1870年《路易斯安那修订民法典》	1825年《路易斯安那民法典》	1808年《民法学说汇纂》	1804年《法国民法典》	其他渊源
第2110条	第2106条	第119条（282）	第1219条	
第2111条	第2107条	第120条（282）	第1220条	
第2112条	第2108条	第121条（282）	第1221条	
第2113条	第2109条	第122条（284）	第1222条	
第2114条	第2110条	第123条（284）	第1223条	
第2115条	第2111条	第124条（284）	第1224条	
第2116条	第2112条	第125条（284）	第1225条	
第2117条	第2113条	第126条（284）	第1226条	
第2118条	第2114条			Toullier
第2119条	第2115条			Toullier
第2120条	第2116条			Toullier
第2121条	第2117条			Toullier
第2122条	第2118条			Toullier
第2123条	第2119条	第127条（284）	第1227条	
第2124条	第2120条	第128条（284）	第1228条	
第2125条	第2121条	第129条（284）	第1229条	
第2126条	第2122条	第130条（284）	第1230条	
第2127条	第2123条	第131条（284）	第1231条	
第2128条	第2124条	第132条（284）	第1232条	
第2129条	第2125条	第133条（286）	第1233条	
第2130条	第2126条	第134条（286）	第1234条	
第2131条	第2127条			Pothier（Obligation）; Toullier
第2132条	第2128条			Pothier（Obligation）; Toullier
第2133条	第2129条	第135条（286）	第1235条	
第2134条	第2130条	第136条（286）	第1236条	
第2135条	第2131条			Toullier; Pothier（Obligation）
第2136条	第2132条	第137条（286）	第1237条	
第2137条	第2133条			Toullier; Pothier（Obligation）

续表

1870 年《路易斯安那修订民法典》	1825 年《路易斯安那民法典》	1808 年《民法学说汇纂》	1804 年《法国民法典》	其他渊源
第 2138 条	第 2134 条	第 138(1)条(288)	第 1238 条	
第 2139 条	第 2135 条	第 138(2)条(288)	第 1238 条	
第 2140 条	第 2136 条	第 139 条(288)	第 1239 条	
第 2141 条	第 2137 条			
第 2142 条	第 2138 条	第 140 条(288)	第 1240 条	
第 2143 条	第 2139 条			
第 2144 条	第 2140 条			
第 2145 条	第 2141 条			Pothier(Obligation)
	第 1、3 款			Pothier(Obligation)
	第 2 款			Toullier
第 2146 条	第 2142 条			Toullier
第 2147 条	第 2143 条	第 141 条(288)	第 1241 条	
第 2148 条	第 2144 条			Toullier
第 2149 条	第 2145 条	第 142 条(288)	第 1242 条	
第 2150 条	第 2146 条	第 143 条(288)	第 1243 条	
第 2151 条	第 2147 条			Toullier
第 2152 条	第 2148 条			Toullier
第 2153 条	第 2149 条	第 144 条(288)	第 1244 条	
第 2154 条	第 2150 条			Toullier
第 2155 条	第 2151 条	第 145 条(288)	第 1245 条	
第 2156 条	第 2152 条	第 146 条(288)	第 1246 条	
第 2157 条	第 2153 条	第 147 条(288)	第 1247 条	
第 2158 条	第 2154 条	第 148 条(288)	第 1248 条	
第 2159 条	第 2155 条	第 149 条(288)	第 1249 条	
第 2160 条	第 2156 条	第 150 条(288)	第 1250 条	
第 2161 条	第 2157 条	第 151 条(290)	第 1251 条	
第 2162 条	第 2158 条	第 152 条(290)	第 1252 条	
第 2163 条	第 2159 条	第 153 条(290)	第 1253 条	

续表

1870 年《路易斯安那修订民法典》	1825 年《路易斯安那民法典》	1808 年《民法学说汇纂》	1804 年《法国民法典》	其他渊源
第 2164 条	第 2160 条	第 154 条（290）	第 1254 条	
第 2165 条	第 2161 条	第 155 条（290）	第 1255 条	
第 2166 条	第 2162 条	第 156 条（290）	第 1256 条	
第 2167 条	第 2163 条	第 157 条（292）	第 1257 条	
第 2168 条	第 2164 条	第 158 条（292）	第 1258 条	
第 2169 条	第 2165 条	第 154 条（290）	第 1254 条	
第 2170 条	第 2166 条	第 166 条（294）	第 1265 条	
第 2171 条	第 2167 条	第 167 条（294）	第 1266 条	
第 2172 条	第 2168 条	第 168 条（294）		
第 2173 条	第 2169 条	第 169 条（294）		
第 2174 条	第 2170 条	第 170 条（294）	第 1268 条	
第 2175 条	第 2171 条	第 171 条（294）	第 1269 条	
第 2176 条	第 2172 条	第 172（1 ～ 3）条（294）	第 1270 条	
第 2177 条	第 2173 条	第 172 条（4）（294）	第 1270 条	
第 2178 条	第 2174 条			Toullier
第 2179 条	第 2175 条			Toullier
第 2180 条	第 2176 条			Toullier
第 2181 条	第 2177 条			Toullier
第 2182 条	第 2178 条			Toullier
第 2183 条	第 2179 条			Toullier
第 2184 条	第 2180 条			Toullier
第 2185 条	第 2181 条			Pothier（Obligation）; Toullier
第 2186 条	第 2182 条			Pothier（Obligation）; Toullier
第 2187 条	第 2183 条			Toullier
第 2188 条	第 2184 条			Toullier
第 2189 条	第 2185 条	第 173 条（296）	第 1271 条	
第 2190 条	第 2186 条	第 174 条（296）	第 1272 条	

续表

1870年《路易斯安那修订民法典》	1825年《路易斯安那民法典》	1808年《民法学说汇纂》	1804年《法国民法典》	其他渊源
第2191条	第2187条	第175条（296）	第1274条	
第2192条	第2188条	第176条（296）	第1275条	
第2193条	第2189条	第177条（296）	第1275条	
第2194条	第2190条	第178条（296）	第1276条	
第2195条	第2191条	第179条（296）	第1278条	
第2196条	第2192条	第180条（296）	第1279条	
第2197条	第2193条	第181条（296）	第1280条	
第2198条	第2194条	第182条（296）	第1281条	
第2199条	第2195条	第183条（296）		
第2200条	第2196条	第184条（298）	第1282～1283条	
第2201条	第2197条			Toullier
第2202条	第2198条			Pothier（Obligation）; Toullier
第2203条	第2199条	第185条（298）	第1285条	
第2204条	第2200条	第186条（298）	第1286条	
第2205条	第2201条	第187条（298）	第1287条	
第2206条	第2202条	第188条（298）	第1288条	
第2207条	第2203条	第189条（298）	第1289条	
第2208条	第2204条	第190条（298）	第1290条	
第2209条	第2205条	第191条（298）	第1291条	
	第2206条	第192条（298）	第1292条	
第2210条	第2207条	第193条（298）	第1293条	
第2211条	第2208条	第194条（298）	第1294条	
第2212条	第2209条	第195条（298）	第1295条	
第2213条	第2210条	第196条（300）	第1296条	
第2214条	第2211条	第197条（300）	第1297条	
第2215条	第2212条	第198条（300）	第1298条	
第2216条	第2213条	第199条（300）	第1299条	

续表

1870年《路易斯安那修订民法典》	1825年《路易斯安那民法典》	1808年《民法学说汇纂》	1804年《法国民法典》	其他渊源
第2217条	第2214条	第200条（300）	第1300条	
第2218条	第2215条	第201条（300）	第1301条	
第2219条	第2216条	第202条（300）	第1302条	
第2220条	第2217条	第203条（302）	第1303条	
第2221条	第2218条	第204条（302）	第1304条	
第2222条	第2219条	第205条（302）	第1305条	
第2223条	第2220条	第206条（302）	第1306条	
第2224条	第2221条	第207条（302）	第1307条	
第2225条	第2222条	第208条（302）	第1308条	
第2226条	第2223条	第209条（302）	第1309条	
第2227条	第2224条	第210条（302）	第1310条	
第2228条	第2225条	第211条（302）	第1311条	
第2229条	第2226条	第212条（302）	第1312条	
第2230条	第2227条	第213条（302）	第1313条	
第2231条	第2228条	第214条（302）	第1314条	
第2232条	第2229条	第215条（304）	第1315条	
第2233条	第2230条	第216条（304）	第1316条	
第2234条	第2231条	第217条（304）	第1317条	
第2235条	第2232条	第218条（304）	第1318条	
第2236条	第2233条	第219条（304）	第1319条	
第2237条	第2234条			Pothier（Obligation）
第2238条	第2235条	第220条（304）	第1320条	
第2239条	第2236条	第221条（304）	第1321条	
第2240条	第2237条	第222条（306）		
第2241条	第2238条	第223条（306）	第1326条	
第2242条	第2239条	第224条（306）	第1322条	
第2243条	第2240条	第225条（306）	第1323条	
第2244条	第2241条	第226条（306）	第1324条	

续表

1870 年《路易斯安那修订民法典》	1825 年《路易斯安那民法典》	1808 年《民法学说汇纂》	1804 年《法国民法典》	其他渊源
第 2245 条	第 2242 条	第 227 ～ 228 条（306）	第 1325 条	
第 2246 条	第 2243 条	第 229 条（306）		
第 2247 条	第 2244 条	第 230 ～ 231 条（308）	第 1329 ～ 1330 条	
第 2248 条	第 2245 条	第 232 条（308）	第 1331 条	
第 2249 条	第 2246 条	第 233 条（308）	第 1332 条	
第 2250 条				
第 2251 条				
第 2252 条				
第 2253 条	第 2250 条			
第 2254 条				
第 2255 条				
第 2256 条				
第 2257 条				
第 2258 条				
第 2259 条				
第 2260 条				
第 2261 条				
第 2262 条				
第 2263 条				
第 2264 条				
第 2265 条				
第 2266 条				
第 2267 条				
第 2268 条	第 2247 条	第 234 条（308）	第 1334 条	
第 2269 条	第 2248 条	第 235 条（308）	第 1335 条	
第 2270 条	第 2249 条	第 236 条（308）	第 1336 条	

续表

1870 年《路易斯安那修订民法典》	1825 年《路易斯安那民法典》	1808 年《民法学说汇纂》	1804 年《法国民法典》	其他渊源
第 2271 条	第 2251 条	第 237 条（308）	第 1337 条	
第 2272 条	第 2252 条	第 238 条（310）	第 1338 条	
第 2273 条	第 2253 条	第 239 条（310）	第 1339 条	
第 2274 条	第 2254 条	第 240 条（310）	第 1340 条	
第 2275 条	第 2255 条	第 241 条（310）	第 1341 条	
第 2276 条	第 2256 条	第 242 条（310）		
第 2277 条	第 2257 条	第 243 ～ 244 条（310）	第 1347 条	
第 2278 条				
第 2279 条	第 2258 条	第 247 条（312）	第 1348 条（4）	
第 2280 条	第 2259 条			
第 2281 条	第 2260 条	第 248 条（312）		
第 2282 条	第 2261 条	第 249 条（312）		
第 2283 条	第 2262 条			Domat
第 2284 条	第 2263 条	第 250 条（312）	第 1349 条	
第 2285 条	第 2264 条	第 251 条（314）	第 1350 条	
第 2286 条	第 2265 条	第 252 条（314）	第 1351 条	
第 2287 条	第 2266 条	第 253 条（314）	第 1352 条	
第 2288 条	第 2267 条	第 254 条（314）	第 1353 条	
第 2289 条	第 2268 条	第 255 条（314）	第 1354 条	
第 2290 条	第 2269 条	第 256 条（314）	第 1355 条	
第 2291 条	第 2270 条	第 257 条（314）	第 1356 条	

表 3-3 1870 年《路易斯安那修订民法典》、1825 年《路易斯安那民法典》、1808 年《民法学说汇纂》与 1804 年《法国民法典》之侵权法条文对比

1870 年《路易斯安那修订民法典》	1825 年《路易斯安那民法典》	1808 年《民法学说汇纂》	1804 年《法国民法典》	其他渊源
第 5 题 准合同、侵权与准侵权	**第 5 题 准合同、侵权与准侵权**	**第 4 题 非因合意而发生的债、准合同与准侵权**	**第 4 题 非因合意而发生的债**	
第 2292 条	第 2271 条	第 1 条（318）	第 1370 条	
第 2315 条	第 2294 条	第 16 条（320）	第 1382 条	
第 2316 条	第 2295 条	第 19 条（320）	第 1383 条	
第 2317 条	第 2296 条	第 20（1）条（320）	第 1384（1）条	
第 2318 条	第 2297 条	第 20（2）条（320）	第 1384（2）条	
第 2319 条	第 2298 条			Las Siete Partida
第 2320 条	第 2299 条	第 20（3 ～ 6） 条（320）	第 1384（3 ～ 5）条	
	第 2300 条	第 21 条（322）		
第 2321 条	第 2301 条	第 20（7）条（320）	第 1385 条	
第 2322 条	第 2302 条	第 22 条（322）	第 1386 条	
第 2323 条	第 2303 条			
第 2324 条	第 2304 条			Las Siete Partida

表 3-4 现行《路易斯安那民法典》、1870 年《路易斯安那修订民法典》、1825 年《路易斯安那民法典》、1808 年《民法学说汇纂》与 1804 年《法国民法典》之财产法条文对比[①]

现行《路易斯安那民法典》		1870 年《路易斯安那修订民法典》	1825 年《路易斯安那民法典》	1808 年《民法学说汇纂》	1804 年《法国民法典》
第 2 编 物及对所有权的不同限制		**第 2 编 物及对所有权的不同限制**	**第 2 编 物及对所有权的不同限制**	**第 2 编 物及对所有权的不同限制**	**第 2 编 财产及对所有权的各种限制**
第 448 条	物的分类	第 449 条	第 440 条	第 2 条（94）	
		第 460 条	第 451 条	第 11 条（96）	
		第 461 条	第 452 条	第 12 条（96）	第 516 条
第 449 条	一切人共有的物	第 450 条	第 441 条	第 3 条（94）	第 538 条
		第 481 条	第 473 条		
		第 482 条	第 474 条		

① 表 3-4、表 3-5、表 3-6，分别将财产法、债法、侵权法领域的相关条文与 1804 年《法国民法典》相关条文所对应。3 个表格所做对应是基于鲁道夫·巴提扎教授的研究（Rodolfo Batiza, "The Louisiana Civil Code of 1808: Its Actual Sources and Present Relevance", 6 *Tulane Law Review* 4-165.）与意亚那不勒斯教授的研究［A.N. Yiannopolous, Louisiana Civil Code（*2013 Edition, Volume II*）, Brand: Thomson West, 2013.］，对照 1808 年《民法学说汇纂》英文版（*A Digest of the Civil Laws Now in Force in the Territory of Orleans, with Alterations and Amendments Adapted to its Present System of Government*, New Orleans: Bradford and Anderson, 1808.）、1825 年《路易斯安那民法典》英文版（*Civil Code of the State of Louisiana*, New Orleans: E. Duverger, 1825.）、1870 年《路易斯安那修订民法典》英文版（*The Revised Civil Code of the State of Louisiana*, New Orleans: Office of the Republican, 1870.）、现行《路易斯安那民法典》英文版［A.N. Yiannopolous, *Louisiana Civil Code*（2013 *Edition, Volume I*）, Brand: Thomson West, 2013.］及中文译本（《路易斯安那民法典》［2010 年 1 月版］，娄爱华译，厦门大学出版社 2010 年版；《最新路易斯安那民法典》，徐婧编译，法律出版社 2007 年版。）与 1804 年《法国民法典》英文版［*The Code Napoleon; or, the French Civil Code*（*Translated from the Original and Official Edition, Published at Paris,* 1804）, London: Thomas Davison, Whitefriars, 1824.］的具体条文所列出的，当然更多的是参照了意亚那不勒斯教授的研究成果。就具体条文之间的对应关系而言，巴提扎教授的研究结论与意亚那不勒斯教授的研究结论有所不同。本书在对照具体条文时，没有采用巴提扎教授的研究方法，而是侧重于条文的实质规定，对条文形式上的表述则放于次要位置。

续表

现行《路易斯安那民法典》		1870年《路易斯安那修订民法典》	1825年《路易斯安那民法典》	1808年《民法学说汇纂》	1804年《法国民法典》
第450条	公有物	第453条	第444条	第6条（94）	第538条
		第454条	第445条	第7条（94）	第542条
		第458条	第449条	第9条（96）	第542条
		第481条	第473条		
		第482条	第474条		
第451条	海岸	第451条	第442条	第4条（94）	
第452条	公用的公有物与一切人共有的物	第452条	第443条	第5条（94）	
		第453条	第444条	第6条（94）	第538条
第453条	私有物	第449条	第440条	第2条（94）	
		第458条	第449条	第9条（96）	第542条
		第459条	第450条	第10条（96）	
		第481条	第473条		
		第483条	第475条		
第454条	私人的处分自由	第484条	第476条	第32条（100）	第537条
第455条	私有物的公用	第482条	第474条		
		第658条	第654条		
		第664条	第660条	第12条（128）	第649条
第456条	适航河流或水道的两岸	第455条	第446条	第8条（96）	
		第457条	第448条		
第457条	公有的或私有的道路	第658条	第654条		
		第704条	第700条		
		第705条	第701条		
		第706条	第702条		
		第708条	第704条	第48条（136）	第685条
第458条	妨害公用的工作物	第861条	第857条		
第459条	侵蚀公路的建筑	第862条	第858条		
第460条	港务局或市政当局在公共场所建设利航设施	第863条	第859条		
第461条	有体物与无体物	第460条	第451条	第11条（96）	

续表

现行《路易斯安那民法典》		1870年《路易斯安那修订民法典》	1825年《路易斯安那民法典》	1808年《民法学说汇纂》	1804年《法国民法典》
第462条	土地	第464条	第455条	第15～16条（96）	第518～519条
第463条	土地的组成部分	第464条	第455条	第15～16条（96）	第518～519条
		第465条	第456条	第17条（96）	第520条
第464条	作为单独不动产的建筑物与竖立的树木				
第465条	并入不动产的物	第464条	第455条	第15～16条（96）	第518～519条
		第465条	第456条	第17条（96）	第520条
		第467条	第458条	第18条（98）	第523条
		第468条	第459条	第20条（98）	第524条
		第469条	第460条	第21条（98）	第525条
第466条	建筑物或其他建设物的组成部分	第467条	第458条	第18条（98）	第523条
		第468条	第459条	第20条（98）	第524条
		第469条	第460条	第21条（98）	第525条
第467条	因宣告的不动产	第468条	第459条	第20条（98）	第524条
第468条	动产化				
第469条	对不动产的转让或设定负担				
第470条	无体不动产	第470条	第462条		
		第471条	第463条	第22条（98）	第526条
第471条	有体动产	第473条	第465条	第24条（98）	第528条
		第475条	第467条	第27条（100）	第531条
第472条	建筑材料	第476条	第468条	第28条（100）	第532条
第473条	无体的动产	第474条	第466条	第25条（98）～第26条（100）	第529～530条
		第475条	第467条	第27条（100）	第531条
第474条	因预期的动产				
第475条	非不动产	第475条	第467条	第27条（100）	第531条

续表

现行《路易斯安那民法典》		1870年《路易斯安那修订民法典》	1825年《路易斯安那民法典》	1808年《民法学说汇纂》	1804年《法国民法典》
第476条	物权	第487条	第479条	第34条（100）	第543条
第477条	所有权的内容	第488条	第480条		
		第491条	第483条	第1条（102）	第544条
第478条	解除条件：为其他人的利益的物权	第490条	第482条		
第479条	人的需要	第493条	第485条		
第480条	共有	第494条	第486条		
第481条	所有与占有的区别	第496条	第488条		
		第3435条	第3398条	第20条（478）	
第482条	添附	第498条	第490条	第3条（102）	第546条
第483条	因添附的孳息的所有权	第499条	第491条	第4条（102）	第547条
第484条	动物的幼仔	第500条	第492条		
第485条	第三人生产的孳息；补偿	第501条	第493条	第5条（102）	第548条
第486条	占有人对孳息的权利	第502条	第494条	第6条（102）	第549条
		第3453条	第3416条	第30条（480）	
第487条	诚信占有人的定义	第503条	第495条	第7条（102）	第550条
第488条	出产物；费用的补偿				
第489条	孳息的分配				
第490条	地表之上及之下的添附	第505条	第497条	第9条（104）	第552条
第491条	建筑物、其他建设物、竖立的树木、庄稼	第506条	第498条	第10条（104）	第553条
第492条	对建筑物的一部分的单独所有权				
第493条	改良物的所有权				
第493.1条	组成部分的所有				
第493.2条	所有权因添附丧失；前任所有权人的请求权				
第494条	土地所有人以他人物料所建的建设物	第507条	第499条	第11条（104）	第554条

续表

现行《路易斯安那民法典》		1870年《路易斯安那修订民法典》	1825年《路易斯安那民法典》	1808年《民法学说汇纂》	1804年《法国民法典》
第495条	经不动产所有人同意，并入或附着于不动产的物				
第496条	诚信占有人的建设物	第508条	第500条	第12条(104)	第555条
第497条	恶信占有人的建设物	第508条	第500条	第12条(104)	第555条
第498条	对第三人的请求权				
第499条	冲积层及退水层	第509条	第501条	第13条(106)	第556条
		第510条	第502条	第14条(106)	第557条
第500条	海或湖的沿岸	第510条	第502条	第14条(106)	第557条
第501条	冲积层的分割	第516条	第508条		
第502条	水的冲断	第511条	第503条	第15条(106)	第559条
第503条	河流开启新河道形成的岛屿	第517条	第509条	第16条(106)	第562条
第504条	河流改道时废弃河床的所有权	第518条	第510条	第17条(106)	第563条
第505条	适航河流中的岛屿及沙洲	第512条	第504条		第560条
第506条	不适航河流或水道的河床的所有权	第513条	第505条		第561条
		第514条	第506条		第561条
		第515条	第507条		第561条
第507条	动产之间的添附	第520条	第512条	第19条(106)	第565条
第508条	主物和从物	第522条	第514条	第21条(106)	第567条
第509条	作为决定主物的基础的价值或体积	第524条	第516条	第23条(108)	第569条
第510条	主物与从物的联合	第521条	第513条	第20条(106)	第566条
		第523条	第515条	第22条(108)	第568条
第511条	以他人材料制成的新物的所有权	第525条	第517条	第24条(108)	第570条
		第526条	第518条	第25条(108)	第571条
第512条	恶信的影响				
第513条	对两个所有人的材料的使用；分离或共有	第527条	第519条	第26条(108)	第572条
第514条	材料的混同	第528条	第520条	第27条(108)	第573条
		第529条	第521条	第28条(108)	第574条

续表

现行《路易斯安那民法典》		1870年《路易斯安那修订民法典》	1825年《路易斯安那民法典》	1808年《民法学说汇纂》	1804年《法国民法典》
第515条	代替所有权的，对材料或价值的返还	第531条	第523条	第30条（108）	第576条
第516条	未经授权使用某一动产的责任				
第517条	对不动产所有权的自愿转让				
第518条	动产所有权的自愿转让				
第519条	返还动产诉权的转让				
第521条	遗失物或偷盗物				
第522条	因可无效的名义所有人对所有权的转让				
第523条	诚信的定义				
第524条	遗失物与偷盗物的返还	第3507条	第3473条	第76条（488）	第2280条
		第3508条	第3474条		
第525条	登记动产	第3453条	第3416条	第30条（480）	
第526条	承认所有权；返还物	第2314条	第2292条	第15条（320）	第1381条
第527条	必要费用	第2314条	第2292条	第15条（320）	第1381条
第528条	有益费用	第3453条	第3416条	第30条（480）	
第529条	留置权				
第530条	对动产所有权的推定				
第531条	对不动产所有权的证明				
第532条	共同创设人				
第533条	役权的种类	第646条	第642条		
第534条	人役权	第646条	第642条		
第535条	用益权	第490条	第482条		
第536条	消耗物	第534条	第526条	第2～3条（110）	
第537条	非消耗物	第534条	第526条	第2～3条（110）	
第538条	对消耗物的用益权	第536条	第528条	第3条（110）	
		第549条	第542条	第15条（112）	第587条

续表

现行《路易斯安那民法典》		1870年《路易斯安那修订民法典》	1825年《路易斯安那民法典》	1808年《民法学说汇纂》	1804年《法国民法典》
第539条	对非消耗物的用益权	第533条	第525条	第1条（110）	第578条
		第535条	第527条	第2条（110）	
		第567条	第560条	第27条（116）	
第540条	用益权的性质	第537条	第529条		
第541条	用益权的可分性	第538条	第530条		
		第539条	第531条		
第542条	空虚所有权的可分性				
第543条	以实物或内部竞价转让方式对财产的分割				
第544条	设立用益权的方式；适于设立用益权的物	第540条	第532条	第4条（110）	第579条
		第541条	第533条	第5条（110）	第581条
第545条	用益权的变更	第542条	第534条	第6条（112）	第580条
		第569条	第563条		
第546条	为相续的用益权人利益的用益权	第609条	第604条	第53条（120）	
第547条	为多个用益权人利益的用益权				
第548条	用益权人的存在				
第549条	接收用益权的能力	第543条	第535条	第7条（112）	
第550条	对各类孳息的权利	第544条	第536条	第8条（112）	第582条
第551条	孳息的种类	第545条	第537条	第9～10条（112）	第583～584条
第552条	公司分配				
第553条	股份表决权				
第554条	对孳息权利的开始	第566条	第559条	第26条（116）	第604条
		第546条	第538条	第11条（112）	第585条
第555条	自然孳息的不分配	第546条	第538条	第11、13条（112）	第585、586条
第556条	民事孳息的分配	第547条	第540条	第13条（112）、第17条（114）	第586、588条

续表

现行《路易斯安那民法典》		1870 年《路易斯安那修订民法典》	1825 年《路易斯安那民法典》	1808 年《民法学说汇纂》	1804 年《法国民法典》
第 557 条	对物的占有与使用	第 557 条	第 550 条	第 22 条（114）	第 600 条
		第 599 条	第 594 条	第 44 条（120）	
第 558 条	改良与改变	第 568 条	第 561 条	第 28 条（116）	
		第 569 条	第 563 条		
第 559 条	从物	第 548 条	第 541 条	第 14 条（112）	
第 560 条	树木、石头及其他材料	第 551 条	第 544 条	第 18 条（114）	第 592 ～ 594 条
第 561 条	矿山与采石场	第 552 条	第 545 条		第 598 条
第 562 条	对林地的用益权				
第 563 条	冲积层	第 553 条	第 546 条	第 19 条（114）	第 596、598（2）条
第 564 条	埋藏物	第 553 条	第 546 条	第 19 条（114）	第 596、598（2）条
		第 554 条	第 547 条	第 20 条（114）	第 597 条
第 565 条	地役权	第 554 条	第 547 条	第 20 条（114）	第 597 条
第 566 条	诉权	第 556 条	第 549 条		
第 567 条	影响用益权人责任的合同	第 555 条	第 548 条	第 21 条（114）	第 595 条
		第 561 条	第 554 条		
第 568 条	对非消耗物的处分；付税				
第 569 条	逐渐损毁的物的返还	第 550 条	第 543 条	第 16 条（112）	第 589 条
第 570 条	财产清册	第 557 条	第 550 条	第 22 条（114）	第 600 条
第 571 条	担保	第 558 条	第 551 条	第 23（1）条（114）	第 601 条
第 572 条	担保的数额	第 559 条	第 552 条	第 23（1～2）条（114）	第 601 条
		第 562 条	第 555 条		
第 573 条	因法律规定免除担保	第 559 条	第 552 条	第 23（1～2）条（114）	第 601 条
		第 560 条	第 553 条	第 23（3）条（114）	第 601 条

续表

现行《路易斯安那民法典》		1870年《路易斯安那修订民法典》	1825年《路易斯安那民法典》	1808年《民法学说汇纂》	1804年《法国民法典》
第574条	提供担保的迟延	第566条	第559条	第26条(116)	第604条
第575条	未提供担保	第563条	第556条	第24条(114)	第602条
		第564条	第557条	第25条(116)	第603条
第576条	照看的标准	第567条	第560条	第27条(116)	
第577条	维修责任	第571条	第565条	第30条(116)	第605条
第578条	日常的和超常的修理	第572条	第566条	第31条(116)	第606条
第579条	要求修理的诉权	第573条	第567条		
		第576条	第570条		
第580条	对必要维修的补偿	第574条	第568条		
第581条	对必要费用的责任	第570条	第564条	第29条(116)	
第582条	用益权的抛弃	第575条	第569条		
第583条	事故或腐蚀造成的损坏	第577条	第571条	第32条(116)	第607条
第584条	年负担	第578条	第572条	第33条(116)	第608条
第585条	超常负担	第579条	第573条	第34条(116)	第609条
第586条	对债务的责任；生前用益权	第582条	第576条	第37（1）条（118）	第612（1）条
		第581条	第575条	第36条(118)	第611条
第587条	对债务的责任；死因用益权	第581条	第575条	第36条(118)	第611条
		第583条	第577条		
		第584条	第578条		
		第585条	第579条		
		第586条	第580条		
		第587条	第581条	第37（2～3）条（118）	第612(2～4)条
第588条	因特别名义的用益权	第581条	第575条	第36条(118)	第611条
第589条	概括用益权及因概括名义的用益权	第583条	第577条		
第590条	为支付遗产债务出卖财产	第584条	第578条		

续表

现行《路易斯安那民法典》		1870 年《路易斯安那修订民法典》	1825 年《路易斯安那民法典》	1808 年《民法学说汇纂》	1804 年《法国民法典》
第 591 条	金额的预付；责任大小	第 585 条	第 579 条		
		第 586 条	第 580 条		
		第 587 条	第 581 条	第 37（2～3）条（118）	第 612(2～4)条
第 592 条	返还资金；支付利息	第 585 条	第 579 条		
		第 587 条	第 581 条	第 37（2～3）条（118）	第 612(2～4)条
第 593 条	对年金遗赠的支付	第 580 条	第 574 条	第 35 条（118）	第 610 条
第 594 条	法院成本；诉讼费用	第 588 条	第 582 条	第 38 条（118）	第 613 条
第 595 条	诉讼费用；法定用益权	第 589 条	第 583 条		
第 596 条	诉讼费用；意定用益权	第 588 条	第 582 条	第 38 条（118）	第 613 条
第 597 条	用益权人对役权的责任	第 590 条	第 584 条		
第 598 条	提供信息给所有人的义务	第 591 条	第 585 条	第 39 条（118）	第 614 条
第 599 条	对一群动物的用益	第 593 条	第 587 条	第 41 条（118）	第 616 条
第 600 条	对动物的处分	第 592 条	第 586 条	第 40 条（118）	第 615 条
		第 593 条	第 587 条	第 41 条（118）	第 616 条
第 601 条	移除改良物	第 569 条	第 563 条		
		第 594 条	第 589 条	第 43 条（118）	第 599(2～3)条
第 602 条	抵消损害赔偿	第 595 条	第 590 条		
第 603 条	空虚所有权的处分；出让财产或为财产设定负担	第 605 条	第 600 条	第 50 条（120）	
第 604 条	役权	第 602 条	第 597 条	第 47 条（120）	
第 605 条	对用益的容忍	第 599 条	第 594 条	第 44 条（120）	
		第 600 条	第 595 条	第 45 条（120）	第 599（1）条
		第 601 条	第 596 条	第 46 条（120）	
		第 603 条	第 598 条	第 48 条（120）	
第 606 条	改良物	第 601 条	第 596 条	第 46 条（120）	
第 607 条	用益权人的死亡	第 606 条	第 601 条	第 51 条（120）	第 617(1～2)条

续表

现行《路易斯安那民法典》		1870 年《路易斯安那修订民法典》	1825 年《路易斯安那民法典》	1808 年《民法学说汇纂》	1804 年《法国民法典》
第 608 条	法律实体解散；30 年期限	第 612 条	第 607 条	第 55 条（122）	第 619 条
第 609 条	对收入遗赠的终止	第 607 条	第 602 条		
第 610 条	附期限或条件的用益权	第 608 条	第 603 条	第 52 条（120）	第 617（1、3）条
第 611 条	期限；用益权向另一人的转让	第 609 条	第 604 条	第 53 条（120）	
第 612 条	期限；第三人达到特定年龄	第 610 条	第 605 条	第 54 条（120）	第 620 条
第 613 条	财产的丧失、灭失或毁损	第 613 条	第 608 条	第 56 条（122）	第 617（1、6）、624 条
第 614 条	第三人的过错	第 613 条	第 608 条	第 56 条（122）	第 617（1、6）、624 条
		第 614 条	第 609 条	第 57 条（122）	第 623 条
		第 615 条	第 610 条		
第 615 条	财产形式的变化	第 615 条	第 610 条		
第 616 条	财产的出卖				
第 617 条	保险收益				
第 618 条	金钱投资				
第 619 条	遗嘱人做出的改变	第 616 条	第 611 条		
第 620 条	财产或用益权的出卖	第 617 条	第 612 条	第 58 条（122）	第 621 条
第 621 条	不行使的时效	第 618 条	第 613 条	第 59 条（122）	第 617（1、5）条
第 622 条	用益权与空虚所有权的混同	第 619 条	第 614 条	第 60 条（122）	第 617（1、4）条
		第 620 条	第 615 条		
第 623 条	用益权的滥用	第 621 条	第 616 条	第 61 条（122）	第 618（1、3）条
第 624 条	滥用的后果	第 621 条	第 616 条	第 61 条（122）	第 618（1、3）条
		第 622 条	第 617 条		
第 625 条	用益权人的债权人的介入	第 623 条	第 618 条		第 618（2）条
第 626 条	弃权；债权人的权利	第 624 条	第 619 条		第 622 条

续表

现行《路易斯安那民法典》		1870 年《路易斯安那修订民法典》	1825 年《路易斯安那民法典》	1808 年《民法学说汇纂》	1804 年《法国民法典》
第 627 条	留置权	第 625 条	第 620 条	第 62 条（122）	
第 628 条	终止的后果；对非消耗物的用益权	第 535 条	第 527 条	第 2 条（110）	
		第 567 条	第 560 条	第 27 条（116）	
		第 625 条	第 620 条	第 62 条（122）	
第 629 条	终止的后果；对消耗物的用益权	第 549 条	第 542 条	第 15 条（112）	第 587 条
第 630 条	居住权	第 627 条	第 622 条	第 64 条（124）	
第 631 条	设立与消灭	第 628 条	第 623 条	第 65 条（124）	第 625 条
第 632 条	受名义调整	第 631 条	第 626 条	第 67 条（124）	第 628 条
		第 632 条	第 627 条	第 68 条（124）	第 629 条
第 633 条	居于房中的人	第 640 条	第 636 条		第 632 条
第 634 条	居住权的范围	第 641 条	第 637 条	第 77 条（126）	第 633 条
第 635 条	注意的程度；返还财产的义务	第 644 条	第 640 条		第 627 条
第 636 条	税收、维修及其他负担	第 645 条	第 641 条	第 80 条（126）	第 635 条
第 637 条	不可转让与不可继承的权利	第 638 条	第 634 条	第 75 条（126）	第 631 条
		第 643 条	第 639 条	第 79 条（126）	第 634 条
第 638 条	居住权的期间	第 639 条	第 635 条	第 76 条（126）	
第 639 条	使用权				
第 640 条	役权的内容				
第 641 条	有役权的人				
第 642 条	役权的范围				
第 643 条	可转让的权利				
第 644 条	可继承的权利				
第 645 条	对役权的调整				
第 646 条	地役权的定义	第 646 条	第 642 条		
		第 647 条	第 643 条	第 1 条（126）	第 637 条
		第 648 条	第 644 条		
		第 649 条	第 645 条		

续表

现行《路易斯安那民法典》		1870 年《路易斯安那修订民法典》	1825 年《路易斯安那民法典》	1808 年《民法学说汇纂》	1804 年《法国民法典》
第 647 条	对需役财产的利益	第 650 条	第 646 条		
第 648 条	财产的相邻或接近	第 651 条	第 647 条		
第 649 条	性质；无体不动产	第 652 条	第 648 条		
第 650 条	役权的不可分离性	第 653 条	第 649 条		
		第 654 条	第 650 条		
第 651 条	供役财产所有权人的义务	第 655 条	第 651 条		
第 652 条	役权的不可分性	第 656 条	第 652 条		
第 653 条	利益的分割	第 657 条	第 653 条		
第 654 条	地役权的种类	第 659 条	第 655 条	第 3 条（126）	第 639 条
第 655 条	自然排水	第 660 条	第 656 条	第 4 条（128）	第 640 条
第 656 条	所有人的义务			第 4 条（128）	第 640 条
第 657 条	水流邻接的财产	第 661 条	第 657 条	第 8 条（128）	第 644 条
第 658 条	水流通过的财产	第 661 条	第 657 条	第 8 条（128）	第 644 条
第 659 条权的概念	法定役	第 664 条	第 660 条	第 12 条（128）	第 649 条
		第 666 条	第 662 条	第 14 条（130）	第 651 条
第 660 条	维修建筑物	第 670 条	第 666 条	第 18 条（130）	
第 661 条	有倒塌危险的建筑	第 671 条	第 667 条	第 19 条（130）	
第 662 条	靠墙的建筑	第 692 条	第 688 条	第 38 条（134）	第 674 条
		第 693 条	第 689 条	第 39 条（134）	
		第 694 条	第 690 条	第 40 条（134）	
		第 695 条	第 691 条	第 41 条（136）	
第 663 条	过界的突出财产	第 697 条	第 693 条		第 678 条
第 664 条	从屋顶滴落的雨水	第 698 条	第 694 条	第 45 条（136）	第 681 条
		第 713 条	第 709 条		
第 665 条	法定公共役权	第 665 条	第 661 条	第 13 条（128）	第 650 条
第 666 条	河边道路；被破坏或不能通行时的替代	第 707 条	第 703 条		
第 667 条	对财产使用的限制	第 667 条	第 663 条	第 15 条（130）	
第 668 条	对邻居造成的不便	第 668 条	第 664 条	第 16 条（130）	

续表

现行《路易斯安那民法典》		1870年《路易斯安那修订民法典》	1825年《路易斯安那民法典》	1808年《民法学说汇纂》	1804年《法国民法典》
第669条	对不便的调整	第669条	第665条	第17条(130)	
第670条	越界的建筑物				
第671条	为灭火对私人财产的毁损	第672条	第668条	第20条(130)	
第672条	其他法定役权	第674条	第670条	第22条(132)	第652条(2)
第673条	共有墙役权	第675条	第671条	第23条(132)	
第674条	邻人的出资	第676条	第672条	第24条(132)	
第675条	对共有墙的推定	第677条	第673条	第25条(132)	第653条
第676条	相邻墙	第684条	第680条	第32条(134)	第661条
第677条	共有人的权利和义务				
第678条	修补费用	第678条	第674条	第26条(132)	第655条
第679条	对共有墙的抛弃	第679条	第675条	第27条(132)	第656条
第680条	共有墙中的权利	第680条	第676条	第28条(132)	第657条
		第685条	第681条	第33条(134)	第662条
第681条	共有墙中的开口	第696条	第692条	第42条(136)	第675条
第682条	提高共有墙的高度	第681条	第677条	第29条(132)	第658条
		第682条	第678条	第30条(132)	第659条
第683条	邻人共有提高部分的权利	第683条	第679条	第31条(134)	第660条
第684条	圈围	第662条	第658条	第10条(128)	第647条
第685条	共有栅栏	第686条	第682条	第34条(134)	第663条
		第687条	第683条	第35条(134)	
		第688条	第684条		第670条
第686条	共有沟渠	第689条	第685条	第36条(134)	第666条
		第690条	第686条	第37条(134)	第669条
第687条	边界上的树木、灌木丛及植物				
第688条	在邻人财产上的树木、灌木丛及植物的枝杈或根茎	第691条	第687条		第671条
					第672条
第689条	袋地通行权	第699条	第695条	第46条(136)	第682条
第690条	通行的限度	第702条	第698条		

续表

现行《路易斯安那民法典》		1870年《路易斯安那修订民法典》	1825年《路易斯安那民法典》	1808年《民法学说汇纂》	1804年《法国民法典》
第691条	建设	第699条	第695条	第46条(136)	第682条
第692条	通行的位置	第700条	第696条	第47条(136)	第683条
					第684条
第693条	袋地；自愿行为				
第694条	袋地；自愿转让或分割	第701条	第697条		
第695条	役权的重置	第703条	第699条		
第696条	补偿之诉的时效性	第708条	第704条	第48条(136)	第685条
第697条	设立地役权的权利；限制	第709条	第705条	第49条(138)	第686条
第698条	可承受役权的财产	第710条	第706条	第50条(138)	第687条
第699条	地役权的范例	第711条	第707条		
		第721条	第717条		
第700条	支撑役权	第712条	第708条		
第701条	观望役权	第716条	第712条		
第702条	禁止观望	第716条	第712条		
第703条	采光役权	第717条	第713条		
第704条	禁止采光	第717条	第713条		
第705条	通行役权	第719条	第715条		
		第722条	第718条		
第706条	役权；积极的或消极的				
第707条	役权；显性的或隐性的	第728条	第724条	第52条(138)	第689条
第708条	设立地役权	第729条	第725条		
		第731条	第727条		
第709条	受托人	第733条	第729条		
第710条	空虚所有权人	第730条	第726条		
第711条	用益权人	第737条	第733条		
第712条	附期限或附条件的所有人	第736条	第732条		
第713条	保留回赎权的买受人	第735条	第731条		
第714条	共有人；整体财产上的役权	第738条	第734条		

续表

现行《路易斯安那民法典》		1870年《路易斯安那修订民法典》	1825年《路易斯安那民法典》	1808年《民法学说汇纂》	1804年《法国民法典》
第715条	役权的行使	第739条	第735条		
第716条	未分割部分的役权	第740条	第736条		
第717条	实物分割	第740条	第736条		
第718条	通过内部竞价转让的分割	第741条	第737条		
第719条	共有人的继承人	第742条	第738条		
第720条	附加役权	第749条	第745条		
第721条	抵押财产之上的役权	第750条	第746条		
第722条	设立的方式	第743条	第739条		
		第2481条	第2457条	第31条（350）	第1607条
第723条	公有物上的役权	第744条	第740条		
第724条	复合需役财产或供役财产	第745条	第741条		
第725条	相互役权	第746条	第742条		
第726条	后得物上的役权	第747条	第743条		
第727条	在部分财产上的役权	第748条	第744条		
第728条	对行使的限制	第751条	第747条		
第729条	对法定或自然役权的协议变更	第752条	第748条		
第730条	对役权的解释	第753条	第749条		
第731条	明示的为某财产利益的负担	第754条	第750条		
第732条	无明示宣告时的解释	第755条	第751条		
第733条	解释；需役财产的利益	第756条	第752条		
第734条	解释；对某人的便利	第757条	第753条		
第735条	取得役权的人	第759条	第755条		
		第760条	第756条		
		第762条	第758条		
		第763条	第759条		
		第764条	第760条		
第736条	取得役权的能力	第769条	第755条		

续表

现行《路易斯安那民法典》		1870 年《路易斯安那修订民法典》	1825 年《路易斯安那民法典》	1808 年《民法学说汇纂》	1804 年《法国民法典》
第 737 条	需役财产所有人放弃役权	第 761 条	第 757 条		
		第 763 条	第 759 条		
第 738 条	设立人的不得撤销	第 760 条	第 756 条		
		第 763 条	第 759 条		
第 739 条	仅因名义的取得	第 766 条	第 762 条	第 54 条（138）	第 691 条（1）
第 740 条	取得役权的方式	第 765 条	第 761 条	第 53 条（138）	第 690 条
第 741 条	所有权人的指定	第 649 条	第 645 条		
		第 767 条	第 763 条	第 55 条（138）	第 692 条
		第 768 条	第 764 条	第 56 条（138）	第 693 条
		第 769 条	第 765 条	第 57 条（140）	第 694 条
第 742 条	取得时效	第 765 条	第 761 条	第 53 条（138）	第 690 条
		第 3504 条	第 3470 条		
第 743 条	从权利	第 771 条	第 767 条	第 59 条（140）	第 696 条
第 744 条	必要的工作物；维修费用	第 772 条	第 768 条	第 60 条（140）	第 697 条
		第 773 条	第 769 条	第 61 条（140）	第 698 条
第 745 条	进入供役地的权利	第 774 条	第 770 条		
第 746 条	因放弃供役财产的责任免除	第 775 条	第 771 条	第 62 条（140）	第 699 条
		第 814 条	第 810 条		
第 747 条	需役财产的分割	第 776 条	第 772 条	第 63 条（140）	第 700 条
第 748 条	供役财产所有人的不搅扰	第 777 条	第 773 条	第 64 条（140）	第 701 条
第 749 条	名义未提到时行使役权的限度和方式	第 780 条	第 776 条		
第 750 条	名义未提到时役权的地点	第 779 条	第 775 条		
第 751 条	需役财产或供役财产的毁损	第 783 条	第 779 条		
		第 784 条	第 780 条	第 66 条（142）	第 703 条
第 752 条	物的重建	第 785 条	第 781 条	第 67 条（142）	第 704 条
		第 786 条	第 782 条		第 665 条

续表

现行《路易斯安那民法典》		1870年《路易斯安那修订民法典》	1825年《路易斯安那民法典》	1808年《民法学说汇纂》	1804年《法国民法典》
第753条	不行使的时效	第783条	第779条		
		第789条	第785条	第68条（142）	第706条
第754条	不行使的开始	第790条	第786条	第69条（142）	第707条
		第791条	第787条		
第755条	役权的障碍	第792条	第788条		
第756条	未能重建需役财产或供役财产	第787条	第783条		
		第788条	第784条		
第757条	第三人行为的足够	第793条	第789条		
		第794条	第790条		
第758条	自然役权的非时效性	第795条	第791条		
第759条	部分行使	第798条	第794条		
第760条	比名义更广泛的行使	第797条	第793条		
第761条	对从权利的行使	第799条	第795条		
第762条	共有人的行使	第801条	第797条	第71条（142）	第709条
		第803条	第799条		
第763条	未成年或其他无能力				
第764条	对行使的证明责任	第804条	第800条		
第765条	混同	第783条	第779条		
		第805条	第801条		第705条
第766条	解除条件	第806条	第802条		
第767条	继承的接受；混同	第810条	第806条		
第768条	混同；分别的和共同的财产	第811条	第807条		
第769条	因混同消灭的不可撤销性	第812条	第808条		
第770条	对供役财产的抛弃	第783条	第779条		
		第813条	第809条		
		第814条	第810条		
		第815条	第811条		

续表

现行《路易斯安那民法典》		1870年《路易斯安那修订民法典》	1825年《路易斯安那民法典》	1808年《民法学说汇纂》	1804年《法国民法典》
第771条	对役权的放弃	第783条	第779条		
		第816条	第812条		
		第817条	第813条		
第772条	所有人的放弃	第818条	第814条		
第773条	期间的届满与条件的成就	第783条	第779条		
		第821条	第817条		
第774条	设立人权利的解除	第783条	第779条		
		第822条	第818条		
第775条	建筑物限制				
第776条	设立				
第777条	性质与规则				
第778条	积极义务				
第779条	命令性救济				
第780条	建筑物限制的修订与终止				
第781条	终止；诉讼时效				
第782条	对计划或对限制的放弃				
第783条	解释或适用的事项				
第784条	边界；标识物	第826条	第822条		
第785条	边界的确定	第823条	第819条		
		第827条	第823条		
第786条	可强制确定边界的人	第823条	第819条		
		第829条	第825条		
		第830条	第826条		
第787条	承租人；可强制出租人	第831条	第827条		
第788条	权利的非时效性	第824条	第820条		
		第825条	第821条		

续表

现行《路易斯安那民法典》		1870年《路易斯安那修订民法典》	1825年《路易斯安那民法典》	1808年《民法学说汇纂》	1804年《法国民法典》
第789条	通过法院或不通过法院确定边界	第832条	第828条		
		第833条	第829条		
第790条	费用	第663条	第659条	第11条（128）	第646条
第791条	未经授权移走标识物的责任	第855条	第851条		
第792条	根据所有权或占有对边界的确定	第845条	第841条		
第793条	根据名义对所有权的确定	第846条	第842条		
		第847条	第843条		
第794条	根据时效对所有权的确定	第852条	第848条		
第795条	边界协议的效力				
第796条	界标位置的错误；纠正	第852条	第848条		
第797条	共有的定义				
第798条	对孳息及出产物的权利				
第799条	共有人的责任				
第800条	对物的保存				
第801条	通过协议的使用与管理				
第802条	使用物的权利				
第803条	无协议时对物的使用与管理				
第804条	实质的改变与改良				
第805条	对未分割份额的处分				
第806条	维护与管理的费用				
第807条	分割的权利；因协议的排除	第1289条	第1215条	第156条（184）	第815条（1）
		第1298条	第1221条		第815条（2）
第808条	被排除的分割	第1303条	第1226条		

续表

现行《路易斯安那民法典》		1870 年《路易斯安那修订民法典》	1825 年《路易斯安那民法典》	1808 年《民法学说汇纂》	1804 年《法国民法典》
第 809 条	通过法院及不通过法院分割	第 1294 条	第 1217 条		
		第 1322 条	第 1245 条	第 166（1）条（186）	第 815 条（1）
		第 1323 条	第 1246 条	第 166（2）条（186）	第 823 条
					第 838 条
第 810 条	实物分割	第 1339 条	第 1261 条	第 171 条（188）	第 827 条
				第 172 条（188）	
		第 1340 条	第 1262 条	第 173 条（188）	
				第 174 条（188）	
第 811 条	通过内部竞价转让或私下买卖的分割				
第 812 条	分割对物权的效力	第 1338 条			
第 813 条	实物分割	第 1338 条			
		第 1383 条	第 1434 条	第 249 条（206）	第 883 条
第 814 条	因显失公平撤销分割	第 1398 条	第 1436 条	第 250（3）条（206）	第 887 条（2）
第 815 条	通过内部竞价转让的分割	第 1338 条			
第 816 条	实物分割；担保	第 1384 条	第 1421 条	第 238 条（202）	
				第 239（1）条（204）	第 884 条（1）
		第 1385 条	第 1422 条	第 239（2）条（204）	第 884 条（2）
第 817 条	诉讼的非时效性	第 1304 条	第 1227 条		
第 818 条	其他共有权利				

表 3-5 现行《路易斯安那民法典》、1870 年《路易斯安那修订民法典》、1825 年《路易斯安那民法典》、1808 年《民法学说汇纂》与 1804 年《法国民法典》之债法条文对比

现行《路易斯安那民法典》		1870 年《路易斯安那修订民法典》	1825 年《路易斯安那民法典》	1808 年《民法学说汇纂》	1804 年《法国民法典》
第 3 编 取得物之所有权的不同方式		**第 3 编 取得物之所有权的不同方式**	**第 3 编 取得物之所有权的不同方式**	**第 3 编 取得物之所有权的不同方式**	**第 3 编 取得财产的各种方法**
第 3 题 债法总则		**第 3 题 债**	**第 3 题 债**	**第 3 题 契约与合意之债的一般规定**	**第 3 题 契约与合意之债的一般规定**
第 1756 条	债的定义	第 1756 条	第 1749 条		
		第 2132 条	第 2128 条		
第 1757 条	债的发生根据	第 1760 条	第 1753 条		
第 1758 条	一般效力				
第 1759 条	诚信				
第 1760 条	产生自然之债的道德义务	第 1757 条	第 1750 条		
第 1761 条	自然之债的效力	第 1759 条	第 1752 条		
第 1762 条	可产生自然之债的情形	第 1758 条	第 1751 条		
第 1763 条	定义	第 2010 条	第 2005 条		
第 1764 条	物之债的效力				
第 1765 条	可继承之债	第 1997 条	第 1992 条		
		第 1999 条	第 1994 条		
		第 2009 条	第 2004 条		
第 1766 条	严格的个人之债	第 1997 条	第 1992 条		
		第 2000 条	第 1995 条		
		第 2001 条	第 1996 条		
第 1767 条	停止及解除条件	第 2020 条	第 2015 条		
		第 2021 条	第 2016 条	第 68 条（272）	第 1168 条
		第 2043 条	第 2038 条	第 81 条（274）	第 1181 条
		第 2045 条	第 2040 条	第 83 条（274）	第 1183 条

续表

现行《路易斯安那民法典》		1870年《路易斯安那修订民法典》	1825年《路易斯安那民法典》	1808年《民法学说汇纂》	1804年《法国民法典》
第1768条	明示与默示的条件	第2026条	第2021条		
第1769条	非法或不可能的条件	第2031条	第2026条	第72条（272）	第1172条
		第2032条	第2027条	第73条（272）	第1173条
		第2033条	第2028条		
第1770条	有赖债务人心血来潮或意志的条件	第2024条	第2019条	第70条（272）	第1170条
		第2034条	第2029条	第74条（272）	第1175条
		第2035条	第2030条		
第1771条	条件尚未成就时，债权人的权利	第2042条	第2037条	第80条（274）	第1180条
第1772条	一方的过错	第2040条	第2035条	第78条（274）	第1178条
第1773条	以某件事的发生为内容的条件之成就时间	第2038条	第2033条	第76条（272）	第1176条
第1774条	以某件事的不发生为内容的条件之成就时间	第2039条	第2034条	第77条（272）	第1177条
第1775条	溯及效力	第2041条	第2036条	第79条（274）	第1179条
第1776条	持续履行或定期履行的合同				
第1777条	明示的或默示的期限	第2048条	第2043条		
		第2049条	第2044条		
		第2050条	第2045条		
第1778条	履行期限	第2050条	第2045条		
第1779条	有利于债务人的期限推定	第2053条	第2048条	第87条（276）	第1187条
第1780条	对期限的放弃				
第1781条	期限届满前的履行	第2052条	第2047条	第86条（276）	第1186条
第1782条	若债务人无清偿能力	第2054条	第2049条	第88条（276）	第1188条
第1783条	对担保的损害或未提供担保	第2055条	第2050条		
第1784条	不固定的履行期限	第2057条	第2052条		
		第2058条	第2053条		

续表

现行《路易斯安那民法典》		1870年《路易斯安那修订民法典》	1825年《路易斯安那民法典》	1808年《民法学说汇纂》	1804年《法国民法典》
第1785条	附期限的履行				
第1786条	按份、共同、连带之债	第2077条	第2072条		
第1787条	按份之债的效力	第2078条	第2073条		
		第2079条	第2074条		
		第2084条	第2079条		
第1788条	对债务人或债权人的共同之债	第2080条	第2075条		
		第2081条	第2076条		
第1789条	可分与不可分的共同之债	第2085条	第2080条		
		第2086条	第2081条		
		第2087条	第2082条		
		第2113条	第2109条	第122条（284）	第1222条
第1790条	对债权人的连带之债	第2088条	第2083条	第97条（278）	第1197条
第1791条	因履行消灭债	第2089条	第2084条	第98条（278）	第1198条
第1792条	债权人的减免	第2089条	第2084条	第98条（278）	第1198条
第1793条	时效的中断	第2090条	第2085条	第99条（278）	第1199条
第1794条	对债务人的连带之债	第2091条	第2086条	第100条（278）	第1200条
第1795条	连带债务人不可主张分割；起诉债务人之一后起诉另一债务人	第2094条	第2089条	第103条（278）	第1203条
		第2095条	第2090条	第104条（280）	第1204条
第1796条	连带性不受推定	第2093条	第2088条	第102条（278）	第1202条
		第2107条	第2103条		
第1797条	源自不同渊源的连带之债				
第1798条	附条件或期限的债	第2092条	第2087条	第101条（278）	第1201条
第1799条	时效的中断	第2097条	第2092条	第106条（280）	第1206条
			第2093条	第107条（280）	第1207条
第1800条	对损害赔偿的连带责任				
第1801条	连带债务人可主张的抗辩	第2098条	第2094条	第108条（280）	第1208条
第1802条	放弃连带				

续表

现行《路易斯安那民法典》		1870年《路易斯安那修订民法典》	1825年《路易斯安那民法典》	1808年《民法学说汇纂》	1804年《法国民法典》
第1803条	为某位债务人利益减免债务，或与某一债务人为交易或和解				
第1804条	连带债务人之间的责任	第2103条	第2099条	第113条（280）	第1213条
		第2104条	第2100条	第114条（280）	第1214条
		第2106条	第2102条	第116条（282）	第1216条
第1805条	对出资的强制	第2103条	第2099条	第113条（280）	第1213条
第1806条	连带债务人之一的清偿不能	第2104条	第2100条	第114条（280）	第1214条
		第2105条	第2101条	第115条（280）	第1215条
第1807条	联合之债	第2062条	第2057条		
		第2063条	第2058条		
		第2065条	第2060条		
第1808条	选择之债	第2066条	第2061条		
		第2074条	第2069条	第96条（278）	第1196条
第1809条	属于债务人的选择权	第2068条	第2063条	第90条（276）	第1190条
第1810条	为选择时的迟延				
第1811条	债务人不可选择某项目中的一部分	第2069条	第2064条	第91条（276）	第1191条
第1812条	某一项目的履行不可能或非法	第2071条	第2066条	第93条（276）	第1193条
		第2072条	第2067条	第94条（276）	第1194条
第1813条	所有履行项目的不可能或非法	第2073条	第2068条	第95条（278）	第1195条
		第2219条	第2216条	第202条（300）	第1302条
第1814条	债务人对损害赔偿的责任	第2071条	第2066条	第93条（276）	第1193条
第1815条	可分与不可分之债	第2108条	第2104条	第117条（282）	第1217条
		第2109条	第2105条	第118条（282）	第1218条
第1816条	在单一债务人与单一债权人之间可分之债的效力	第2111条	第2107条	第120条（282）	第1220条
第1817条	继承人间可分之债的效力	第2111条	第2107条	第120条（282）	第1220条

续表

<table>
<tr><th colspan="2">现行
《路易斯安那民法典》</th><th>1870 年
《路易斯安那修订民法典》</th><th>1825 年
《路易斯安那民法典》</th><th>1808 年
《民法学说汇纂》</th><th>1804 年
《法国民法典》</th></tr>
<tr><td>第 1818 条</td><td>在一个以上的债务人或债权人间的不可分之债的效力</td><td>第 2113 条</td><td>第 2109 条</td><td>第 122 条（284）</td><td>第 1222 条</td></tr>
<tr><td rowspan="5">第 1819 条</td><td rowspan="5">继承人间不可分之债的效力</td><td>第 2112 条</td><td>第 2108 条</td><td>第 121 条（282）</td><td>第 1221 条</td></tr>
<tr><td>第 2113 条</td><td>第 2109 条</td><td>第 122 条（284）</td><td>第 1222 条</td></tr>
<tr><td>第 2114 条</td><td>第 2110 条</td><td>第 123 条（284）</td><td>第 1223 条</td></tr>
<tr><td>第 2115 条</td><td>第 2111 条</td><td>第 124 条（284）</td><td>第 1224 条</td></tr>
<tr><td>第 2116 条</td><td>第 2112 条</td><td>第 125 条（284）</td><td>第 1225 条</td></tr>
<tr><td>第 1820 条</td><td>连带性不是不可分性</td><td>第 2110 条</td><td>第 2016 条</td><td>第 119 条（282）</td><td>第 1219 条</td></tr>
<tr><td>第 1821 条</td><td>通过债务人与第三人的协议的承担</td><td></td><td></td><td></td><td></td></tr>
<tr><td>第 1822 条</td><td>第三人对承担的数额负有义务</td><td></td><td></td><td></td><td></td></tr>
<tr><td>第 1823 条</td><td>通过债权人与第三人协议的承担</td><td></td><td></td><td></td><td></td></tr>
<tr><td>第 1824 条</td><td>抗辩</td><td></td><td></td><td></td><td></td></tr>
<tr><td>第 1825 条</td><td>定义</td><td></td><td></td><td></td><td></td></tr>
<tr><td>第 1826 条</td><td>效力</td><td></td><td></td><td></td><td></td></tr>
<tr><td>第 1827 条</td><td>通过债权人的意定代位</td><td></td><td></td><td></td><td></td></tr>
<tr><td>第 1828 条</td><td>通过债务人的意定代位</td><td>第 2160 条</td><td>第 2156 条</td><td>第 150 条（288）</td><td>第 1250 条</td></tr>
<tr><td>第 1829 条</td><td>因法律规定的代位</td><td>第 2161 条</td><td>第 2157 条</td><td>第 151 条（290）</td><td>第 1251 条</td></tr>
<tr><td>第 1830 条</td><td>法定代位的效力</td><td></td><td></td><td></td><td></td></tr>
<tr><td>第 1831 条</td><td>必须证明债的一方</td><td>第 2232 条</td><td>第 2229 条</td><td>第 215 条（304）</td><td>第 1315 条</td></tr>
<tr><td rowspan="4">第 1832 条</td><td rowspan="4">法律要求的书面形式</td><td>第 2275 条</td><td>第 2255 条</td><td>第 241 条（310）</td><td></td></tr>
<tr><td>第 2278 条</td><td></td><td></td><td></td></tr>
<tr><td>第 2279 条</td><td>第 2258 条</td><td>第 247 条（312）</td><td>第 1348（2）条</td></tr>
<tr><td>第 2280 条</td><td>第 2259 条</td><td></td><td></td></tr>
<tr><td>第 1833 条</td><td>公证文书</td><td>第 2234 条</td><td>第 2231 条</td><td>第 217 条（304）</td><td>第 1317 条</td></tr>
</table>

续表

现行《路易斯安那民法典》		1870 年《路易斯安那修订民法典》	1825 年《路易斯安那民法典》	1808 年《民法学说汇纂》	1804 年《法国民法典》
第 1834 条	未经公证的文书	第 2235 条	第 2232 条	第 218 条（304）	第 1318 条
第 1835 条	公证文书在各方及法定继承人间构成完全证明	第 2236 条	第 2233 条	第 219 条（304）	第 1319 条
第 1836 条	应予承认的有私人签名的文书	第 2240 条	第 2237 条	第 222 条（306）	
		第 2242 条	第 2239 条	第 224 条（306）	第 1322 条
第 1837 条	有私人签名的文书	第 2241 条	第 2238 条	第 223 条（306）	第 1326 条
第 1838 条	必须承认或否认签名的一方	第 2244 条	第 2240 条	第 225 条（306）	第 1323 条
		第 2245 条	第 2241 条	第 226 条（306）	第 1324 条
				第 227 条（306）	第 1325 条
第 1839 条	不动产的转让	第 2264 条			
		第 2265 条			
		第 2266 条			
		第 2275 条	第 2255 条	第 241 条（310）	
第 1840 条	公证文书的副本	第 2268 条	第 2247 条	第 234 条（308）	第 1334 条
第 1841 条	被登记文书的副本	第 2253 条	第 2250 条		
		第 2257 条			
		第 2267 条			
		第 2270 条	第 2249 条	第 236 条（308）	第 1336 条
第 1842 条	确认	第 2272 条	第 2252 条	第 238 条（310）	第 1338 条
第 1843 条	追认	第 2272 条	第 2252 条	第 238 条（310）	第 1338 条
第 1844 条	确认与追认的效力				
第 1845 条	对赠予人的确认	第 2273 条	第 2253 条	第 239 条（310）	第 1339 条
第 1846 条	不超过 500 美元的合同	第 2277 条	第 2257 条	第 234、244 条（310）	第 1341、1347 条
				第 244（2）条（310）	第 1347 条
				第 245 条（310）	
				第 246 条（312）	第 1348（1～2）条

续表

现行《路易斯安那民法典》		1870 年《路易斯安那修订民法典》	1825 年《路易斯安那民法典》	1808 年《民法学说汇纂》	1804 年《法国民法典》
第 1847 条	第三人的债务及因时效消灭的债务	第 2278 条			
第 1848 条	不被允许用来证明文书的证言或其他证据	第 2276 条	第 2256 条	第 242 条（310）	
第 1853 条	法院承认	第 2291 条	第 2270 条	第 257 条（314）	第 1356 条
				第 258 条（316）	
				第 259 条（316）	
				第 260 条（316）	
				第 261 条（316）	
				第 262 条（316）	
				第 263 条（316）	
				第 264 条（316）	
第 1854 条	因履行的消灭	第 2130 条	第 2126 条	第 134 条（286）	第 1234 条
		第 2131 条	第 2127 条		
第 1855 条	第三人的履行	第 2134 条	第 2130 条	第 136 条（286）	第 1236 条
		第 2136 条	第 2132 条	第 137 条（286）	第 1237 条
		第 2137 条	第 2133 条		
第 1856 条	对履行客体的有效转让				
第 1857 条	对债权人做出的履行	第 2140 条	第 2136 条	第 139 条（288）	第 1239 条
		第 2141 条	第 2137 条		
		第 2142 条	第 2138 条		
		第 2143 条	第 2139 条		
		第 2144 条	第 2140 条		
		第 2146 条	第 2142 条		
		第 2287 条	第 2266 条	第 253 条（314）	第 1352 条
第 1858 条	债权人的无能力	第 2147 条	第 2143 条	第 141 条（288）	第 1241 条
第 1859 条	违背扣押的履行	第 2149 条	第 2145 条	第 142 条（288）	第 1242 条
第 1860 条	给付物的质量	第 2156 条	第 2152 条	第 146 条（288）	第 1246 条
第 1861 条	部分履行	第 2153 条	第 2149 条	第 144 条（288）	第 1244（1）条

续表

现行《路易斯安那民法典》		1870年《路易斯安那修订民法典》	1825年《路易斯安那民法典》	1808年《民法学说汇纂》	1804年《法国民法典》
第1862条	履行地点	第2157条	第2153条	第147条（288）	第1247条
第1863条	费用	第2158条	第2154条	第148条（288）	第1248条
第1864条	债务人的抵充	第2163条	第2159条	第153条（290）	第1253条
第1865条	对未应支付的债的抵充				
第1866条	抵充利息	第2164条	第2160条	第154条（290）	第1254条
第1867条	债权人的抵充	第2165条	第2161条	第155条（290）	第1255条
第1868条	非由双方做出的抵充	第2166条	第2162条	第156条（290）	第1256条
第1869条	债务人提出履行与提存	第2167条	第2163条	第157条（292）	第1257条
		第2168条	第2164条	第158条（292）	第1258条
				第159条（292）	第1259条
				第160条（292）	第1259条
				第161条（292）	第1260条
				第162条（292）	第1261条
				第163条（292）	第1262条
				第164条（294）	第1263条
				第165条（294）	第1264条
第1870条	作为提出履行的通知				
第1871条	债务人对物的提存				
第1872条	物的出卖及收益的提存				
第1873条	因意外事件导致履行不能时，债务人不负责				
第1874条	可能毁损在债权人手中的履行标的的意外事件	第1933条	第1927条	第46～48条（268）	第1146～1148条
第1875条	意外事件				
第1876条	履行不可能时，解除合同	第2219条	第2216条	第202条（300）	第1302条
第1877条	使履行部分不可能的意外事件				
第1878条	债务人部分履行后的意外事件				

续表

现行《路易斯安那民法典》		1870年《路易斯安那修订民法典》	1825年《路易斯安那民法典》	1808年《民法学说汇纂》	1804年《法国民法典》
第1879条	已存之债的消灭	第2185条	第2181条		
第1880条	更新不得推定	第2190条	第2186条	第174条（296）	第1272条
					第1273条
第1881条	客体更新	第2187条	第2183条		
		第2189条	第2185条	第173条（296）	第1271条
第1882条	主体更新	第2189条	第2185条	第173条（296）	第1271条
		第2191条	第2187条	第175条（296）	第1274条
第1883条	债无效时的无效	第2186条	第2182条		
		第2188条	第2184条		
第1884条	对已消灭之债的担保	第2195条	第2191条	第179条（296）	第1278条
		第2196条	第2192条	第180条（296）	第1279条
第1885条	对连带之债的更新				
第1886条	委托履行	第2192条	第2188条	第176条（296）	第1275条
第1887条	解除先前债务人负担不影响担保				
第1888条	明示或默示免除	第2199条	第2195条	第183条（296）	第1282条
第1889条	对免除的推定	第2199条	第2195条	第183条（296）	第1282条
第1890条	债务人收到通知时，免除生效	第2201条	第2197条		
第1891条	豁免物的担保	第2204条	第2200条	第186条（298）	第1286条
第1892条	赋予保证人的免除	第2205条	第2201条	第187条（298）	第1287条
		第2206条	第2202条	第188条（298）	第1288条
第1893条	抵销消灭债	第2207条	第2203条	第189条（298）	第1289条
		第2208条	第2204条	第190条（298）	第1290条
		第2209条	第2205～2206条	第191～192条（298）	第1291（1）条
					第1292条
第1894条	不受抵销的债	第2210条	第2207条	第193条（298）	第1293条
第1895条	不在同一地点履行的债	第2213条	第2210条	第196条（300）	第1296条

续表

现行《路易斯安那民法典》		1870年《路易斯安那修订民法典》	1825年《路易斯安那民法典》	1808年《民法学说汇纂》	1804年《法国民法典》
第1896条	选择偿付的规则	第2214条	第2211条	第197条（300）	第1297条
第1897条	抵销消灭保证人的债务	第2211条	第2208条	第194条（298）	第1294条
第1898条	债权人与连带债务人间的抵销	第2211条	第2208条	第194条（298）	第1294条
第1899条	被第三人取得的权利	第2215条	第2212条	第198条（300）	第1298条
		第2216条	第2213条	第199条（300）	第1299条
第1900条	债权人的权利让与	第2212条	第2209条	第195条（298）	第1295条
第1901条	通过协议的抵销				
第1902条	因法院宣告的抵销				
第1903条	债务人和债权人身份的合一	第2217条	第2214条	第200条（300）	第1300条
第1904条	保证人的债务	第2218条	第2215条	第201条（300）	第1301条
第1905条	连带之债	第2218条	第2215条	第201条（300）	第1301条
第4题 约定之债或合同		**第4题 合意之债**	**第4题 合意之债**	**第4题 非因合意而发生的债、准合同与准侵权**	
第1906条	合同的定义	第1761条	第1754条	第1条（260）	第1101条
第1907条	单务合同	第1765条	第1758条	第2～3条(260)	第1102条
					第1103条
第1908条	两务合同	第1765条	第1758条	第2～3条(260)	第1102条
					第1103条
第1909条	有偿合同	第1774条	第1767条	第6条（260）	第1106条
第1910条	无偿合同	第1773条	第1766条	第5条（260）	第1105条
第1911条	双务合同	第1768条	第1761条	第4(1)条(260)	第1104（1）条
第1912条	射幸合同	第1776条	第1769条	第4(2)条(260)	第1104（2）条
第1913条	主合同与从合同	第1771条	第1764条		
第1914条	有名合同与无名合同				
第1915条	对所有合同都适用的规则	第1777条	第1770条	第7(1)条(260)	第1107（1）条

续表

现行《路易斯安那民法典》		1870年《路易斯安那修订民法典》	1825年《路易斯安那民法典》	1808年《民法学说汇纂》	1804年《法国民法典》
第1916条	对有名合同适用的规则	第1778条	第1771条	第7（2）条（260）	第1107（2）条
第1917条	对所有类型的债均适用的规则				
第1918条	对能力的一般表达	第1782条	第1775条	第23～24条（264）	第1123条
					第1124条
		第1783条	第1781条		
第1919条	诉请撤销的权利	第1783条	第1781条		
		第1784条	第1777条		
第1920条	请求确认或撤销合同的权利	第1794条	第1788条		
第1921条	因无能力对合同的撤销	第1792条	第1786条		
		第1793条	第1787条		
第1922条	完全准治产的未成年人	第1785条	第1778条	第25（1）条（264）	第1125（1）条
第1923条	未获准治产的未成年人的无能力；例外	第1785条	第1778条	第25（1）条（264）	第1125（1）条
		第1866条	第1860条		
第1924条	自发代表成年人；信赖	第1792条	第1786条		
		第1793条	第1787条		
		第2224条	第2221条	第207条（302）	第1307条
第1925条	丧失理性的非禁治产人；对有偿名义的不知情缔约方的保护	第1783条	第1781条		
		第1789条	第1782条		
			第1783条		
第1926条	对非禁治产人的死者的合同的质疑	第1783条	第1781条		
第1927条	同意	第1797条	第1791条		
		第1798条	第1792条		
		第1812条	第1806条		
		第1816条	第1810条		
		第1817条	第1811条		

续表

现行《路易斯安那民法典》		1870年《路易斯安那修订民法典》	1825年《路易斯安那民法典》	1808年《民法学说汇纂》	1804年《法国民法典》
第1928条	不可撤销的要约	第1802条	第1796条		
		第1809条	第1803条		
第1929条	不可撤销要约因未被接受而过期终止	第1801条	第1795条		
		第1802条	第1796条		
第1930条	可撤销的要约				
第1931条	可撤销要约的过期终止	第1801条	第1795条		
		第1802条	第1796条		
第1932条	因任一方死亡或无能力，要约过期终止	第1810条	第1804条		
第1933条	期权合同				
第1934条	不可撤销要约的承诺的生效时间	第1809条	第1803条		
		第1819条	第1813条	第9条（262）	第1109条
第1935条	对可撤销要约的承诺的生效时间				
第1936条	承诺方式与手段的合理性				
第1937条	撤销生效的时间				
第1938条	收到撤销；拒绝或接受				
第1939条	通过履行的接受				
第1940条	仅通过完全的履行的接受				
第1941条	履行开始的通知				
第1942条	默示承诺	第1817条	第1811条	第9条	第1109条
第1943条	与要约不一致的接受	第1805条	第1799条		
		第1808条	第1802条		
第1944条	对公众做出的悬赏要约				
第1945条	对公众做出的悬赏要约的撤销				
第1946条	数人的履行				
第1947条	双方意图的形式				

续表

现行《路易斯安那民法典》		1870年《路易斯安那修订民法典》	1825年《路易斯安那民法典》	1808年《民法学说汇纂》	1804年《法国民法典》
第1948条	破毁的同意	第1819条	第1813条	第9条（262）	第1109条
第1949条	错误破毁同意	第1823条	第1817条	第10（1）条（262）	第1110（1）条
		第1825条	第1819条		
		第1826条	第1820条		
第1950条	涉及原因的错误				
第1951条	愿履行的另一方				
第1952条	撤销；对损害赔偿的责任				
第1953条	欺诈可源于错误陈述或沉默	第1847条	第1841条	第16（1）条（262）	第1116（1）条
第1954条	双方间的信任				
第1955条	欺诈导致的错误	第1847条	第1841条	第16（1）条（262）	第1116（1）条
第1956条	第三人的欺诈	第1847条	第1841条	第16（1）条（262）	第1116（1）条
第1957条	证明	第1848条	第1842条	第16（2）条（262）	第1116（2）条
第1958条	损害赔偿				
第1959条	性质	第1850条	第1844条		
		第1851条	第1845条	第12条（262）	第1112条
第1960条	针对第三人的胁迫	第1853条	第1847条	第13条（262）	第1113条
第1961条	第三方的胁迫	第1852条	第1846条	第11条（262）	第1111条
第1962条	行使某项权利的威胁	第1856条	第1850条		
		第1857条	第1851条		
第1963条	与诚信一方缔结的合同	第1858条	第1852条		
第1964条	损害赔偿				
第1965条	损害	第1860条	第1854条		
		第1861条	第1855条		
		第1863条	第1857条		

续表

现行《路易斯安那民法典》		1870年《路易斯安那修订民法典》	1825年《路易斯安那民法典》	1808年《民法学说汇纂》	1804年《法国民法典》
第1966条	债皆有原因	第1893条	第1887条	第31条（264）	第1131条
第1967条	原因的定义；致害信赖	第1895条	第1889条	第33条（264）	第1133条
第1968条	非法原因	第1894条	第1888条	第32条（264）	第1132条
第1969条	未明示的原因	第1900条	第1894条		
第1970条	对原因的不真实表达				
第1971条	双方的自由	第1884条	第1878条	第27条（264）	第1127条
		第1885条	第1879条	第28条（264）	第1128条
		第1886条	第1880条	第29条（264）	第1129条
		第1891条	第1885条		
第1972条	可能或不可能的标的	第1891条	第1885条		
第1973条	按种类确定的标的	第1886条	第1880条	第29条（264）	第1129条
第1974条	由第三方确定				
第1975条	供应或需求				
第1976条	将来的物	第1887条	第1881条	第30条（264）	第1130条
		第1888条	第1882条		
第1977条	第三人缔结或履行的债	第1889条	第1883条	第19～20条（262）	第1119～1120条
第1978条	为第三方的设定	第1890条	第1884条	第21条（262）～第22条（264）	第1121～1122条
		第1902条	第1896条		
第1979条	撤销				
第1980条	撤销或拒绝				
第1981条	受益方与做出设定方的权利				
第1982条	允诺人的抗辩				
第1983条	双方的法律；诚信履行	第1901条	第1895条	第34条（266）	第1134条
第1984条	权利与义务可传给继承人	第1763条	第1756条		
第1985条	对第三人的效力	第1763条	第1756条		
		第1902条	第1896条		

续表

现行《路易斯安那民法典》		1870 年《路易斯安那修订民法典》	1825 年《路易斯安那民法典》	1808 年《民法学说汇纂》	1804 年《法国民法典》
第 1986 条	债权人的权利	第 1909 条	第 1903 条	第 38 条（266）	第 1138 条
		第 1926 条	第 1920 条	第 42 条（268）	第 1142 条
		第 1927 条	第 1921 条		
第 1987 条	限制债务人的权利	第 1928 条	第 1922 条	第 43 条（268）	第 1143 条
		第 1929 条	第 1923 条	第 45 条（268）	第 1145 条
第 1988 条	判决可代表行为				
第 1989 条	对迟延的损害赔偿	第 1933 条	第 1927 条	第 46～48 条（268）	第 1146～1148 条
第 1990 条	因期限届满债务人被置于违约				
第 1991 条	置于违约的方式	第 1911 条	第 1905 条	第 39 条（266）	第 1139 条
第 1992 条	风险移交给债务人	第 1910 条	第 1904 条	第 38（2）条（266）	第 1138（2）条
第 1993 条	相互之债				
第 1994 条	对未履行负责的债务人	第 1930 条	第 1924 条		
		第 1931 条	第 1925 条		
第 1995 条	对损害赔偿的计算	第 1934 条	第 1928 条	第 49、51～52 条（268）	第 1149、1151～1152 条
第 1996 条	诚信债务人	第 1934 条	第 1928 条	第 49、51～52 条（268）	第 1149、1151～1152 条
第 1997 条	恶信债务人	第 1934 条	第 1928 条	第 49、51～52 条（268）	第 1149、1151～1152 条
第 1998 条	对非金钱损失的损害赔偿				
第 1999 条	留由法院估算损害赔偿	第 1934 条	第 1928 条	第 49、51～52 条（268）	第 1149、1151～1152 条
第 2000 条	依利息计算对迟延的损害赔偿；不需证明；代理人费用	第 1935 条	第 1929 条	第 53 条（270）	第 1153 条
		第 1940 条	第 1935 条		
第 2001 条	利息的利息	第 1939 条	第 1934 条	第 54 条（270）	第 1154 条
第 2002 条	为减少损害赔偿的合理努力				

续表

现行《路易斯安那民法典》		1870年《路易斯安那修订民法典》	1825年《路易斯安那民法典》	1808年《民法学说汇纂》	1804年《法国民法典》
第2003条	恶信债权人	第1934条	第1928条	第49、51～52条（268）	第1149、1151～1152条
第2004条	排除或限制责任的条款				
第2005条	后续之债	第2117条	第2113条	第126条（284）	第1226条
第2006条	主债的无效	第2123条	第2119条	第127条（284）	第1227条
第2007条	约定的损害赔偿或履行	第2124条	第2120条	第128条（284）	第1228条
		第2125条	第2121条	第129条（284）	第1229条
第2008条	正当的未履行	第2120条	第2116条		
第2009条	债权人无义务证明损害				
第2010条	被置于违约的债务人	第2126条	第2122条	第130条（284）	第1230条
第2011条	因部分履行的获益	第2127条	第2123条	第131条（284）	第1231条
第2012条	约定的损害赔偿不可变更				
第2013条	债权人的解除权	第2046条	第2041条	第84条（274）	第1184条
		第2047条	第2042条	第84条（275）	第1184条
第2014条	未履行的重要性				
第2015条	通知履行后的解除				
第2016条	无履行通知的解除				
第2017条	明示的解除条款				
第2018条	解除的效力				
第2019条	持续履行或分期履行的合同				
第2020条	两方以上缔结的合同				
第2021条	诚信第三人的权利	第2239条	第2236条	第221条（304）	第1321条
第2022条	拒绝履行				
第2023条	对履行的担保				
第2024条	因一方提议终止合同				
第2025条	虚假陈述与反书的定义				
第2026条	绝对虚假陈述				

续表

现行《路易斯安那民法典》		1870 年《路易斯安那修订民法典》	1825 年《路易斯安那民法典》	1808 年《民法学说汇纂》	1804 年《法国民法典》
第 2027 条	相对虚假陈述				
第 2028 条	涉及第三人的效力	第 2239 条	第 2236 条	第 221 条（304）	第 1321 条
第 2029 条	合同的无效				
第 2030 条	合同的绝对无效	第 1892 条	第 1886 条		
		第 2273 条	第 2253 条	第 239 条（310）	第 1339 条
第 2031 条	合同的相对无效	第 1791 条	第 1785 条	第 25（2）条（264）	第 1125（2）条
		第 1795 条	第 1789 条		
第 2032 条	诉讼时效	第 2221 条	第 2218 条	第 204 条（302）	第 1304 条
第 2033 条	效力	第 1791 条	第 1785 条	第 25（2）条（264）	第 1125（2）条
		第 1792 条	第 1786 条		
		第 1793 条	第 1787 条		
第 2034 条	某一条款的无效	第 1823 条	第 1817 条	第 10（1）条（262）	第 1110（1）条
第 2035 条	诚信第三人的权利	第 1795 条	第 1789 条		
		第 2239 条	第 2236 条	第 221 条（304）	第 1321 条
第 2036 条	导致或加剧清偿不能的债务人行为	第 1970 条	第 1965 条		
第 2037 条	清偿不能	第 1971 条	第 1966 条		
		第 1985 条	第 1980 条		
第 2038 条	债务人缔结的有偿合同	第 1979 条	第 1974 条		
		第 1980 条	第 1975 条		
		第 1981 条	第 1976 条		
		第 1982 条	第 1977 条		
第 2039 条	债务人缔结的无偿合同				
第 2040 条	经营活动中缔结的合同	第 1986 条	第 1981 条		
第 2041 条	诉讼必须在 1 年内提起	第 1994 条	第 1989 条		
第 2042 条	债权人必须合并起诉债务人与第三人	第 1973 条	第 1968 条		

续表

现行《路易斯安那民法典》		1870 年《路易斯安那修订民法典》	1825 年《路易斯安那民法典》	1808 年《民法学说汇纂》	1804 年《法国民法典》
第 2043 条	转让的财产必须返还	第 1977 条	第 1972 条		
		第 1988 条	第 1983 条		
第 2044 条	未行使权利的清偿不能				
第 2045 条	双方意图的确定	第 1949 条	第 1944 条		
		第 1950 条	第 1945 条	第 56 条（270）	第 1156 条
第 2046 条	意图明确时，不必进一步解释				
第 2047 条	词汇的意义	第 1946 条	第 1941 条		
		第 1947 条	第 1942 条		
第 2048 条	疑有不同意义的词	第 1952 条	第 1947 条	第 58 条（270）	第 1158 条
第 2049 条	疑有不同意义的条款	第 1951 条	第 1946 条	第 57 条（270）	第 1157 条
第 2050 条	条文应相互参照地解释	第 1955 条	第 1950 条	第 61 条（270）	第 1161 条
第 2051 条	用概括性词语写成的合同	第 1959 条	第 1954 条	第 63 条（270）	第 1163 条
第 2052 条	合同适用的情形	第 1962 条	第 1957 条	第 64 ～ 65 条（270）	第 1164 ～ 1165 条
第 2053 条	合同的性质；衡平；惯例；双方的行为；相同两方间的其他合同	第 1953 条	第 1948 条	第 59 条（270）	第 1159 条
第 2054 条	双方间没有关于专门情形的条款				
第 2055 条	衡平与习惯	第 1964 条	第 1959 条		
		第 1965 条	第 1960 条		
		第 1966 条	第 1961 条		
第 2056 条	格式合同				
第 2057 条	有利于债务人的合同解释	第 1957 条	第 1952 条	第 62 条（270）	第 1162 条
		第 1958 条	第 1953 条		

表 3-6 现行《路易斯安那民法典》、1870 年《路易斯安那修订民法典》、1825 年《路易斯安那民法典》、1808 年《民法学说汇纂》与 1804 年《法国民法典》之侵权法条文对比

现行《路易斯安那民法典》		1870 年《路易斯安那修订民法典》	1825 年《路易斯安那民法典》	1808 年《民法学说汇纂》	1804 年《法国民法典》
第 5 题 非协议之债		**第 5 题 准合同、侵权与准侵权**	**第 5 题 准合同、侵权与准侵权**	**第 4 题 非因合意而发生的债、准合同与准侵权**	**第 4 题 非因合意而发生的债**
第 2315 条	对致损行为的责任	第 2315 条	第 2294 条	第 16 条（320）	第 1382 条
第 2315.1 条	生存者的诉权				
第 2315.2 条	不当致死之诉				
第 2315.3 条	附加的损害赔偿；儿童色情				
第 2315.4 条	附加的损害赔偿；醉酒的被告				
第 2315.5 条	不当致死与生存者诉权的例外				
第 2315.6 条	伤害另一人所致的损害赔偿责任				
第 2315.7 条	对童年性犯罪而导致的损害赔偿责任				
第 2315.8 条	家庭暴力引发的损害赔偿责任				
第 2316 条	疏忽、草率与技艺不精	第 2316 条	第 2295 条	第 19 条（320）	第 1383 条
第 2317 条	他人行为与保管物	第 2317 条	第 2296 条	第 20（1）条（320）	第 1384（1）条
第 2317.1 条	因物的破损、假冒或瑕疵导致的损害				
第 2318 条	未成年人的行为	第 2318 条	第 2297 条	第 20（2）条（320）	第 1384（2）条
第 2319 条	禁治产人的行为	第 2319 条	第 2298 条		
第 2320 条	侍者、学生或学徒的行为	第 2320 条	第 2299 条	第 20（3～6）条（320）	第 1384（3～5）条
第 2321 条	动物造成的侵权	第 2321 条	第 2301 条	第 20（7）条（320）	第 1385 条

续表

现行《路易斯安那民法典》		1870年《路易斯安那修订民法典》	1825年《路易斯安那民法典》	1808年《民法学说汇纂》	1804年《法国民法典》
第2322条	建筑物残损导致的损害	第2322条	第2302条	第22条（322）	第1386条
第2322.1条	血液或组织的使用者；医疗服务				
第2323条	比较过错	第2323条	第2303条		
第2324条	作为连带或共同及可分之债的责任	第2324条	第2304条		
第2324.1条	损害赔偿；法官或陪审团的自有裁量				
第2324.2条	减少赔偿				

表4-1　1825年、1870年、现行路易斯安那民法典之侵权法与原、现行法国民法典之侵权法间的对应关系

1825年《路易斯安那民法典》	1870年《路易斯安那修订民法典》	1804年《法国民法典》	现行《路易斯安那民法典》	现行《法国民法典》
一般条款	**一般条款**	**一般条款**	**故意侵权之一般条款**	**一般条款**
第2294条　故意侵权	第2315条　故意侵权	第1382条　故意侵权	第2315条　故意侵权	第1382条　故意侵权
			具体列举	
			第2315.1～2315.8条　生存者诉权；不正当致死之诉；附加的损害赔偿之儿童色情；附加的损害赔偿之醉酒的被告；不正当致死与生存者诉权的例外；伤害另一人所致的损害赔偿责任；对儿童因性犯罪导致的损害赔偿责任；因家庭暴力所致的损害赔偿	
			过失侵权与准侵权之一般条款	
第2295条　过失侵权	第2316条　过失侵权	第1383条　过失侵权	第2316条　过失侵权	第1383条　过失侵权

续表

1825年《路易斯安那民法典》	1870年《路易斯安那修订民法典》	1804年《法国民法典》	现行《路易斯安那民法典》	现行《法国民法典》
第2296条 应负责之人的行为或保管物	第2317条 应负责之人的行为或保管物	第1384（1）条 应负责之人的行为或保管物	第2317条、第2317.1条 应负责之人的行为或保管物；因物的破损、假冒或瑕疵导致的损害赔偿	第1384条（1）应负责之人的行为或保管物
具体列举	**具体列举**	**具体列举**	**具体列举**	**具体列举**
				第1384（2～3）条 火灾
第2297（1）条 未成年人侵权（父母之责任）	第2318（1）条 未成年人侵权（父母之责任）	第1384（2前）条 未成年人的行为（父母之责任）	第2318条（1～2）未成年人的行为（父母之责任）	第1384（4）条 未成年人的行为（父母之责任）
第2297（2）条 未成年人侵权（监护人之责任）	第2318（2）条 未成年人侵权（监护人之责任）		第2318（3）条 未成年人的行为（监护人之责任）	
第2298条 精神病人侵权	第2319条 精神病人侵权		第2319条 禁治产人的行为	
				第1384（7）条 父母责任之免除
第2299条 仆人与雇员、学生与学徒侵权	第2320条 仆人与雇员、学生与学徒侵权	第1384(2后、3～4)条 仆人与雇员、学生与学徒侵权	第2320条 仆人与雇员、学生与学徒侵权	第1384(5～6、8)条 仆人与雇员、学生与学徒侵权
第2300条 奴隶主之责任				
第2301条 动物侵权	第2321条 动物侵权	第1385条 动物侵权	第2321条 动物造成的损害	第1385条 动物侵权
第2302条 建筑物导致的损害	第2322条 建筑物导致的损害	第1386条 建筑物导致的损害	第2322条 建筑物的残损导致的损害	第1386条 建筑物导致的损害
			第2322.1条 血液或组织的使用者；医疗服务	

续表

1825年《路易斯安那民法典》	1870年《路易斯安那修订民法典》	1804年《法国民法典》	现行《路易斯安那民法典》	现行《法国民法典》
其他规定	其他规定		其他规定	其他规定
			第2323条　比较过错	
第2303条　损害评估与减少赔偿	第2323条　损害评估与减少赔偿		第2324.1～2324.2条　损害赔偿，法官或陪审团的自有裁量；减少赔偿	
第2304条　连带责任	第2324条　连带责任		第2324条　作为连带或共同及可分之责任	

参 考 文 献

一、著作类

（一）中文译著类

1.［爱尔兰］约翰·莫里斯·凯利:《西方法律思想简史》，王笑红译，法律出版社 2010 年版。

2.［德］K. 茨威格特、H. 克茨:《比较法总论》，潘汉典、米健、高鸿钧、贺卫方译，法律出版社 2003 年版。

3.［德］阿图尔·考夫曼、温弗里德·哈斯默尔:《当代法哲学和法律理论导论》，郑永流译，法律出版社 2013 年版。

4.［德］伯恩哈德·格罗斯菲尔德:《比较法的力量与弱点》，孙世彦、姚建宗译，中国政法大学出版社 2012 年版。

5.［法］弗朗索瓦·泰雷、菲利普·森勒尔:《法国财产法》（上、下），罗结珍译，中国法制出版社 2008 年版。

6.［法］勒内·达维德:《当代主要法律体系》，漆竹生译，上海译文出版社 1984 年版。

7.［荷兰］马丁·M. 海塞林克:《新的欧洲法律文化》，魏磊杰译注，中国法制出版社 2010 年版。

8.［美］P. 诺内特、P. 塞尔兹尼克:《转变中的法律与社会——迈向回应型法》，季卫东、张志铭译，中国政法大学出版社 2004 年版。

9. [美] E. 博登海默：《法理学——法律哲学与法律方法》，邓正来译，中国政法大学出版 2004 年版。

10. [美] 艾伦·沃森：《民法法系的演变及形成》，李静冰、姚新华译，中国法制出版社 2005 年版。

11. [美] 伯纳德·施瓦茨：《美国法律史》，王军等译，法律出版社 2011 年版。

12. [美] 格林顿、戈登、奥萨魁：《比较法律传统》，米健、贺卫方、高鸿钧译，中国政法大学出版社 1993 年版。

13. [美] 劳伦·本顿：《法律与殖民文化——世界历史的法律体系（1400–1900）》，吕亚萍、周威译，清华大学出版社 2005 年版。

14. [美] 罗斯科·庞德：《法理学》（第 3 卷），廖德宇译，法律出版社 2007 年版。

15. [美] 美国法学会（ALI）、美国统一州法委员会（NCCUSL）：《美国〈统一商法典〉及其正式述评》（第 1 卷），孙新强译，中国人民大学出版社 2004 年版。

16. [美] 小奥利弗·温德尔·霍姆斯：《普通法》，冉昊、姚中秋译，中国政法大学出版社 2005 年版。

17. [美] 约翰·亨利·梅利曼：《大陆法系》（第 2 版），顾培东、禄正平译，法律出版社 2004 年版。

18. [英] R. C. 范·卡内冈：《欧洲法：过去与未来——两千年来的统一性与多样性》，史大晓译，清华大学出版社 2005 年版。

19. [英] 埃辛·奥赫绪、[意] 戴维·奈尔肯：《比较法新论》，马剑银、鲁楠等译，清华大学出版社 2012 年版。

20. [英] 梅因：《古代法》，沈景一译，商务印书馆 2010 年版。

（二）中文著作类

1. 陈兴良：《中国案例指导制度研究》，北京大学出版社 2014 年版。

2. 封丽霞：《法典编纂论——一个比较法的视角》，清华大学出版社 2002 年版。

3. 高鸿钧：《英美法原论》（上），北京大学出版社 2013 年版。

4. 郝铁川：《中华法系研究》，复旦大学出版社 1997 年版。

5. 何勤华、李秀清：《外国法与中国法——20 世纪中国移植外国法的反思》，中国政法大学出版社 2003 年版。

6. 何勤华：《英美法系及其对中国的影响》，法律出版社 2009 年版。

7. 李贵连：《二十世纪的中国法学》，北京大学出版社 1998 年版。

8. 李永军：《合同法》，法律出版社 2005 年版。

9. 梁慧星、陈华彬：《物权法》（第 5 版），法律出版社 2010 年版。

10. 梁慧星：《中国民法典草案建议稿附理由——债权总则编》，法律出版社 2014 年版。

11. 梁慧星：《中国物权法研究》（上册），法律出版社 1998 年版。

12. 米健：《当今与未来世界法律体系》，法律出版社 2010 年版。

13. 沈宗灵：《比较法研究》，北京大学出版社 1998 年版。

14. 石佳友：《民法法典化的方法论问题研究》，法律出版社 2007 年版。

15. 孙宪忠：《中国物权法总论》，法律出版社 2004 年版。

16. 孙新强：《法典的理性——美国〈统一商法典〉法理思想研究》，山东人民出版社 2006 年版。

17. 王利明：《民法典体系研究》，中国人民大学出版社 2008 年版。

18. 王利明：《侵权责任法研究》（上、下），中国人民大学出版社 2011 年版。

19. 王利明：《债法总则研究》，中国人民大学出版社 2015 年版。

20. 王利明:《中国民法典学者建议稿及立法理由——债法总则编 · 合同编》，法律出版社 2005 年版。

21. 吴一鸣:《英美物权法：一个体系的发现》，上海人民出版社 2011 年版。

22. 武树臣:《中国法律文化大写意》，北京大学出版社 2011 年版。

23. 徐涤宇:《原因理论研究——关于合同（法律行为）效力正当性的一种说明模式》，中国政法大学出版社 2005 年版。

24. 尹田:《法国物权法》（第 2 版），法律出版社 2009 年版。

25. 俞江:《近代中国的法律与学术》，北京大学出版社 2008 年版。

（三）外文著作类

1. A. N. Yiannopoulos, *Civil Law System: Louisiana and Comparative Law*（*2nd ed.*）, Baton Rouge: Claitor's Publishing Divison, 1999.

2. A.N. Yiannopolous, *Louisiana Civil Code*（*2013 Edition, Volume I-II*）, Brand: Thomson West, 2013.

3. A.N. Yiannopoulos, *Personal Servitudes*（*5th ed., Louisiana Civil Law Treatise Series, vol. 3*）, Brand: Thomson West, 2011.

4. A.N. Yiannopoulos, *Predial Servitudes*（*4th ed., Louisiana Civil Law Treatise Series, vol. 4*）, Brand: Thomson West, 2013.

5. A.N. Yiannopoulos, *Property*（*4th ed., Louisiana Civil Law Treatise Series, vol. 2*）, Brand: Thomson West, 2001.

6. Charles M. Cook, *The American Codification Movement: a Study of Antebellum Legal Reform*, Westport: Greenwood Press, 1981.

7. Frank L. Maraist, Thomas C. Galligan, Jr., *Louisiana Tort Law*（*2nd ed.*）, New York: Matthew Bender & Company, Inc., 2014.

8. George Dargo, *Jefferson's Louisiana: Politics and the Clash of Legal*

Traditions, Cambridge: Harvard University Press, 1975.

9. John E.C. Brierley, Roderick A. Macdonald, *Quebec Civil Law: an Introduction to Quebec Private Law*, Toronto: Emond Montgomery Publications, 1993.

10. John Henry Merryman, Rogelio Pérez-Perdomo, *The Civil Law Tradition: an Introduction to the Legal Systems of Europe and Latin America*（*3rd ed.*）, Stanford: Stanford University Press, 2007.

11. Kaarlo Tuori, *Critical Legal Positivism*, Aldershot: Ashgate Publishing Limited, 2002.

12. Kenneth L. Karst, Keith S. Rosenn, *Law and Development in Latin America: a Case Book*, Berkeley: University of California Press, 1975.

13. Konrad Zweigert, Hein Kötz, *An Introduction to Comparative Law*（*3d ed.*）, New York: Oxford University Press, 1998.

14. Lewis William Newton, *The Americanization of French Louisiana: a Study of the Process of Adjustment Between the French and the Anglo-American Populations of Louisiana, 1803-1860*（*reprint*）, New York: Arno Press, 1980.

15. Mark F. Fernandez, *From Chaos to Continuity: the Evolution of Louisiana's Legal System, 1712-1862*, Baton Rouge: Louisiana State University Press, 2001.

16. Morris Arnold, *Unequal Laws Unto a Savage Race: European Legal Traditions in Arkansas, 1686-1836*, Fayetteville: University of Arkansas Press, 1985.

17. Reinhard Zimmermann and Daniel Visser, *Southern Cross: Civil Law and Common Law in South Africa*, Oxford: Clarendon Press, 1996.

18. Richard H. Kilbourne, *A History of the Louisiana Civil Code: the Formative Years, 1803-1839*, Baton Rouge: Publications Institute, Paul M.

Hebert Law Center, Louisiana State University, 1987.

19 Saul Litvinoff, *The Law Of Obligations*（*2d ed., Louisiana Civil Law Treatise Series vol.5*）, Brand: Thomson West, 2013.

20. Symeon C. Symeonides, *An Introduction to the Louisiana Civil Law System*, Baton Rouge: Paul M. Hebert Law Center Publications Institute, 1983.

21. Vernon Valentine Palmer, *Mixed Jurisdictions Worldwide: the Third Legal Family*（*2nd ed.*）, Cambridge: Cambridge University Press, 2012.

22. Vernon Valentine Palmer, *Mixed Jurisdictions Worldwide: the Third Legal Family*, Cambridge: Cambridge University Press, 2001.

二、论文类

（一）中文译文类

1.［德］K.W. 诺尔:《法律移植与 1930 年前中国对德国法的接受》，李立强、李启欣译，载《比较法研究》1988 年第 2 期。

2.［德］格哈特·瓦格纳:《当代侵权法比较研究》，高圣平、熊丙万译，载《法学家》2010 年第 2 期。

3.［德］沃尔夫冈·维甘德:《物权类型法定原则——关于一个重要民法原理的产生及其意义》，迟颖译，载张双根等主编:《中德私法研究》（第 2 卷），北京大学出版社 2007 年版。

4.［美］邓肯·肯尼迪:《法律与法律思想的三次全球化：1850-2000》，高鸿钧译，载高鸿钧、於兴中主编:《清华法治论衡》（第 12 辑 社会理论之法前沿），清华大学出版社 2009 年版。

5.［南非］科尼利厄斯·G. 凡·德尔·马儿维:《大陆法系与普通法系在南非与苏格兰的融合》，翟寅生译，载龙俊、王静主编:《清华法律评论》（第四卷第一辑），清华大学出版社 2010 年版。

6.［意］桑德罗·斯奇巴尼:《〈巴西新民法典〉序言》，齐云译，载《巴西新民法典》，齐云译，中国法制出版社 2009 年版。

7.［意］桑德罗 · 斯奇巴尼:《在阿根廷生效的萨斯菲尔德民法典——为该法典的汉语译本而作》，薛军译，载徐涤宇译注:《最新阿根廷共和国民法典》，法律出版社 2007 年版。

8.［英］安东尼·奥格斯:《经济学进路：法律体系间的竞争》，吴云译，载［英］埃辛 · 奥赫绪、［意］戴维 · 奈尔肯编:《比较法新论》，马剑银等译，清华大学出版社 2012 年版。

（二）中文论文类

1. 杜涛:《美国路易斯安那州国际私法改革介评》，载《法制与社会发展》2002 年第 5 期。

2. 费安玲:《不动产与动产划分之罗马法与近现代法分析》，载《比较法研究》2007 年第 4 期。

3. 封丽霞:《偶然还是必然：中国近现代选择与继受大陆法系法典化模式原因分析》，载《金陵法律评论》2003 年秋季卷。

4. 高鸿钧:《法律全球化的迷思》，载高鸿钧主编:《清华法治论衡》（第 14 辑　法律全球化与全球法律化），清华大学出版社 2011 年版。

5. 高鸿钧:《美国法全球化：典型例证与法理反思》，载《中国法学》2011 年第 1 期。

6. 高其才:《作为当代中国正式法律渊源的习惯法》，载《华东政法大学学报》2013 年第 2 期。

7. 江平、金平、魏振瀛、佘能斌、王卫国:《新中国民法起草五十年回顾》，载王卫国主编:《中国民法典论坛（2002–2005）》，中国政法大学出版社 2006 年版。

8. 梁慧星:《当前关于民法典编纂的三条思路》，载《律师世界》2003

年第 4 期。

9. 梁慧星:《民法总则绝对不能规定“政策”为“法源”》，载 http://www.iolaw.org.cn/showArticle.aspx?id=5069。

10. 梁慧星:《统一合同法：成功与不足》，载《中国法学》1999 年 3 期。

11. 梁慧星:《中国民法学的历史回顾与展望》，载 http://www.iolaw.org.cn/showArticle.aspx?id=2131。

12. 柳经纬:《回归传统——百年中国民法学之考察之一》，载《中国政法大学学报》2010 年第 2 期。

13. 娄爱华:《路易斯安那民法典第 1967 条研究——大陆法与英美法结合的典范》，载梁慧星主编:《民商法论丛》(第 38 卷)，法律出版社 2007 年版。

14. 马俊驹、梅夏英:《财产权制度的历史评析和现实思考》，载《中国社会科学》1999 年第 1 期。

15. 马新彦:《两大法系信赖法则的融合——以美国〈路易斯安那民法典〉为对象》，载《法学评论》2012 年第 6 期。

16. 潘华仿、高鸿钧、贺卫方:《当代西方两大法系主要法律渊源比较研究》，载《比较法研究》1987 年第 3 期。

17. 石佳友:《民法典与法官裁量权》，载《法学家》2007 年第 6 期。

18. 王利明:《民法的人文关怀》，载《中国社会科学》2011 年第 4 期。

19. 王利明:《论习惯作为民法渊源》，载《法学杂志》2016 年第 11 期。

20. 武树臣:《中国的“混合法”——兼及中国法系在世界的地位》，载《政治与法律》1993 年第 2 期。

21. 武树臣:《走出“法系”——论世界主要法律样式》，载《中外法学》1995 年第 2 期。

22. 夏新华:《混合法系发展的前沿——兼论中国法学家的理论贡献》，载《湘潭大学学报》2008 年第 3 期。

23. 谢怀栻:《大陆法国家民法典研究》，载《外国法译评》1994 年第 3 期。

24. 徐涤宇:《法国法系原因理论的形成、发展及其意义》，载《环球法律评论》2004 年冬季号。

25. 徐国栋:《〈法国民法典〉模式的传播与变形小史》，载《法学家》2004 年第 2 期。

26. 徐国栋:《从〈巴西民法汇编〉到〈新巴西民法典〉》，载《华东政法大学学报》2009 年第 3 期。

27. 徐国栋:《从 1871 年〈阿根廷民法典〉到 1998 年〈阿根廷民法典草案〉》，载徐国栋主编:《罗马法与现代民法》(第 4 卷)，中国人民大学出版社 2004 年版。

28. 徐国栋:《菲尔德及其〈纽约州民法典草案〉——一个半世纪再论法典编纂之是非》，载［美］戴维·达德利·菲尔德:《纽约州民法典草案》，田甜译，中国大百科全书出版社 2007 年版。

29. 徐国栋:《孤星下的民法典——〈波多黎各民法典〉的过去、现在和未来》，载徐国栋译著:《比较法视野中的民法典编纂(一)》，北京大学出版社 2007 年版。

30. 许庆坤:《论我国债权冲突法司法解释的制定——以美国路易斯安那州立法为镜鉴》，载《法学论坛》2013 年第 6 期。

31. 许中缘:《论普通法系国家法典的编纂》，载《比较法研究》2006 年第 5 期。

32. 薛军:《论未来中国民法典债法编的结构设计》，载《法商研究》2001 年第 2 期。

33. 杨立新:《我国侵权责任法草案对国外立法经验的借鉴》，载《中国法学》2009 年第 5 期。

34. 姚辉:《法典化的趋同与鸿沟》，载《法学杂志》2004 年第 2 期。

35. 张怀印、董蕊:《"混合法系"理论研究的兴起及其原因探析》，载《江西社会科学》2009年第7期。

36. 张骥:《再论指导性案例效力的性质与保证》，载《法制与社会发展》2013年第1期。

37. 张新宝、张红:《中国民法百年变迁》，载《中国社会科学》2011年第6期。

38. 张新宝:《侵权行为法的一般条款》，载《法学研究》2001年第4期。

（三）中文学位论文类

1. 付池斌:《美国现实主义法学理论研究：以司法裁判为视角》，中国人民大学2006年博士学位论文。

2. 黄宇昕:《苏格兰法混合特征之形成与分析》，中国政法大学2007年博士学位论文。

3. 王晓广:《全球化背景下中西法律文化冲突论纲》，吉林大学2009年博士学位论文。

（四）外文论文类

1. A. N. Yiannopoulos, "Of Immovables, Component Parts, Societal Expectations and the Forehead of Zeus", 60 *Louisiana Law Review*（2000）.

2. A. N. Yiannopoulos, "Two Critical Years in the Life of the Louisiana Civil Code: 1870 and 1913", 53 *Louisiana Law Review*（1992）.

3. A.N. Yiannopolous, "The Civil Code of Louisiana", in A.N. Yiannopolous（ed.）, *Louisiana Civil Code*（*2013 Edition*）, Brand: Thomson West, 2013.

4. A.N. Yiannopolous, "Work of Appellate Courts", 1975-1976, 37 *Louisiana Law Review*（1977）.

5. A.N. Yiannopoulos, "Louisiana Civil Law: a Lost Cause?", 54 *Tulane Law Review*（1980）.

6. A.N. Yiannopoulos, "Requiem for a Civil Code: a Commemorative Essay", 78 *Tulane Law Review*（2003）.

7. A.N. Yiannopoulos, "The Early Sources of Louisiana Law: Critical Appraisal of a Controversy, in Edward F. Haas（ed.）", *Louisiana's Legal Heritage*, Pensacola: The Perdido Bay Press, 1983.

8. Agustín Parise, "The Place of the Louisiana Civil Code in the Hispanic Civil Codifications: the Comments to the Spanish Civil Code Project of 1851", 68 *Louisiana Law Review*（2008）.

9. Albert Tate, Jr., "Civilian Methodology in Louisiana", 44 *Tulane Law Review*（1970）.

10. Albert Tate, Jr., "The Role of the Judge in Mixed Jurisdictions", in Joseph Dainow（ed.）, *The Role of Judicial Decisions and Doctrine in Civil Law and in Mixed Jurisdictions*, Baton Rouge: Louisiana State University Press, 1974.

11. Albert Tate, Jr., "The Splendid Mystery of the Civil Code of Louisiana", 3 *Louisiana Review*（1974）.

12. Amos J. Oelking Ⅲ, "Morris v. Friedman: Detrimental Reliance and Statutory Writing Requirements", 57 *Louisiana Law Review*（1997）.

13. Andrew P. Morriss, Scott J. Burnham, Hon. James C. Nelson, "Debating the Field Civil Code 105 Years Late", 61 *Montana Law Review*（2000）.

14. Brian Leiter, "American Legal Realism", in Martin P. Golding, William A. Edmundson（eds.）, *The Blackwell Guide to the Philosophy of Law and Legal Theory*, Malden: Blackwell Publishing, 2005.

15. Daniel Visser, "Cultural Forces in the Making of Mixed Legal Systems",

78 *Tulane Law Review* (2003) .

16. David Gruning, "Bayou State Bifuralism: Common Law and Civil Law in Louisiana", 81 *University of Cincinnati Law Review* (2004) .

17. David Gruning, "La lettre d'Amerique: Vive la difference? Why No Codification of Private Law in the United States?" 39 *Revue Juridique Themis* (2005) .

18. Elizabeth Carter, "Ghosts of the Past and Hopes for the Future: Article 466 and Societal Expectations", 81 *Tulane Law Review* (2007) .

19. Elizabeth Gaspar Brown, "Law and Government in the 'Louisiana Purchase': 1803-1804", 2 *Wayne Law Review* (1956) .

20. Elizabeth Gaspar Brown, "Legal Systems in Conflict: Orleans Territory 1804-1812", 1 *American Journal of Legal History* (1957) .

21. Esin Örücü, "Family Trees for Legal Systems: Toward a Contemporary Approach", in Mark van Hoecke (ed.) , *Epistemology and Methodology of Comparative Law*, Oxford: Hart Publishing, 2004.

22. Esin Örücü, "Mixed and Mixing System: a Conceptual Search", in Esin Örücü, Elspeth Attwooll, Sean Coyle (eds.) , *Studies in Legal Systems: Mixed and Mixing*, London: Kluwer Law International, 1996.

23. F.P. Walton, "The Civil Law and the Common Law in Canada", 11 *Juridical Review* (1899) .

24. Ferdinand Stone, "Tort Doctrine in Louisiana: from What Sources does it Come?", 16 *Tulane Law Review* (1942) .

25. Gordon Ireland, "Louisiana's Legal System Reappraised", 11 *Tulane Law Review* (1937) .

26. Gunther A. Weiss, "The Enchantment of Codification in the Common-Law World", 25 *Yale Journal of International Law* (2000) .

27. Hans W. Baade, "Marriage Contracts in French and Spanish Louisiana: a Study in 'Notarial' Jurisprudence", 53 *Tulane Law Review*（1978）.

28. Hans W. Baade, "The Formalities of Private Real Estate Transactions in Spanish North America", 38 *Louisiana Law Review*（1978）.

29. Henry Plauche Dart, "The Place of the Civil Law in Louisiana", 4 *Tulane Law Review*（1930）.

30. James E. Herget, Stephen Wallace, "The German Free Law Movement as the Source of American Legal Realism", 73 *Virginia Law Review*（1987）.

31. James L. Dennis, "Interpretation and Application of the Civil Code and the Evaluation of Judicial Precedent", 54 *Louisiana Law Review*（1993）.

32. Jean Carbonnier, "Authorities in Civil Law", in Joseph Dainow（ed.）,*The Role of Judicial Decisions and Doctrine in Civil Law and Mixed Jurisdictions*, Baton Rouge: Louisiana State University Press, 1974.

33. Jean-Louis Baudouin, "The Impact of the Common Law on the Civilian System of Louisiana and Quebec", in Joseph Dainow（ed.）, *The Role of Judicial Decisions and Doctrine in Civil Law and in Mixed Jurisdictions*, Baton Rouge: Louisiana State University Press, 1974.

34. Joe W. Sanders, "The 'Civil Law' in the Supreme Court of Louisiana", 15 *Louisiana Bar Journal*（1967）.

35. John A. Lovett, "Another Great Debate: the Ambiguous Relationship Between the Revised Civil Code and Pre-Revision Jurisprudence as Seen Through the Prytania Park Controversy", 48 *Loyola Law Journal*（2002）.

36. John H. Tucker, "Effect on the Civil Law of Louisiana Brought About by the Change in Sovereignty", 1 *Juridical Studies*（*Society of Bartolus*）（1971）.

37. John H. Tucker, Jr., "The Code and the Common Law in Louisiana", 29 *Tulane Law Review*（1955）.

38. John T. Hood Jr., "The History and Development of the Louisiana Civil Code", 19 *Louisiana Law Review*(1958) .

39. John T. Hood, Jr., "A Crossroad in Louisiana History", 22 *Louisiana Law Review*(1962) .

40. Jon C. Adcock, "Detrimental Reliance", 45 *Louisiana Law Review* (1985) .

41. José Maria Castán Vasquez, "Reciprocal Influences between the Laws of Spain and Louisiana", 42 *Louisiana Law Review*(1982) .

42. Joseph Dainow, "Civil Law Translations and Treatises Sponsored in Louisiana", 23 *American Journal of Comparative Law*(1975) .

43. Karl Larenz, "The Open Legal Development: Germany, in Joseph Dainow (ed.)", *The Role of Judicial Decisions and Doctrine in Civil Law and Mixed Jurisdictions*, Baton Rouge: Louisiana State University Press, 1974.

44. Kenneth G.C. Reid, "The Idea of Mixed Legal Systems", 78 *Tulane Law Review*(2003) .

45. Leon Sarpy, "Paul Macarius Hebert", 23 *Loyola Law Review*(1977) .

46. Leonard Greenburg, "Must Louisiana Resign to the Common Law?", 11 *Tulane Law Review*(1937) .

47. Louis Baudouin, "The Influence of the Code Napoleon", 33 *Tulane Law Review*(1958) .

48. Manuel Rodriguez Ramos, "Interaction of Civil Law and Anglo-American Law in the Legal Method in Puerto Rico", 23 *Tulane Law Review* (1948) .

49. Mitchell Franklin, "An Important Document in the History of American Roman and Civil Law: The De La Vergne Manuscript", 33 *Tulane Law Review* (1958) .

50. Mitchell Franklin, “The Place of Thomas Jefferson in the Expulsion of Spanish Medieval Law from Louisiana”, 16 *Tulane Law Review*（1942）.

51. Mitchell Franklin, “Equity in Louisiana: the Role of Article 21”, 9 *Tulane Law Review*（1935）.

52. Mitchell Franklin, “The Place of Thomas Jefferson in the Expulsion of Spanish Medieval Law from Louisiana”, 16 *Tulane Law Review*（1941）.

53. Paul Varul, Heild Pisuket, “Louisiana’s Contribution to the Estonian Civil Code”, 73 *Tulane Law Review*（1999）.

54. Peter G. Stein, “Roman Law, Common Law and Civil Law”, 66 *Tulane Law Review*（1992）.

55. Pierre Crabités, “Louisiana Not a Civil Law State”, 9 *Loyola Law Journal*（1928）.

56. R. L. Tullis, “Louisiana’s Legal System Reappraised”, 12 *Tulane Law Review*（1937）.

57. Robert A. Pascal, “Recollections of Paul Macarius Hebert”, 23 *Loyola Law Review*（1977）.

58. Robert A. Pascal, “Sources of the Digest of 1808: a Reply to Professor Batiza”, 46 *Tulane Law Review*（1972）.

59. Robert Fischer, “The Louisiana Supreme Court”, 1812-1846, 1 *Tulane Civil Law* Forum（1973）.

60. Rodolfo Batiza, “Sources of the Civil Code of 1808”, Facts and Speculation: a Rejoinder, 46 *Tulane law Review*（1972）.

61. Rodolfo Batiza, “Sources of the Field Civil Code: the Civil Law Influences on a Common Law Code”, 60 *Tulane Law Review*（1986）.

62. Rodolfo Batiza, “The Actual Sources of the Louisiana Projet of 1823: a General Analytical Survey”, 47 *Tulane Law Review*（1972）.

63. Rodolfo Batiza, "The Louisiana Civil Code of 1808: its Actual Sources and Present Relevance", 46 *Tulane Law Review*(1971) .

64. Rolf Knütel, "Influences of the Louisiana Civil Code in Latin America", 70 *Tulane Law Review*(1996) .

65. Rosamond Parma, "The History of the Adoption of the Codes of California", 22 *Law Library Journal*(1929) .

66. Roscoe Pound, "The Theory of Judicial Decision", 36 *Harvard Law Review*(1923) .

67. Samuel B. Groner, "Louisiana Law: it's Development in the First Quarter-Century of American Rule", 8 *Louisiana Law Review*(1948) .

68. Saul Litvinoff, "Still another Look at Cause", 48 *Louisiana Law Review* (1987) .

69. Saul Litvinoff, "The 1984 Revision of the Louisiana Civil Code's Articles on Obligations-a Student Symposium", 45 *Louisiana Law Review* (1985) .

70. Shael Herman, "Louisiana's Contribution to the 1852 Projet of the Spanish Civil Code", 42 *Louisiana Law Review*(1982) .

71. Stephen D. Juge, Van R. Boyette, "Comparative Negligence in the United States-the Advent of its Adoption in Louisiana", 51 *Tulane Law Review* (1977) .

72. Symeon C. Symeonides, "The Louisiana Judge: Judge, Statesman, Politician", in Vernon Valentine Palmer (ed.) , *Louisiana: Microcosm of a Mixed Jurisdiction*, Durham: Carolina Academic Press, 1999.

73. T.B. Smith, "The Preservation of the Civilian Tradition in 'Mixed Jurisdictions' in A.N. Yiannopoulos (ed.)", *Civil Law in the Modern World*, Baton Rouge: Louisiana State University Press, 1965.

74. Thomas W. Tucker, “Sources of Louisiana's Law of Persons: Blackstone, Domat and the French Codes”, 44 *Tulane Law Review*（1970）.

75. Vernon Valentine Palmer, “A Comparative Study（from a Common Law Perspective）of the French Action for Wrongful Interference with Contract”, 40 *American Journal of Comparative Law*（1992）.

76. Vernon Valentine Palmer, “The Fate of the General Clause in a Cross-Cultural Setting: the Tort Experience of Louisiana”, 46 *Loyola Law Review*（2000）.

77. Vernon Valentine Palmer, “The French Connection and the Spanish Perception: Historical Debates and Contemporary Evaluation of French Influence on Louisiana Civil Law”, 63 *Louisiana Law Review*（2003）.

78. Vernon Valentine Palmer, “The Many Guises of Equity in a Mixed Jurisdiction: a Functional View of Equity in Louisiana”, 69 *Tulane Law Review*（1994）.

79. Vernon Valentine Palmer, “The Recent Discovery of Moreau Lislet's System of Omissions and its Importance to the Debate over the Sources of the Digest of 1808”, 49 *Loyola Law Review*（2003）.

80. Vernon Valentine Palmer, “Two World in One: the Genesis of Louisiana's Mixed Legal System”, 1803-1812, in Vernon Valentine Palmer（ed.）, *Louisiana: Microcosm of a Mixed Jurisdiction*, Durham: Carolina Academic Press, 1999.

81. Vincy Fon, Francesco Parisi, “Judicial Precedents in Civil Law Systems: a Dynamic Analysis”, 26 *International Review of Law and Economics*（2006）.

82. William D. Hawkland, “The Uniform Commercial Code and the Civil Codes”, 56 *Louisiana Law Review*（1996）.

83. William Tetley, “Mixed Jurisdictions: Common Law v. Civil Law

(Codified and Uncodified)", 60 *Louisiana Law Review* (2000) .

84. Yun-chien Chang, Henry E. Smith, "An Economic Analysis of Civil Versus Common Law Property", 88 *Notre Dame Law Review* (2012) .

（五）外文学位论文类

John W. Cairns, *The 1808 Digest of Orleans and 1866 Civil Code of Lower Canada: an Historical Study of Legal Change* (Doctoral dissertation, University of Edinburgh) , 1980.

三、法典、辞典类

（一）法典类

1. *A Digest of the Civil Laws Now in Force in the Territory of Orleans, with Alterations and Amendments Adapted to its Present System of Government*, New Orleans: Bradford and Anderson, 1808.

2. *Civil Code of the State of Louisiana*, New Orleans: E. Duverger, 1825.

3. *The Code Napoleon; or, the French Civil Code* (*Translated from the Original and Official Edition, Published at Paris,* 1804) , London: Thomas Davison, Whitefriars, 1824.

4. *The Revised Civil Code of the State of Louisiana*, New Orleans: Office of the Republican, 1870.

5. *Louisiana Civil Code*, http://lcco.law.lsu.edu/, or, http://civilco.de/#.

6. [美] 戴维 · 达德利 · 菲尔德:《纽约州民法典草案》，田甜译，中国大百科全书出版社 2007 年版。

7.《巴西新民法典》，齐云译，中国法制出版社 2009 年版。

8.《德国民法典》(第 3 版)，陈卫佐译注，法律出版社 2010 年版。

9.《法国民法典》(上、下册)，罗结珍译，法律出版社2005年版。

10.《法国民法典》，罗结珍编译，北京大学出版社2010年版。

11.《菲律宾民法典》，将军洲译，厦门大学出版社2011年版。

12.《路易斯安那民法典》(2010年1月版)，娄爱华译，厦门大学出版社2010年版。

13.《拿破仑法典(法国民法典)》，李浩培、吴传颐、孙鸣岗译，商务印书馆1997年版。

14.《智利共和国民法典》，徐涤宇译，金桥文化出版(香港)有限公司2002年版。

15.《最新路易斯安那民法典》，徐婧编译，法律出版社2007年版。

(二)辞典类

1. Jan M. Smith, *Elgar Encyclopedia of Comparative Law*, Cheltenham, Northampton: Edward Elgar Publishing, 2006.

2. 薛波主编:《元照英美法词典》，法律出版社2003年版。

后　　记

本书是在我的博士学位论文“从‘大陆’走向‘混合’的路易斯安那民法典”基础上修改完成。

而立之年，参加“成人礼”（博士学位论文答辩），似乎晚了一点，但拿起这本还算厚重的论文，还算欣慰。完成博士学位论文实属不易，这得益于师长、亲友的支持、关心与帮助，也离不开母校山东大学提供的环境与资源。论文出版之际，需要感谢的人有太多太多。

首先感谢我的导师王丽萍教授，我能踏上学术之路得益于她的指引；学业上的进步得益于她的提携；博士学位论文的完成得益于她的肯定、鼓励与指点。非常感谢导师在博士学位论文出版之际，能为我书写序言。

感谢梁慧星教授对选题的肯定，在写作过程中给予的指导与鼓励。感谢郭明瑞教授对论文的指导，旁听郭老师的“私法前言”课程，我受益良多。感谢耿利航教授，对论文的指点，生活上的关照，一起打羽毛球的日子是博士阶段最快乐的时光。感谢秦伟教授、申政武教授、牟宪魁教授、崔立红教授对论文选题的指点及论文写作中给予的指导。感谢武树臣教授、杨海坤教授、齐延平教授、柳砚涛教授、肖金明教授、魏建教授、桑本谦教授、张晏瑲教授、毛映红教授等，在他们的课堂上，我学到了丰富的知识。另外，还要感谢山东大学法学院办公室的老师们，以及博士阶段的所有朋友。

感谢杜兰大学法学院 A.N. Yiannopolous 教授能够为我这个贸然与其联系的中国学生提供最新的立法资料及其著作，并在百忙之中为我答疑解惑，并给予鼓励。

感谢山东法官培训学院提供工作机会，感谢学院领导、各位老师给予的帮助、指导与关怀。

感谢中国法学会对本书的资助，人生第一本专著由中国法学会资助出版，备受鼓舞。同时，感谢法律出版社的李峰沄编辑。

感谢最亲爱的家人，尤其是妈妈！相信这是献给家人最好的礼物。

开心生活，努力工作。不忘初心，继续前进。

李　宁

2017 年 2 月 28 日

山东法官培训学院

图书在版编目(CIP)数据

从"大陆"走向"混合"的路易斯安那民法典 / 李宁著. -- 北京 : 法律出版社, 2017
ISBN 978-7-5197-1181-8

Ⅰ. ①从… Ⅱ. ①李… Ⅲ. ①民法-法典-美国 Ⅳ. ①D971.23

中国版本图书馆 CIP 数据核字(2017)第 190503 号

从"大陆"走向"混合"的路易斯安那民法典
CONG "DALU" ZOUXIANG "HUNHE" DE LUYISIANNA MINFADIAN

李 宁 著

责任编辑 孙东育 李峰沄
装帧设计 李 瞻

出版 法律出版社
总发行 中国法律图书有限公司
经销 新华书店
印刷 三河市龙大印装有限公司
责任校对 王晓萍
责任印制 陶 松

编辑统筹 学术·对外出版分社
开本 720毫米×960毫米 1/16
印张 26.25
字数 337千
版本 2017年12月第1版
印次 2017年12月第1次印刷

法律出版社/北京市丰台区莲花池西里7号(100073)
网址/www.lawpress.com.cn
投稿邮箱/info@lawpress.com.cn
举报维权邮箱/jbwq@lawpress.com.cn
销售热线/010-63939792
咨询电话/010-63939796

中国法律图书有限公司/北京市丰台区莲花池西里7号(100073)
全国各地中法图分、子公司销售电话:
统一销售客服/400-660-6393
第一法律书店/010-63939781/9782　西安分公司/029-85330678　重庆分公司/023-67453036
上海分公司/021-62071639/1636　深圳分公司/0755-83072995

书号:ISBN 978-7-5197-1181-8　**定价**:78.00元
(如有缺页或倒装,中国法律图书有限公司负责退换)

中国法学会后期资助项目文丛

BOOK SERIES FUNDED BY CHINA LAW SOCIETY

1. 《行政程序法典化研究》姜明安 等著
2. 《解读青年马克思的黑格尔法哲学批判》姚远 著
3. 《清代“杀一家三人”律、例辨析》吴杰 著
4. 《中央地方关系中的民主集中制研究》苗泳 著
5. 《证券内幕交易构成要件比较研究》曹理 著
6. 《欧洲婚姻财产法的未来》樊丽君 译
7. 《德国刑法教义学上的客观处罚条件》王钰 著
8. 《结果加重犯的基本原理与认定规则研究》邓毅丞 著
9. 《刑事诉讼中法院职权调查问题研究》林铁军 著
10. 《人民陪审员角色研究》刘方勇 著
11. 《非典型劳动者权益保护研究》班小辉 著
12. 《创新与反垄断——互联网企业滥用行为之法律规制研究》仲春 著
13. 《不得援引国家豁免的商业交易诉讼研究》纪林繁 著
14. 《国家侵权的国际私法问题研究》李华成 著

15.《法律的空间意象性》朱垭梁 著

16.《罗马体育法要论》赵毅 著

17.《〈大清律例〉律目研究》张田田 著

18.《转型正义法律问题研究》王进文 著

19.《论行政法上的意思表示——兼论行政行为构成中的意识要件》田勇军 著

20.《新农村建设中保障农民政治参与权利的制度创新研究》蔡振亚 王为东 著

21.《国家赔偿法研究述评》上官丕亮 主编

22.《个人信息与权利配置——个人信息自决权的反思和出路》刘金瑞 著

23.《从“大陆”走向“混合”的路易斯安那民法典》李宁 著

24.《防控网络恐怖活动立法研究》皮勇 著

25.《背信犯罪：当代社会的白领犯罪》刘荣 译

26.《刑事诉讼中的鉴定意见质证制度研究》王跃 著

27.《互联网规制的国际贸易法律问题研究》孙南翔 著

28.《相关市场界定研究——以技术许可协议为视角》周围 著

29.《外资并购国家安全审查制度的平衡机制研究》杨静 著